Méthode de lecture

TRAMPOLINE

PROGRAMME 2016

CP

Guide pédagogique

Alain Bondot
Maitre formateur
Christine Chevrier
Maitre formateur
Gisèle Hosteau
Conseillère pédagogique
Cécile Mérigeau
Professeure des écoles

Ressources complémentaires téléchargeables gratuitement

- Fiches de lectures du soir et bilans modifiables en format Word
- Affiches des mots-repères

trampoline.nathan.fr

Cet ouvrage est conforme à la nouvelle orthographe
www.orthographe-recommandee.info

Nathan

Sommaire

Les fiches d'écriture sont dans le fichier à photocopier.

ISBN : 978-2-09-122233-2

Présentation de la méthode

Introduction

Cette nouvelle méthode de lecture, à destination des élèves de CP, s'appuie sur les orientations des programmes 2016.

Les auteurs ont choisi de traiter de façon distincte la maitrise du fonctionnement du code phonographique et la compréhension de textes narratifs et documentaires. Des **fichiers indépendants** permettent à l'enseignant(e) **d'adapter** et de faire évoluer ses programmations en fonction du niveau de ses élèves ou de ses choix pédagogiques. Ce parti pris est également motivé par la volonté de travailler la lecture et la compréhension à partir de **véritables textes d'auteurs** de littérature de jeunesse. Pour les enseignants(es) qui le souhaitent, une programmation commune aux deux fichiers est proposée à titre indicatif.

Afin de bien accompagner les enseignants(es) et de compléter les fichiers, *Trampoline* propose également des fiches supplémentaires d'**écriture**, de **différenciation** et de **lectures**.

Choix didactiques et pédagogiques

Pour apprendre à lire, un enfant est amené à traiter quatre composantes : le fonctionnement du code, la compréhension de textes, la production d'écrits et la connaissance de la culture écrite.

Dans le fichier d'apprentissage du code, les élèves apprennent **les correspondances entre phonèmes et graphèmes** et **la conscience syllabique**. Cet apprentissage doit faire l'objet d'un travail systématique et quotidien dès le début de l'année, d'abord avec des sons simples (voyelles simples) et rapidement plus complexes (/ou/) afin d'habituer les élèves à associer un son à plusieurs lettres. L'ordre d'apprentissage des phonèmes est proposé en fonction de leur complexité et de leur fréquence d'utilisation.

Dans le fichier de lecture-compréhension les élèves travaillent **la compréhension de textes**, **la production d'écrits** et **l'acculturation**.

Pour développer des compétences en compréhension de textes, il est indispensable de confronter très tôt les élèves à des textes littéraires. C'est pourquoi *Trampoline* aborde le travail sur la compréhension à partir d'albums de littérature de jeunesse. Ces textes authentiques, riches et résistants, permettent aux élèves de réaliser des inférences. Cette résistance est surmontable par les élèves qui, avec l'aide de l'enseignant(e), comprennent les histoires, les résument, reconnaissent les personnages, leurs relations, leurs quêtes, etc.

Travailler sur de véritables albums permet aux élèves de développer leur désir de lire et d'accroitre leur plaisir de rencontrer de nouveaux livres. Les enfants sont toujours très motivés à l'idée de lire un « vrai » livre. Pédagogiquement, l'enseignant(e) peut développer de nombreuses séances de compréhension (s'appuyer sur la relation texte/image, étudier la couverture ou la 4e de couverture, etc.). La lassitude est évitée grâce à la variété des thèmes, des personnages et des situations. Les élèves développent leur culture et transfèrent ensuite leurs nouvelles connaissances à d'autres albums. Il est nécessaire de garder à l'esprit que « *la compréhension est la finalité de toutes les lectures* » Programmes 2016.

À ce jour, le débat entre les différentes approches de l'apprentissage de la lecture reste d'actualité. Si aucune étude n'a pu déterminer la supériorité d'une méthode par rapport à une autre, en revanche, au CP, l'importance de la complémentarité de l'ensemble de ces approches ainsi que l'impact déterminant de l'habileté pédagogique de l'enseignant(e) ne sont plus à prouver. C'est lui qui sait, selon les acquis des élèves, structurer leurs connaissances par des apprentissages appropriés. Il convient donc systématiquement de travailler **la phonologie**, **le décodage** et **la compréhension des textes**. Le dosage de ces trois variables est de la responsabilité de l'enseignant(e), en fonction des besoins de ses élèves. Ce dosage est facilité par l'usage d'une méthode souple d'utilisation.

Trampoline permet à chaque enseignant(e) d'apporter et de moduler les différentes composantes nécessaires à l'apprentissage de la lecture.

Les outils pour l'élève et pour la classe

Les outils pour l'élève

Le fichier d'apprentissage du code : Pour chaque son, les unités proposent de nombreux exercices d'entrainement, des **bilans** et des pages de **consolidation.**

Ce fichier peut être utilisé indépendamment du fichier de lecture-compréhension. Il permettra à l'enseignant(e) d'avancer au rythme qu'il souhaite et ainsi de s'adapter au mieux aux besoins de ses élèves.

Le fichier de lecture-compréhension : il propose des activités de compréhension portant sur les 5 albums utilisés dans l'année, un travail spécifique sur le **vocabulaire**, des situations guidées de **production d'écrits**, l'écoute et la lecture d'autres types de textes (poésies, théâtre, documentaires...).

Les 5 albums : à utiliser en collectif, en petit groupe ou individuellement.

Ce sont des albums **authentiques** de la littérature de jeunesse, de genres variés, proches des intérêts des élèves : un récit du patrimoine, un conte détourné, un récit policier humoristique, un documentaire sur les dinosaures et un récit de vie.

- ***Mon chat Ouma*** : pour commencer avec une histoire en randonnée animalière.

- ***Le plus féroce des loups*** : c'est l'occasion d'aborder l'univers des contes.
- ***Splat, agent secret*** : on aborde ici avec humour le thème des enquêtes policières.
- ***Dokéo, Les dinosaures*** : permet aux élèves d'aborder le livre documentaire.
- ***Souvenirs de Gibraltar*** : on termine l'année par un récit de vie émouvant.

Les outils pour l'enseignant(e)

Le guide pédagogique :
Il propose la mise en œuvre de toutes les séances et donne des indications concrètes pour mettre en place la **différenciation**, ainsi qu'une programmation générale pour les enseignants(es) souhaitant travailler en parallèle les deux fichiers.
- La première partie propose l'exploitation de chaque unité du fichier d'apprentissage du code.
- La seconde partie explicite, séance par séance, chaque page du fichier de lecture-compréhension.

Le fichier à photocopier :
Il propose des fiches d'**écriture**, des fiches de **lectures du soir**, des **bilans**, des fiches de **différenciation** (jeux), des fiches d'**exercices** et des **étiquettes à découper**.

Les outils de la méthode téléchargeables gratuitement : les fiches de lectures du soir et les bilans en format Word pour pouvoir les modifier en fonction des besoins des élèves, les affichettes des mots-repères...

La version numérique enseignant avec les fichiers élève vidéoprojetables, un espace personnel pour préparer les cours et le guide pédagogique.

Organisation générale

• Dans le **fichier code**, les sons sont étudiés sur **deux ou quatre pages.** Chaque son est étudié en **deux (ou quatre) séances** selon sa difficulté, une séance dédiée à la **discrimination auditive** du phonème et une séance à la **discrimination visuelle du graphème.** Régulièrement, des bilans sont proposés (un par période).

Les exercices sont **récurrents** afin de permettre aux élèves d'être **autonomes.** Pour chaque séance, le guide propose des **activités orales** indispensables avant de passer aux exercices du fichier.

• **Le fichier de lecture-compréhension** est divisé en **5 périodes** regroupant chacune des activités de **lecture**, de **vocabulaire** et de **production d'écrits.** Précédant la première période, une partie intitulée « Bonjour le CP ! » permet de faire le lien entre la maternelle et l'élémentaire. Puis, chacune des périodes est constituée d'un **texte d'auteur** de littérature de jeunesse (œuvre complète) divisée en **8 épisodes** (7 épisodes pour la période 1), d'une **double page *Vocabulaire*** (une seule page pour la période 1), d'une **double page *Écrire*** (une seule page pour la période 1), d'une **double page** qui permet d'aborder un **autre type de texte** sur le même thème et enfin d'une ouverture sur d'**autres histoires à écouter**, toujours en lien avec le thème de la période (lectures en réseau). Chaque période constitue un travail à réaliser sur **six semaines.**
Un **bilan** (fiche à photocopier) est proposé à l'issue de chaque période.

Trampoline propose également des activités de **différenciation** pour permettre à l'enseignant(e) d'adapter sa pédagogie aux besoins de ses élèves.

Les principes fondamentaux

Cette collection s'inscrit dans le cadre des programmes 2016.
On peut en résumer les principes fondamentaux ainsi :
- Aborder la lecture par toutes ses composantes : maitrise du code, accès à la compréhension, lecture de textes variés issus de la littérature de jeunesse.
- Pratiquer l'oral régulièrement et systématiquement.
- Mettre la production d'écrits, le vocabulaire et l'étude de la langue au service de la lecture.
- Rendre les élèves autonomes devant les exercices.
- Permettre à tous les élèves de progresser grâce à la différenciation.

Aborder la lecture par toutes ses composantes : maitrise du code, accès à la compréhension, lecture de textes variés

L'enseignement du code est primordial. Il est essentiel au CP d'enseigner de manière explicite les correspondances entre les lettres et les sons.

Cet apprentissage est mis en place **dès la rentrée de façon systématique, chaque jour.** Ce travail est associé à un **travail d'écriture** car il est nécessaire d'accorder du temps à l'encodage. Il faut également pratiquer plusieurs fois par semaine des dictées de syllabes, de mots et de phrases que l'enseignant(e) choisira selon les besoins de ses élèves.

La compréhension des histoires des albums est d'abord travaillée dans le guide du maitre par un **questionnement oral** portant sur l'épisode écouté (puis au cours de l'année, lu) en classe. Ce travail est ensuite renforcé dans le fichier de lecture-compréhension par des **exercices écrits** ou sous forme de **dessins.**

Les textes choisis sont des textes **d'auteurs de littérature de jeunesse.** Variés et motivants, ils permettent aux élèves d'en découvrir les différentes caractéristiques : texte documentaire, récit « policier », conte détourné ou encore récit de vie. La partie « Écouter un autre texte » aborde d'autres types de textes : théâtre, BD, texte injonctif... en lien avec le thème de la période.

Pratiquer l'oral systématiquement

L'apprentissage de l'oral est déterminant au CP. Les élèves entreront dans l'écrit d'autant plus facilement qu'ils bénéficieront d'une maitrise de l'oral suffisante.

Les objectifs du langage oral sont nombreux : s'exprimer de façon concise, décrire, raconter, reformuler, exposer, demander... L'ensemble nécessite de travailler sur l'intelligibilité, l'intensité, l'articulation, la syntaxe ou encore le vocabulaire.

Les programmes 2016 précisent que « *Les séances consacrées à un entrainement explicite de pratiques langagières (raconter, décrire, expliquer, prendre part à des interactions) gagnent à être incluses dans les séquences constitutives des divers enseignements et dans les moments de régulation de la vie de classe.* »

Les **visuels** présents dans le **fichier de lecture-compréhension** (page d'ouverture de période, introduction de la partie vocabulaire, illustrations dans « Écouter un autre texte », couvertures dans « D'autres histoires à écouter ») permettent de travailler l'oral et sont l'occasion de pratiquer des séances d'explication, de mémorisation, voire de réinvestissement. Le guide pédagogique aide les enseignants(es) dans ces moments de pratique de l'oral.

Quelques exemples :

Programmes 2016	*Trampoline*
Rappels de récits entendus ou lus.	Systématiquement, en début de séance de lecture.
Présentation des conclusions tirées d'une séance d'apprentissage, d'une lecture documentaire, avec réutilisation du vocabulaire découvert en contexte.	À faire particulièrement au moment du travail sur le texte documentaire *« Dokéo, Les dinosaures ».*
Présentation d'un ouvrage, d'une œuvre.	À envisager à partir des pages « D'autres histoires à écouter ».

À partir de l'étude de la **page de couverture de l'album**, l'élève anticipe le contenu du texte. L'enseignant(e) apporte le vocabulaire nécessaire à la compréhension et l'élève émet des hypothèses : *Que va-t-il se passer ? Qui est le personnage ? Où l'histoire se déroule-t-elle, etc.*

Dans *Trampoline*, les moments de langage sont de véritables situations de communication afin de permettre à l'enfant de développer des compétences langagières indispensables.

Des **fiches d'oral** et une **fiche de lecture à voix haute** sont proposées dans le fichier à photocopier.

• Les **fiches d'oral** (une par période) : elles proposent différentes mises en situations pour mieux parler, expliquer, argumenter (sketchs, histoires en images...).

• La **fiche de lecture à voix haute** porte sur l'album *Mon chat Ouma* et servira de modèle pour les autres albums, pour lesquels il faudra adapter la démarche. Elle permet d'élaborer ensemble une grille des critères de réussite propres à la lecture du texte. Le fait d'utiliser des albums facilite l'entrainement de la lecture à voix haute de l'histoire à un auditoire. Le sens de l'histoire et son déchiffrage ayant été travaillés tout au long de la période, les élèves peuvent s'entraîner à relire les différents épisodes pour travailler la fluidité de la lecture et la qualité de l'expression.

Cet entrainement renforce grandement les compétences de déchiffrage.

Ce travail peut être mené dans une dynamique de projet où les élèves ont pour objectif de lire leur livre à d'autres classes de l'école ou aux parents.

Plusieurs organisations de lecture sont possibles. Exemple pour *Mon chat Ouma* :

1. Par groupe de **7 élèves**. Chaque élève lit un épisode.

2. En ajoutant des lecteurs pour les dialogues : un élève lit toutes les paroles d'Ouma, un autre élève celles de la poule, un autre celles du lapin et de même pour le perroquet, le poisson, Momo et le chien. Soit un groupe de **14 élèves.**

3. Avec un narrateur et 7 personnages, soit un groupe de **8 élèves.**

Dans tous les cas, on peut ajouter un élève qui lit le titre de l'histoire.

Les séances, de 10 ou 15 minutes chacune, sont réparties tout au long de la semaine. Elles sont précédées, pour chaque type de texte, d'une séance de recherche collective des critères de réussite propres au texte lu.

Mettre le vocabulaire, la production d'écrits et l'étude de la langue au service de la lecture

Les programmes de 2016 précisent « *lecture et écriture sont deux activités intimement liées* »... « *écrire est l'un des moyens d'apprendre à lire* ».

• ***Le vocabulaire du fichier de lecture-compréhension***

Une double page « vocabulaire » par période permet à l'élève **d'enrichir son bagage lexical** sur un thème donné. L'objectif n'est pas ici la mémorisation orthographique, mais bien l'acquisition d'un lexique qui sera **réinvesti dans les pages d'écriture** qui suivent.

Il est nécessaire que les élèves acquièrent des mots nouveaux, qu'ils les comprennent et les mémorisent afin de les employer pour s'exprimer de façon plus précise. Les activités proposées dans cette double page de vocabulaire permettent aux enfants d'acquérir du lexique et de le réinvestir aussitôt dans des pages de production d'écrits.

Ce travail permet à l'enseignant(e), sans formaliser et sans faire de leçon spécifique, d'aborder par des activités de **classement**, de **comparaison**, d'**opposition**, une réflexion sur la langue en général et sur le vocabulaire en particulier.

Ces pages débutent par une illustration sur le thème de la période. Collectivement, les enfants trouvent les mots qui correspondent au thème, l'enseignant(e) apporte, si besoin, le lexique nouveau. Un travail de réinvestissement et de structuration est ensuite proposé. Lors de la dernière activité, les élèves construisent eux-mêmes leur liste de mots. Un classement est proposé et les élèves le continuent, se constituant ainsi tout au long de l'année un véritable **répertoire de mots.**

En parallèle de ces pages « vocabulaire », *Trampoline* propose de travailler le lexique **quotidiennement**, par des **activités systématiques.**

• *Le vocabulaire au quotidien : travail collectif*

Lors de l'étude de chaque épisode, il est important de proposer des séances quotidiennes de vocabulaire.

Au cours des deux journées d'étude d'un épisode, les séances 2, 3 et 4 ne se font pas au moment de la séance de lecture.

Jour 1

Séance 1. Les mots difficiles de l'épisode (les mots illustrés et ceux qui peuvent plus ou moins poser problème en fonction des classes) sont repérés et écrits dans un coin du tableau. Les élèves cherchent une définition à l'aide du contexte puis l'enseignant(e) apporte la définition exacte qui est écrite en face du mot correspondant au tableau. Ces mots et ces définitions resteront pendant les deux jours d'étude de chaque épisode.

Séance 2. Au cours de la même journée, l'enseignant(e) cache les mots (même si les élèves ne savent pas encore lire, cette démarche sera la même tout au long de l'année) et il relit les définitions (pas forcément dans l'ordre). Les élèves doivent retrouver le mot correspondant.

Jour 2

Séance 3. Cette fois, les définitions sont cachées et les élèves doivent essayer de les retrouver.

Séance 4. Les mots et leurs définitions sont apparents. Les élèves doivent employer ces mots dans des phrases de leur invention.

• *La production d'écrits*

Faire écrire les élèves est une nécessité. Les activités déjà mises en place en maternelle sont nombreuses : dictée à l'adulte, écriture inventée, etc. Au CP, il conviendra de pratiquer très régulièrement des activités d'encodage, soit des dictées de syllabes ou de mots connus, soit des écrits de mots par tâtonnements.

Dans les pages de lecture consacrées aux épisodes de l'histoire, *Trampoline* propose systématiquement un **exercice de production d'écrits.** Un travail de **production d'écrits** plus conséquent **autour d'un projet d'écriture** est également proposé dans **les doubles pages d'écriture.**

• *L'étude de la langue*

Les instructions officielles rappellent que *« les objectifs de l'étude de la langue au cours du cycle 2 sont liés à la lecture et à l'écriture. Les connaissances acquises permettent de traiter des problèmes de compréhension et des problèmes orthographiques »*. Le travail en étude de la langue est un élément essentiel de l'entrée dans la lecture.

Trampoline, dans le fichier de lecture-compréhension, insiste en première période sur l'**identification d'un texte**, d'une **phrase** et sur la **ponctuation.** Il faut poser les bases, en s'assurant que le lexique utilisé est compris des élèves (phrase, mot, ligne, point...). Ce repérage dans le texte est essentiel pour permettre aux élèves d'accéder à la compréhension. Les élèves travailleront, au cours des autres périodes, le **genre**, le **nombre**, le **verbe** et l'**adjectif** à l'aide de quelques exercices. Il n'est pas question cependant de faire des « leçons de grammaire », mais, comme l'indiquent les instructions officielles, il conviendra de **s'appuyer essentiellement sur l'oral** et de manipuler la langue en effectuant des transformations. Concrètement, l'enseignant(e) fait de grandes affiches qui permettent de collecter des mots illustrant les différentes notions à étudier. Les mots seront collectés tout au long des épisodes. L'enseignant(e) gagnera à enrichir ces affiches au fil de son travail quotidien, et pas seulement en lecture.

Programmation de l'étude de la langue sur les 5 périodes

	Compétences	Démarche	Mise en œuvre
Période 1	**Identifier les phrases** d'un texte en s'appuyant sur la ponctuation (point et majuscule).	Des exercices oraux permettront d'abord d'évaluer les « pré-requis » des élèves (ligne, lettre, mot) ou les compétences à acquérir. Les activités orales puis écrites sont centrées sur des phrases très simples.	Exercices dans le fichier dans la partie « Bonjour le CP ! » autour des mots et des phrases. Exercices dans les différents épisodes de *Mon chat Ouma* autour des mots, des phrases, des articles.
Période 2	**Le genre des noms**	Activités de tri et de catégorisation pour construire la notion de genre avec la manipulation du déterminant. En fin de collectes et/ou de manipulation, une synthèse avec affichage est réalisée.	**Mise en œuvre** Les collectes serviront à observer les variations : *le loup/la tanière/une faim/un chasseur/un lapin/un oiseau/un ogre…* Catégoriser noms masculins/féminins/varier les déterminants. Épisodes 7 et 8 du fichier : Choisir un article en fonction du nom.
Période 3	**Le nom :** retrouver les marques du pluriel d'un nom	Activités de tri et de catégorisation pour construire la notion de nombre. Les transpositions permettront la manipulation de la langue. En fin de collectes et/ou de manipulation, une synthèse avec affichage est réalisée.	**Mise en œuvre** Les collectes serviront à observer les variations : *le canard/les canards – le souriceau/les souriceaux – une photo/des photos – une empreinte /des empreintes…* Transposer des phrases du singulier au pluriel et inversement : observer les variations. Épisodes 7 et 8 du fichier : Classer des mots selon leur genre. Transformer un nom au singulier en le mettant au pluriel ou l'inverse.
Période 4	**Le verbe** : retrouver un verbe dans une phrase	Activités de jeux qui utilisent la manipulation et la transformation. Exercices oraux d'observation des variations de la langue qui aboutissent à une catégorisation. Les transpositions permettront la manipulation de la langue. En fin de collectes et/ou de manipulation, une synthèse avec affichage est réalisée.	**Mise en œuvre** Les collectes de verbes serviront à observer la variation -e/ent : *il pousse/il repère/il fonce/il essaie/il arrache/il avale/ils entourent/ils pointent…* – Faire varier les verbes à la 3e personne du pluriel. – Observer des verbes au passé composé (verbes en « deux parties ») : *Son squelette a été découvert…/Nous avons étudié…/On a renforcé…/On a dessiné…/On a photographié…/On a numéroté…* – Introduction de la notion passé/présent/futur à partir de ces collectes. Épisodes 7 et 8 du fichier : Associer un pronom à un verbe. Retrouver un verbe dans une phrase.
Période 5	**L'adjectif :** repérer le mot qui apporte des précisions sur le nom	Même démarche qu'en Période 4. Ce travail sur l'adjectif sera réinvesti dans la production d'écrit.	**Mise en œuvre** Les collectes d'adjectifs serviront à observer les variations des adjectifs au féminin en utilisant la lettre muette *e* : *amusé/brillant/joli/long/longue/bleu/exposé/rouillé/ému/rafistolé/sale/moche/tordu/rigolo…* Épisodes 7 et 8 du fichier : Identifier et utiliser des adjectifs.

Présentation de la méthode

Rendre les élèves autonomes

Rendre les élèves autonomes est une priorité pour l'enseignant(e). Il convient donc de les aider à accéder à cette autonomie. *Trampoline* incite les élèves à devenir autonomes même si, dans un premier temps, un accompagnement est nécessaire. L'enseignant(e) doit expliciter ses attentes sur :

- La tâche que doit accomplir l'élève.
- Ce qu'il peut faire s'il n'y arrive pas :
  - Regarder dans les pages précédentes si un exercice du même type a déjà été fait.
  - Essayer de lire et relire la consigne.
  - Regarder l'exercice et deviner ce qu'il faut faire.
  - Demander de l'aide à un camarade en chuchotant...
  - Faire un autre exercice.
  - Attendre que le maitre ou la maitresse soit disponible pour l'aider...
- Ce qu'il peut faire s'il a fini :
  - Faire un exercice de différenciation ⊕.
  - Aller chercher un livre à la bibliothèque.
  - Faire un dessin.
  - Aider un camarade...

Cette autonomie doit permettre à l'enseignant(e) de se dégager du temps afin de prendre un groupe à part et d'aider les élèves qui en ont besoin.

Dans le **fichier d'apprentissage du code**, des indications claires (couleur des verbes, pictos), des procédures récurrentes aideront les élèves. Les exercices proposés sont identiques d'une unité à l'autre. Cette démarche permet aux élèves d'être autonomes car ils retrouvent facilement la consigne et se mettent alors rapidement en activité. Cette autonomie permet à l'enseignant(e) de gérer éventuellement un autre groupe d'enfants dans la classe.

L'autonomie des élèves est renforcée par la présence de **pictos.** Pendant toutes les périodes 1 et 2, chaque consigne est associée à un picto. Un travail en tout début de fichier permet aux élèves de se les approprier. Ils peuvent également se référer à tout moment au plat 2 de couverture.

Enfin, il conviendra de s'assurer que les élèves soient en mesure de faire leurs exercices en levant toutes les incertitudes. Avant de faire travailler les enfants individuellement, il faut expliquer les exercices, nommer les dessins, s'assurer qu'il n'y ait pas d'incompréhension.

Permettre à tous de progresser grâce à la différenciation

Les classes sont composées d'élèves de niveaux hétérogènes. Afin de réduire les disparités sociales et culturelles et de faire progresser tous ses élèves, l'enseignant(e) se doit de différencier ses apprentissages. *Trampoline* permet de mettre en place cette démarche grâce à un **codage**, facilement identifiable par les enfants : ⊕. L'enseignant(e) choisit d'imposer un exercice ou laisse l'élève déterminer lui-même son degré de difficulté. Cette **différenciation** porte parfois sur du **quantitatif** (exercices supplémentaires), mais le plus souvent sur du **qualitatif** (niveau de difficulté, présentation...). Un étayage est aussi proposé, comme l'utilisation d'étiquettes afin d'aider les élèves qui ont des difficultés à écrire ou la possibilité de s'appuyer sur une phrase modèle. Ce cadre, très souple, permet à l'enseignant(e) de s'adapter à ses élèves.

D'autres **conseils de différenciation** sont également proposés dans les **commentaires des différentes séances** pédagogiques. Ainsi, pour chaque exercice, la consigne est précisée et des conseils pour aider les élèves en difficulté sont suggérés. Ces conseils sont adaptables pour la classe entière si besoin. Enfin, une proposition d'organisation pédagogique est parfois donnée afin d'aider l'enseignant(e) dans la gestion de sa classe.

Pour les élèves qui rencontrent des difficultés et confondent parfois certains phonèmes ou graphèmes, des **exercices de consolidation** portant sur les **confusions sonores** ou **visuelles** les plus fréquentes sont proposés à la **fin du fichier code**. Ils sont déchiffrables par les élèves, à condition bien entendu qu'ils soient réalisés après l'étude des sons ou graphèmes concernés.

L'évaluation : les bilans

Les **bilans** évaluent les compétences des élèves à un moment donné. Ils permettent de suivre leur évolution et leur progression tout au long de l'année. En début d'apprentissage, on procède à une évaluation diagnostique. En cours d'apprentissage, on est amené à évaluer et à remédier immédiatement, le fichier est alors un outil sur lequel l'enseignant(e) peut s'appuyer. En fin d'épisode, on procède à une évaluation sommative de contrôle des connaissances.

• *Bilans code*

Ils sont proposés dans le fichier d'apprentissage du code, après 8 ou 9 sons étudiés. Volontairement, dans la programmation, il n'est pas prévu de faire passer ces bilans le même jour voire la même semaine que les bilans compréhension, afin de répartir la charge de travail pour les élèves.

L'évaluation par compétence permet de pointer précisément les résultats et de mettre en place une remédiation si besoin. C'est pourquoi les auteurs proposent systématiquement deux séances de remédiation après chaque bilan code. L'enseignant(e) synthétise les résultats des élèves et propose de travailler en groupes de besoin. Il pourra bien évidemment s'appuyer sur les pages « consolidation » du fichier. Selon les erreurs ou les difficultés répertoriées, il pourra également proposer des activités sur le modèle de celles du fichier ou apporter d'autres types d'exercices. (Voir l'explication des différents types d'exercices du fichier code « Progression des exercices » page 9.)

• *Bilans lecture-compréhension*

Ils sont proposés dans le fichier à photocopier. Les compétences travaillées dans ces bilans suivent les progrès des élèves et sont donc amenées à évoluer au cours de l'année. C'est pourquoi ce ne sont pas systématiquement les mêmes en début et en fin d'année. (Exemple : la compétence « associer des syllabes » apparait uniquement dans les bilans 1, 2 et 3). Ces bilans sont également téléchargeables en ligne sur le site Nathan et modifiables par l'enseignant(e) selon les besoins de sa classe.

Organisation et périodicité des bilans lecture-compréhension :

Compétences évaluées lors des bilans	Bilan 1	Bilan 2	Bilan 3	Bilan 4	Bilan 5
Lire des mots outils	(ex. 6)	(ex. 8)	(ex. 1)	(ex. 1)	(ex. 1)
Lire des mots connus		(ex. 9)	(ex. 2)	(ex. 2, 3, 4)	(ex. 2)
Associer des syllabes	(ex. 8)	(ex. 5)	(ex. 3)		
Lire des mots inconnus		(ex. 10)			(ex. 3)
Retrouver la chronologie d'un texte	(ex. 3)		(ex. 4)	(ex. 6)	
Comprendre une phrase, un texte		(ex. 6)	(ex. 5)	(ex. 7)	(ex. 5, 6, 7, 8)
Reconstituer une phrase	(ex. 5)	(ex. 4)	(ex. 6)	(ex. 5)	(ex 9)
Retrouver les caractéristiques d'un texte			(ex. 8)	(ex. 9, 10)	
Retrouver les personnages	(ex. 4)	(ex. 1)			(ex. 4)
Étude de la langue (selon compétence de la période)	(ex. 1,2)	(ex. 7)	(ex. 7)	(ex. 8)	(ex. 10)

Pour la classe, on peut envisager un tableau de ce type afin d'avoir une vision globale de l'évolution des élèves sur certaines compétences. L'enseignant(e) peut faire évoluer ce tableau en ajoutant par exemple « lecture de mots outils » en bilan 4 si besoin.

B = Bilan

	Lire des mots outils				**Lire des mots connus**				**Comprendre une phrase, un texte**				**Reconstituer une phrase**					**Étude de la langue**				
	B1	**B2**	**B3**	**B5**	**B2**	**B2**	**B3**	**B5**	**B2**	**B2**	**B3**	**B5**	**B1**	**B2**	**B3**	**B4**	**B5**	**B1**	**B2**	**B3**	**B4**	**B5**
élève 1																						
élève 2																						
élève 3																						
...																						

Les bilans sont à faire passer à la fin de chaque période.

Prévoir 5 à 10 minutes par exercice.

Faire passer individuellement la lecture des mots outils connus, ainsi que le texte de l'exercice 3 du bilan 5 et noter le nombre de mots lus. Pour les autres exercices, les faire passer successivement, après s'être assuré(e) que les élèves comprennent la consigne.

En début de séance d'évaluation, expliquer aux élèves que l'objectif de ces bilans est de savoir ce qu'ils ont appris et retenus et leur préciser sur quel texte ils vont travailler (*Ouma*, *Splat*, etc.).

Organisation et progression des exercices sur une période

Le fichier d'apprentissage du code

• ***Organisation et périodicité***

L'étude des correspondances grapho-phonétiques se fait par l'étude du son puis par celle du ou des graphème(s) associés.

Chaque séance de code est systématiquement précédée d'un petit **exercice de phonologie**.

La découverte du son étudié, préalable aux exercices du fichier, se fait à travers les prénoms de la classe, une comptine ou des mots de lecture déjà rencontrés.

Dans un premier temps, la discrimination auditive permet de consolider la conscience phonologique qui a déjà été construite à l'école maternelle à travers des jeux de langage appropriés, puis vient le travail sur la recherche de la place du son dans le mot. Pour s'inscrire dans la continuité des enseignements de l'école maternelle ne sont prises en compte que les syllabes orales.

L'étude de la ou des graphies associées au son vient ensuite.

La phase suivante est l'entrée dans la combinatoire et, très vite, l'élève est amené à lire et produire des syllabes de trois ou quatre lettres pour lui permettre de se poser en chercheur lors du décodage et ainsi d'automatiser la lecture de syllabes plus complexes.

Selon les dernières études sur l'apprentissage de la lecture, il convient d'étudier **au moins deux sons par semaine.** Mais chaque enseignant(e) est bien entendu libre d'adapter la progression à sa classe.

• ***Progression des exercices***

Les exercices 1, 2, 3 et 4 permettent de travailler **la discrimination auditive.**

L'exercice 5 permet à l'élève de visualiser les **différentes graphies** du son étudié. Il initie la découverte du ou des graphèmes associés au son.

Les exercices 6, 7 et 8 travaillent l'**encodage.**

La rubrique « Je m'entraine »

Les élèves doivent absolument s'entrainer à lire régulièrement et systématiquement des syllabes et des mots. C'est pourquoi *Trampoline* reprend dans cette rubrique des graphèmes connus des élèves. De manière très progressive, en pratiquant un retour en arrière si besoin, les élèves vont décoder des mots, des phrases, puis des petits textes en fin d'année. **Cet entrainement est indispensable.** Tous les mots, phrases ou textes à lire de cet encadré (sauf pour les deux premiers sons et les mots illustrés et découpés en syllabes avant le bilan 2) sont **entièrement décodables** par l'élève dans la mesure où la progression suivie est celle du fichier. Les lettres muettes sont grisées jusqu'au bilan 4.

Le fichier de lecture-compréhension

• ***Organisation et périodicité***

Il est conseillé de travailler au maximum **trois semaines sur le texte de l'album,** soit deux jours par épisode environ, afin d'éviter une lassitude des élèves. Des programmations par période sont proposées pages 13 à 18. Les **pages « vocabulaire »** sont à travailler sur deux jours afin de permettre aux élèves d'acquérir un lexique suffisant pour travailler **trois jours sur la production d'écrits.** Les pages **« Écouter un autre texte »** font l'objet d'une séance par jour sur trois jours et la période se termine sur la découverte d'autres histoires en réseau.

En parallèle, il est en effet nécessaire de lire aux enfants d'autres récits en lien avec le thème étudié. Il n'est pas indispensable non plus d'attendre la dernière semaine pour travailler les deux dernières parties portant sur d'autres textes.

En CP, une séance ne doit pas durer plus de **45 minutes,** pendant lesquelles il convient de varier les situations et d'alterner les temps de travail collectifs et individuels.

• ***Progression des exercices***

Systématiquement, une **grande partie du texte de l'histoire étudiée est reprise dans le fichier** de compréhension, découpée en **épisodes.** Des activités sont proposées sur ces textes : retrouver des mots, des phrases, mettre en valeur la ponctuation ou les paroles des personnages... En manipulant ainsi directement le corps du texte, l'élève va se l'approprier peu à peu et progresser.

Les premiers exercices travaillent la **compréhension de l'épisode.** Par l'intermédiaire d'un visuel ou de phrases simples, *Trampoline* amène les élèves à s'interroger sur le texte lu. Exemple : exercice 1 page 18, *Entoure l'endroit où dort le perroquet.*

Les exercices suivants permettent de travailler sur la **reconnaissance de mots** du texte. C'est principalement dans l'exercice 3 que les **mots outils** seront étudiés.
Exemple : exercice 3 page 22, *Colorie ces mots dans le texte.*

Ces exercices sont en général suivis d'un exercice qui, en terminant la première séance, revient sur les mots appris et permet de travailler sur l'**identification** puis très rapidement sur le **décodage de mots inconnus simples** et de reconnaitre des **mots fréquents.**
Exemple : exercice 5 page 18, *Relie les deux écritures de chaque mot. Puis recopie le mot.*

Pour les six premiers épisodes, l'exercice 5 ou 6 (sauf pour l'épisode 1 de la période 1) permet de faire comprendre qu'un mot est composé de lettres.
Exemple : exercice 6 page 23, *Colorie les lettres du mot « chambre ».*

Pour les **épisodes 7 et 8 des périodes 2 à 5,** cet exercice a un **objectif d'étude de la langue.**

Enfin, l'exercice « *Entraine-toi* » aborde les mots étudiés dans les exercices précédents, que les élèves peuvent éventuellement lire. Les **mots outils** sont « rangés » dans une petite valise, afin que les élèves les repèrent facilement et se les approprient rapidement. Cet exercice systématique a pour objectif de **faire lire très régulièrement** les enfants et de leur **faire réinvestir à l'oral les mots appris.** L'entrainement est indispensable afin de les faire progresser régulièrement en lecture silencieuse, mais également en lecture à haute voix. De nombreux dispositifs peuvent être mis en place :
- Prendre un petit groupe d'élèves pendant que les autres sont en autonomie sur le fichier.
- Pour la lecture des phrases puis des textes, utiliser la théâtralisation, moment toujours motivant. Un élève joue le rôle d'un personnage et un autre celui du narrateur.
- Lire à deux, en même temps.
- Lire une phrase chacun son tour.
- Lire et s'enregistrer, voire créer un livre numérique avec des logiciels de type « Didapage ».

Il conviendra de multiplier et systématiser ces moments de **lecture à haute voix,** notamment pour les élèves plus fragiles. Cette phase est une des clés de la réussite dans l'apprentissage de la lecture.

La correction des exercices

La correction s'effectue, **selon le choix de l'enseignant(e),** de manière collective après chaque exercice, par deux ou en petits groupes, ou encore individuellement.

L'écriture

Les élèves qui arrivent au CP ont des **niveaux de maitrise du geste très différents** pour des raisons physiologiques et parfois d'apprentissage.

Il faut proposer un **entrainement quotidien du geste d'écriture** tout en ayant à l'esprit ces différences de maturité physiologique. Il n'est pas possible d'avoir le même résultat pour tous les élèves mais tous vont progresser et tous sauront écrire avec aisance si on évite les crispations dues à la mauvaise prise en compte de leur diversité.

Les séances d'écriture de la première période (fiches à photocopier) proposent une **révision des formes qui sous-tendent l'écriture** : les boucles, les ronds, les guirlandes, les ponts.

Pour chaque **catégorie de geste**, on apprend à **tracer les lettres qui comportent ces formes**, puis on s'entraine à **l'écriture de mots**. Les mots sont choisis pour correspondre à un enchainement de gestes déjà maitrisés qui peuvent être mémorisés. Ce ne seront donc pas forcément les mots des textes de lecture. Après la période 1, quand toutes les formes de base auront été revues, les modèles d'écriture s'appuieront souvent sur les acquisitions lexicales faites lors de la lecture (textes ou code).

On entrainera les élèves à la mémorisation de tracés en relation avec la signification du mot.

Le dernier exercice d'une fiche d'écriture est d'écrire « les yeux fermés » le mot copié précédemment pour entrainer à la mémorisation de mots par la fixation de leur tracé. En amenant les élèves à se le représenter mentalement, le mot est mieux mémorisé. Cette compétence doit s'exercer dans tous les cas de copie.

Trampoline propose une **fiche d'écriture par jour** (20 min) et une **fiche de révision chaque semaine.**

Avant de faire travailler les élèves sur les fiches, il est important de :
- S'assurer qu'ils sont bien assis.
- Rappeler comment il faut tenir son crayon.
- Annoncer l'objectif d'apprentissage de la séance.
- Faire réaliser le tracé avec le doigt dans l'espace avant de le reproduire sur la feuille.
- Décrire le mouvement réalisé en employant des termes de description constants qui permettront de mieux comprendre et de mieux mémoriser le geste.

Après ces mouvements amples du bras, les élèves peuvent s'exercer sur l'ardoise. Cet outil permet de s'entrainer plusieurs fois afin de dépasser les difficultés. Sur la fiche, l'entrainement est réduit et la trace est plutôt celle qui permet de constater le niveau de maitrise de l'élève.

Le recours à l'ardoise peut donc se faire à chaque fois qu'un entrainement est nécessaire. **Il est une variable de différenciation.**

Sur chaque fiche, la progression proposée demande à l'élève d'écrire :
- Sans lignes mais dans un espace.
- Sur une ligne de base sans interlignes.
- Entre deux interlignes.
- Avec les différentes lignes repères (Seyes).

Cette progression doit permettre à l'enseignant(e) de se rendre compte si certains élèves rencontrent des difficultés particulières dans le respect de la taille des tracés et dans leur adaptation aux lignes repères.

Différenciation :
- La fiche peut être reproduite et modifiée pour proposer d'entrainer particulièrement le niveau de contrainte où commence la difficulté. Les espaces de la fiche délimitant les zones de tracé peuvent être agrandis si les élèves n'arrivent pas à contrôler l'ampleur de leur geste.
- Ne pas insister sur les niveaux qui mettent l'élève en échec et qui pourront être repris. On peut parfois ne les proposer qu'à la seconde période. En revanche, l'ensemble des tracés de base sera travaillé par toute la classe dès la première période.
- Avec des tablettes numériques, les élèves peuvent utiliser une application qui permet de tracer avec son doigt.
- Les élèves qui maitrisent mal leur geste peuvent s'entrainer sur des supports verticaux de grande largeur (tableau, piste graphique sur le mur). Ils sollicitent ainsi les articulations du coude et de l'épaule comme lors de l'écriture dans l'espace, recommandée en préambule du travail. Cette motricité ample est maitrisée avant celle des doigts. Cela permet aux élèves d'apprendre le geste sans développer de crispations. Le temps de tracé sur feuille sera réduit d'autant.
- Pour mieux maitriser les paramètres de taille et de pression de l'écriture, il est intéressant de proposer des jeux de contraste : écrire très grand puis très petit, écrire en appuyant fortement sur son crayon ou effleurer la feuille.

Exemple : **Fiche d'écriture 1**

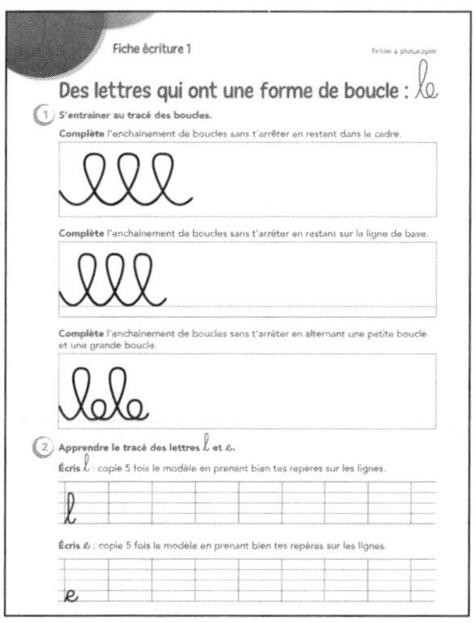
Fiche écriture 1
Fichier à photocopier
Des lettres qui ont une forme de boucle : le
1 S'entrainer au tracé des boucles.
Complète l'enchainement de boucles sans t'arrêter en restant dans le cadre.
Complète l'enchainement de boucles sans t'arrêter en restant sur la ligne de base.
Complète l'enchainement de boucles sans t'arrêter en alternant une petite boucle et une grande boucle.
2 Apprendre le tracé des lettres l et e.
Écris l : copie 5 fois le modèle en prenant bien tes repères sur les lignes.
Écris e : copie 5 fois le modèle en prenant bien tes repères sur les lignes.

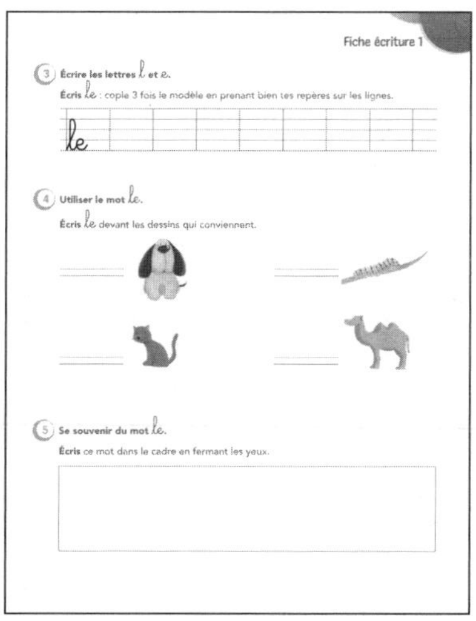
Fiche écriture 1
3 Écrire les lettres l et e.
Écris le : copie 3 fois le modèle en prenant bien tes repères sur les lignes.
4 Utiliser le mot le.
Écris le devant les dessins qui conviennent.
5 Se souvenir du mot le.
Écris ce mot dans le cadre en fermant les yeux.

Programmation générale

	Lecture-compréhension	Vocabulaire Langage oral Production d'écrit	Étude de la langue	Étude du code
Période 1	**Histoire-randonnée** • *Mon chat Ouma* Jack Fontaines **Autre texte** • *Règle du jeu de l'oie*	• **Des mots sur les animaux** chat, lapin, vache, étable, écurie, clapier… • Dire des consignes • Écrire une phrase sur un animal et sa maison	• Identifier **les mots** et **les phrases** d'un texte en s'appuyant sur **la ponctuation** (point et majuscule)	/a/ /i/ /r/ /u/ /l/ /m/ /ou/ /p/ **Bilan 1** /t/
Période 2	**Conte détourné humoristique** • *Le plus féroce des loups* Sylvie Poillevé **Autre texte à écouter** • *Une drôle d'histoire* (théâtre)	• **Les mots des contes** lutin, princesse, sorcière, chaudron, balai… • Raconter une histoire • Écrire une partie de conte	• **Le genre des noms :** masculin / féminin	/tr/ /o/o ; au ; eau /d/ dr ; pr ; pl ; tr /n/ /on/ on ; om **Bilan 2** /v/ /e/ e
Période 3	**Récit policier humoristique** • *Splat, agent secret* Rob Scotton **Autre texte à écouter ou à lire** • Une bande dessinée	• **Les mots du récit policier** énigmes, enquête, indices… • Argumenter, défendre un point de vue • Écrire une partie de récit policier	• **Le nombre** : retrouver les marques du pluriel d'un nom • Transformer un nom singulier en le mettant au pluriel	/s/ s ; ss ; c ; ç /an/ an ; am ; en ; em /ch/ /k/ c ; qu ; k /f/ f ; ph /oi/ **Bilan 3** /b/ br ; bl ; pr ; pl
Période 4	**Texte documentaire** • *Les dinosaures* Cécile Jugla **Autre texte à écouter ou à lire** • Un article de journal	• **Les mots de la science** squelette, fossile, empreinte… • Expliquer, décrire • Écrire des devinettes	• **Le verbe** : retrouver un verbe dans une phrase	/é/ é ; er ; ez la lettre h /z/ s ; z /j/ j ; g /in/ in ; ain ; ein la lettre o /è/ è ; ê ; ai ; ei ; et **Bilan 4** /g/ g
Période 5	**Récit de vie** *Souvenirs de Gibraltar* Laurence Gillot **Autre texte à écouter ou à lire** • Une poésie	• **Les mots des émotions** l'amour, l'espoir, la colère, la haine… • Raconter un film • Écrire en parlant des émotions	• **L'adjectif** : différencier des objets grâce à des mots qui les qualifient	/eu/ eu ; œu /gn/ /è/ ett ; ell ; ess ; ec ; es ; er /oin/ /i./ ien ; ian ; ion ; ieu ; ier /.y./ /ill/ /ail/ /eil/ /euil/ /ouil/ la lettre x **Bilan 5**

Écriture : fiches à photocopier.

Programmation de la Période 1

		Jour 1	Jour 2	Jour 3	Jour 4	Jour 5
Semaine 1	**45 min**	Vocabulaire des consignes (1)	Vocabulaire des consignes (2)	*Bonjour le CP !* (1) et (2)	*Bonjour le CP !* (3)	*Bonjour le CP !* (4)
	40 min	Son *a* (1)	Son *a* (2)		Son *i* (1)	Son *i* (2)
	20 min	Écriture	Écriture	Écriture	Écriture	Écriture
Semaine 2	**45 min**	*Bonjour le CP !* (5) (6)	*Je prends la parole*	*Mon chat Ouma* (1) Épisode 1	*Mon chat Ouma* (2) Épisode 1	*Mon chat Ouma* (1) Épisode 2
	40 min	Son *r* (1)	Son *r* (2)		Son *u* (1)	Son *u* (2)
	20 min	Écriture	Écriture	Écriture	Écriture	Écriture
	5 min			Vocabulaire au quotidien	Vocabulaire au quotidien	Vocabulaire au quotidien
Semaine 3	**45 min**	*Mon chat Ouma* (2) Épisode 2	*Mon chat Ouma* (1) Épisode 3	*Mon chat Ouma* (2) Épisode 3	*Mon chat Ouma* (1) Épisode 4	*Mon chat Ouma* (2) Épisode 4
	40 min	Son *l* (1)	Son *l* (2)		Son *m* (1)	Son *m* (2)
	20 min	Écriture	Écriture	Écriture	Écriture	Écriture
	5 min	Vocabulaire au quotidien	Vocabulaire au quotidien	Vocabulaire au quotidien	Vocabulaire au quotidien	Vocabulaire au quotidien
Semaine 4	**45 min**	*Mon chat Ouma* (1) Épisode 5	*Mon chat Ouma* (2) Épisode 5	*Mon chat Ouma* (1) Épisode 6	*Mon chat Ouma* (2) Épisode 6	*Mon chat Ouma* (1) Épisode 7
	40 min	Son *ou* (1)	Son *ou* (2)		Son *p* (1)	Son *p* (2)
	20 min	Écriture	Écriture	Écriture	Écriture	Écriture
	5 min	Vocabulaire au quotidien	Vocabulaire au quotidien	Vocabulaire au quotidien	Vocabulaire au quotidien	Vocabulaire au quotidien
Semaine 5	**45 min**	*Mon chat Ouma* (2) Épisode 7	Bilan compréhension (1)	Bilan compréhension (2)	Vocabulaire des animaux	Écrire une phrase
	40 min				Bilan code (1)	Bilan code (2)
	20 min	Écriture	Écriture	Écriture	Écriture	Écriture
	5 min	Vocabulaire au quotidien				
Semaine 6	**45 min**	Un autre texte : règle du jeu de l'oie (1)	Un autre texte : règle du jeu de l'oie (2)	Un autre texte : grand jeu de l'oie (3)	Comptine à écouter	Oraliser un texte
	40 min	Remédiation à partir du Bilan code (1)	Remédiation à partir du Bilan code (2)	Oral : lecture à voix haute	Son *t* (1)	Son *t* (2)
	20 min	Écriture	Écriture	Écriture	Écriture	Écriture

Programmation de la Période 2

		Jour 1	Jour 2	Jour 3	Jour 4	Jour 5
Semaine 1	45 min	*Le plus féroce des loups* (1) épisode 1	*Le plus féroce des loups* (2) épisode 1	*Le plus féroce des loups* (1) épisode 2	*Le plus féroce des loups* (2) épisode 2	*Le plus féroce des loups* (1) épisode 3
	40 min	Son *tr* (1)	Son *tr* (2)		Son *o* (1)	Son *o* (2)
	20 min	Écriture	Écriture	Écriture	Écriture	Écriture
	5 min	Vocabulaire au quotidien	Vocabulaire au quotidien	Vocabulaire au quotidien	Vocabulaire au quotidien	Vocabulaire au quotidien
Semaine 2	45 min	*Le plus féroce des loups* (2) épisode 3	*Le plus féroce des loups* (1) épisode 4	*Le plus féroce des loups* (2) épisode 4	*Le plus féroce des loups* (1) épisode 5	*Le plus féroce des loups* (2) épisode 5
	40 min	Son *o* (3)	Son *o* (4)		Son *d* (1)	Son *d* (2)
	20 min	Écriture	Écriture	Écriture	Écriture	Écriture
	5 min	Vocabulaire au quotidien	Vocabulaire au quotidien	Vocabulaire au quotidien	Vocabulaire au quotidien	Vocabulaire au quotidien
Semaine 3	45 min	*Le plus féroce des loups* (1) épisode 6	*Le plus féroce des loups* (2) épisode 6	*Le plus féroce des loups* (1) épisode 7	*Le plus féroce des loups* (2) épisode 7	*Le plus féroce des loups* (1) épisode 8
	40 min	*dr, pl, tr, pr* (1)	*dr, pl, tr, pr* (2)		Son *n* (1)	Son *n* (2)
	20 min	Écriture	Écriture	Écriture	Écriture	Écriture
	5 min	Vocabulaire au quotidien	Vocabulaire au quotidien	Vocabulaire au quotidien	Vocabulaire au quotidien	Vocabulaire au quotidien
Semaine 4	45 min	*Le plus féroce des loups* (2) épisode 8	Bilan compréhension (1)	Bilan compréhension (2)	*Vocabulaire des contes (1)*	*Vocabulaire des contes (2)*
	40 min	Son *on* (1)	Son *on* (2)		Bilan code (1)	Bilan code (2)
	20 min	Écriture	Écriture	Écriture	Écriture	Écriture
	5 min	Vocabulaire au quotidien				
Semaine 5	45 min	*Écrire une partie de conte (1)*	*Écrire une partie de conte (2)*	*Écrire une partie de conte (3)*	*Écouter un autre texte (1)*	*Écouter un autre texte (2)*
	40 min	Remédiation à partir du Bilan code (1)	Remédiation à partir du Bilan code (2)		Son *v* (1)	Son *v* (2)
	20 min	Écriture	Écriture	Écriture	Écriture	Écriture
	5 min					
Semaine 6	45 min	*Écouter un autre texte (3)*	Oral : lecture à voix haute	D'autres histoires à écouter	Oraliser un texte	Grand jeu de l'oie
	40 min	Son *e* (1)	Son *e* (2)		Rebrassage (1)	Rebrassage (2)
	20 min	Écriture	Écriture	Écriture	Écriture	Écriture

Programmation de la Période 3

		Jour 1	Jour 2	Jour 3	Jour 4	Jour 5
Semaine 1	45 min	*Splat, Agent secret* (1) épisode 1	*Splat, Agent secret* (2) épisode 1	*Splat, Agent secret* (1) épisode 2	*Splat, Agent secret* (2) épisode 2	*Splat, Agent secret* (1) épisode 3
	40 min	Son *s* (1)	Son *s* (2)		Son *s* (3)	Son *s* (4)
	20 min	Écriture	Écriture	Écriture	Écriture	Écriture
	5 min	Vocabulaire au quotidien	Vocabulaire au quotidien	Vocabulaire au quotidien	Vocabulaire au quotidien	Vocabulaire au quotidien
Semaine 2	45 min	*Splat, Agent secret* (2) épisode 3	*Splat, Agent secret* (1) épisode 4	*Splat, Agent secret* (2) épisode 4	*Splat, Agent secret* (1) épisode 5	*Splat, Agent secret* (2) épisode 5
	40 min	Son *an* (1)	Son *an* (2)		Son *ch* (1)	Son *ch* (2)
	20 min	Écriture	Écriture	Écriture	Écriture	Écriture
	5 min	Vocabulaire au quotidien	Vocabulaire au quotidien	Vocabulaire au quotidien	Vocabulaire au quotidien	Vocabulaire au quotidien
Semaine 3	45 min	*Splat, Agent secret* (1) épisode 6	*Splat, Agent secret* (2) épisode 6	*Splat, Agent secret* (1) épisode 7	*Splat, Agent secret* (2) épisode 7	*Splat, Agent secret* (1) épisode 8
	40 min	Son *k* (1)	Son *k* (2)		Son *k* (3)	Son *k* (4)
	20 min	Écriture	Écriture	Écriture	Écriture	Écriture
	5 min	Vocabulaire au quotidien	Vocabulaire au quotidien	Vocabulaire au quotidien	Vocabulaire au quotidien	Vocabulaire au quotidien
Semaine 4	45 min	*Splat, Agent secret* (2) épisode 8	Bilan compréhension (1)	Bilan compréhension (2)	*Vocabulaire du récit policier (1)*	*Vocabulaire du récit policier (2)*
	40 min	Son *f* (1)	Son *f* (2)		Son *oi* (1)	Son *oi* (2)
	20 min	Écriture	Écriture	Écriture	Écriture	Écriture
	5 min	Vocabulaire au quotidien				
Semaine 5	45 min	*Écrire une partie de récit policier (1)*	*Écrire une partie de récit policier (2)*	*Écrire une partie de récit policier (3)*	*Écouter un autre texte (1)*	*Écouter un autre texte (2)*
	40 min	Bilan code (1)	Bilan code (2)		Remédiation à partir du Bilan code (1)	Remédiation à partir du Bilan code (2)
	20 min	Écriture	Écriture	Écriture	Écriture	Écriture
	5 min					
Semaine 6	45 min	*Écouter un autre texte (3)*	Oral (3) : lecture à voix haute	D'autres histoires à écouter	Oraliser un texte	Grand jeu de l'oie
	40 min	Son *b* (1)	Son *b* (2)		*br, bl, pr, pl* (1)	*br, bl, pr, pl* (2)
	20 min	Écriture	Écriture	Écriture	Écriture	Écriture

Programmation de la Période 4

		Jour 1	Jour 2	Jour 3	Jour 4	Jour 5
Semaine 1	45 min	*Dokéo, Les dinosaures* (1) épisode 1	*Dokéo, Les dinosaures* (2) épisode 1	*Dokéo, Les dinosaures* (1) épisode 2	*Dokéo, Les dinosaures* (2) épisode 2	*Dokéo, Les dinosaures* (1) épisode 3
	40 min	Son *é* (1)	Son *é* (2)		Lettre *h* (1)	Lettre *h* (2)
	20 min	Écriture	Écriture	Écriture	Écriture	Écriture
	5 min	Vocabulaire au quotidien	Vocabulaire au quotidien	Vocabulaire au quotidien	Vocabulaire au quotidien	Vocabulaire au quotidien
Semaine 2	45 min	*Dokéo, Les dinosaures* (2) épisode 3	*Dokéo, Les dinosaures* (1) épisode 4	*Dokéo, Les dinosaures* (2) épisode 4	*Dokéo, Les dinosaures* (1) épisode 5	*Dokéo, Les dinosaures* (2) épisode 5
	40 min	Son *z* (1)	Son *z* (2)		Son *j* (1)	Son *j* (2)
	20 min	Écriture	Écriture	Écriture	Écriture	Écriture
	5 min	Vocabulaire au quotidien	Vocabulaire au quotidien	Vocabulaire au quotidien	Vocabulaire au quotidien	Vocabulaire au quotidien
Semaine 3	45 min	*Dokéo, Les dinosaures* (1) épisode 6	*Dokéo, Les dinosaures* (2) épisode 6	*Dokéo, Les dinosaures* (1) épisode 7	*Dokéo, Les dinosaures* (2) épisode 7	*Dokéo, Les dinosaures* (1) épisode 8
	40 min	Son *in* (1)	Son *in* (2)		Lettre *o* (1)	Lettre *o* (2)
	20 min	Écriture	Écriture	Écriture	Écriture	Écriture
	5 min	Vocabulaire au quotidien	Vocabulaire au quotidien	Vocabulaire au quotidien	Vocabulaire au quotidien	Vocabulaire au quotidien
Semaine 4	45 min	*Dokéo, Les dinosaures* (2) épisode 8	Bilan compréhension (1)	Bilan compréhension (2)	*Vocabulaire scientifique(1)*	*Vocabulaire scientifique (2)*
	40 min	Son *è* (1)	Son *è* (2)		Son *è* (3)	Son *è* (4)
	20 min	Écriture	Écriture	Écriture	Écriture	Écriture
	5 min	Vocabulaire au quotidien				
Semaine 5	45 min	*Écrire des devinettes (1)*	*Écrire des devinettes (2)*	*Écrire des devinettes (3)*	*Écouter un autre texte (1)*	*Écouter un autre texte (2)*
	40 min	Bilan code (1)	Bilan code (2)		Remédiation à partir du Bilan code (1)	Remédiation à partir du Bilan code (2)
	20 min	Écriture	Écriture	Écriture	Écriture	Écriture
	5 min					
Semaine 6	45 min	*Écouter un autre texte (3)*	Oral : lecture à voix haute	D'autres textes à écouter	Oraliser un texte	Grand jeu de l'oie
	40 min	Son *g* (1)	Son *g* (2)		Rebrassage (1)	Rebrassage (2)
	20 min	Écriture	Écriture	Écriture	Écriture	Écriture

Programmation de la Période 5

		Jour 1	Jour 2	Jour 3	Jour 4	Jour 5
Semaine 1	45 min	*Souvenirs de Gibraltar* (1) épisode 1	*Souvenirs de Gibraltar* (2) épisode 1	*Souvenirs de Gibraltar* (1) épisode 2	*Souvenirs de Gibraltar* (2) épisode 2	*Souvenirs de Gibraltar* (1) épisode 3
	40 min	Son *eu* (1)	Son *eu* (2)		Son *gn* (1)	Son *gn* (2)
	20 min	Écriture	Écriture	Écriture	Écriture	Écriture
	5 min	Vocabulaire au quotidien	Vocabulaire au quotidien	Vocabulaire au quotidien	Vocabulaire au quotidien	Vocabulaire au quotidien
Semaine 2	45 min	*Souvenirs de Gibraltar* (2) épisode 3	*Souvenirs de Gibraltar* (1) épisode 4	*Souvenirs de Gibraltar* (2) épisode 4	*Souvenirs de Gibraltar* (1) épisode 5	*Souvenirs de Gibraltar* (2) épisode 5
	40 min	Son *è.* (1)	Son *è.* (2)		Son *oin* (1)	Son *oin* (2)
	20 min	Écriture	Écriture	Écriture	Écriture	Écriture
	5 min	Vocabulaire au quotidien	Vocabulaire au quotidien	Vocabulaire au quotidien	Vocabulaire au quotidien	Vocabulaire au quotidien
Semaine 3	45 min	*Souvenirs de Gibraltar* (1) épisode 6	*Souvenirs de Gibraltar* (2) épisode 6	*Souvenirs de Gibraltar* (1) épisode 7	*Souvenirs de Gibraltar* (2) épisode 7	*Souvenirs de Gibraltar* (1) épisode 8
	40 min	Son *i. (1)*	Son *.y.* (2)		Son *ill* (1)	Son *ill* (2)
	20 min	Écriture	Écriture	Écriture	Écriture	Écriture
	5 min	Vocabulaire au quotidien	Vocabulaire au quotidien	Vocabulaire au quotidien	Vocabulaire au quotidien	Vocabulaire au quotidien
Semaine 4	45 min	*Souvenirs de Gibraltar* (2) épisode 8	Bilan compréhension (1)	Bilan compréhension (2)	*Vocabulaire des émotions (1)*	*Vocabulaire des émotions (2)*
	40 min	Sons *ail / eil* (1)	Sons *ail / eil* (2)		Sons *euil / ouil* (1)	Sons *euil / ouil* (2)
	20 min	Écriture	Écriture	Écriture	Écriture	Écriture
	5 min	Vocabulaire au quotidien				
Semaine 5	45 min	*Écrire en parlant des émotions (1)*	*Écrire en parlant des émotions (2)*	*Écrire en parlant des émotions (3)*	*Écouter un autre texte (1)*	*Écouter un autre texte (2)*
	40 min	Sons *gs / ks* (1)	Sons *gs / ks* (2)		Bilan code (1)	Bilan code (2)
	20 min	Écriture	Écriture	Écriture	Écriture	Écriture
	5 min					
Semaine 6	45 min	*Écouter un autre texte (3)*	Oral : lecture à voix haute	D'autres histoires à lire	Oraliser un texte	Grand jeu de l'oie
	40 min	Remédiation à partir du Bilan code (1)	Remédiation à partir du Bilan code (2)		Rebrassage (1)	Rebrassage (2)
	20 min	Écriture	Écriture	Écriture	Écriture	Écriture

Apprentissage du code

Sommaire

Les étiquettes utilisées dans les propositions de différenciation sont à fabriquer par l'enseignant(e), comme indiqué dans la période 1.

a A a A a

Compétences :
- Discriminer auditivement le son /a/.
- Situer le son /a/ dans un mot.
- Connaitre le graphème et les graphies du son /a/.

Supports :
Fichier d'apprentissage du code pages 4-5, ardoise, feuille Seyes.

Exercices de phonologie préalables (5 min) :
- Commencer par rappeler aux élèves que les mots sont composés de syllabes : *On va s'entrainer à retrouver les syllabes dans des mots.*
- Les élèves tapent des mains pour chaque syllabe prononcée. L'enseignant(e) commence par son nom, puis prend plusieurs exemples.
- Continuer en demandant à chaque élève d'utiliser son prénom. Enchainer avec : *lapin – renard – ballon – kangourou – nénufar – râteau – etc.*

Discrimination auditive - Séance 1

Phase 1 ■ Collectif : 10 min

- Trouver le son étudié.

L'enseignant(e) lit les prénoms de la classe contenant le son /a/ et demande aux élèves de trouver le son commun à ces prénoms.
- Pour chaque prénom contenant le son /a/, l'enseignant(e) demande de trouver le nombre de syllabes. Scander en frappant dans les mains.
- L'enseignant(e) demande ensuite de situer oralement le son /a/ (1re, 2e, 3e syllabe).
- Demander à chaque élève de dire son prénom ou celui d'un camarade, de dire combien il contient de syllabes, s'il entend /a/ ou pas, et si oui, de le situer.
- Procéder de la même façon à partir de la lecture d'une comptine :

Ouma le chat
Arrive à toute allure
Et attrape un rat tout gras
Assoupi sous l'armoire.

➠ Pour chaque mot, trouver le nombre de syllabes et situer le son /a/.

Phase 2 ■ Ardoise ■ Individuel : 10 min

- Utiliser le code /a/ sur un côté de l'ardoise et ~~/a/~~ sur l'autre côté de l'ardoise. L'enseignant(e) dit les mots et les élèves montrent le bon côté de l'ardoise.

cahier – banane – planche – animal – ombre – carnaval – crayon – trousse – cartable – récréation – grande – caméra

- Les élèves dessinent le nombre de syllabes d'un mot en traçant des arcs de cercle, puis mettent une croix dans un des arcs pour indiquer où se situe le son /a/.
- Proposer aux élèves de trouver des mots avec ce son. En cas d'erreur, leur demander de dire le mot avec le son /a/. *Exemple :* un élève dit *livre*, on essaie de dire le mot en plaçant le son /a/ : *lavre*.

Phase 3 ■ Collectif : 5 min

Prévoir un affichage de classe (ou la projection) du mot référent du son (*lapin*) ainsi que les graphies du son /a/.
- Ouvrir le fichier et observer le mot référent du son : *lapin*.
- Le dire en articulant exagérément chaque syllabe.
- Situer à quel endroit on entend le son en visualisant les arcs de syllabes au tableau.
- Observer les différentes graphies du son /a/.
- Le mot référent sera affiché sur le « mur des sons ».

Phase 4 ■ Fichier p. 4 ■ Individuel : 10 min

Feuille Seyes (3 ou 4 mm) pour l'exercice 5

Exercice 1 :
À l'aide du picto, demander aux élèves d'expliquer le travail à faire. Lire la consigne. Faire nommer ou nommer les dessins. Puis laisser les élèves en autonomie.
- Prolongement : situer le son dans chaque mot qui le contient.

balai – crapaud – canard – avion – poule – pirate – journal

Différenciation :
S'assurer que l'élève a bien compris le dessin, lui faire renommer l'illustration. Articuler exagérément si besoin.

Exercice 2 :
À l'aide du picto, demander aux élèves d'expliquer le travail à faire. Lire la consigne. Rappeler ce qu'est un intrus. Faire nommer ou nommer les dessins. Puis laisser les élèves en autonomie.
- Prolongement : situer le son dans chaque mot qui le contient.

papillon – autruche – abeille – ver – lapin – baleine – renard

Différenciation :
Cet exercice demande une action inverse du précédent. La consigne peut donc être difficile à comprendre par les élèves fragiles. L'enseignant(e) peut la formuler autrement : *On entend le son /a/ dans tous les mots sauf deux.* Faire renommer à l'élève les dessins.
Donner à l'élève un exemple d'intrus, mettre le son dans l'intrus si besoin, exemple : *atruche.*

Exercice 3 :
Il s'agit de situer le son dans le mot représenté. À l'aide du picto, demander aux élèves d'expliquer le travail à faire.
• Lire la consigne. Faire nommer ou nommer les dessins. Puis laisser les élèves en autonomie.
balai – araignée – chasseur – papillon – avion

Différenciation :
Faire le 1er mot avec l'élève. Dire ou faire dire à voix haute les mots correspondant à chaque illustration.

Exercice 4 :
Il s'agit de dessiner les arcs correspondant aux syllabes des mots représentés. À l'aide du picto, demander aux élèves d'expliquer le travail à faire.
• Lire la seconde consigne. Faire nommer ou nommer les dessins. Dès le prochain son, les élèves les dessineront seuls.
ballon – lavabo

Différenciation :
Taper ou faire taper dans les mains le nombre de syllabes de chaque mot représenté.

Exercice 5 :
Cet exercice est une activité de discrimination visuelle et permet d'anticiper sur la séance 2.
• Montrer au préalable dans les airs le tracé de la lettre, demander aux élèves de faire de même. Leur faire écrire plusieurs fois la lettre sur une feuille Seyes, en variant sa taille.
• Il s'agit de reconnaitre les différentes graphies du son /a/. À l'aide du picto, demander aux élèves d'expliquer le travail à faire. Lire la consigne. Puis laisser les élèves en autonomie.

Différenciation :
Entourer un exemple de chaque graphie dans le tableau.

Discrimination visuelle – Séance 2

Phase 1 ■ Collectif : 15 min

• Trouver la lettre *a* qui fait le son /a/. L'enseignant(e) lit cette fois tous les prénoms de la classe et demande aux élèves d'indiquer pour chaque prénom si l'on entend le son /a/ et où dans le prénom.
Les prénoms sont écrits au tableau et l'enseignant(e) note les arcs des syllabes. Ensuite il met une croix à l'endroit où l'on entend la syllabe contenant le son /a/.

Lucas
×

• Écrire également des prénoms dans lesquels on n'entend pas le son /a/ mais contenant sa graphie (Lindsay, François, Paul, Claire, ...). Faire remarquer que, dans certains mots, on voit la lettre *a*, mais qu'on ne l'entend pas.
• Dans une liste, faire rechercher d'autres prénoms contenant le son /a/.

Phase 2 ■ Fichier p. 5 ■ Individuel : 15 min

Exercice 6 :
• Il s'agit de reconnaitre différentes graphies du son /a/ dans des mots.
À l'aide du picto, demander aux élèves d'expliquer le travail à faire. Lire la consigne. Faire nommer ou nommer les dessins. Puis laisser les élèves en autonomie.

Différenciation :
Mettre à disposition des élèves des étiquettes comportant les différentes graphies de la lettre *a* (à créer). Montrer des exemples sur d'autres mots.

Exercice 7 :
• Recopier uniquement les mots dans lesquels on entend le son /a/.
À l'aide du picto, demander aux élèves d'expliquer le travail à faire. Lire la consigne. Faire nommer ou nommer les dessins. Puis laisser les élèves en autonomie.

Différenciation :
L'élève recopie ou colorie les lettres *a* dans les mots, les dire ensuite en articulant bien pour entendre, ou pas, le son. Demander à l'élève de dire oralement chaque mot et s'il va le recopier ou non.

Phase 3 ■ Fichier p. 5 ■ Collectif et individuel : 10 min

Je m'entraine :
• Lire en collectif puis individuellement.
• Faire lire un groupe d'élèves pendant que les autres travaillent en autonomie sur les exercices 6 et 7.

Différenciation :
Les élèves en difficulté préparent avec l'enseignant(e) la lecture des mots avant la lecture collective.

I i l i

Compétences :
- Discriminer auditivement le son /i/.
- Situer le son /i/ dans un mot.
- Connaitre le graphème et les graphies du son /i/.

Supports :
Fichier d'apprentissage du code, pages 6-7, ardoise, feuille Seyes.

Exercices de phonologie préalables (5 min) :
- Chaque élève scande son prénom en tapant des mains.
- Cette fois l'enseignant(e) écrit le prénom au tableau en indiquant des arcs de cercle sous chaque syllabe. Ce travail permettra de conforter les exercices 3 et 4 du fichier.

- Les élèves dessinent le nombre de syllabes d'un mot en traçant des arcs de cercle, puis mettent une croix dans un des arcs pour indiquer où se situe le son.
- Proposer aux élèves de trouver des mots avec ce son en début puis en fin de mot. En cas d'erreur, leur demander de dire le mot avec le son /i/.

Exemple : un élève dit *lune*, on essaie de dire le mot en plaçant le son /i/ : *line*.

Discrimination auditive – Séance 1

Phase 1 ■ Collectif : 10 min

➠ Trouver le son étudié.

L'enseignant(e) lit les prénoms de la classe contenant le son /i/ et demande aux élèves de trouver le son commun à ces prénoms.

- Pour chaque prénom contenant le son /i/, il demande de trouver le nombre de syllabes. Scander en frappant dans les mains.
- Il demande ensuite de situer oralement le son /i/ (1re, 2e, 3e syllabe).
- On peut également demander à chaque élève de dire son prénom ou celui d'un camarade, de dire combien il contient de syllabes, s'il entend /i/ ou pas, et si oui, le situer.
- On peut procéder de la même façon à partir de la lecture d'une petite comptine.

Mia est partie à midi
Voir sa meilleure amie, Lili.
Elle a pris un taxi
Pour se rendre à Paris
Car aujourd'hui, c'est samedi,
Et Mia se réjouit de voir son amie.

➠ Pour chaque mot, trouver le nombre de syllabes et situer le son /i/.

Phase 2 ■ Ardoise ■ Individuel : 10 min

- Utiliser le code /i/ sur un côté de l'ardoise et ~~/i/~~ sur l'autre côté. L'enseignant(e) dit les mots et les élèves montrent le bon côté de l'ardoise selon qu'ils entendent ou non le son /i/.

piscine – guitare – voiture – fourmi – fille – raisin – soupe – domino – balai – champignon – tigre – soleil

Phase 3 ■ Collectif : 5 min

- Prévoir un affichage de classe (ou la projection) du mot référent du son (livre) ainsi que les graphies du son /i/.
- Ouvrir le fichier et observer le mot référent du son : *livre*.
- Le dire en articulant exagérément chaque syllabe.
- Situer à quel endroit on entend le son en visualisant les arcs de syllabes au tableau.

➠ Observer les différentes graphies du son /i/.

➠ Proposer des mots avec syllabes marquées par des arcs pour illustrer : *stylo, pyjama, pyramide.*

- Le mot référent sera affiché sur le « mur des sons ».

Phase 4 ■ Fichier p. 6 ■ Individuel : 10 min

Feuille Seyes (3 ou 4 mm) pour l'exercice 5

Exercice 1 :
À l'aide du picto, demander aux élèves d'expliquer le travail à faire. Lire la consigne. Faire nommer ou nommer les dessins. Puis laisser les élèves en autonomie.

papillon – ile – poule – bougie – lit – pirate – journal

Différenciation :
S'assurer que l'élève a bien compris le dessin : lui faire renommer. Articuler exagérément si besoin.

Exercice 2 :
À l'aide du picto, demander aux élèves d'expliquer le travail à faire. Lire la consigne. Rappeler ce qu'est un intrus. Faire nommer ou nommer les dessins. Puis laisser les élèves en autonomie.

fourmi – souris – hippopotame – coccinelle – lapin – araignée – girafe

Différenciation :
Cet exercice demande une action inverse du précédent. La consigne peut donc être difficile à comprendre par les élèves fragiles. L'enseignant(e) peut la formuler autrement : *On entend le son /i/ dans tous les mots sauf deux.* Faire renommer à l'élève les dessins.
Donner un exemple d'intrus, mettre le son dans l'intrus si besoin, exemple : *lipin.*

Exercice 3 :
Il s'agit de situer le son dans le mot représenté. À l'aide du picto, demander aux élèves d'expliquer le travail à faire. Lire la consigne. Faire nommer ou nommer les dessins. Puis laisser les élèves en autonomie.
cerise – biberon – stylo – crocodile – papillon

Différenciation :
Faire le 1er mot avec l'élève. Dire ou faire dire à voix haute les mots correspondant à chaque illustration.

Exercice 4 :
Il s'agit de dessiner les arcs correspondant aux syllabes des mots représentés. À l'aide du picto, demander aux élèves d'expliquer le travail à faire. Les élèves dessinent seuls les arcs. Les laisser en autonomie.
fourmi – champignon – souris

Différenciation :
Taper ou faire taper dans les mains le nombre de syllabes de chaque mot représenté.

Exercice 5 :
Cet exercice est un exercice de discrimination visuelle et permet d'anticiper sur la séance 2.
Montrer au préalable dans les airs le tracé de la lettre, demander aux élèves de faire de même. Leur faire écrire plusieurs fois la lettre sur une feuille Seyes, en variant sa taille.
• Il s'agit de reconnaitre les différentes graphies du son /i/. À l'aide du picto, demander aux élèves d'expliquer le travail à faire. Lire la consigne. Puis laisser les élèves en autonomie.

Différenciation :
Entourer un exemple de chaque graphie dans le tableau.

Discrimination visuelle – Séance 2

Phase 1 ■ Collectif : 15 min

• Trouver la lettre *i* qui fait le son /i/. L'enseignant(e) lit cette fois tous les prénoms de la classe et demande aux élèves d'indiquer pour chaque prénom si l'on entend le son /i/ et où dans le prénom.

Les prénoms sont écrits au tableau et l'enseignant(e) note les arcs des syllabes. Ensuite il met une croix à l'endroit où l'on entend la syllabe contenant le son /i/.

Lucie
×

• Écrire également des prénoms dans lesquels on n'entend pas le son /i/ mais contenant sa graphie (Romain, Claire, Yann, ...). Faire remarquer que, dans certains mots, on voit la lettre *i* ou *y*, mais qu'on ne l'entend pas.
S'il n'y a pas assez ou pas de prénoms en *i*, utiliser des mots du cahier de compréhension (oiseau, lapin, perchoir).
• Présenter toutes les formes d'écriture de la lettre *i* : *i / I / y / Y*.

Phase 2 ■ Fichier p. 7 ■ Individuel : 15 min

Exercice 6 :
• Écrire *a* ou *i* dans des mots. À l'aide du picto, demander aux élèves d'expliquer le travail à faire. Lire la consigne. Faire nommer ou nommer les dessins. Puis laisser les élèves en autonomie.

Différenciation :
Mettre à disposition des élèves des étiquettes (à créer) *a* ou *i*. L'enseignant(e) procède mot à mot et demande à l'élève de montrer l'étiquette qui correspond au mot avant d'écrire la lettre.

Exercice 7 :
• Recopier uniquement les mots dans lesquels on entend le son /i/.
À l'aide du picto, demander aux élèves d'expliquer le travail à faire. Lire la consigne. Faire nommer ou nommer les dessins. Puis laisser les élèves en autonomie.

Différenciation :
L'élève recopie ou colorie les lettres *i* dans les mots, les dire ensuite en articulant bien pour entendre ou pas le son. Demander à l'élève de dire oralement chaque mot et s'il va le recopier ou non.

Phase 3 ■ Fichier p. 7 ■ Collectif et individuel : 10 min

Je m'entraine :
• Lire en collectif puis individuellement.
• Faire lire un groupe d'élèves pendant que les autres travaillent en autonomie sur les exercices 6 et 7.

Différenciation :
Les élèves en difficulté préparent avec l'enseignant(e) la lecture des mots avant la lecture collective.

r — R r R r

Compétences :
- Discriminer auditivement le son /r/.
- Situer le son /r/ dans un mot.
- Connaitre le graphème et les graphies du son /r/.
- Associer le son /r/ avec les sons /a/ et /i/.

Supports :
Fichier d'apprentissage du code pages 8-9, ardoise, feuille Seyes.

Exercices de phonologie préalables (5 min) :
L'enseignant(e) articule et segmente exagérément un mot en syllabes, les élèves doivent le recomposer : *renard – arrosoir – rideau – papillon – biberon – stylo.*

Discrimination auditive – Séance 1

Phase 1 ■ Collectif : 10 min

- Trouver le son étudié.

L'enseignant(e) lit les prénoms de la classe contenant le son /r/ et demande aux élèves de trouver le son commun à ces prénoms.
- Pour chaque prénom contenant le son /r/, l'enseignant(e) demande de trouver le nombre de syllabes. Scander en frappant dans les mains.
- L'enseignant(e) demande ensuite de situer oralement le son /r/ (1re, 2e, 3e syllabe).
- Demander à chaque élève de dire son prénom ou celui d'un camarade, de dire combien il contient de syllabes, s'il entend /r/ ou pas, et si oui, de le situer.
- Procéder de la même façon à partir de la lecture d'une comptine :

Dans la mare aux canards
J'ai vu deux têtards
Qui jouaient de la guitare.
Dans la brousse
J'ai vu un crocodile
Qui jouait du tambour.
Dans la forêt
J'ai vu trois sorcières
Qui jouaient de l'harmonica.

➠ Pour chaque mot, trouver le nombre de syllabes et situer le son.

Phase 2 ■ Ardoise ■ Individuel : 10 min

- Utiliser le code /r/ sur un côté de l'ardoise et ~~/r/~~ sur l'autre côté de l'ardoise. L'enseignant(e) dit les mots et les élèves montrent le bon côté de l'ardoise.

route – souris – maman – vélo – radis – rouge – fille – arrosoir – garçon – maison – renard
- Les élèves dessinent le nombre de syllabes d'un mot en traçant des arcs de cercle, puis mettent une croix dans un des arcs pour indiquer où se situe le son.
- Proposer aux élèves de trouver des mots avec ce son en début puis en fin de mot. En cas d'erreur, leur demander de dire le mot avec le son /r/.

Exemple : un élève dit *loin*, on essaie de dire le mot en plaçant le son /r/ : *roin*.

Phase 3 ■ Collectif : 5 min

- Prévoir un affichage de classe (ou la projection) du mot référent du son (*renard*) ainsi que les graphies du son /r/.
- Ouvrir le fichier et observer le mot référent du son : *renard*.
- Le dire en articulant exagérément chaque syllabe.
- Situer à quel endroit on entend le son en visualisant les arcs de syllabes au tableau.
- Observer les différentes graphies du son /r/.
- le mot référent sera affiché sur le « mur des sons ».

Phase 4 ■ Fichier p. 8 ■ Individuel : 10 min

Feuille Seyes (3 ou 4 mm) pour l'exercice 5

Exercice 1 :
À l'aide du picto, demander aux élèves d'expliquer le travail à faire. Lire la consigne. Faire nommer ou nommer les dessins. Puis laisser les élèves en autonomie.
poire – bougie – râteau – phare – cerises – avion
- Prolongement : situer le son dans chaque mot qui le contient.

Différenciation :
S'assurer que l'élève a bien compris le dessin, lui faire nommer ou renommer l'illustration. Articuler exagérément si besoin.

Exercice 2 :
À l'aide du picto, demander aux élèves d'expliquer le travail à faire. Lire la consigne. Rappeler ce qu'est un intrus. Faire nommer ou nommer les dessins. Puis laisser les élèves en autonomie.

• Prolongement : situer le son dans chaque mot qui le contient.
fourmi – souris – crocodile – coccinelle – renard – araignée – papillon

Différenciation :
Cet exercice demande une action inverse du précédent. La consigne peut donc être difficile à comprendre par les élèves fragiles. L'enseignant(e) peut la formuler autrement : *On entend le son /r/ dans tous les mots sauf deux.*
Faire renommer par l'élève les dessins.
Donner à l'élève un exemple d'intrus, mettre le son dans l'intrus si besoin, exemple : *papiron*.

Exercice 3 :
Il s'agit de situer le son dans le mot représenté. À l'aide du picto, demander aux élèves d'expliquer le travail à faire. Lire la consigne. Faire nommer ou nommer les dessins. Puis laisser les élèves en autonomie.
réveil – crocodile – arrosoir – fourmi – girafe

Différenciation :
Faire le 1er mot avec l'élève. Dire ou faire dire à voix haute les mots correspondant à chaque illustration.

Exercice 4 :
Il s'agit de dessiner les arcs correspondant aux syllabes des mots représentés. À l'aide du picto, demander aux élèves d'expliquer le travail à faire. Les élèves dessinent seuls les arcs. Les laisser en autonomie.
souris – kangourou – râteau

Différenciation :
Taper ou faire taper dans les mains le nombre de syllabes de chaque mot représenté.

Exercice 5 :
Cet exercice est un exercice de discrimination visuelle et permet d'ancitiper sur la séance 2.
• Montrer dans les airs le tracé de la lettre, demander aux élèves de faire de même. Leur faire écrire plusieurs fois la lettre sur une feuille Seyes, en variant sa taille.
• Reconnaitre les différentes graphies du son /r/. À l'aide du picto, demander aux élèves d'expliquer le travail à faire. Lire la consigne. Puis laisser les élèves en autonomie.

Différenciation :
Entourer un exemple de chaque graphie dans le tableau.

Discrimination visuelle – Séance 2

Phase 1 ■ Collectif : 15 min

• L'enseignant(e) demande aux élèves de chercher de quelles lettres on aura besoin pour écrire les syllabes : *ra / ri / ar / ir*.
• Essais, mise en commun en articulant bien pour écrire l'ordre des sons entendus.
• Les élèves doivent ensuite trouver des mots dans lesquels on entend ces syllabes. Ils sont écrits au tableau pour bien visualiser.
• Sur le support ardoise, les élèves écrivent d'un côté /ar/, de l'autre côté /ra/ : à l'écoute des mots dits par l'enseignant(e) ils montrent l'une ou l'autre syllabe :
râteau – arbre – partir – armoire – garage – larme – rame

En autonomie ou collectivement, prendre un temps dans la journée pour manipuler des étiquettes portant les lettres *a, i* et *r*. Demander aux élèves de composer *ri* puis *ra*. Un élève compose, un autre lit.

Phase 2 ■ Fichier p. 9 ■ Individuel : 15 min

Exercice 6 :
• Écrire *ra* ou *ri* dans des mots.
À l'aide du picto, demander aux élèves d'expliquer le travail à faire. Lire la consigne. Faire nommer ou nommer les dessins. Puis laisser les élèves en autonomie.

Différenciation :
Mettre à disposition des élèves des étiquettes (à créer) *ra* et *ri*. L'enseignant(e) procède mot à mot et demande aux élèves de montrer l'étiquette qui correspond au mot avant d'écrire la syllabe. Montrer des exemples sur d'autres mots.

Exercice 7 :
• Recopier uniquement les mots dans lesquels on entend le son /r/.
À l'aide du picto, demander aux élèves d'expliquer le travail à faire. Lire la consigne. Faire nommer ou nommer les dessins. Puis laisser les élèves en autonomie.

Différenciation :
L'élève recopie ou colorie les lettres *r* dans les mots, les dire ensuite en articulant bien pour entendre, ou pas, le son. Demander à l'élève de dire oralement chaque mot et s'il va le recopier ou non.

Phase 3 ■ Fichier p. 9 ■ Collectif et individuel : 10 min

Je m'entraine :
• Lire en collectif puis individuellement pendant que les autres travaillent en autonomie sur les exercices 6 et 7.
• Puzzle des lettres : expliquer aux élèves que, comme dans un puzzle, les lettres s'associent, se combinent, pour former un nouveau son. Leur demander de faire le « bruit de la lettre ». Les aider en exagérant si besoin. Insister sur le son étudié /r/. Leur faire remarquer que ce sont les mêmes lettres sur une même ligne mais inversées.
• Demander aux élèves d'inventer une phrase avec les mots qu'ils viennent de lire.

Différenciation :
Les élèves en difficulté préparent avec l'enseignant(e) la lecture des mots avant la lecture collective. Ils s'entrainent à combiner en manipulant et en assemblant des étiquettes des graphèmes (à créer).

u — U u U u

Compétences :
- Discriminer auditivement le son /u/.
- Situer le son /u/ dans un mot.
- Connaitre le graphème et les graphies du son /u/.

Supports :
Fichier d'apprentissage du code, pages 10-11, ardoise, feuille Seyes.

Exercices de phonologie préalables (5 min) :
- S'assurer que les élèves décomposent correctement les mots en syllabes.
- Leur faire taper des mains pour chaque syllabe prononcée. Commencer par un prénom.
- Les élèves dessinent le nombre de syllabes d'un mot en traçant des arcs de cercle, puis mettent une croix dans un des arcs pour indiquer où se situe le son.
- Proposer aux élèves de trouver des mots avec ce son. En cas d'erreur, leur demander de dire le mot avec le son /u/. *Exemple :* un élève dit *livre*, on essaie de dire le mot en plaçant le son /u/ : *luvre*.

Discrimination auditive – Séance 1

Phase 1 ■ Collectif : 10 min

- Trouver le son étudié.

L'enseignant(e) lit les prénoms de la classe contenant le son /u/ et demande aux élèves de trouver le son commun à ces prénoms.

- Pour chaque prénom contenant le son /u/, il demande de trouver le nombre de syllabes. Scander en frappant dans les mains.
- Il demande ensuite de situer oralement le son /u/ (1re, 2e, 3e syllabe).
- On peut ensuite demander à chaque élève de dire son prénom ou celui d'un camarade, de dire combien il contient de syllabes, s'il entend /u/ ou pas, et si oui, le situer.
- On peut procéder de la même façon à partir de la lecture d'une comptine.

L'escargot Lulu
Est allé sur la lune.
Il a poursuivi son voyage
Dans tout l'univers :
Sur Saturne, Mercure et Pluton.
Puis dans sa fusée
Il est revenu à Honolulu.

➠ Pour chaque mot trouver le nombre de syllabes et situer le son /u/.

Phase 2 ■ Ardoise ■ Individuel : 10 min

- Utiliser le code /u/ sur un côté de l'ardoise et ~~/u/~~ sur l'autre côté de l'ardoise. L'enseignant(e) dit les mots et les élèves montrent le bon côté de l'ardoise.

fusée – lunette – autruche – poule – nuage – fourmi – bisou – allumette – confiture – plume

Phase 3 ■ Collectif : 5 min

- Prévoir un affichage de classe (ou la projection) du mot référent du son (lune) ainsi que les graphies du son /u/.
- Ouvrir le fichier et observer le mot référent du son : *lune.*
- Le dire en articulant exagérément chaque syllabe.
- Situer à quel endroit on entend le son en visualisant les arcs de syllabes au tableau.

➠ observer les graphies du son /u/.

- Le mot référent sera affiché sur le « mur des sons ».

Phase 4 ■ Fichier p. 10 ■ Individuel : 10 min

Feuille Seyes (3 ou 4 mm) pour l'exercice 5

Exercice 1 :
À l'aide du picto, demander aux élèves d'expliquer le travail à faire. Lire la consigne. Faire nommer ou nommer les dessins. Puis laisser les élèves en autonomie.
Situer le son dans chaque mot.
mouche – fourmi – lunette – cactus – plume – nuage – domino

Différenciation :
S'assurer que l'élève a bien compris le dessin, lui faire nommer ou renommer l'illustration. Articuler exagérément si besoin.

Exercice 2 :
À l'aide du picto, demander aux élèves d'expliquer le travail à faire. Lire la consigne. Rappeler ce qu'est un intrus. Faire nommer ou nommer les dessins. Puis laisser les élèves en autonomie.
confiture – poule – lune – voiture – autruche – fusée – cheval

Différenciation :
Cet exercice demande une action inverse du précédent. La consigne peut donc être difficile à comprendre par les élèves fragiles. L'enseignant(e) peut la formuler autrement : *On entend le son /u/ dans tous les mots sauf deux.* Faire renommer à l'élève les dessins.
Donner à l'élève un exemple d'intrus, mettre le son dans l'intrus si besoin, exemple : *chevul.*

Exercice 3 :
Il s'agit de situer le son dans le mot représenté. À l'aide du picto, demander aux élèves d'expliquer le travail à faire. Lire la consigne. Faire nommer ou nommer les dessins. Puis laisser les élèves en autonomie.
nuage – ambulance – confiture – parachute – chaussure

Différenciation :
Faire le 1er mot avec l'élève. Dire ou faire dire à voix haute les mots correspondant à chaque illustration.

Exercice 4 :
Il s'agit de dessiner les arcs correspondant aux syllabes des mots représentés. À l'aide du picto, demander aux élèves d'expliquer le travail à faire. Les élèves dessinent seuls les arcs. Lire la consigne. Faire nommer ou nommer les dessins.
écureuil – fusée – cactus

Différenciation :
Taper ou faire taper dans les mains le nombre de syllabes de chaque mot représenté.

Exercice 5 :
Cet exercice est un exercice de discrimination visuelle et permet d'anticiper sur la séance 2.
• Montrer au préalable dans les airs le tracé de la lettre, demander aux élèves de faire de même. Leur faire écrire plusieurs fois la lettre sur une feuille Seyes, en variant sa taille.
• Il s'agit de reconnaitre les différentes graphies du son /u/. À l'aide du picto, demander aux élèves d'expliquer le travail à faire. Lire la consigne. Puis laisser les élèves en autonomie.

Différenciation :
Entourer un exemple de chaque graphie dans le tableau.

Discrimination visuelle – Séance 2

Phase 1 ■ Collectif : 15 min

• L'enseignant(e) demande aux élèves de chercher de quelles lettres on aura besoin pour écrire les syllabes : *ru*.
• Essais, mise en commun en articulant bien pour écrire l'ordre des sons entendus.
• Les élèves doivent ensuite trouver des mots ou des prénoms dans lesquels on entend ces syllabes. Ils sont écrits au tableau pour bien visualiser.
• Sur le support ardoise, les élèves écrivent d'un côté /ru/, de l'autre côté /ur/ : à l'écoute des mots dits par l'enseignant(e), ils montrent l'une ou l'autre syllabe :
Uranus – ruban – disparu – voiture – écru
• Écrire les prénoms dans lesquels on n'entend pas le son /u/ mais contenant sa graphie (Lou, Margaux...). Faire remarquer que, dans certains mots, on voit la lettre *u*, mais qu'on ne l'entend pas. S'il n'y a pas assez ou pas de prénoms en *u*, l'enseignant(e) utilisera des mots des lectures (perroquet, Ouma, poule...).

En autonomie ou collectivement, prendre un temps dans la journée pour manipuler des étiquettes portant les lettres *a, i, u* et *r*. Demander aux élèves de composer *ri, ra* puis *ru*. Un élève compose, un autre lit.

Phase 2 ■ Fichier p. 11 ■ Individuel : 15 min

Exercice 6 :
• Écrire *u* ou *i* dans des mots. À l'aide du picto, demander aux élèves d'expliquer le travail à faire. Lire la consigne. Faire nommer ou nommer les dessins. Puis laisser les élèves en autonomie.

Différenciation :
Mettre à disposition des élèves des étiquettes (à créer) *u* ou *i*. L'enseignant(e) procède mot à mot et demande à l'élève de montrer l'étiquette qui correspond au mot avant d'écrire la lettre.

Exercice 7 :
• Recopier uniquement les mots dans lesquels on entend le son /u/.
À l'aide du picto, demander aux élèves d'expliquer le travail à faire. Lire la consigne. Faire nommer ou nommer les dessins. Puis laisser les élèves en autonomie.

Différenciation :
L'élève recopie ou colorie les lettres *u* dans les mots, les dire ensuite en articulant bien pour entendre ou pas le son. Demander à l'élève de dire oralement chaque mot et s'il va le recopier ou non.

Phase 3 ■ Fichier p. 11 ■ Collectif et individuel : 10 min

Je m'entraine :
• Lire en collectif puis individuellement.
• Faire lire un groupe d'élèves pendant que les autres élèves travaillent en autonomie sur les exercices 6 et 7.

Différenciation :
Les élèves en difficulté préparent avec l'enseignant(e) la lecture des mots avant la lecture collective.

Compétences :
- Discriminer auditivement le son /l/.
- Situer le son /l/ dans un mot.
- Connaitre le graphème et les graphies du son /l/.
- Associer le graphème *l* avec les graphèmes *a*, *i* et *u*.

Supports :
Fichier d'apprentissage du code du code pp. 12-13, ardoise, feuille Seyes.

Exercices de phonologie préalables (5 min) :
- L'enseignant(e) dit une syllabe, les élèves lèvent le doigt s'ils l'entendent ensuite dans les mots dits par l'enseignant(e).
- Retrouver la syllabe *la*, dire le mot : *chocolat – marron – lapin – malade – chapeau – koala – moulin*
- Demander aux élèves de dire des mots contenant cette syllabe. Les aider sous forme de devinettes : *il ferme mes chaussures* (lacets), *je dors dessus* (matelas), *quand je me promène je fais une...* (balade).

Variante : si certains élèves ont des difficultés, commencer par leur faire retrouver la syllabe parmi d'autres syllabes plutôt que parmi des mots.

Discrimination auditive – Séance 1

Phase 1 ■ Collectif : 10 min

- Trouver le son étudié.

L'enseignant(e) lit les prénoms de la classe contenant le son /l/ et demande aux élèves de trouver le son commun à ces prénoms.

- Pour chaque prénom contenant le son /l/, il demande de trouver le nombre de syllabes. Scander en frappant dans les mains.
- Il demande ensuite de situer oralement le son /l/ (1re, 2e, 3e syllabe).
- On peut ensuite demander à chaque élève de dire son prénom ou celui d'un camarade, de dire combien il contient de syllabes, s'il entend /l/ ou pas, et si oui, le situer.
- On peut procéder de la même façon à partir de la lecture d'une petite comptine.

Le lundi les livres lus
Sont laissés dans l'armoire,
Et les élèves silencieux,
Laissent sur leur table,
Leur règle, leur stylo, leur manuel et leur classeur.

➠ Pour chaque mot, trouver le nombre de syllabes et situer le son /l/.

Phase 2 ■ Ardoise ■ Individuel : 10 min

- Utiliser le code /l/ sur un côté de l'ardoise et ~~/l/~~ sur l'autre côté de l'ardoise. L'enseignant(e) dit les mots et les élèves montrent le bon côté de l'ardoise.

cheval – pierre – animal – belle – papier – moulin – chaine – boule – allonger – machine – fil – lunettes

- Les élèves dessinent le nombre de syllabes d'un mot en traçant des arcs de cercle, puis mettent une croix dans un des arcs pour indiquer où se situe le son.
- Proposer aux élèves de trouver des mots avec ce son. En cas d'erreur, leur demander de dire le mot avec le son /l/.

Exemple : un élève dit *rose*, on essaie de dire le mot en plaçant le son /l/ : *lose*.

Phase 3 ■ Collectif : 5 min

- Prévoir un affichage de classe (ou la projection) du mot référent du son (moulin) ainsi que les graphies du son /l/.
- Ouvrir le fichier et observer le mot référent du son : *moulin*.
- Le dire en articulant exagérément chaque syllabe.
- Situer à quel endroit on entend le son en visualisant les arcs de syllabes au tableau.

➠ Observer les différentes graphies du son /l/.

- Le mot référent sera affiché sur le « mur des sons ».

Phase 4 ■ Fichier p. 12 ■ Individuel : 10 min

Feuille Seyes (3 ou 4 mm) pour l'exercice 5

Exercice 1 :
À l'aide du picto, demander aux élèves d'expliquer le travail à faire. Lire la consigne. Faire nommer ou nommer les dessins. Puis laisser les élèves en autonomie.
vélo – chaise – lunettes – poule – parapluie – lit – cartable

Différenciation :
S'assurer que l'élève a bien compris le dessin, lui faire nommer ou renommer l'illustration. Articuler exagérément si besoin.

Exercice 2 :
À l'aide du picto, demander aux élèves d'expliquer le travail à faire. Lire la consigne. Rappeler ce qu'est un intrus. Faire

nommer ou nommer les dessins. Puis laisser les élèves en autonomie.
éléphant – papillon – cheval – baleine – aigle – lion – mouche
Situer le son dans chaque mot.

Différenciation :
Cet exercice demande une action inverse du précédent. La consigne peut donc être difficile à comprendre par les élèves fragiles. L'enseignant(e) peut la formuler autrement : *On entend le son /l/ dans tous les mots sauf deux.* Faire renommer à l'élève les dessins.
Donner à l'élève un exemple d'intrus, mettre le son dans l'intrus si besoin, exemple : *papilon*.

Exercice 3 :
Il s'agit de situer le son dans le mot représenté. À l'aide du picto, demander aux élèves d'expliquer le travail à faire. Lire la consigne. Faire nommer ou nommer les dessins. Puis laisser les élèves en autonomie.
lapin – ambulance – coccinelle – lunettes – ballon

Différenciation :
Faire le 1er mot avec l'élève. Dire ou faire dire à voix haute les mots correspondant à chaque illustration.

Exercice 4 :
Il s'agit de dessiner les arcs correspondant aux syllabes des mots représentés. À l'aide du picto, demander aux élèves d'expliquer le travail à faire. Les élèves dessinent seuls les arcs. Les laisser en autonomie.
moulin – lavabo – parapluie

Différenciation :
Taper ou faire taper dans les mains le nombre de syllabes de chaque mot représenté.

Exercice 5 :
Cet exercice est une activité de discrimination visuelle et permet d'anticiper sur la séance 2.
• Montrer au préalable dans les airs le tracé de la lettre, demander aux élèves de faire de même. Leur faire écrire plusieurs fois la lettre sur une feuille Seyes, en variant sa taille.
• Il s'agit de reconnaitre les différentes graphies du son /l/. À l'aide du picto, demander aux élèves d'expliquer le travail à faire. Lire la consigne. Puis laisser les élèves en autonomie.

Différenciation :
Entourer un exemple de chaque graphie dans le tableau.

Discrimination visuelle – Séance 2

Phase 1 ■ Collectif ■ 15 min

• Au tableau, écrire une série de lettres *e / ℓ, ℒ, t / I / l / o / ℬ, b*, etc. (Attention, les confusions portent surtout avec le *b* en cursive).
• Un élève vient entourer les lettres qui font le son /l/.
À l'aide d'un syllabaire ou de cartes lettres collectives puis individuelles, l'enseignant(e) entrainera les élèves à associer la lettre l avec des sons connus.
l + i = li   l + a = la   l + u = lu   i + l = il...
• Les élèves écrivent les syllabes associées sur une feuille Seyes.

En autonomie ou collectivement, prendre un temps dans la journée pour utiliser des étiquettes portant les lettres *a, i, u,* et *l* pour les manipuler. Demander aux élèves de composer *li* puis la et *lu*. Un élève compose, un autre lit.

Phase 2 ■ Fichier p. 13 ■ Individuel : 15 min

• Utiliser si possible des prénoms de la classe sur des étiquettes pour montrer que parfois le « l » ne fait pas le son /l/. Trier les prénoms. On peut aussi proposer des mots (*billes, filles, abeilles,* etc.). L'objectif n'est pas que l'élève les lisent, mais qu'il prenne conscience que parfois on voit *l*, mais on n'entend pas le son /l/.

Exercice 6 :
• Reconnaitre différentes graphies du son /l/ dans des mots.
À l'aide du picto, demander aux élèves d'expliquer le travail à faire. Lire la consigne. Faire nommer ou nommer les dessins. Puis laisser les élèves en autonomie.

Différenciation :
Mettre à disposition des élèves un modèle des différentes graphies utilisées. Montrer des exemples sur d'autres mots.

Exercice 7 :
• Écrire *li, la* ou *lu* dans des mots.
À l'aide du picto, demander aux élèves d'expliquer le travail à faire. Lire la consigne. Faire nommer ou nommer les dessins. Puis laisser les élèves en autonomie.

Différenciation :
Mettre à disposition des élèves des étiquettes (à créer) *li, la* et *lu*. L'enseignant(e) procède mot à mot et demande à l'élève de montrer l'étiquette qui correspond au mot avant d'écrire la syllabe.

Phase 3 ■ Fichier p. 13 ■ Collectif et individuel : 10 min

Je m'entraine :
• Faire lire un groupe d'élèves pendant que les autres élèves travaillent en autonomie sur les exercices 6 et 7.
• Demander aux élèves d'inventer une phrase avec les mots qu'ils viennent de lire.

Différenciation :
Les élèves en difficulté préparent avec l'enseignant(e) la lecture des mots avant la lecture collective. Ils s'entrainent à combiner en manipulant et en assemblant les étiquettes des graphèmes connus.

Compétences :
- Discriminer auditivement le son /m/.
- Situer le son /m/ dans un mot.
- Connaitre le graphème et les graphies du son /m/.
- Associer le graphème *m* avec les graphèmes *a*, *i* et *u*.

Supports :
Fichier d'apprentissage du code pages 14-15, ardoise, feuille Seyes.

Exercices de phonologie préalables (5 min) :
- Demander aux élèves de rappeler les sons étudiés.
- À partir du [r] : demander aux élèves de placer dans leur prénom le son [r] en remplaçant un son. Prendre quelques exemples : *Alain* → *Arain* ; *Karim* → *Rarim*.

Discrimination auditive – Séance 1

Phase 1 ■ Collectif : 10 min

- Trouver le son étudié.

L'enseignant(e) lit les prénoms de la classe contenant le son /m/ et demande aux élèves de trouver le son commun à ces prénoms.
- Pour chaque prénom contenant le son /m/, il demande de trouver le nombre de syllabes. Scander en frappant dans les mains.
- Il demande ensuite de situer oralement le son /m/ (1re, 2e, 3e syllabe).
- On peut également demander à chaque élève de dire son prénom ou celui d'un camarade, de dire combien il contient de syllabes, s'il entend /m/ ou pas, et si oui, le situer.
- On peut procéder de la même façon à partir de la lecture d'une petite comptine.

Mardi,
Maman mange avec son ami Mohamed
Au menu : saumon de la Manche Marin
Et Macaroni au fromage.

➟ Pour chaque mot, trouver le nombre de syllabes et situer le son /m/.

Phase 2 ■ Ardoise ■ individuel 10 min

- Utiliser le code /m/ sur un côté de l'ardoise et ~~/m/~~ sur l'autre côté de l'ardoise. L'enseignant(e) dit les mots et les élèves montrent le bon côté de l'ardoise selon qu'ils entendent ou non le son /m/.

marcher – rame – pirate – nounours – niche – ami – donner – chameau – renard – cheminée – valise

Situer le son /m/ dans le mot.
- Les élèves dessinent le nombre de syllabes d'un mot en traçant des arcs de cercle, puis mettent une croix dans un des arcs pour indiquer où se situe le son.
- Proposer aux élèves de trouver des mots avec ce son en début puis en fin de mot. En cas d'erreur, leur demander de dire le mot avec le son /m/.

Exemple : un élève dit *genou*, on essaie de dire le mot en plaçant le son /m/ : *gemou*.

Phase 3 ■ Collectif : 5 min

- Prévoir un affichage de classe (ou la projection) du mot référent du son (maison) ainsi que les graphies du son /m/.
- Ouvrir le fichier et observer le mot référent du son : *maison*.
- Le dire en articulant exagérément chaque syllabe.
- Situer à quel endroit on entend le son en visualisant les arcs de syllabes au tableau.

Observer les différentes graphies du son /m/.
- Le mot référent sera affiché sur le « mur des sons ».

Phase 4 ■ Fichier p. 14 ■ Individuel : 10 min

Feuille Seyes (3 ou 4 mm) pour l'exercice 5

Exercice 1 :
À l'aide du picto, demander aux élèves d'expliquer le travail à faire. Lire la consigne. Faire nommer ou nommer les dessins. Puis laisser les élèves en autonomie.
mur – camion – lunettes – baleine – marmite – montagne – domino

Différenciation :
S'assurer que l'élève a bien compris le dessin : lui faire renommer. Articuler exagérément si besoin.

Exercice 2 :
À l'aide du picto, demander aux élèves d'expliquer le travail à faire. Lire la consigne. Rappeler ce qu'est un intrus. Faire nommer ou nommer les dessins. Puis laisser les élèves en autonomie.
fourmi – chameau – mouton – éléphant – mouche – lion – limace
Situer le son dans chaque mot.

Différenciation :
Cet exercice demande une action inverse du précédent. La consigne peut donc être difficile à comprendre par les élèves fragiles. L'enseignant(e) peut la formuler autrement : *On entend le son /m/ dans tous les mots sauf deux.* Faire renommer à l'élève les dessins.
Donner un exemple d'intrus, mettre le son dans l'intrus si besoin, exemple : *élémant*.

Exercice 3 :
Il s'agit de situer le son dans le mot représenté. À l'aide du picto, demander aux élèves d'expliquer le travail à faire. Lire la consigne. Faire nommer ou nommer les dessins. Puis laisser les élèves en autonomie.
médaille – chemise – cinéma – mouton – allumettes

Différenciation :
Faire le 1er mot avec l'élève. Dire ou faire dire à voix haute les mots correspondant à chaque illustration.

Exercice 4 :
Il s'agit de dessiner les arcs correspondant aux syllabes des mots représentés. À l'aide du picto, demander aux élèves d'expliquer le travail à faire. Les élèves dessinent seuls les arcs. Les laisser en autonomie.
domino – fourmi – chameau

Différenciation :
Taper ou faire taper dans les mains le nombre de syllabes de chaque mot représenté.

Exercice 5 :
Cet exercice est une activité de discrimination visuelle et permet d'anticiper sur la séance 2.
- Montrer au préalable dans les airs le tracé de la lettre, demander aux élèves de faire de même. Leur faire écrire plusieurs fois la lettre sur une feuille Seyes, en variant sa taille.
- Reconnaitre les différentes graphies du son /m/. Il s'agit de situer le son dans le mot représenté. À l'aide du picto, demander aux élèves d'expliquer le travail à faire. Lire la consigne. Puis laisser les élèves en autonomie.

Différenciation :
Entourer un exemple de chaque graphie dans le tableau.

Discrimination visuelle – Séance 2

Phase 1 ■ Collectif : 15 min

- Au tableau écrire une série de lettres ; *m, m, n, n, r, m, n, n, b*, etc. Attention, les confusions portent surtout avec le *n* que ce soit en script ou en cursif, il conviendra de veiller à ce que les élèves fassent bien la différence, on peut éventuellement parler de pont, en script le *m* a deux ponts, en cursif il en a trois.

Un élève vient entourer les lettres qui font le son /m/.
- L'enseignant(e) demande aux élèves de chercher de quelles lettres on aura besoin pour écrire les syllabes : *ma* / *mi* / *mu*.
- Essais, mise en commun en articulant bien pour écrire l'ordre des sons entendus.
- Les élèves doivent ensuite trouver des mots dans lesquels on entend ces syllabes. Ils sont écrits au tableau pour bien visualiser.
- À l'aide d'un syllabaire ou de cartes lettres collectives puis individuelles, l'enseignant(e) entrainera les élèves à associer la lettre *m*, avec des sons connus.

m + i = mi   m + a = ma   m + u = mu
- Leur faire écrire des syllabes sur feuille Seyes.

En autonomie ou collectivement, prendre un temps dans la journée pour utiliser des étiquettes portant les lettres *a, i, u*, et *m* pour les manipuler. Demander aux élèves de composer *mi* puis *ma* et *mu*. Un élève compose, un autre lit.

Phase 2 ■ Fichier p. 15 ■ Individuel : 15 min

Exercice 6 :
- Écrire *ma, mi* ou *mu* dans des mots.

À l'aide du picto, demander aux élèves d'expliquer le travail à faire. Lire la consigne. Faire nommer ou nommer les dessins. Puis laisser les élèves en autonomie.

Différenciation :
Mettre à disposition des élèves des étiquettes (à créer) *ma, mi* ou *mu*. L'enseignant(e) procède mot à mot et demande à l'élève de montrer l'étiquette qui correspond au mot avant d'écrire la syllabe.

- Montrer que parfois le « m » ne fait pas le son /m/ en apportant des mots : *champignon, lampe, ambulance, ampoule*. L'objectif n'est pas que l'élève les lisent, mais qu'il prenne conscience que parfois on voit *m*, mais on n'entend pas le son /m/.

Exercice 7 :
- Recopier uniquement les mots dans lesquels on entend le son /m/.

À l'aide du picto, demander aux élèves d'expliquer le travail à faire. Lire la consigne. Faire nommer ou nommer les dessins. Puis laisser les élèves en autonomie.

Différenciation :
L'élève recopie ou colorie les lettres *m* dans les mots, il les dit ensuite en articulant bien pour entendre ou pas le son. Puis il dit s'il va le recopier ou non.

Phase 3 ■ Fichier p. 15 ■ Collectif et individuel : 10 min

Je m'entraine :
- Faire lire un groupe d'élèves pendant que les autres élèves travaillent en autonomie sur les exercices 6 et 7.
- Demander aux élèves d'inventer une phrase avec les mots qu'ils viennent de lire.

Différenciation :
Les élèves en difficulté préparent avec l'enseignant(e) la lecture des mots avant la lecture collective. Ils s'entrainent à combiner en manipulant et en assemblant les étiquettes des graphèmes connus.

Compétences :
- Discriminer auditivement le son /ou/.
- Situer le son /ou/ dans un mot.
- Connaitre le graphème et les graphies du son /ou/.

Supports :
Fichier d'apprentissage du code, pages 16-17, ardoise, feuille Seyes.

Exercices de phonologie préalables (5 min) :
- L'enseignant(e) dit un mot, les élèves doivent le répéter sans la première syllabe. Commencer par des prénoms de la classe.
- Prendre ensuite : *kangourou – outil – bonbon – confiture – girafe.*
- Laisser ensuite les élèves trouver des mots.

Discrimination auditive – Séance 1

Phase 1 ■ Collectif : 10 min

- Trouver le son étudié.

L'enseignant(e) lit les prénoms de la classe contenant le son /ou/ et demande aux élèves de trouver le son commun à ces prénoms.
- Pour chaque prénom contenant le son /ou/, il demande de trouver le nombre de syllabes. Scander en frappant dans les mains.
- Il demande ensuite de situer oralement le son /ou/ (1re, 2e, 3e syllabe).
- On peut ensuite demander à chaque élève de dire son prénom ou celui d'un camarade, de dire combien il contient de syllabes, s'il entend /ou/ ou pas, et si oui, le situer.
- On peut procéder de la même façon à partir de la lecture d'une petite comptine.

Le loup voit la poule
Joue avec moi, lui dit-il !
On pourrait courir autour des maisons
Et se pousser dans les cailloux.
Pas question ! dit la poule,
Poursuis plutôt ta route !

➟ Pour chaque mot, trouver le nombre de syllabes et situer le son /ou/. Scander en frappant dans les mains.

Phase 2 ■ Ardoise ■ Individuel : 10 min

Sur un côté de l'ardoise les élèves écrivent /ou/ et de l'autre côté ~~/ou/~~. L'enseignant(e) dit les mots et les élèves montrent le bon côté de l'ardoise.
cartable – bambou – fourrure – bonbon – trousse – caillou – décousu – sourd – long – docteur – douze
- Les élèves dessinent le nombre de syllabes d'un mot en traçant des arcs de cercle, puis mettent une croix dans un des arcs pour indiquer où se situe le son.
- Proposer aux élèves de trouver des mots avec ce son. En cas d'erreur, leur demander de dire le mot avec le son /ou/. *Exemple :* un élève dit *lune*, on essaie de dire le mot en plaçant le son /ou/ : *loune*.

Phase 3 ■ Collectif : 5 min

- Prévoir un affichage de classe (ou la projection) du mot référent du son (loup) ainsi que les graphies du son /ou/.
- Ouvrir le fichier et observer le mot référent du son : *loup*.
- Le dire en articulant exagérément chaque syllabe.
- Situer à quel endroit on entend le son en visualisant les arcs de syllabes au tableau.

➟ Observer les graphies du son /ou/.
- Le mot référent sera affiché sur le « mur des sons ».

Phase 4 ■ Fichier p. 16 ■ Individuel : 10 min

Feuille Seyes (3 ou 4 mm) pour l'exercice 5

Exercice 1 :
À l'aide du picto, demander aux élèves d'expliquer le travail à faire. Lire la consigne. Faire nommer ou nommer les dessins. Puis laisser les élèves en autonomie.
Situer le son dans chaque mot.
râteau – fourmi – bougie – poire – iglou – radis – clown

Différenciation :
S'assurer que l'élève a bien compris le dessin, lui faire nommer ou renommer l'illustration. Articuler exagérément si besoin.

Exercice 2 :
À l'aide du picto, demander aux élèves d'expliquer le travail à faire. Lire la consigne. Rappeler ce qu'est un intrus. Faire nommer ou nommer les dessins. Puis laisser les élèves en autonomie.
mouton – poussin – poule – renard – mouche – souris – papillon

Différenciation :
Cet exercice demande une action inverse du précédent. La consigne peut donc être difficile à comprendre par les élèves fragiles. L'enseignant(e) peut la formuler autrement : *On entend le son /ou/ dans tous les mots sauf deux.*
Faire renommer à l'élève les dessins.
Donner à l'élève un exemple d'intrus, mettre le son dans l'intrus si besoin, exemple : *renourd.*

Exercice 3 :
Il s'agit de situer le son dans le mot représenté. À l'aide du picto, demander aux élèves d'expliquer le travail à faire. Lire la consigne. Faire nommer ou nommer les dessins. Puis laisser les élèves en autonomie.
fourmi – mouton – kangourou – moulin – souris

Différenciation :
Faire le 1er mot avec l'élève. Dire ou faire dire à voix haute les mots correspondant à chaque illustration.

Exercice 4 :
Il s'agit de dessiner les arcs correspondant aux syllabes des mots représentés. À l'aide du picto, demander aux élèves d'expliquer le travail à faire. Lire la consigne. Faire nommer ou nommer les dessins.
poussin – tambourin – bougie

Différenciation :
Taper ou faire taper dans les mains le nombre de syllabes de chaque mot représenté.

Exercice 5 :
Cet exercice est une activité de discrimination visuelle et permet d'anticiper sur la séance 2.
• Montrer au préalable dans les airs le tracé des lettres, demander aux élèves de faire de même. Leur faire écrire plusieurs fois les lettres sur une feuille Seyes, en variant sa taille.
• Il s'agit de reconnaitre les différentes graphies du son /ou/. À l'aide du picto, demander aux élèves d'expliquer le travail à faire. Lire la consigne. Puis laisser les élèves en autonomie.

Différenciation :
Entourer un exemple de chaque graphie dans le tableau.

Discrimination visuelle - Séance 2

Il conviendra de bien expliquer aux élèves, que certains sons s'écrivent avec deux lettres. Ici le /ou/.

Phase 1 ■ collectif : 15 min

Feuille Seyes (3 ou 4 mm)

• Au tableau écrire une série de lettres :
ou, on, o, p, i, oi, on, ou, d, uo.
Un élève vient entourer les lettres qui font le son /ou/.
• À l'aide d'un syllabaire *ou* et de cartes lettres collectives puis individuelles, l'enseignant(e) entrainera les élèves à associer le son /ou/, avec d'autres sons connus.
lou – rou – mou – our – oul
Leur faire écrire ces syllabes sur feuille Seyes.
• Montrer et expliquer que, dès que l'on voit *ou,* on doit le lire /ou/.

Phase 2 ■ Fichier p. 17 ■ Individuel : 15 min

Exercice 6 :
• Écrire *ou* ou *u* dans des mots.
À l'aide du picto, demander aux élèves d'expliquer le travail à faire. Lire la consigne. Faire nommer ou nommer les dessins. Puis laisser les élèves en autonomie.

Différenciation :
Mettre à disposition des élèves des étiquettes (à créer) *ou* ou *u*. L'enseignant(e) procède mot à mot et demande à l'élève de montrer l'étiquette qui correspond au mot avant d'écrire la syllabe.

Exercice 7 :
• Recopier uniquement les mots dans lesquels on entend le son /ou/.
À l'aide du picto, demander aux élèves d'expliquer le travail à faire. Lire la consigne. Faire nommer ou nommer les dessins. Puis laisser les élèves en autonomie.

Différenciation :
L'élève recopie ou colorie les lettres *ou* dans les mots, il les dit ensuite en articulant bien pour entendre ou pas le son. Puis il dit s'il va le recopier ou non.

Phase 3 ■ Fichier p. 17 ■ Collectif et individuel : 10 min

Je m'entraine :
• Faire lire un groupe d'élèves pendant que les autres élèves travaillent en autonomie sur les exercices 6 et 7.
• Demander aux élèves d'inventer une phrase avec les mots qu'ils viennent de lire.

Différenciation :
Les élèves en difficulté préparent avec l'enseignant(e) la lecture des mots avant la lecture collective. Ils s'entrainent à combiner en manipulant et en assemblant les étiquettes des graphèmes connus.

Compétences :
- Discriminer auditivement le son /p/.
- Situer le son /p/ dans un mot.
- Connaitre le graphème et les graphies du son /p/.
- Associer le graphème *p* avec les graphèmes *a, i, u* et *ou*.

Supports :
Fichier d'apprentissage du code pages 18-19, ardoise, feuille Seyes.

Exercices de phonologie préalables (5 min) :
- Demander aux élèves de répéter la dernière syllabe d'un mot : *papillon – biberon – poussin – radis – cheval.*
- Laisser les élèves trouver un mot et demander ensuite de lui faire répéter la dernière syllabe.
- Jeu du marabout. Les élèves disent les mots en reprenant la dernière syllabe du mot précédent.

Discrimination auditive - Séance 1

Concernant le son /p/, les confusions auditives portent souvent entre le /p/ et le /b/, il conviendra d'y porter une grande attention.

Phase 1 ■ Collectif : 10 min

- Trouver le son étudié.

L'enseignant(e) lit les prénoms de la classe contenant le son /p/ et demande aux élèves de trouver le son commun à ces prénoms.
- Pour chaque prénom contenant le son /p/, il demande de trouver le nombre de syllabes. Scander en frappant dans les mains.
- Il demande ensuite de situer oralement le son /p/ (1re, 2e, 3e syllabe).
- On peut également demander à chaque élève de dire son prénom ou celui d'un camarade, de dire combien il contient de syllabes, s'il entend /p/ ou pas, et si oui, le situer.
- On peut procéder de la même façon à partir de la lecture d'une petite comptine.

Place, place, dit le Petit Poucet,
Laissez passer le prince et son père.

➠ Pour chaque mot, trouver le nombre de syllabes et situer le son /p/.

Phase 2 ■ Ardoise ■ Individuel : 10 min

- Utiliser le code /p/ sur un côté de l'ardoise et /~~p~~/ sur l'autre côté de l'ardoise. L'enseignant(e) dit les mots et les élèves montrent le bon côté de l'ardoise selon qu'ils entendent ou non le son /p/. Situer le son /p/ dans le mot.

pelote – bombe – pirate – pois – débattre – applaudir – belle – pelle – appelle – crabe – chaperon – puisque
- Les élèves dessinent le nombre de syllabes d'un mot en traçant des arcs de cercle, puis mettent une croix dans un des arcs pour indiquer où se situe le son.
- Proposer aux élèves de trouver des mots avec ce son en début puis en fin de mot. En cas d'erreur, leur demander de dire le mot avec le son /p/.

Exemple : un élève dit *debout*, on essaie de dire le mot en plaçant le son /p/ : *depout, pebout.*

Phase 3 ■ Collectif : 5 min

- Prévoir un affichage de classe (ou la projection) du mot référent du son (chapeau) ainsi que les graphies du son /p/.
- Ouvrir le fichier et observer le mot référent du son : *chapeau.*
- Le dire en articulant exagérément chaque syllabe.
- Situer à quel endroit on entend le son en visualisant les arcs de syllabes au tableau.

Observer les différentes graphies du son /p/.
- Le mot référent sera affiché sur le « mur des sons ».

Phase 4 ■ Fichier p. 18 ■ Individuel : 10 min

Feuille Seyes (3 ou 4 mm) pour l'exercice 5

Exercice 1 :
À l'aide du picto, demander aux élèves d'expliquer le travail à faire. Lire la consigne. Faire nommer ou nommer les dessins. Puis laisser les élèves en autonomie.
lampe – biberon – épée – bougie – piscine – tipi – journal

Différenciation :
S'assurer que l'élève a bien compris le dessin : lui faire renommer. Articuler exagérément si besoin.

Exercice 2 :
À l'aide du picto, demander aux élèves d'expliquer le travail à faire. Lire la consigne. Rappeler ce qu'est un intrus. Faire nommer ou nommer les dessins. Puis laisser les élèves en autonomie. Situer le son dans chaque mot.
baleine – hippopotame – lapin – chapeau – poule – abeille – poussin

Différenciation :
Cet exercice demande une action inverse du précédent. La consigne peut donc être difficile à comprendre par les élèves fragiles. L'enseignant(e) peut la formuler autrement : *On entend le son /p/ dans tous les mots sauf deux.*
Faire renommer à l'élève les dessins.
Donner un exemple d'intrus, mettre le son dans l'intrus si besoin, exemple : *paleine.*

Exercice 3 :
Il s'agit de situer le son dans le mot représenté. À l'aide du picto, demander aux élèves d'expliquer le travail à faire. Lire la consigne. Faire nommer ou nommer les dessins. Puis laisser les élèves en autonomie.
poupée – papillon – pinceau – policier – pompier

Différenciation :
Faire le 1er mot avec l'élève. Dire ou faire dire à haute voix les mots correspondant à chaque illustration.

Exercice 4 :
Il s'agit de dessiner les arcs correspondant aux syllabes des mots représentés. À l'aide du picto, demander aux élèves d'expliquer le travail à faire. Les élèves dessinent seuls les arcs. Les laisser en autonomie.
poussin – tapis – champignon

Différenciation :
Taper ou faire taper dans les mains le nombre de syllabes de chaque mot représenté.

Exercice 5 :
Cet exercice est une activité de discrimination visuelle et permet d'anticiper sur la séance 2.
• Montrer au préalable dans les airs le tracé de la lettre, demander aux élèves de faire de même. Leur faire écrire plusieurs fois la lettre sur une feuille Seyes, en variant sa taille.
• Reconnaitre les différentes graphies du son /p/. Il s'agit de situer le son dans le mot représenté. À l'aide du picto, demander aux élèves d'expliquer le travail à faire. Lire la consigne. Puis laisser les élèves en autonomie.

Différenciation :
Entourer un exemple de chaque graphie dans le tableau.

Discrimination visuelle – Séance 2

Phase 1 ■ Collectif : 15 min

• Au tableau écrire une série de lettres : *p / q / d / b / p / t / o / n / i / p / b / u.*
Attention, à l'écrit, si en cursive il y a peu d'erreurs, en script, en lecture, les confusions sont fréquentes entre le *p*, le *q*, le *b* et le *d*. Il conviendra de veiller à ce que les élèves fassent bien la différence.
Un élève vient entourer les lettres qui font le son /p/.
• L'enseignant(e) demande aux élèves de chercher de quelles lettres on aura besoin pour écrire les syllabes : *pa / pi / pu / pou / par / pir.*
• Essais, mise en commun en articulant bien pour écrire l'ordre des sons entendus.
• Les élèves doivent ensuite trouver des mots dans lesquels on entend ces syllabes. Ils sont écrits au tableau pour bien visualiser.
• À l'aide d'un syllabaire ou de cartes lettres collectives puis individuelles, l'enseignant(e) entrainera les élèves à associer la lettre *p*, avec des sons connus.
p + i = pi   p + a = pa   p + u = pu   p + ou = pou
p + i + r = pir   p + a + r = par   p + ou + r = pour
• Leur faire écrire ces syllabes sur feuille Seyes.

En autonomie ou collectivement, prendre un temps dans la journée pour utiliser des étiquettes portant les lettres *a, i, u, ou* et *p* pour les manipuler. Demander aux élèves de composer *pi, pa, pu* et *pou.* Un élève compose, un autre lit.

Phase 2 ■ Fichier p. 19 ■ Individuel : 15 min

Exercice 6 :
• Écrire *pa, pi, pou* dans des mots.
À l'aide du picto, demander aux élèves d'expliquer le travail à faire. Lire la consigne. Faire nommer ou nommer les dessins. Puis laisser les élèves en autonomie.

Différenciation :
Mettre à disposition des élèves des étiquettes (à créer) *pa, pi* et *pou.* L'enseignant(e) procède mot à mot et demande à l'élève de montrer l'étiquette qui correspond au mot avant d'écrire la syllabe.

• Montrer que parfois le « p » ne fait pas le son /p/ en écrivant des mots au tableau : *phare, éléphant, téléphone, photo...*
L'objectif n'est pas que l'élève les lisent, mais qu'il prenne conscience que parfois on voit *p*, mais on n'entend pas le son /p/.

Exercice 7 :
• Recopier uniquement les mots dans lesquels on entend le son /p/.
À l'aide du picto, demander aux élèves d'expliquer le travail à faire. Lire la consigne. Faire nommer ou nommer les dessins. Puis laisser les élèves en autonomie.

Différenciation :
L'élève recopie ou colorie les lettres *p* dans les mots, il les dit ensuite en articulant bien pour entendre ou pas le son. Puis il dit s'il va le recopier ou non.

Phase 3 ■ Fichier p. 19 ■ Collectif et individuel : 10 min

Je m'entraine :
• Lire en collectif puis individuellement pendant que les autres élèves travaillent en autonomie sur les exercices 6 et 7.
• Demander aux élèves d'inventer une phrase avec les mots qu'ils viennent de lire.

Différenciation :
Les élèves en difficulté préparent avec l'enseignant(e) la lecture des mots avant la lecture collective. Ils s'entrainent à combiner en manipulant et en assemblant les étiquettes des graphèmes connus.

Bilan 1

Fichier d'apprentissage du code pp. 20-21

Compétence :
Identifier les sons /a/, /i/, /u/, /ou/, /r/, /m/, /p/ et /l/ et leurs graphèmes pour déchiffrer des mots.
Support(s) :
Fichier d'apprentissage du code pages 20-21, pages autocollants en fin de fichier.

Activité préalable :
À l'aide d'un syllabaire ou d'étiquettes, entrainer les élèves à lire les sons à évaluer.

Exercice 1 :

Compétences :
Retrouver et différencier les sons /r/, /m/, /p/ et /l/.

• Nommer chaque image. Expliquer et faire expliquer la consigne par un élève.
piscine – rôti – bol – camion – canard – tipi – montagne – lit

Différenciation :
Aider les élèves en difficulté à décoller les images.
Faire redire par les élèves le mot référent de chaque son, leur montrer et leur réexpliquer sur une affiche ou sur le fichier « c'est le /r/de *renard* », etc.

Exercice 2 :

Compétence :
Savoir écrire les lettres : /a,/ /i/, /u/, /ou/, /r/, /m/, /p/ et /l/.

• Dictée les lettres /a/, /i/, /u/, /ou/, /r/, /m/, /p/ et /l/. Leur demander de les écrire en cursives minuscules.

Différenciation :
Utiliser un outil numérique de type ordinateur ou tablette.

Exercice 3 :

Compétence :
Compléter un mot, avec les syllabes : *pa, ma, ri, pal, la* et *mou*.

• Nommer chacune des six images. S'assurer de la compréhension de la consigne par les élèves. Faire un modèle (*patin, marin*, etc.). Rappeler qu'ils ont déjà effectué ce travail précédemment.

Différenciation :
Mettre à disposition des élèves des étiquettes (à créer) avec les syllabes : *pa, ma, ri, pal, la* et *mou*.

Exercice 4 :

Compétence :
Savoir associer des syllabes connues.

• Faire lire les syllabes, nommer les images. S'assurer de la compréhension de la consigne en donnant un exemple.

Différenciation :
Mettre à disposition des élèves des étiquettes (à créer) avec les syllabes : *pou, la, ma, le* et *pi*.

Exercices 5, 6, 7 et 8 :

Compétence :
Savoir associer un son à son graphème.

• Nommer les images. Dire aux élèves que le mot qui correspond à l'image est écrit en dessous. Leur rappeler que parfois on voit une lettre, mais qu'elle ne fait pas le son auquel on s'attend, prendre en exemple, le *a* dans *lapin* et dans *fantôme*.
• Faire l'exercice 5. Prendre le temps de bien expliquer que les élèves ne doivent écrire que les mots dans lesquels ils entendent /a/.

Différenciation :
Pour les élèves plus fragiles ne leur donner que deux mots à recopier.
Mettre à disposition des élèves des étiquettes (à créer) avec les mots.

• Continuer de même avec les exercices 6 /i/, 7 /u/ et 8 /ou/.

Exercice 9 :

Compétence :
Savoir écrire des syllabes connues.

• Écrire : *ma, ri, la, lu, mi, rou, mou, mil, pi, pa, lou, our, ar, ru, pu.*

t — T t T t

Compétences :
- Discriminer auditivement le son /t/.
- Situer le son /t/ dans un mot.
- Connaitre le graphème et les graphies du son /t/.
- Associer le son /t/ avec les sons /a/, /i/ et /u/.

Supports :
Fichier d'apprentissage du code pages 22-23, ardoise, feuille Seyes.

Exercices de phonologie préalables (5 min) :
- Demander aux élèves de trouver le premier son des mots prononcés. On utilise ici des sons déjà travaillés : *idée – panier – ours – avec – machine – loup – usine – radis.*
- Leur demander ensuite de trouver eux-mêmes des mots.
- Si certains élèves rencontrent des difficultés, insister exagérément sur le premier son en prononçant le mot.

Discrimination auditive - Séance 1

Phase 1 ■ Collectif : 10 min

Trouver le son étudié.
- L'enseignant(e) dit les prénoms de la classe contenant le son /t/ et demande aux élèves de trouver le son commun à ces prénoms.
- Pour chaque prénom contenant le son /t/, demander aux élèves de trouver le nombre de syllabes. Scander en frappant dans les mains.
- Leur demander ensuite de situer oralement le son /t/ (1re, 2e, 3e syllabe).
- Demander à chaque élève de dire son prénom ou celui d'un camarade, de dire combien il contient de syllabes, s'il entend /t/ ou pas, et si oui, le situer.
- Procéder de la même façon à partir de la lecture d'une comptine.

Dans le train pour Toulouse,
Tonton porte ses lunettes.
Pourtant il rate l'arrêt
Et se retrouve à Montauban.
Tant pis, il utilisera un taxi
Et rentrera en voiture.

Phase 2 ■ Ardoise ■ Individuel : 10 min

- Utiliser le code /t/ sur un côté de l'ardoise et /ŧ/ sur l'autre côté de l'ardoise. L'enseignant(e) dit les mots et les élèves montrent le bon côté de l'ardoise selon qu'ils entendent, ou non, le son /t/.

partir – donner – téléphoner – aider – tousser – château – ordinateur – danser – réveil – tasse – fenêtre

- Les élèves dessinent le nombre de syllabes d'un mot en traçant des arcs de cercle, puis mettent une croix dans un des arcs pour indiquer où se situe le son (éviter les syllabes muettes en fin de mot).
- Proposer aux élèves de trouver des mots avec ce son en début puis en fin de mot. En cas d'erreur, leur demander de dire le mot avec le son /t/.

Exemple : un élève dit donner, on essaie de dire le mot en plaçant le son /t/ : *tonner*.

Phase 3 ■ Collectif : 5 min

- Prévoir un affichage de classe (ou la projection) du mot référent du son (*tortue*) ainsi que les graphies du son /t/.
- Ouvrir le fichier et observer le mot référent du son : *tortue*.
- Le dire en articulant exagérément chaque syllabe.
- Situer à quel endroit on entend le son en visualisant les arcs de syllabes au tableau.
- Le mot référent sera affiché sur le « mur des sons ».

Phase 4 ■ Fichier p. 22 ■ Individuel : 10 min

Feuille Seyes (3 ou 4 mm) pour exercice 5

Exercice 1 :
À l'aide du picto, demander aux élèves d'expliquer le travail à faire. Lire la consigne. Faire nommer ou nommer les dessins. Puis laisser les élèves en autonomie.
rateau – lunettes – chocolat – montagne – pirate – rideau – radis

Différenciation :
S'assurer que l'élève a bien compris le dessin : le lui faire renommer. Articuler exagérément si besoin.

Exercice 2 :
- À l'aide du picto, demander aux élèves d'expliquer le travail à faire. Lire la consigne. Rappeler ce qu'est un intrus. Faire nommer ou nommer les dessins. Puis laisser les élèves en autonomie.
- Prolongement : situer le son dans chaque mot qui le contient.

aspirateur – train – dinosaure – tomate – télévision – tortue – aigle

Différenciation :
Cet exercice demande une action inverse du précédent. La consigne peut donc être difficile à comprendre par les élèves fragiles. L'enseignant(e) peut la formuler autrement : *On entend le son /t/ dans tous les mots sauf deux.* Faire renommer par l'élève les dessins. Donner à l'élève un exemple d'intrus, mettre le son dans l'intrus si besoin, exemple : *tinosaure*.

Exercice 3 :
Il s'agit de situer le son dans le mot représenté. À l'aide du picto, demander aux élèves d'expliquer le travail à faire. Lire la consigne. Faire nommer ou nommer les dessins. Puis laisser les élèves en autonomie.
bouton – cravate – allumettes – stylo – hélicoptère

Différenciation :
Faire le 1er mot avec l'élève. Dire ou faire dire à voix haute les mots correspondant à chaque illustration.

Exercice 4 :
Il s'agit de dessiner les arcs correspondant aux syllabes des mots représentés. À l'aide du picto, demander aux élèves d'expliquer le travail à faire. Les élèves dessinent seuls les arcs. Les laisser en autonomie.
mouton – gâteau – aspirateur

Différenciation :
Taper ou faire taper dans les mains le nombre de syllabes de chaque mot représenté.

Exercice 5 :
Cet exercice est une activité de discrimination visuelle et permet d'anticiper sur la séance 2.
• Montrer dans les airs le tracé de la lettre, demander aux élèves de faire de même. Leur faire écrire plusieurs fois la lettre sur une feuille Seyes, en variant sa taille.
• Reconnaitre les différentes graphies du son /t/. À l'aide du picto, demander aux élèves d'expliquer le travail à faire. Lire la consigne. Puis laisser les élèves en autonomie.

Différenciation :
Entourer un exemple de chaque graphie dans le tableau.

Discrimination visuelle - Séance 2

Phase 1 ■ Ardoise ■ Collectif : 15 min

• L'enseignant(e) demande aux élèves de chercher de quelles lettres on aura besoin pour écrire les syllabes : *ta, tou, ti* et *tu*.
• Essais, mise en commun en articulant bien pour écrire l'ordre des sons entendus.
• Les élèves doivent ensuite trouver des mots dans lesquels on entend ces syllabes. Ils sont écrits au tableau pour bien visualiser.
• Sur le support ardoise, les élèves écrivent les syllabes dictées par l'enseignant(e) : *ta, tou, ti, tu*.
• Leur faire écrire ces syllabes sur feuille Seyes.

En autonomie ou collectivement, prendre un temps dans la journée pour manipuler des étiquettes portant les lettres *a, ou, i, u* et *t*. Demander aux élèves de composer *ta, tou, ti* et *tu*. Un élève compose, un autre lit.

Phase 2 ■ Fichier p. 23 ■ Individuel : 15 min

Exercice 6 :
Écrire *ta, ti* ou *tu* dans des mots.
• À l'aide du picto, demander aux élèves d'expliquer le travail à faire. Lire la consigne. Faire nommer ou nommer les dessins. Puis laisser les élèves en autonomie.

Différenciation :
Mettre à disposition des élèves des étiquettes *ta, ti* et *tu*. L'enseignant(e) procède mot à mot et demande à l'élève de montrer l'étiquette qui correspond au mot avant d'écrire la syllabe. Montrer des exemples sur d'autres mots.

Exercice 7 :
Recopier uniquement les mots dans lesquels on entend le son /t/.
• À l'aide du picto, demander aux élèves d'expliquer le travail à faire. Lire la consigne. Faire nommer ou nommer les dessins. Puis laisser les élèves en autonomie.

Différenciation :
L'élève recopie ou colorie les lettres *t* dans les mots. Les dire ensuite en articulant bien pour entendre, ou pas, le son. Lui demander s'il va le recopier ou non.

Phase 3 ■ Fichier p. 23 ■ Collectif et individuel : 10 min

Je m'entraine :
• Lire en collectif puis individuellement pendant que les autres élèves travaillent en autonomie sur les exercices 6 et 7.
• Demander aux élèves d'inventer une phrase avec les mots qu'ils viennent de lire.

Différenciation :
Les élèves en difficulté préparent avec l'enseignant(e) la lecture des mots avant la lecture collective. Ils s'entrainent à combiner en manipulant et en assemblant les étiquettes des graphèmes.

tr tr tr

Compétences :
- Discriminer auditivement le son /tr/.
- Situer le son /tr/ dans un mot.
- Connaitre le graphème et les graphies du son /tr/.
- Associer le son /tr/ avec les sons a, i, u et ou.

Supports :
Fichier d'apprentissage du code pages 24-25, ardoise, feuille Seyes.

Exercices de phonologie préalables (5 min) :
À l'aide d'images de deux syllabes (*tableau*), l'enseignant(e) dit le mot en inversant les syllabes (*bleauta*). Les élèves retrouvent le mot de base (*tableau*).

Discrimination auditive – Séance 1

Phase 1 ■ Ardoise ■ Collectif : 10 min

Cette séance est le prolongement du travail sur le son /t/.
- L'enseignant(e) demande aux élèves de quelles lettres on va avoir besoin pour écrire la syllabe /tra/. Il précise que trois lettres sont nécessaires.
- Les élèves font leurs propositions sur l'ardoise.
- La mise en commun permet de fixer la graphie /tra/.
- L'enseignant(e) institutionnalise le /tr/ avec des exemples de mots comme : *travail, attraper, trapèze, ...*

Phase 2 ■ Ardoise ■ Collectif : 10 min

- Utiliser le code /tr/ sur un côté de l'ardoise et /~~tr~~/ sur l'autre côté de l'ardoise. L'enseignant(e) dit les mots et les élèves montrent le bon côté de l'ardoise selon qu'ils entendent, ou non, le son /tr/.
trampoline – dromadaire – train – dragon – tramway – trottinette – tarte – drôle – troupeau
- Les élèves recherchent, par groupes de deux, les graphies correspondant à /tri/, /tru/, /trou/.
- L'enseignant(e) propose une mise en commun pour validation.
- Demander aux élèves de trouver des mots avec /tr/.
- Pour chaque mot écrit au tableau l'enseignant(e) marque les syllabes par des arcs et situe le son.

Phase 3 ■ Collectif : 5 min

- Prévoir un affichage de classe (ou la projection) du mot référent du son (trois) ainsi que les graphies du son /tr/.
- Ouvrir le fichier et observer le mot référent du son : *trois*.
- Le dire en articulant exagérément.
- Le mot référent sera affiché sur le « mur des sons ».

Phase 4 ■ Fichier p. 24 ■ Individuel : 10 min

Feuille Seyes (3 ou 4 mm) pour l'exercice 5

Exercice 1 :
À l'aide du picto, demander aux élèves d'expliquer le travail à faire. Lire la consigne. Faire nommer ou nommer les dessins. Puis laisser les élèves en autonomie.
tracteur – autruche – drapeau – montagne – truelle – trousse

Différenciation :
S'assurer que l'élève a bien compris le dessin : le lui faire renommer. Articuler exagérément si besoin.

Exercice 2 :
- À l'aide du picto, demander aux élèves d'expliquer le travail à faire. Lire la consigne. Rappeler ce qu'est un intrus. Faire nommer ou nommer les dessins. Puis laisser les élèves en autonomie.
- Prolongement : situer le son dans chaque mot qui le contient.

trente – train – dromadaire – trottinette – triangle – cravate – treize

Différenciation :
Cet exercice demande une action inverse du précédent. La consigne peut donc être difficile à comprendre par les élèves fragiles. L'enseignant(e) peut la formuler autrement : *On entend le son /tr/ dans tous les mots sauf deux.* Faire renommer par l'élève les dessins. Donner à l'élève un exemple d'intrus, mettre le son dans l'intrus si besoin, exemple : *tromadaire*.

Exercice 3 :
Il s'agit de situer le son dans le mot représenté. À l'aide du picto, demander aux élèves d'expliquer le travail à faire. Lire la consigne. Faire nommer ou nommer les dessins. Puis laisser les élèves en autonomie.
autruche – truelle – trottinette – thermomètre – trampoline

Différenciation :
Faire le 1er mot avec l'élève. Dire ou faire dire à haute voix les mots correspondant à chaque illustration.

Exercice 4 :
Il s'agit de dessiner les arcs correspondant aux syllabes des mots représentés. À l'aide du picto, demander aux élèves d'expliquer le travail à faire. Les élèves dessinent seuls les arcs. Les laisser en autonomie.
troupeau – métro – trapèze

Différenciation :
Taper ou faire taper dans les mains le nombre de syllabes de chaque mot représenté.

Exercice 5 :
Cet exercice est une activité de discrimination visuelle et permet d'anticiper sur la séance 2.
- La graphie *tr* est reprécisée (affichage sur le mur des sons).
- Montrer dans les airs le tracé des deux lettres en attaché, demander aux élèves de faire de même. Leur faire écrire plusieurs fois le groupe de lettres sur une feuille Seyes, en variant sa taille.
- Reconnaitre les différentes graphies du son /tr/. À l'aide du picto, demander aux élèves d'expliquer le travail à faire. Lire la consigne, puis laisser les élèves en autonomie.

Différenciation :
Entourer un exemple de chaque graphie dans le tableau.

Discrimination visuelle - Séance 2

Phase 1 ■ Ardoise ■ Individuel : 15 min

- L'enseignant(e) rappelle de quelles lettres est formé le son /tr/. Il procède à une dictée de syllabes sur l'ardoise en mêlant /t/ et /tr/ : *tri – tra – ti – tu – tou – trou – tru – ta.*
- Toujours sur le support ardoise, demander aux élèves d'écrire des mots en articulant très lentement pour qu'ils enregistrent la succession des syllabes :

pitre – troupe – poutre – martre – litre – trame – triple.

En autonomie ou collectivement, prendre un temps dans la journée pour manipuler des étiquettes portant les lettres *a, i, u, ou* et *tr*. Demander aux élèves de composer *tra, tri, tru* puis *trou*. Un élève compose, un autre lit.

Phase 2 ■ Fichier p. 25 ■ Individuel : 15 min

Exercice 6 :
Écrire *tra, tri, tru* ou *trou* dans des mots.
- À l'aide du picto, demander aux élèves d'expliquer le travail à faire. Lire la consigne. Faire nommer ou nommer les dessins. Puis laisser les élèves en autonomie.

Différenciation :
Les élèves relisent plusieurs fois, avec l'enseignant(e), les syllabes proposées. L'enseignant(e) dit chaque mot en articulant bien et demande aux élèves de montrer l'étiquette qui correspond à la syllabe qu'ils entendent. L'enseignant(e) valide et les élèves écrivent la syllabe manquante.

Exercice 7 :
Recopier uniquement les mots dans lesquels on entend le son /tr/.
- À l'aide du picto, demander aux élèves d'expliquer le travail à faire. Lire la consigne. Faire nommer ou nommer les dessins. Puis laisser les élèves en autonomie.

Différenciation :
L'élève colorie ou recopie les lettres *tr* dans les mots, il les dit ensuite en articulant bien pour entendre, ou pas, le son. Lui demander s'il va le recopier ou non.

Phase 3 ■ Fichier p. 25 ■ Collectif et individuel : 10 min

Je m'entraine :
- Lire en collectif puis individuellement pendant que les autres élèves travaillent en autonomie sur les exercices 6 et 7.
- Demander aux élèves d'inventer une phrase avec les mots qu'ils viennent de lire.

Différenciation :
Les élèves en difficulté préparent avec l'enseignant(e) la lecture des mots avant la lecture collective. Ils s'entrainent à combiner en manipulant et en assemblant les étiquettes des graphèmes.

Compétences :
- Discriminer auditivement le son /o/.
- Situer le son /o/ dans un mot.
- Connaitre le graphème et les graphies du son /o/.
- Associer le son /o/ avec les sons /m/, /p/, /r/ et /t/.

Supports :
Fichier d'apprentissage du code pages 26-27, ardoise.

Exercices de phonologie préalables (5 min) :
- Demander aux élèves de trouver le premier son des mots prononcés. On utilisera ici des sons déjà travaillés :

animal – hirondelle – radis – toupie – mulet – tracer – papier – utile – tricher – lama.
- Leur demander ensuite de trouver eux-mêmes des mots.

Si certains élèves rencontrent des difficultés, insister exagérément sur le premier son en prononçant le mot.

Discrimination auditive - Séance 1

Phase 1 ■ Collectif : 10 min

Trouver le son étudié.
- L'enseignant(e) lit les prénoms de la classe contenant le son /o/ et demande aux élèves de trouver le son commun à ces prénoms.
- Pour chaque prénom contenant le son /o/, l'enseignant(e) demande de trouver le nombre de syllabes. Scander en frappant dans les mains.
- Leur demander ensuite de situer oralement le son /o/ (1re, 2e, 3e syllabe).
- On peut également demander à chaque élève de dire son prénom ou celui d'un camarade, de dire combien il contient de syllabes, s'il entend /o/ ou pas, et si oui, le situer.
- Procéder de la même façon à partir de la lecture d'une comptine.

C'est le tango des crapauds,
Des crapauds rigolos
Qui coassent au bord de l'eau
Sans manteau ni sombréro.
Drôle d'animaux !

Phase 2 ■ Ardoise ■ Individuel : 10 min

- Utiliser le code /o/ sur un côté de l'ardoise et /~~o~~/ sur l'autre côté de l'ardoise. L'enseignant(e) dit les mots et les élèves montrent le bon côté de l'ardoise selon qu'ils entendent, ou non, le son /o/.

baobab – crapaud – rôti – bonbon – mollusque – barbe – otarie – cogner – table – brosse – locomotive
- Les élèves dessinent le nombre de syllabes d'un mot en traçant des arcs de cercle, puis mettent une croix dans un des arcs pour indiquer où se situe le son.

Phase 3 ■ Collectif : 5 min

- Prévoir un affichage de classe (ou la projection) des mots référents du son (moto, oiseau, taupe) ainsi que les graphies du son /o/.
- Expliquer qu'un son peut s'écrire de plusieurs façons, comme ici le son /o/, qui peut s'écrire avec une lettre, deux lettres ou même trois lettres. Écrire au tableau quelques prénoms d'élèves contenant les différents graphèmes du son /o/, ou des mots simples comme *pot, peau, auto*... Les élèves viennent entourer toutes les lettres qui représentent le phonème.
- Ouvrir le fichier et observer les mots référents du son : *moto, oiseau, taupe.*
- Dire ces mots en articulant exagérément chaque syllabe.
- Situer à quel endroit on entend le son en visualisant les arcs de syllabes au tableau.
- Les mots référents seront affichés sur le « mur des sons ».

Phase 4 ■ Fichier p. 26 ■ Individuel : 10 min

Exercice 1 :
- Demander aux élèves d'expliquer le travail à faire. Lire la consigne. Faire nommer ou nommer les dessins. Puis laisser les élèves en autonomie.

camion – stylo – confiture– bougie – robot – râteau – domino – seau

Différenciation :
S'assurer que l'élève a bien compris les dessins : les lui faire nommer. Articuler exagérément si besoin.

Exercice 2 :
- Demander aux élèves d'expliquer le travail à faire. Lire la consigne. Rappeler ce qu'est un intrus. Faire nommer ou nommer les dessins. Puis laisser les élèves en autonomie.

souris – dinosaure – autruche – hippopotame – crocodile – coccinelle – mouche

Différenciation :
Cet exercice demande une action inverse de la précédente. La consigne peut donc être difficile à comprendre par les élèves fragiles. L'enseignant(e) peut la formuler autrement : *On entend le son /o/ dans tous les mots sauf deux.* Faire renommer à l'élève les dessins. Donner un exemple d'intrus.

Exercice 3 :
Il s'agit de situer le son quand il est présent dans le mot représenté. Demander aux élèves d'expliquer le travail à faire. Lire la consigne. Faire nommer ou nommer les dessins. Puis laisser les élèves en autonomie.
moto – fantôme – lavabo – domino – oiseau

Différenciation :
Faire le 1er mot avec l'élève. Dire ou faire dire à voix haute les mots correspondant à chaque illustration.

Exercice 4 :
Il s'agit de dessiner les arcs correspondant aux syllabes des mots représentés et d'indiquer la syllabe contenant le son /o /. Demander aux élèves d'expliquer le travail à faire. Les élèves dessinent seuls les arcs. Les laisser en autonomie.
chapeau – domino – escargot

Différenciation :
Taper ou faire taper dans les mains le nombre de syllabes de chaque mot représenté.

Discrimination visuelle – Séance 2

Phase 1 ■ Collectif : 15 min

• L'enseignant(e) demande aux élèves de chercher de quelles lettres on aura besoin pour écrire les syllabes : *bo / or / ro / lo / ol / mo / om / po / op / to / ot / tro.*
• Essais, mise en commun en articulant bien pour écrire l'ordre des sons entendus.
• Les élèves doivent ensuite trouver des mots dans lesquels on entend ces syllabes. Ces mots sont écrits au tableau pour bien visualiser.

En autonomie ou collectivement, prendre un temps dans la journée pour manipuler des étiquettes portant les lettres *o, au, eau* et *m, p, r, t*. Demander aux élèves de composer *mo, peau* puis *tau, ro*... Un élève compose, un autre lit.

Phase 2 ■ Fichier p. 26-27 ■ Individuel : 15 min

Exercice 5 :
Colorier les différentes écritures du son /o/.
• Avant de laisser les élèves réaliser l'exercice, on reviendra sur la structure des trois mots référents du son.
• L'exercice doit être réalisé de façon autonome.

Différenciation :
On peut donner le nombre d'écriture de o à trouver (7 dans la première ligne, 4 dans la seconde, 4 dans la troisième) pour que l'élève vérifie son travail.

Exercice 6 :
Écrire *mo, po, ro* dans des mots.
• Demander aux élèves d'expliquer le travail à faire. Lire la consigne. Faire nommer ou nommer les dessins. Puis laisser les élèves en autonomie.

Différenciation :
Mettre à disposition des élèves des étiquettes *mo, po, ro*. L'enseignant(e) procède mot à mot et demande aux élèves de montrer l'étiquette qui correspond au mot avant d'écrire la syllabe.

Exercice 7 :
Écrire *tau, pau, au* dans des mots.
• Demander aux élèves d'expliquer le travail à faire. Lire la consigne. Faire nommer ou nommer les dessins. Puis laisser les élèves en autonomie.

Différenciation :
Mettre à disposition des élèves des étiquettes *tau, pau, au*. L'enseignant(e) procède mot à mot et demande aux élèves de montrer l'étiquette qui correspond au mot avant d'écrire la syllabe.

Exercice 8 :
Écrire *meau, peau, teau* dans des mots.
• Demander aux élèves d'expliquer le travail à faire. Lire la consigne. Faire nommer ou nommer les dessins. Puis laisser les élèves en autonomie.

Différenciation :
Mettre à disposition des élèves des étiquettes *meau, peau, teau*. L'enseignant(e) procède mot à mot et demande aux élèves de montrer l'étiquette qui correspond au mot avant d'écrire la syllabe.

Phase 3 ■ Fichier p. 27 ■ Collectif et individuel : 10 min

Je m'entraine :
• Lire en collectif puis individuellement pendant que les autres élèves travaillent en autonomie sur les exercices 6, 7 et 8.
• Demander aux élèves d'inventer une phrase supplémentaire, différente de celles déjà proposées, avec les mots qu'ils viennent de lire.

Différenciation :
Les élèves en difficulté préparent avec l'enseignant(e) la lecture des mots avant la lecture collective. Ils s'entrainent à combiner en manipulant et en assemblant les étiquettes des graphèmes.

O o O o
au au – eau eau

Fichier d'apprentissage du code pp. 28-29

Compétences :
- Discriminer auditivement le son /o/.
- Situer le son /o/ dans un mot.
- Connaitre le graphème et les graphies du son /o/.
- Associer le son /o/ avec les sons /p/, /pr/, /t/ et /tr/.

Supports :
Fichier d'apprentissage du code pages 28-29, page autocollants en fin de fichier, ardoise.

Exercices de phonologie préalables :
Demander aux élèves de trouver le premier son des mots prononcés. On utilisera ici des sons déjà travaillés :
mouton – otarie – trousse – image – roule – limace – piscine – utile – outil – livre
Leur demander ensuite de trouver eux-mêmes des mots.
Si certains élèves rencontrent des difficultés, insister exagérément sur le premier son en prononçant le mot.

Discrimination auditive – Séance 1

Annoncer aux élèves qu'il s'agit de travailler encore une fois sur le son /o/ mais que cette fois-ci on portera surtout l'attention sur l'existence de différentes graphies.

Phase 1 ■ Collectif : 10 min

Trouver le son étudié.
- L'enseignant(e) nomme des objets utilisés en classe et demande aux élèves de trouver si ces mots comportent le son /o/. Exemple : *stylo, tableau, trousse, bureau...*
- Pour chaque mot contenant le son /o/, demander aux élèves de trouver le nombre de syllabes. Scander en frappant dans les mains.
- Demander ensuite de situer oralement le son /o/ (1re, 2e, 3e syllabe).
- Demander à chaque élève de dire un nom d'objet, de dire combien il contient de syllabes, s'il entend /o/ ou pas, et si oui, le situer.
- Procéder de la même façon à partir de la lecture d'une comptine qui rappelle les trois graphies du *o*.

Nous sommes les trois O.
L'un tout rond, tout beau,
C'est la lettre O.
L'autre en deux morceaux :
Un A bien au chaud
Contre un U manchot.
E, A, U, c'est trop ?
Non, c'est rigolo !
Trois lettres pour faire O,
C'est ce qu'il nous faut.

Phase 2 ■ Ardoise ■ Individuel : 10 min

- Utiliser le code /o/ sur un côté de l'ardoise et /o̶/ sur l'autre côté de l'ardoise. L'enseignant(e) dit les mots et les élèves montrent le bon côté de l'ardoise selon qu'ils entendent, ou non, le son /o/.
ogre – cochon – tanière – horrible – chaperon – loup – rigolo – forêt – couteau – potage
- Les élèves dessinent le nombre de syllabes d'un mot en traçant des arcs de cercle, puis mettent une croix dans un des arcs pour indiquer où se situe le son.

Phase 3 ■ Collectif : 5 min

- Revenir sur l'affichage de classe (ou la projection) des mots référents du son (*moto, oiseau, taupe*) ainsi que sur les graphies du son /o/.
- Lire la comptine sur les trois *o*.

Phase 4 ■ Fichier p. 28 ■ Individuel : 10 min

Exercice 1 :
- Demander aux élèves d'expliquer le travail à faire. Lire la consigne. Faire nommer ou nommer les dessins. Puis laisser les élèves en autonomie.
cadeau – champignon – robot – lion – dinosaure – autobus

Différenciation :
S'assurer que l'élève a bien compris le dessin : lui faire renommer. Articuler exagérément si besoin.

Exercice 2 :
- Rappeler aux élèves les trois graphies du son /o/. Expliquer le travail à faire. Lire la consigne puis laisser les élèves en autonomie.

Différenciation :
Faire le lien entre la place du son à l'oral et sa place dans l'écriture du mot.

Exercice 3 :
Il s'agit de trier les mots proposés dans la page autocollants à la fin du fichier selon les trois graphies possibles du son /o/.

• Demander aux élèves d'expliquer le travail à faire. Lire la consigne.

Différenciation :
Aider les élèves qui en ont besoin à décoller les étiquettes. Leur demander de montrer la colonne où va chaque étiquette avant de la coller.

Discrimination visuelle – Séance 2

Phase 1 ■ Ardoise ■ Collectif : 15 min

L'enseignant(e) demande aux élèves de chercher les trois écritures possibles des syllabes suivantes :
ro / rau / reau – lo / lau / leau – mo / mau / meau – po / pau / peau – to / tau / teau – tro / trau / treau.

• Essais, mise en commun en articulant bien pour écrire l'ordre des sons entendus.
• Les élèves doivent ensuite trouver des mots dans lesquels on entend ces syllabes. Ils sont écrits par l'enseignant(e) au tableau en les classant en trois colonnes comme dans l'exercice 3.
• Sur le support ardoise, les élèves écrivent les syllabes dictées par l'enseignant(e) en choisissant la graphie de leur choix :

b – or – ro – lo – ol – mo – om – po – op – to – ot – tro.

En autonomie ou collectivement, prendre un temps dans la journée pour manipuler des étiquettes portant les lettres *o, au, eau* et *p, pr, t, tr*. Demander aux élèves de composer *pau, pro* puis *teau, tro*... Un élève compose, un autre lit.

Phase 2 ■ Fichier p. 29 ■ Individuel : 15 min

Exercice 4 :
Écrire *tro, po, pro, pau, teau* dans des mots.
• Demander aux élèves d'expliquer le travail à faire. Lire la consigne. Faire nommer ou nommer les dessins. Puis laisser les élèves en autonomie.

Différenciation :
Mettre à disposition des élèves des étiquettes *tro, po, pro, pau, teau*. L'enseignant(e) procède mot à mot et demande à l'élève de montrer l'étiquette qui correspond au mot avant d'écrire la syllabe.

Exercice 5 :
Faire nommer les dessins.
• Lire la consigne. Puis laisser les élèves en autonomie en rappelant les conditions favorables à l'écriture.

Différenciation :
Avant la phase d'écriture les élèves peuvent rechercher la présence du son /o/ à l'oral en collectif. On attirera l'attention sur la possibilité de voir écrite la lettre *o* mais dans un mot qui ne contient pas le son. Prendre l'exemple de /ou/ déjà étudié.

Phase 3 ■ Fichier p. 29 ■ Collectif et individuel : 10 min

Je m'entraine :
• Lire en collectif puis individuellement pendant que les autres élèves travaillent en autonomie sur les exercices 4 et 5.
• Demander aux élèves d'inventer une phrase supplémentaire, différente de celles déjà proposées, avec les mots qu'ils viennent de lire.

Différenciation :
Les élèves en difficulté préparent avec l'enseignant(e) la lecture des mots avant la lecture collective. Ils s'entrainent à combiner en manipulant et en assemblant les étiquettes des graphèmes.

d — D d D d

Compétences :
- Discriminer auditivement le son /d/.
- Situer le son /d/ dans un mot.
- Connaitre le graphème et les graphies du son /d/.
- Associer le son /d/ avec les sons /a/, /i/, /o/ et /ou/.

Supports :
Fichier d'apprentissage du code pages 30-31, ardoise, feuille Seyes.

Exercices de phonologie préalables (5 min) :
Quel est le premier son dans : *ananas, renard, image, Uranus, loup, machine, ouvert, pyramide ?*

Discrimination auditive - Séance 1

Les confusions auditives peuvent porter sur les sons /d/ et /t/, voire /d/ et /b/. Il convient alors de prononcer exagérément, puis de montrer et d'expliquer aux élèves les différences : pour le /b/, la bouche se ferme alors qu'elle reste ouverte pour le /d/. Pour le /t/, la langue appuie fortement sur le palais. Proposer si besoin les fiches de consolidation pages 104 (d-b) et 107 (t-d).

Phase 1 ■ Collectif : 10 min

Trouver le son étudié.
- L'enseignant(e) dit des mots comme *décorer, demander, devoir, durer...* contenant le son /d/ et demande aux élèves de trouver le son commun.
- Pour chaque mot contenant le son /d/, il demande de trouver le nombre de syllabes. Scander en frappant dans les mains.
- Il demande ensuite de situer oralement le son /d/ (1re, 2e, 3e syllabe).
- On peut procéder de la même façon à partir de la lecture d'une comptine.

De Grenade à Madrid,
Dora se démène,
Pour vendre des denrées délicieuses :
Salades, radis et mandarines...

Phase 2 ■ Ardoise ■ Individuel : 10 min

- Utiliser le code /d/ sur un côté de l'ardoise et /~~d~~/ sur l'autre côté de l'ardoise. L'enseignant(e) dit les mots et les élèves montrent le bon côté de l'ardoise selon qu'ils entendent, ou non, le son /d/.
danse – monter – dine – tante – sardine – donne – sonde – attirer
- Les élèves dessinent le nombre de syllabes d'un mot en traçant des arcs de cercle, puis mettent une croix dans un des arcs pour indiquer où se situe le son.
- Proposer aux élèves de trouver des mots avec ce son en début puis en fin de mot. En cas d'erreur, leur demander de dire le mot avec le son /d/.

Phase 3 ■ Collectif : 5 min

- Prévoir un affichage de classe (ou la projection) du mot référent du son (*domino*) ainsi que les graphies du son /d/.
- Ouvrir le fichier et observer le mot référent du son : *domino.*
- Le dire en articulant exagérément chaque syllabe.
- Situer à quel endroit on entend le son en visualisant les arcs de syllabes au tableau.
- Le mot référent sera affiché sur le « mur des sons ».

Phase 4 ■ Fichier p. 30 ■ Individuel : 10 min

Feuille Seyes (3 ou 4 mm) pour l'exercice 5

Exercice 1 :
À l'aide du picto, demander aux élèves d'expliquer le travail à faire. Lire la consigne. Faire nommer ou nommer les dessins. Puis laisser les élèves en autonomie.
dinosaure – crocodile – panda – dauphin – kangourou – montagne – allumettes

Différenciation :
S'assurer que l'élève a bien compris le dessin : lui faire renommer. Articuler exagérément si besoin.

Exercice 2 :
À l'aide du picto, demander aux élèves d'expliquer le travail à faire. Lire la consigne. Rappeler ce qu'est un intrus. Faire nommer ou nommer les dessins. Puis laisser les élèves en autonomie.
télévision – drapeau – radeau – dinosaure – médaille – douche – crapaud

Différenciation :
Cet exercice demande une action inverse du précédent. La consigne peut donc être difficile à comprendre par les élèves fragiles. L'enseignant(e) peut la formuler autrement : *On entend le son /d/ dans tous les mots sauf deux.* Faire renommer à l'élève les dessins.

Exercice 3 :
Il s'agit de situer le son dans le mot représenté. À l'aide du picto, demander aux élèves d'expliquer le travail à faire. Lire la consigne. Faire nommer ou nommer les dessins. Puis laisser les élèves en autonomie.
dinosaure – cadeau – crocodile – drapeau – panda

Différenciation :
Faire le 1er mot avec l'élève. Dire ou faire dire à voix haute les mots correspondant à chaque illustration.

Exercice 4 :
Il s'agit de dessiner les arcs correspondant aux syllabes des mots représentés. À l'aide du picto, demander aux élèves d'expliquer le travail à faire. Les élèves dessinent seuls les arcs. Les laisser en autonomie.
rideau – radis – domino

Différenciation :
Taper ou faire taper dans les mains le nombre de syllabes de chaque mot représenté.

Exercice 5 :
Cet exercice est une activité de discrimination visuelle et permet d'anticiper sur la séance 2.
• Montrer au préalable dans les airs le tracé de la lettre, demander aux élèves de faire de même. Leur faire écrire plusieurs fois les lettres sur une feuille Seyes, en variant sa taille.
• Reconnaitre les différentes graphies du son /d/.
• Il est important de lever la confusion d/b. Utiliser la fiche consolidation page 104 si besoin.
• À l'aide du picto, demander aux élèves d'expliquer le travail à faire. Lire la consigne. Puis laisser les élèves en autonomie.

Différenciation :
Entourer un exemple de chaque graphie dans le tableau.

Discrimination visuelle – Séance 2

Phase 1 ■ Ardoise ■ Collectif : 15 min

• L'enseignant(e) demande aux élèves de chercher de quelles lettres on aura besoin pour écrire les syllabes : *da, di, du, dra, dou, do*.
• Essais, mise en commun en articulant bien pour écrire l'ordre des sons entendus.
• Les élèves doivent ensuite trouver des mots dans lesquels on entend ces syllabes. Ces mots sont écrits au tableau pour bien les visualiser.
• Sur le support ardoise, les élèves écrivent les syllabes dictées par l'enseignant(e) : *da, di, do* et *dou*.

En autonomie ou collectivement, prendre un temps dans la journée pour manipuler des étiquettes portant les lettres *a, i, o, ou* et *d*. Demander aux élèves de composer *da, di, do* puis *dou*. Un élève compose, un autre lit.

Phase 2 ■ Fichier p. 31 ■ Individuel : 15 min

Exercice 6 :
Écrire *da, di, do* et *dou* dans des mots.
• À l'aide du picto, demander aux élèves d'expliquer le travail à faire. Lire la consigne. Faire nommer ou nommer les dessins. Puis laisser les élèves en autonomie.

Différenciation :
Mettre à disposition des élèves des étiquettes *da, di, do* et *dou*. L'enseignant(e) procède mot à mot et demande à l'élève de montrer l'étiquette qui correspond au mot avant d'écrire la syllabe dans le fichier.

Exercice 7 :
• Recopier uniquement les mots dans lesquels on entend le son /d/.
À l'aide du picto, demander aux élèves d'expliquer le travail à faire. Lire la consigne. Faire nommer ou nommer les dessins. Puis laisser les élèves en autonomie.

Différenciation :
L'élève recopie ou colorie les lettres *d* dans les mots, il les dit ensuite en articulant bien pour entendre ou pas le son. Puis il dit s'il va recopier le mot ou non.

Phase 3 ■ Fichier p. 31 ■ Collectif et individuel : 10 min

Je m'entraine :
• Lire en collectif puis individuellement pendant que les autres élèves travaillent en autonomie sur les exercices 6 et 7.
• Demander aux élèves d'inventer une phrase avec les mots qu'ils viennent de lire.

Différenciation :
Les élèves en difficulté préparent avec l'enseignant(e) la lecture des mots avant la lecture collective. Ils s'entrainent à combiner en manipulant et en assemblant les étiquettes des graphèmes connus.

dr dr tr tr pl pl pr pr

Fichier d'apprentissage du code pp. 32-33

Compétences :
- Discriminer auditivement les sons /dr/, /tr/, /pl/ et /pr/.
- Situer les sons /dr/, /tr/, /pl/ et /pr/dans un mot.
- Connaitre les graphèmes et les graphies des sons /dr/, /tr/, /pl/ et /pr/.
- Associer les sons /dr/, /tr/, /pl/ et /pr/ avec les sons /a/, /i/, /o/ et /ou/.

Supports :
Fichier d'apprentissage du code pages 32-33, page autocollants en fin de fichier, ardoise.

Exercices de phonologie préalables (5 min) :
L'enseignant(e), en préparation à la séance, dit un vire langue et les élèves répètent :
– *Trois tortues trottaient sur un trottoir très étroit.*
– *Étant sorti sans parapluie, il m'eût plus plu qu'il plût plus tôt.*

Discrimination auditive – Séance 1

Phase 1 ■ Collectif : 10 min

Trouver le son étudié.
- À partir de la lecture d'une poésie, demander aux élèves de repérer les sons /tr/ /dr/ /pr/ et /pl/.
- Expliquer la succession des sons qui correspond à la graphie : Dans /dr/ on entend dans l'ordre /d / puis /r/. On recherche les mots dans la poésie. On fait de même avec /tr/, /pr/ et /pl/. L'enseignant(e) peut proposer de prolonger la poésie en trouvant d'autres mots avec /tr/, /dr/, /pr/ et /pl/.

Trois dromadaires
Trimbalaient dans le désert
De drôles de trucs :
Quatre prunes, treize citrons,
Plusieurs dragons,
Des autruches,
Et autre pipistrelle ventrue...

Phase 2 ■ Ardoise ■ Collectif : 10 min

- Les mots de la poésie sont écrits au tableau :
trois – dromadaires – trimbalaient – drôles – trucs – quatre – prunes – treize – citrons – plusieurs – dragons – autre – autruches – pipistrelle – ventrue
- Ils sont catégorisés par sons et, collectivement, on observe les différentes graphies.
- Les élèves dessinent sur leur ardoise le nombre de syllabes d'un mot en traçant des arcs de cercle, puis mettent une croix dans un des arcs pour indiquer où se situe le son observé.

Phase 3 ■ fichier p. 32 ■ Collectif : 5 min

- Prévoir un affichage de classe (ou la projection) avec les graphies des sons. L'affichage peut rester et s'enrichir au fur et à mesure des lectures.

Phase 4 ■ Fichier p. 32 ■ Individuel : 10 min

Exercice 1 :
- Demander aux élèves d'expliquer le travail à faire en observant le picto. Bien préciser qu'il faut la règle pour relier les images aux sons.
- Lire et expliciter la consigne. L'enseignant(e) peut réécrire les différentes syllabes au tableau. Faire nommer ou nommer les dessins. Puis laisser les élèves en autonomie.
autruche – trousse – drapeau – professeur – dragon – prune – trône – plongeur – plume – plage

Différenciation :
Afin d'aider les élèves en difficulté, l'enseignant(e) procède son par son et les élèves cherchent les mots correspondant au son donné avant de relier.

Exercice 2 :
- Demander aux élèves d'expliquer le travail à faire en observant le picto.
- Lire la consigne. Faire nommer ou nommer les dessins. Puis laisser les élèves en autonomie.
- Les images sont sur la page autocollants à la fin du fichier.
calendrier – plus – princesse – citron – trompette – prix

Discrimination visuelle – Séance 2

Phase 1 ■ Collectif : 15 min

- L'enseignant(e) demande aux élèves de quelles lettres il aura besoin pour écrire les syllabes : *dra / dri / dru / dro.*
- Les élèves trouvent des mots avec chaque syllabe demandée et on localise le son dans le mot écrit au tableau.

En autonomie ou collectivement, prendre un temps dans la journée pour manipuler des étiquettes portant les lettres *a, i, o, ou* et *dr, pr, tr, pl*. Demander aux élèves de composer *dra, pli* puis *dro, tra*... Un élève compose, un autre lit.

Phase 2 ■ Fichier p. 33 ■ Individuel : 15 min

Exercice 3 :

Les élèves doivent compléter chaque mot avec les syllabes proposées : *pri / tra / tro / trou / dra / pla.*

• Demander aux élèves d'expliquer le travail à faire en observant le picto. Lire la consigne. Nommer ou faire nommer les dessins. Les laisser en autonomie.

tracteur – plage – trottinette – troupeau – prison – dragon

Différenciation :
L'enseignant(e) propose pour chaque mot un essai avec tous les sons. Toutefois il sera plus aisé pour l'élève de trouver si l'enseignant(e) lui fait choisir, non pas parmi toutes les syllabes, mais en catégorisant les syllabes qui commencent par /t/ puis /p/, puis /d/.
Exemple : *trocteur, troucteur ou tracteur.*
L'élève verbalise le bon mot et montre le son adéquat.

Exercice 4 :

Les élèves doivent écrire un mot.

• Demander aux élèves d'expliquer le travail à faire en observant le picto. Lire la consigne. Nommer ou faire nommer les dessins. Laisser les élèves en autonomie.

un trou – une plume

Différenciation :
L'enseignant(e) a préparé des étiquettes de syllabes : *plu-me* et *tr-ou.*
L'élève lit avec l'aide de l'enseignant(e) chaque partie de mot avant de chercher comment les assembler. Il peut ensuite écrire le mot.

Phase 3 ■ Fichier p. 33 ■ Collectif et individuel : 10 min

Je m'entraine :

• Lire en collectif puis individuellement pendant que les autres élèves travaillent en autonomie sur les exercices 3 et 4.

• Demander aux élèves d'inventer une autre phrase avec quelques un des mots qu'ils viennent de lire.

Différenciation :
Les élèves en difficulté préparent avec l'enseignant(e) la lecture des mots avant la lecture collective. Ils s'entrainent à combiner en manipulant et en assemblant les étiquettes des graphèmes. Dans ce cas ils ne font pas l'exercice 4.

n 𝒩 𝓃 N n

Compétences :
- Discriminer auditivement le son /n/.
- Situer le son /n/ dans un mot.
- Connaitre le graphème et les graphies du son /n/.
- Associer les sons /n/ avec les sons /a/, /i/, /o/ /u/ et /ou/.

Supports :
Fichier d'apprentissage du code pages 34-35, ardoise, feuille Seyes.

Exercices de phonologie préalables (5 min) :
Dire quatre mots dont un seul a une syllabe d'attaque différente. Les élèves doivent retrouver le mot intrus et prononcer la syllabe d'attaque commune.
- *souris – soupe – garçon – sous-marin*
- *tirelire – sirène – tipi – tirebouchon*
- *ciment – réveil – répertoire – réglisse*
- *laitue – laine – panda – lait*

Discrimination auditive – Séance 1

Phase 1 ■ Collectif : 10 min

Trouver le son étudié.
- L'enseignant(e) dit des mots contenant le son /n/ et demande aux élèves de trouver le son commun.

nager – nommer – numéro – ananas – anneau – animal – piano – ordinateur
- Pour chaque mot contenant le son /n/, il demande de trouver le nombre de syllabes. Scander en frappant dans les mains.
- Il demande ensuite de situer oralement le son /n/ (1re, 2e, 3e syllabe).
- On peut également demander à chaque élève de dire son prénom ou celui d'un camarade, de dire combien il contient de syllabes, s'il entend /n/ ou pas, et si oui, le situer.
- On peut procéder de la même façon à partir de la lecture d'une comptine.

Madame la Lune n'a pas très bonne mine.
Elle est toute jaune et son nez éternue.
Dans son petit nid au milieu d'un nuage,
Elle réchauffe ses narines devant la cheminée.
« Madame la Lune prenez des vitamines
Et la nuit prochaine vous aurez bonne mine. »

Phase 2 ■ Ardoise ■ Individuel : 10 min

- Utiliser le code /n/ sur un côté de l'ardoise et /~~n~~/ sur l'autre côté de l'ardoise. L'enseignant(e) dit les mots et les élèves montrent le bon côté de l'ardoise selon qu'ils entendent, ou non, le son /n/.

nénufar – donner – téléphone – manger – domino – nuage – matin – dormir – nager – lapine – fenêtre – main

- Les élèves dessinent le nombre de syllabes d'un mot en traçant des arcs de cercle, puis mettent une croix dans un des arcs pour indiquer où se situe le son.
- Proposer aux élèves de trouver des mots avec ce son en début puis en fin de mot. En cas d'erreur, leur demander de dire le mot avec le son /n/.

Exemple : un élève dit *aimer*, on essaie de dire le mot en plaçant le son /n/ : *ainer*.

Phase 3 ■ Collectif : 5 min

- Prévoir un affichage de classe (ou la projection) du mot référent du son (*âne*) ainsi que les graphies du son /n/.
- Ouvrir le fichier et observer le mot référent du son : *âne*.
- Le dire en articulant exagérément chaque syllabe.
- Situer à quel endroit on entend le son en visualisant les arcs de syllabes au tableau.
- Le mot référent sera affiché sur le « mur des sons ».

Phase 4 ■ Fichier p. 34 ■ Individuel : 10 min

Feuille Seyes (3 ou 4 mm) pour l'exercice 5

Exercice 1 :
À l'aide du picto, demander aux élèves d'expliquer le travail à faire. Lire la consigne. Faire nommer ou nommer les dessins. Puis laisser les élèves en autonomie.
dinosaure – niche – ananas – montagne – camion – banane – palmier

Différenciation :
S'assurer que l'élève a bien compris le dessin : le lui faire renommer. Articuler exagérément si besoin.

Exercice 2 :
À l'aide du picto, demander aux élèves d'expliquer le travail à faire. Lire la consigne. Rappeler ce qu'est un intrus. Faire nommer ou nommer les dessins. Puis laisser les élèves en autonomie.
baleine – canard – âne – dinosaure – renard – araignée – mouton

Différenciation :
Cet exercice demande une action inverse du précédent. La consigne peut donc être difficile à comprendre par les élèves fragiles. L'enseignant(e) peut la formuler autrement : *On entend le son /n/ dans tous les mots sauf deux.*

Faire renommer à l'élève les dessins.
Donner un exemple d'intrus, mettre le son dans l'intrus si besoin, exemple : *arainée*.

Exercice 3 :
Il s'agit de situer le son dans le mot représenté. À l'aide du picto, demander aux élèves d'expliquer le travail à faire. Lire la consigne. Faire nommer ou nommer les dessins. Puis laisser les élèves en autonomie.
nuage – couronne – lunettes – domino – genou

Différenciation :
Faire le 1er mot avec l'élève. Dire ou faire dire à voix haute les mots correspondant à chaque illustration.

Exercice 4 :
Il s'agit de dessiner les arcs correspondant aux syllabes des mots représentés. À l'aide du picto, demander aux élèves d'expliquer le travail à faire. Les élèves dessinent seuls les arcs. Les laisser en autonomie.
tournevis – ordinateur – ananas

Différenciation :
Taper ou faire taper dans les mains le nombre de syllabes de chaque mot représenté.

Exercice 5 :
Cet exercice est une activité de discrimination visuelle et permet d'anticiper sur la séance 2.
- Montrer au préalable dans les airs le tracé de la lettre, demander aux élèves de faire de même. Leur faire écrire plusieurs fois la lettre sur une feuille Seyes, en variant sa taille.
- Reconnaitre les différentes graphies du son /n/. À l'aide du picto, demander aux élèves d'expliquer le travail à faire. Lire la consigne. Puis laisser les élèves en autonomie.

Différenciation :
Entourer un exemple de chaque graphie dans le tableau.

Discrimination visuelle – Séance 2

Phase 1 ■ Ardoise ■ Collectif : 15 min

- L'enseignant(e) demande aux élèves de chercher de quelles lettres on aura besoin pour écrire les syllabes : *na, nou, ni, no* et *nu*.
- Essais, mise en commun en articulant bien pour écrire l'ordre des sons entendus.
- Les élèves doivent ensuite trouver des mots dans lesquels on entend ces syllabes. Ils sont écrits au tableau pour bien visualiser.
- Sur le support ardoise, les élèves écrivent les syllabes dictées par l'enseignant(e) : *na, nou, ni, no* et *nu*.

En autonomie ou collectivement, prendre un temps dans la journée pour manipuler des étiquettes portant les lettres *a, i, u, ou* et *n*. Demander aux élèves de composer *na, ni, nu* puis *nou*. Un élève compose, un autre lit.

Phase 2 ■ Fichier p. 35 ■ Individuel : 15 min

Exercice 6 :
Écrire *na, nou, ni, no* et *nu* dans des mots.
- À l'aide du picto, demander aux élèves d'expliquer le travail à faire. Lire la consigne. Faire nommer ou nommer les dessins. Puis laisser les élèves en autonomie.

Différenciation :
Mettre à disposition des élèves des étiquettes *na, ni, no, nu* et *nou*. L'enseignant(e) procède mot à mot et demande à l'élève de montrer l'étiquette qui correspond au mot avant d'écrire la syllabe.

Exercice 7 :
Recopier uniquement les mots dans lesquels on entend le son /n/.
- À l'aide du picto, demander aux élèves d'expliquer le travail à faire. Lire la consigne. Faire nommer ou nommer les dessins. Puis laisser les élèves en autonomie.

Différenciation :
L'élève recopie ou colorie les lettres *n* dans les mots, il les dit ensuite en articulant bien pour entendre, ou pas, le son. Puis il dit s'il va le recopier ou non.

Phase 3 ■ Fichier p. 35 ■ Collectif et individuel : 10 min

Je m'entraine :
- Lire en collectif puis individuellement pendant que les autres élèves travaillent en autonomie sur les exercices 6 et 7.
- Demander aux élèves d'inventer une phrase avec les mots qu'ils viennent de lire.

Différenciation :
Les élèves en difficulté préparent avec l'enseignant(e) la lecture des mots avant la lecture collective. Ils s'entrainent à combiner en manipulant et en assemblant les étiquettes des graphèmes connus.

Compétences :
- Discriminer auditivement le son /on/.
- Situer le son /on/ dans un mot.
- Connaitre le graphème et les graphies du son /on/.
- Associer le son /on/ avec les sons /r/, /t/, /p/, /l/ et /d/.

Supports :
Fichier d'apprentissage du code pages 36-37, ardoise, feuille Seyes.

Exercices de phonologie préalables (5 min) :
Trouve des mots qui riment avec : *chat* puis avec *rôti* et enfin avec *château*.

La discrimination auditive des sons /on/ et /an/ est parfois problématique. Il conviendra de lever cette difficulté en utilisant la page 105 de « consolidation on-an », si besoin.

Discrimination auditive – Séance 1

Phase 1 ■ Collectif : 10 min

Trouver le son étudié.
- L'enseignant(e) dit des mots *(pont – biberon – ballon – tonton – onduler – plonger – arrondir)* contenant le son /on/ et demande aux élèves de trouver le son commun.
- Pour chaque mot contenant le son /on/, il demande de trouver le nombre de syllabes. Scander en frappant dans les mains.
- Il demande ensuite de situer oralement le son /on/ (1re, 2e, 3e syllabe).
- On peut procéder de la même façon à partir de la lecture d'une comptine.

C'est la comptine du lion,
Qui rencontre un poisson,
Que fais-tu dans ce monde ?
Gronde le vilain lion,
Je plonge dans les ondes,
Répond le petit poisson.

Phase 2 ■ Ardoise ■ Individuel : 10 min

- Utiliser le code /on/ sur un côté de l'ardoise et /~~on~~/ sur l'autre côté de l'ardoise. L'enseignant(e) dit les mots et les élèves montrent le bon côté de l'ardoise selon qu'ils entendent, ou non, le son /on/.
chante – marron – mentir – tomber – surnom – démonter – danse – emmener – pont – dent
- Les élèves dessinent le nombre de syllabes d'un mot en traçant des arcs de cercle, puis mettent une croix dans un des arcs pour indiquer où se situe le son.
- Proposer aux élèves de trouver des mots avec ce son en début puis en fin de mot. En cas d'erreur, leur demander de dire le mot avec le son /on/.

Phase 3 ■ Collectif : 5 min

- Prévoir un affichage de classe (ou la projection) du mot référent du son (*poisson*) ainsi que les graphies du son /on/.
- Expliquer que l'on peut écrire le son /on/ de deux façons différentes. Toutefois l'écriture la plus courante est /on/, c'est pourquoi il n'y a qu'un mot-repère.
- Ouvrir le fichier et observer le mot référent du son : *poisson*.
- Le dire en articulant exagérément chaque syllabe.
- Situer à quel endroit on entend le son en visualisant les arcs de syllabes au tableau.
- Le mot référent sera affiché sur le « mur des sons ».

Phase 4 ■ Fichier p. 36 ■ Individuel : 10 min

Feuille Seyes (3 ou 4 mm) pour l'exercice 5

Exercice 1 :
À l'aide du picto, demander aux élèves d'expliquer le travail à faire. Lire la consigne. Faire nommer ou nommer les dessins. Puis laisser les élèves en autonomie.
panda – papillon – cochon – dinosaure – pompier – chaussure – champignon

Différenciation :
S'assurer que l'élève a bien compris le dessin : le lui faire renommer. Articuler exagérément si besoin.

Exercice 2 :
À l'aide du picto, demander aux élèves d'expliquer le travail à faire. Lire la consigne. Rappeler ce qu'est un intrus. Faire nommer ou nommer les dessins. Puis laisser les élèves en autonomie.
lion – mouton – hérisson – bateau – mouche – montagne – avion

Différenciation :
Cet exercice demande une action inverse du précédent. La consigne peut donc être difficile à comprendre par les élèves fragiles. L'enseignant(e) peut la formuler autrement : *On entend le son /on/ dans tous les mots sauf deux.* Faire renommer à l'élève les dessins.

Exercice 3 :
Il s'agit de situer le son dans le mot représenté. À l'aide du picto, demander aux élèves d'expliquer le travail à faire.

Lire la consigne. Faire nommer ou nommer les dessins. Puis laisser les élèves en autonomie.
maison – ballon – confiture – trompette – hérisson

Différenciation :
Faire le 1er mot avec l'élève. Dire ou faire dire à voix haute les mots correspondant à chaque illustration.

Exercice 4 :
Il s'agit de dessiner les arcs correspondant aux syllabes des mots représentés. À l'aide du picto, demander aux élèves d'expliquer le travail à faire. Les élèves dessinent seuls les arcs. Les laisser en autonomie.
poisson – marron – biberon

Différenciation :
Taper ou faire taper dans les mains le nombre de syllabes de chaque mot représenté.

Exercice 5 :
Cet exercice est une activité de discrimination visuelle et permet d'anticiper sur la séance 2.
• Montrer au préalable dans les airs le tracé des lettres, demander aux élèves de faire de même. Leur faire écrire plusieurs fois les lettres sur une feuille Seyes, en variant sa taille. Rappeler que parfois le son /on/ s'écrit *om*.
• Reconnaitre les différentes graphies du son /on/. À l'aide du picto, demander aux élèves d'expliquer le travail à faire. Lire la consigne. Puis laisser les élèves en autonomie.

Différenciation :
Entourer un exemple de chaque graphie dans le tableau.

Discrimination visuelle – Séance 2

Phase 1 ■ Ardoise ■ Collectif : 15 min

• L'enseignant(e) demande aux élèves de chercher de quelles lettres on aura besoin pour écrire les syllabes : *ron, lon, mon, pon, ton, tron, don, dron, pron, non.*
• Essais, mise en commun en articulant bien pour écrire l'ordre des sons entendus.
• Les élèves doivent ensuite trouver des mots dans lesquels on entend ces syllabes. Ces mots sont écrits au tableau pour bien les visualiser.
• Sur le support ardoise, les élèves écrivent les syllabes dictées par l'enseignant(e) : *ron, ton, pon, lon* et *don.*

En autonomie ou collectivement, prendre un temps dans la journée pour manipuler des étiquettes portant les lettres *r, t, p, l, d* et *on*. Demander aux élèves de composer *ton, ron, pon, lon* puis *don*. Un élève compose, un autre lit.

Phase 2 ■ Fichier p. 37 ■ Individuel : 15 min

Exercice 6 :
Écrire *ron, ton, pon, lon* et *don* dans des mots.
• À l'aide du picto, demander aux élèves d'expliquer le travail à faire. Lire la consigne. Faire nommer ou nommer les dessins. Puis laisser les élèves en autonomie.

Différenciation :
Mettre à disposition des élèves des étiquettes *ron, ton, pon, lon* et *don*. L'enseignant(e) procède mot à mot et demande à l'élève de montrer l'étiquette qui correspond au mot avant d'écrire la syllabe.

Exercice 7 :
Recopier uniquement les mots dans lesquels on entend le son /on/.
• À l'aide du picto, demander aux élèves d'expliquer le travail à faire. Lire la consigne. Faire nommer ou nommer les dessins. Puis laisser les élèves en autonomie.

Différenciation :
L'élève recopie ou colorie les lettres *on* dans les mots, il les dit ensuite en articulant bien pour entendre, ou pas, le son. Puis il dit s'il va le recopier ou non.

Phase 3 ■ Fichier p. 37 ■ Collectif et individuel : 10 min

Je m'entraine :
• Lire en collectif puis individuellement pendant que les autres élèves travaillent en autonomie sur les exercices 6 et 7.
• Demander aux élèves d'inventer une phrase avec les mots qu'ils viennent de lire.

Différenciation :
Les élèves en difficulté préparent avec l'enseignant(e) la lecture des mots avant la lecture collective. Ils s'entrainent à combiner en manipulant et en assemblant les étiquettes des graphèmes connus.

Bilan 2

Fichier d'apprentissage du code pp. 38-39

Compétence :
• Identifier les sons /t/, /o/, /d/, /on/ et /n/ et leurs graphèmes pour déchiffrer des mots.
Supports :
Fichier d'apprentissage du code pages 38-39 et page autocollants en fin de fichier.

Activité préalable :
À l'aide d'un syllabaire ou d'étiquettes, entrainer les élèves à lire les sons à évaluer.

Exercice 1

Compétences :
Retrouver et différencier les sons *t, o, d* et *n*.

• Nommer chaque image. Expliquer et faire expliquer la consigne par un élève. Les images sont sur la page autocollants à la fin du fichier.
table – banane – lavabo – niche – radis – ceinture – salade – abricot

Différenciation :
Faire redire aux élèves le mot référent, leur montrer et leur réexpliquer sur une affiche ou sur le fichier « C'est le /r/ de *renard.* », etc.

Exercice 2 :

Compétence :
Savoir écrire les lettres : *t, o, d, on,* et *n.*

• Dicter les lettres *t, o, d, on,* et *n*. Leur demander de les écrire en cursives minuscules.

Différenciation :
Utiliser un outil numérique de type ordinateur ou tablette.

Exercice 3 :

Compétence :
Compléter ou écrire un mot, avec les syllabes : *lo, da, tu, nu, tor, dra, trou* et *do, mi, no.*

• Nommer chacune des huit images. S'assurer de la compréhension de la consigne par les élèves. Rappeler qu'ils ont déjà effectué ce travail précédemment.

Différenciation :
Mettre à disposition des élèves des étiquettes avec les syllabes : *lo, da, tu, nu, tor, dra, trou* et *do, mi, no.*

Exercice 4 :

Compétence :
Savoir associer des syllabes connues.

• Faire lire les syllabes, nommer les images. S'assurer de la bonne compréhension de la consigne en donnant un exemple.

Différenciation :
Mettre à disposition des élèves les étiquettes des syllabes suivantes pour pouvoir les manipuler : *a, peau, mo, na, nas, trou* et *to.*

Exercices 5, 6, et 7 :

Compétence :
Savoir associer un son à son graphème.

• Nommer les images. Dire aux élèves que le mot qui correspond à l'image est écrit en dessous. Leur rappeler que parfois on voit une lettre, mais qu'elle ne fait pas le son auquel on s'attend, prendre en exemple, le /n/ dans *lion* et dans *tente*.
• Faire l'exercice 5. Prendre le temps de bien expliquer que les élèves ne doivent écrire que les mots dans lesquels ils entendent /n/.

Différenciation :
Pour les élèves les plus fragiles ne leur donner que deux mots à recopier.
Mettre à disposition des élèves des étiquettes avec les mots.

• Continuer de même avec les exercices 6 /o/ et 7 /on/.

Exercice 8 :

Compétence :
Savoir écrire des syllabes et des mots connus.

• Dicter les syllabes : *to, don, tu, nou, dron, pra, tro.*
• Dicter les mots : *non, armure, Milou, pari, pour.*

v — V v V v

Fichier d'apprentissage du code pp. 40-41

Compétences :
- Discriminer auditivement le son /v/.
- Situer le son /v/ dans un mot.
- Connaitre le graphème et les graphies du son /v/.
- Associer le son /v/ avec d'autres sons connus.
- Savoir écrire un mot sans se tromper.

Supports :
Fichier d'apprentissage du code pages 40-41, ardoise, feuille Seyes.

Exercices de phonologie préalables (5 min) :
Trouve l'intrus !
Quel mot ne commence pas par le même son que les autres mots prononcés ?
1) pierre – page – miel – pour – pelage
2) niche – nage – nénufar – malade – neige
3) domino – bravo – détail – drap

Discrimination auditive – Séance 1

L'attention de l'enseignant(e) se portera notamment sur les confusions orales entre les sons /f/ et /v/. Si besoin, des exercices de différenciation sont disponibles page 106 du fichier d'apprentissage du code.

Afin d'aider les élèves, on peut leur faire mettre la main sur les joues afin de leur faire remarquer que le son /v/ « raisonne » et émet des vibrations, tandis que le son /f/ « souffle ».

Phase 1 ■ Collectif : 10 min

Trouver le son étudié.
- L'enseignant(e) dit des mots *(vélo – servir – vive – victoire – délaver – voix – valise)* contenant le son /v/ et demande aux élèves de trouver le son commun.
- Pour chaque mot contenant le son /v/, demander aux élèves de trouver le nombre de syllabes. Scander en frappant dans les mains.
- Demander ensuite de situer oralement le son /v/ (1re, 2e, 3e syllabe).
- Demander à chaque élève de dire son prénom ou celui d'un camarade, de dire combien il contient de syllabes, s'il entend /v/ ou pas, et si oui, le situer.
- Procéder de la même façon à partir de la lecture d'une comptine :

Dans la voiture verte de Vincent,
Véronique voit un vase.
Elle veut le soulever,
Mais dans le virage,
La vitre s'ouvre,
Et le vase s'envole.

Phase 2 ■ Ardoise ■ Individuel : 10 min

- Utiliser le code /v/ sur un côté de l'ardoise et ~~/v/~~ sur l'autre côté de l'ardoise. L'enseignant(e) dit les mots et les élèves montrent le bon côté de l'ardoise selon qu'ils entendent ou non le son /v/.
venir – cave – faire – deviner – fermer – activer – force – perdre – avoir – être – fenêtre
- Les élèves dessinent le nombre de syllabes d'un mot en traçant des arcs de cercle, puis mettent une croix dans un des arcs pour indiquer où se situe le son.
- Proposer aux élèves de trouver des mots avec ce son en début puis en fin de mot. En cas d'erreur, leur demander de dire le mot avec le son /v/.
Exemple : un élève dit *café*, on essaie de dire le mot en plaçant le son /v/ : *cavé*.

Phase 3 ■ Collectif : 5 min

- Prévoir un affichage de classe (ou la projection) du mot référent (*vélo*) ainsi que les graphies du son /v/.
- Ouvrir le fichier et observer le mot référent : *vélo*.
- Le dire en articulant exagérément chaque syllabe.
- Situer à quel endroit on entend le son en visualisant les arcs de syllabes au tableau.
- Le mot référent sera affiché sur le « mur des sons ».

Phase 4 ■ Fichier p. 40 ■ Individuel : 10 min

Feuille Seyes (3 ou 4 mm) pour l'exercice 5

Démarche : À cette époque de l'année on peut envisager d'expliquer le travail à faire sur les exercices 1, 2, 3 et 4 uniquement aux élèves ayant encore des difficultés. L'autre partie des élèves travaille en autonomie, ce qui permet à l'enseignant(e) d'aider efficacement les élèves les plus fragiles.

Exercice 1 :
Demander aux élèves d'expliquer le travail à faire. Lire la consigne. Faire nommer ou nommer les dessins. Puis laisser les élèves en autonomie.
vélo – verre – livre – confiture – violon – valise – fusée

Différenciation :
S'assurer que l'élève a bien compris le dessin : le lui faire renommer. Articuler exagérément si besoin.

Exercice 2 :
• Demander aux élèves d'expliquer le travail à faire. Lire la consigne. Rappeler ce qu'est un intrus. Faire nommer ou nommer les dessins. Puis laisser les élèves en autonomie.
• Prolongement : situer le son dans chaque mot qui le contient.
réveil – fourmi – lavabo – voiture – phare – avion – télévision
(Attention, bien dire *télévision*, et pas seulement *télé*.)

Différenciation :
Cet exercice demande une action inverse du précédent. La consigne peut donc être difficile à comprendre par les élèves fragiles. L'enseignant(e) peut la formuler autrement : *On entend le son /v/ dans tous les mots sauf deux.*
Faire renommer par l'élève les dessins.
Donner à l'élève un exemple d'intrus, mettre le son dans l'intrus si besoin, exemple : *vourmi*.

Exercice 3 :
Il s'agit de situer le son dans le mot représenté. Demander aux élèves d'expliquer le travail à faire. Lire la consigne. Faire nommer ou nommer les dessins. Puis laisser les élèves en autonomie.
cheval – locomotive – avion – violon – réveil

Différenciation :
Faire le 1er mot avec l'élève. Dire ou faire dire à voix haute les mots correspondant à chaque illustration.

Exercice 4 :
Il s'agit de dessiner les arcs correspondant aux syllabes des mots représentés. Demander aux élèves d'expliquer le travail à faire. Les élèves dessinent seuls les arcs. Les laisser en autonomie.
lavabo – tournevis – vélo – télévision

Différenciation :
Taper ou faire taper dans les mains le nombre de syllabes de chaque mot représenté.

Exercice 5 :
Cet exercice est une activité de discrimination visuelle et permet d'anticiper sur la séance 2.
L'enseignant(e) sera vigilant afin d'éviter une confusion avec la lettre *u*.
• Montrer dans les airs le tracé de la lettre, demander aux élèves de faire de même. Leur faire écrire plusieurs fois la lettre sur une feuille Seyes, en variant sa taille.
• Reconnaitre les différentes graphies du son /v/. Demander aux élèves d'expliquer le travail à faire. Lire la consigne. Puis laisser les élèves en autonomie.

Différenciation :
Entourer un exemple de chaque graphie dans le tableau.

Discrimination visuelle - Séance 2

Phase 1 ■ Ardoise ■ Collectif : 15 min

• L'enseignant(e) demande aux élèves de chercher de quelles lettres on aura besoin pour écrire les syllabes : *va, vi, vou, vo, vu, von*.
• Essais, mise en commun en articulant bien pour écrire l'ordre des sons entendus.
• Les élèves doivent ensuite trouver des mots dans lesquels on entend ces syllabes. Ils sont écrits au tableau pour bien visualiser.
• Sur le support ardoise, les élèves écrivent les syllabes dictées par l'enseignant(e) : *va, vi, vou, vo, vu, von*.

En autonomie ou collectivement, prendre un temps dans la journée pour manipuler des étiquettes portant les lettres *a, i, on* et *v*. Demander aux élèves de composer *va, vi* puis *von*. Un élève compose, un autre lit.

Phase 2 ■ Fichier p. 41 ■ Individuel : 15 min

Exercice 6 :
Écrire *va, vi* ou *von* dans des mots.
• Demander aux élèves d'expliquer le travail à faire. Lire la consigne. Faire nommer ou nommer les dessins. Puis laisser les élèves en autonomie.

Différenciation :
Mettre à disposition des élèves des étiquettes *va, vi* et *von*. L'enseignant(e) procède mot à mot et demande aux élèves de montrer l'étiquette qui correspond au mot avant d'écrire la syllabe. Montrer des exemples sur d'autres mots.

Exercice 7 :
Recopier uniquement les mots dans lesquels on entend le son /v/.
• Demander aux élèves d'expliquer le travail à faire. Lire la consigne. Faire nommer ou nommer les dessins. Puis laisser les élèves en autonomie.

Différenciation :
L'élève recopie ou colorie les lettres *v* dans les mots. Les dire ensuite en articulant bien pour entendre, ou pas, le son. Lui demander s'il va le recopier ou non.

Exercice 8 :
C'est la première fois que les élèves sont amenés à réaliser cet exercice. Il conviendra de l'expliquer et de le modéliser au tableau. Il est nécessaire d'aider les élèves en prenant le temps qu'il faut afin qu'ils soient rapidement autonomes.
• Leur dire :
– Vous allez écrire un mot, je n'ai pas besoin de vous le dicter. C'est l'image qui est représentée devant le quadrillage qui vous indique quel est le mot à écrire. Le nombre de cases correspond au nombre de lettres du mot.

• S'assurer que les mots « devant » et « quadrillage » sont parfaitement compris. Demander aux élèves de mettre le doigt sur le quadrillage, puis sur le dessin situé devant le quadrillage.

• Demander :

– *Quel est le premier mot représenté ?*

(Réponse attendue : *une loupe*.)

– *Qu'est-ce qui est représenté dans la bulle sous le quadrillage ?*

– *Quel est le son de ce mot référent ?*

• Dire aux élèves que chaque bulle est une aide. Elle indique le mot-repère du son à écrire.

• Pratiquer de manière identique pour le mot *olive*.

• Enfin demander aux élèves de recopier les mots dans les quadrillages de leur fichier.

→ Les mots à écrire sont : *loupe* et *olive*.

• Les élèves peuvent aussi se reporter au plat 3 de couverture de leur fichier qui leur explique comment procéder.

Différenciation :
Prendre les élèves fragiles, s'assurer dans un premier temps que la consigne est comprise.
Demander de dire le mot représenté (*loupe*). Verbaliser et articuler exagérément. Commencer à remplir le quadrillage avec eux.

Phase 3 ■ Fichier p. 41 ■ Collectif et individuel : 10 min

Je m'entraine :

• Lire en collectif puis individuellement pendant que les autres élèves travaillent en autonomie sur les exercices 6 et 7.

• Demander aux élèves d'inventer une autre phrase avec les mots qu'ils viennent de lire.

Différenciation :
Les élèves en difficulté préparent avec l'enseignant(e) la lecture des mots avant la lecture collective. Ils s'entrainent à combiner en manipulant et en assemblant les étiquettes des graphèmes.

e — *e* e E e

Compétences :
- Discriminer auditivement le son /e/.
- Situer le son /e/ dans un mot.
- Connaitre le graphème et les graphies du son /e/.
- Associer le son /e/ avec d'autres sons connus.
- Savoir écrire un mot sans se tromper.

Supports :
Fichier d'apprentissage du code pages 42-43, ardoise, feuille Seyes.

Exercices de phonologie préalables (5 min) :
Le verlan !
À l'aide d'images de deux syllabes (exemple : *ba – teau*), l'enseignant(e) dit le mot en inversant les syllabes (*teauba*).
Les élèves doivent retrouver le mot de base (*bateau).*

Discrimination auditive - Séance 1

Phase 1 ■ Collectif : 10 min

Trouver le son étudié.
- L'enseignant(e) dit des mots *(renard – petit – lever – menu – repas*) contenant le son /e/ et demande aux élèves de trouver le son commun.
- Pour chaque mot contenant le son /e/, demander aux élèves de trouver le nombre de syllabes. Scander en frappant dans les mains.
- Demander ensuite de situer oralement le son /e/ (1re, 2e, 3e syllabe).
- Demander à chaque élève de dire son prénom ou celui d'un camarade, de dire combien il contient de syllabes, s'il entend /e/ ou pas, et si oui, le situer.
- Procéder de la même façon à partir de la lecture d'une comptine.

Devant la fenêtre
La chenille mange le melon.
La grenouille, la cerise.
Le cheval, la chemise !

Phase 2 ■ Ardoise ■ Individuel : 10 min

- Utiliser le code /e/ sur un côté de l'ardoise et ~~/e/~~ sur l'autre côté de l'ardoise. L'enseignant(e) dit les mots et les élèves montrent le bon côté de l'ardoise selon qu'ils entendent ou non le son /e/.
chasseur – venir – fenêtre – remplir – bracelet – fatigué – cheminée – ciseau – jeter – parler
- Les élèves dessinent le nombre de syllabes d'un mot en traçant des arcs de cercle, puis mettent une croix dans un des arcs pour indiquer où se situe le son.
- Proposer aux élèves de trouver des mots avec ce son en début puis en fin de mot. En cas d'erreur, leur demander de dire le mot avec le son /e/.
Exemple : un élève dit *fusée*, on essaie de dire le mot en plaçant le son /e/ : *fesée* ou *fuse*.

Phase 3 ■ Collectif : 5 min

- Prévoir un affichage de classe (ou la projection) du mot référent (*menu*) ainsi que les graphies du son /e/. (Prévoir une explication pour le mot *menu*, bien que les élèves qui restent à la cantine, au restaurant scolaire, connaissent parfaitement la signification.)
- Ouvrir le fichier et observer le mot référent : *menu*.
- Le dire en articulant exagérément chaque syllabe.
- Situer à quel endroit on entend le son en visualisant les arcs des syllabes au tableau.
- Le mot référent sera affiché sur le « mur des sons ».

Phase 4 ■ Fichier p. 42 ■ Individuel : 10 min

Feuille Seyes (3 ou 4 mm) pour l'exercice 5

Démarche : À cette époque de l'année on peut envisager d'expliquer le travail à faire sur les exercices 1, 2, 3 et 4 uniquement aux élèves ayant encore des difficultés. L'autre partie des élèves travaille en autonomie, ce qui permet à l'enseignant(e) d'aider efficacement les élèves les plus fragiles.

Exercice 1 :
Demander aux élèves d'expliquer le travail à faire. Lire la consigne. Faire nommer ou nommer les dessins. Puis laisser les élèves en autonomie.
chemise – dinosaure – télévision – cerises – zéro – cheval

Différenciation :
S'assurer que l'élève a bien compris le dessin : le lui faire renommer. Articuler exagérément si besoin.

Exercice 2 :
- Demander aux élèves d'expliquer le travail à faire. Lire la consigne. Rappeler ce qu'est un intrus. Faire nommer ou nommer les dessins. Puis laisser les élèves en autonomie.
- Prolongement : situer le son dans chaque mot qui le contient.
cheminée – requin – hérisson – genou – chemin – maison – biberon

Différenciation :
Cet exercice demande une action inverse du précédent. La consigne peut donc être difficile à comprendre par les élèves fragiles. L'enseignant(e) peut la formuler autrement : *On entend le son /e/ dans tous les mots sauf deux.* Faire renommer par l'élève les dessins.
Donner à l'élève un exemple d'intrus, mettre le son dans l'intrus si besoin, exemple : *herisson.*

Exercice 3 :
Il s'agit de situer le son dans le mot représenté. Demander aux élèves d'expliquer le travail à faire. Lire la consigne. Faire nommer ou nommer les dessins. Puis laisser les élèves en autonomie.
chemise – bretelles – fenêtre – cerises – genou

Différenciation :
Faire le 1er mot avec l'élève. Dire ou faire dire à voix haute les mots correspondant à chaque illustration.

Exercice 4 :
Il s'agit de dessiner les arcs correspondant aux syllabes des mots représentés. Demander aux élèves d'expliquer le travail à faire. Les élèves dessinent seuls les arcs. Les laisser en autonomie.
menu – melon – cheminée – tournevis

Différenciation :
Taper ou faire taper dans les mains le nombre de syllabes de chaque mot représenté.

Exercice 5 :
Cet exercice est une activité de discrimination visuelle et permet d'anticiper sur la séance 2.
- Montrer dans les airs le tracé de la lettre, demander aux élèves de faire de même. Leur faire écrire plusieurs fois la lettre sur une feuille Seyes, en variant sa taille.
- Reconnaitre les différentes graphies du son /e/. Demander aux élèves d'expliquer le travail à faire. Lire la consigne. Puis laisser les élèves en autonomie.

Différenciation :
Entourer un exemple de chaque graphie dans le tableau.

Discrimination visuelle - Séance 2

Phase 1 ■ Ardoise ■ Collectif : 15 min

- L'enseignant(e) demande aux élèves de chercher de quelles lettres on aura besoin pour écrire les syllabes : *le, me, pe, te, tre, de, ne, ve.*
- Essais, mise en commun en articulant bien pour écrire l'ordre des sons entendus.
- Les élèves doivent ensuite trouver des mots dans lesquels on entend ces syllabes. Ils sont écrits au tableau pour bien visualiser.
- Sur le support ardoise, les élèves écrivent les syllabes dictées par l'enseignant(e) : *le, me, pe, te, tre, de, ne, ve.*

En autonomie ou collectivement, prendre un temps dans la journée pour manipuler des étiquettes portant les lettres *r, m, n, p* et *e*. Demander aux élèves de composer *re, me, ne* puis *pe*. Un élève compose, un autre lit.

Phase 2 ■ Fichier p. 43 ■ Individuel : 15 min

Exercice 6 :
Écrire *re, me, ne* ou *pe* dans des mots.
- Demander aux élèves d'expliquer le travail à faire. Lire la consigne. Faire nommer ou nommer les dessins. Puis laisser les élèves en autonomie.

Différenciation :
Mettre à disposition des élèves des étiquettes *re, me, ne* et *pe*. L'enseignant(e) procède mot à mot et demande à l'élève de montrer l'étiquette qui correspond au mot avant d'écrire la syllabe. Montrer des exemples sur d'autres mots.

Exercice 7 :
Recopier uniquement les mots dans lesquels on entend le son /e/.
- Demander aux élèves d'expliquer le travail à faire. Lire la consigne. Faire nommer ou nommer les dessins. Puis laisser les élèves en autonomie.

Différenciation :
L'élève recopie ou colorie les lettres *e* dans les mots. Il les dit ensuite en articulant bien pour entendre, ou pas, le son. Lui demander s'il va le recopier ou non.

Exercice 8 :
C'est la deuxième fois que les élèves sont confrontés à cet exercice. Il conviendra toujours de bien l'expliquer en prenant le temps.
Poser des questions du type :
– *Quel est cet exercice ?*
– *Que faut-il faire ?*
– *Pourquoi faire cet exercice ?*
(Réponse attendue : *Pour savoir écrire des mots sans se tromper.*)
Leur dire :
– *Vous allez écrire un mot, je n'ai pas besoin de vous le dicter. C'est l'image qui est représentée devant le quadrillage qui vous indique quel est le mot à écrire. Le nombre de cases correspond au nombre de lettres du mot.*
- S'assurer que les mots « devant » et « quadrillage » sont parfaitement compris. Demander aux élèves de mettre le doigt sur le quadrillage, puis sur le dessin situé devant le quadrillage.
- Demander :

– *Quel est le premier mot représenté ?*
(Réponse attendue : *melon*)
– *Qu'est-ce qui est représenté dans une bulle, sous le quadrillage ?*
– *Quel est le son de ce mot référent ?*
- Dire aux élèves que chaque bulle est une aide. Elle indique le mot-repère du son à écrire.

• Pratiquer de manière identique pour le mot *renard*.
• Enfin demander aux élèves de recopier les mots dans les quadrillages de leur fichier.
→ Les mots à écrire sont : *melon* et *renard*.
• Les élèves peuvent aussi se reporter au plat 3 de couverture de leur fichier qui leur explique comment procéder.

Différenciation :
Prendre les élèves fragiles, s'assurer dans un premier temps que la consigne est comprise.
Demander de dire le mot représenté (*melon*). Verbaliser et articuler exagérément. Commencer à remplir le quadrillage avec eux.

Phase 3 ■ Fichier p. 43 ■ Collectif et individuel : 10 min

Je m'entraine :
• Lire en collectif puis individuellement pendant que les autres élèves travaillent en autonomie sur les exercices 6 et 7.
• Demander aux élèves d'inventer une autre phrase avec les mots qu'ils viennent de lire.

Différenciation :
Les élèves en difficulté préparent avec l'enseignant(e) la lecture des mots avant la lecture collective. Ils s'entrainent à combiner en manipulant et en assemblant les étiquettes des graphèmes.

Compétences :
- Discriminer auditivement le son /s/.
- Situer le son /s/ dans un mot.
- Connaitre le graphème et les graphies du son /s/.
- Associer le son /s/ avec d'autres sons connus.
- Savoir écrire des mots sans se tromper.

Supports :
Fichier d'apprentissage du code pages 44-45, ardoise, feuille Seyes.

Exercices de phonologie préalables (5 min) :
Les élèves doivent former un mot en ajoutant un phonème déjà étudié à un autre mot.
Ils doivent ajouter /t/ à /rou/ (*trou*), /t/ à /ron/ (*tronc*), /p/ à /ri/ (*pris*), /t/ à /ri/ (*tri*).

Discrimination auditive - Séance 1

Phase 1 ■ Collectif : 10 min

Trouver le son étudié.
- L'enseignant(e) dit des mots *(saumon – souris – saucisse – tousser)* contenant le son /s/ et demande aux élèves de trouver le son commun.
- Pour chaque mot contenant le son /s/, demander aux élèves de trouver le nombre de syllabes. Scander en frappant dans les mains.
- Demander ensuite de situer oralement le son /s/ (1re, 2e, 3e syllabe).
- Demander à chaque élève de dire son prénom ou celui d'un camarade, de dire combien il contient de syllabes, s'il entend /s/ ou pas, et si oui, le situer.
- Procéder de la même façon à partir de la lecture d'une comptine.

Danse, danse, ma souris !
Sur la chanson survoltée,
Tu sautes et sifflote dans la salle.

Phase 2 ■ Ardoise ■ Individuel : 10 min

- Utiliser le code /s/ sur un côté de l'ardoise et ~~/s/~~ sur l'autre côté de l'ardoise. L'enseignant(e) dit les mots et les élèves montrent le bon côté de l'ardoise selon qu'ils entendent, ou non, le son /s/.

chasseur – vase – casser – porte – miser – lisser – assurer – faire – donne – racine
- Les élèves dessinent le nombre de syllabes d'un mot en traçant des arcs de cercle, puis mettent une croix dans un des arcs pour indiquer où se situe le son.
- Proposer aux élèves de trouver des mots avec ce son en début puis en fin de mot. En cas d'erreur, leur demander de dire le mot avec le son /s/.

Phase 3 ■ Collectif : 5 min

- Prévoir un affichage de classe (ou la projection) des mots référents (*sapin, tasse*) ainsi que les graphies du son /s/.
- Ouvrir le fichier et observer les mots référents : *sapin* et *tasse*.
- Demander pourquoi il y a deux mots référents. Ce n'est pas la première fois que l'on rencontre cette caractéristique, mais il conviendra d'insister en expliquant qu'un son peut avoir deux écritures. On pourra attendre les exercices 5 et 6 pour expliquer les raisons de doubler la lettre *s*.
- Dire les mots référents en articulant exagérément chaque syllabe : *sapin, tasse*.
- Situer à quel endroit on entend le son en visualisant les arcs de syllabes au tableau (*tasse* n'a qu'une syllabe orale).
- Les mots référents seront affichés sur le « mur des sons ».

Phase 4 ■ Fichier p. 44 ■ Individuel : 10 min

Feuille Seyes (3 ou 4 mm) pour l'exercice 4

Démarche : À cette époque de l'année on peut envisager d'expliquer le travail à faire sur les exercices 1, 2, 3 et 4 uniquement aux élèves ayant encore des difficultés. L'autre partie des élèves travaille en autonomie, ce qui permet à l'enseignant(e) d'aider efficacement les élèves les plus fragiles.

Exercice 1 :
- Demander aux élèves d'expliquer le travail à faire. Lire la consigne. Faire nommer ou nommer les dessins. Puis laisser les élèves en autonomie.

tournevis – niche – ananas – sifflet – poisson – maison – mouche

Différenciation :
S'assurer que l'élève a bien compris le dessin : le lui faire renommer. Articuler exagérément si besoin.

Exercice 2 :
- Demander aux élèves d'expliquer le travail à faire. Lire la consigne. Rappeler ce qu'est un intrus. Faire nommer ou nommer les dessins. Puis laisser les élèves en autonomie.

bougie – stylo – cerises – limace – poussin – mouche – coccinelle

Différenciation :
Cet exercice demande une action inverse du précédent. La consigne peut donc être difficile à comprendre par les élèves fragiles. L'enseignant(e) peut la formuler autrement : *On entend le son /s/ dans tous les mots sauf deux.* Faire renommer par l'élève les dessins.
Donner un exemple d'intrus, mettre le son dans l'intrus si besoin, exemple : *mouse.*

Exercice 3 :
Il s'agit de situer le son dans le mot représenté et de dessiner les arcs. À l'aide de la consigne, demander aux élèves d'expliquer le travail à faire. Faire nommer ou nommer les dessins. Puis laisser les élèves en autonomie.
poussin – poisson – ananas – hérisson – sapin – tournevis – escargot – sifflet

Différenciation :
Faire le 1er mot avec l'élève. Dire ou faire dire à voix haute les mots correspondant à chaque illustration.
Taper ou faire taper dans les mains le nombre de syllabes de chaque mot représenté.

Exercice 4 :
Cet exercice est une activité de discrimination visuelle et permet d'anticiper sur la séance 2.
• Montrer dans les airs le tracé de la lettre, demander aux élèves de faire de même. Leur faire écrire plusieurs fois la lettre sur une feuille Seyes, en variant sa taille.
• Reconnaitre les différentes graphies du son /s/. Demander aux élèves d'expliquer le travail à faire. Puis laisser les élèves en autonomie.

Différenciation :
Entourer un exemple de chaque graphie dans le tableau.

Discrimination visuelle – Séance 2

Phase 1 ■ Collectif : 15 min

• L'enseignant(e) demande aux élèves de chercher de quelles lettres on aura besoin pour écrire les syllabes : *sa, si, sou, su, so, son, se.*
• Essais, mise en commun en articulant bien pour écrire l'ordre des sons entendus.
Les élèves doivent ensuite trouver des mots dans lesquels on entend ces syllabes. Ils sont écrits au tableau pour bien visualiser.
• Sur le support ardoise, les élèves écrivent les syllabes dictées par l'enseignant(e) : *sa, si, sou, su, so, son, se.*

En autonomie ou collectivement, prendre un temps dans la journée pour manipuler des étiquettes portant les lettres *a, i, u, e, ou, on* et *s*. Demander aux élèves de composer *sa, si, su, se, sou* puis *son*. Un élève compose, un autre lit.

Phase 2 ■ Fichier p. 45 ■ Individuel : 15 min

Exercice 5 :
Écrire : *sa, si* ou *sou* dans des mots.
• Demander aux élèves d'expliquer le travail à faire. Lire la consigne. Faire nommer ou nommer les dessins. Puis laisser les élèves en autonomie.

Différenciation :
Mettre à disposition des élèves des étiquettes *sa, si* ou *sou*. L'enseignant(e) procède mot à mot et demande à l'élève de montrer l'étiquette qui correspond au mot avant d'écrire la syllabe.

Exercice 6 :
Écrire *sse, ssu* ou *sson* dans des mots.
• Demander aux élèves d'expliquer le travail à faire. Lire la consigne. Faire nommer ou nommer les dessins. Puis laisser les élèves en autonomie.

Différenciation :
Mettre à disposition des élèves des étiquettes *sse, ssu* ou *sson*. L'enseignant(e) procède mot à mot et demande aux élèves de montrer l'étiquette qui correspond au mot avant d'écrire la syllabe.

• À la suite de ces deux exercices, il serait intéressant d'expliciter clairement les raisons pour lesquelles on écrit *ss* ou *s*.

On écrit *ss* entre deux voyelles pour faire le son *s*.

Exercice 7 :
Associer des syllabes connues pour écrire des mots.
• Faire lire les syllabes. Nommer les images. S'assurer de la bonne compréhension de la consigne en donnant un exemple.

Différenciation :
Mettre à disposition des élèves les étiquettes de ces syllabes pour pouvoir les manipuler.

Exercice 8 :
Cet exercice a déjà été réalisé précédemment par les élèves.
• Poser des questions du type :
– *Quel est cet exercice ?*
– *Que faut-il faire ?*
– *Pourquoi faire cet exercice ?*
(Réponse attendue : *Pour savoir écrire des mots sans se tromper.*)
• Demander :
– *Quel est le premier mot représenté ?*
(Réponse attendue : *trousse*)
– *Qu'est-ce qui est représenté dans les bulles, sous le quadrillage ?*
– *Quels sont les sons de ces mots référents ?*
• Dire aux élèves que chaque bulle est une aide. Elle indique le mot-repère du son à écrire.
• Pratiquer de manière identique pour le mot *savon*.

• Enfin demander aux élèves de recopier les mots dans les quadrillages de leur fichier.
→ Les mots à écrire sont : *trousse* et *savon*.
• Les élèves peuvent aussi se reporter au plat 3 de couverture de leur fichier qui leur explique comment procéder.

Différenciation :
Prendre les élèves fragiles, s'assurer dans un premier temps que la consigne est comprise.
Demander de dire le mot représenté (*trousse*). Verbaliser et articuler exagérément. Commencer à remplir le quadrillage avec eux.

Phase 3 ■ Fichier p. 45 ■ Collectif et individuel : 10 min

Je m'entraine :
• Lire en collectif puis individuellement pendant que les autres élèves travaillent en autonomie sur les exercices 6 et 7.
• Demander aux élèves d'inventer une autre phrase avec les mots qu'ils viennent de lire.

Différenciation :
Les élèves en difficulté préparent avec l'enseignant(e) la lecture des mots avant la lecture collective. Ils s'entrainent à combiner en manipulant et en assemblant les étiquettes des graphèmes.

s — C c ç

Compétences :
- Discriminer auditivement le son /s/.
- Situer le son /s/ dans un mot.
- Connaitre le graphème et les graphies du son /s/.
- Aborder les différents graphèmes du son /s/.
- Associer le son /s/ avec d'autres sons connus.
- Savoir écrire des mots sans se tromper.

Supports :
Fichier d'apprentissage du code pages 46-47, ardoise.

Exercices de phonologie préalables (5 min) :
Retrouver tous les sons dans :
- *Patte* : /p/ /a/ /t/
- *Souris* : /s/ /ou/ /r/ /i/
- *Tonton* : /t/ /on/ /t/ /on/

Discrimination visuelle - Séance 1

Phase 1 ■ Collectif : 5 min

Trouver le son étudié.
- L'enseignant(e) dit des mots : *samedi – place – salade – chaussure – masson – citron – sauce*, contenant le son /s/ et demande aux élèves de trouver le son commun.
- Pour chaque mot contenant le son /s/, demander aux élèves de trouver le nombre de syllabes. Scander en frappant dans les mains.
- Demander ensuite de situer oralement le son /s/ (1re, 2e, 3e syllabe).
- À l'aide du picto, demander à chaque élève de dire son prénom ou celui d'un camarade, de dire combien il contient de syllabes, s'il entend /s/ ou pas, et si oui, le situer.
- Procéder de la même façon à partir de la lecture d'une comptine.

Le chasseur chasse,
Mais une souris le suit.
Elle susurre aux sangliers
De s'enfuir sans hésiter.

- Évidemment les élèves vont s'étonner de travailler de nouveau sur le son /s/. Leur expliquer que l'on va étudier de nouvelles façons de l'écrire.

Phase 2 ■ Fichier p. 46 ■ Collectif : 10 min

Exercice 1 :
Ce type d'exercice est nouveau et doit être travaillé au préalable à l'oral.
Cet exercice servira de support à l'exercice suivant.
- Lire et expliquer la consigne. Nommer les illustrations, puis, pour chacune d'entre elles :
  - scander les syllabes ;
  - faire entourer le son /s/ ;
  - s'assurer que tous les élèves réussissent, si besoin modéliser au tableau.
  - Enfin demander aux élèves d'entourer les lettres qui correspondent au son /s/ dans leur fichier.

Phase 3 ■ Collectif : 5 min

- Prévoir un affichage de classe (ou la projection) des mots référents du son (*citron, garçon*) ainsi que les nouvelles graphies du son /s/.
- Ouvrir le fichier et observer les mots référents : *citron* et *garçon*.
- Demander aux élèves pourquoi il y a deux mots référents. Rappeler qu'un son peut avoir plusieurs écritures. Les exercices 3 et 4 expliquent les différentes écritures.
- Dire les mots référents en articulant exagérément chaque syllabe.
- Situer à quel endroit on entend le son en visualisant les arcs de syllabes au tableau.
- Les mots référents seront affichés sur le « mur des sons », à côté des autres graphies du son.

Phase 4 ■ Fichier p. 46 ■ Individuel : 15 min

Exercice 2 :
- Demander aux élèves d'expliquer, selon eux le travail à faire. Lire la consigne. Bien expliquer en quoi consiste le travail attendu, mais également expliciter l'objectif de l'exercice :

« Le son /s/ s'écrit de différentes façons, on va les classer et essayer de voir quand on doit mettre *s, ss, ç* et *c.* »

Différenciation :
Distribuer des étiquettes avec les mots de l'exercice 1, éventuellement mettre en valeur la lettre qui correspond au son /s/.
Demander aux élèves les plus fragiles de n'écrire qu'un seul mot dans chaque colonne.
Pour permettre aux élèves de travailler sans avoir peur de l'échec, travailler sur une feuille de brouillon.

Exercice 3 :
Ce nouveau type d'exercice nécessite un accompagnement important de l'enseignant(e) ainsi qu'une explication de la consigne.
- Faire un ou deux exemples avec les élèves avant de les laisser en autonomie.

• À la suite de cet exercice on pourra faire un bilan sur les graphèmes du son /s/ :

> **Avec la lettre *s* :**
> Le son /s/ s'écrit *s*, toutefois, entre deux voyelles il faut mettre deux *s*.
> **Avec la lettre *c* :**
> Le son /s/ s'écrit *c* s'il est suivi des voyelles *e*, *i* et *y*. Il s'écrit *ç* s'il est suivi des voyelles *a*, *o* et *u*.

Discrimination visuelle – Séance 2

Phase 1 ■ Ardoise ■ Collectif : 15 min

• Faire un rappel de la séance précédente en posant des questions du type :
– *Sur quel son travaillons-nous ?*
– *Combien connait-on d'écriture de ce son ?*
– *À quel moment les écrit-on ?*
• Insister sur la lettre *c* qui est l'objet des exercices suivants.

> Pour faire le son /s/ (l'écrire au tableau) :
> c + e, i, y
> ç + a, o, u

• Faire quelques exemples sur l'ardoise, demander aux élèves d'écrire *c* ou *ç* : *ça, ce, ci, ço, çu*.

> En autonomie ou collectivement, prendre un temps dans la journée pour manipuler des étiquettes portant les lettres *a, i, e, on* et *c, ç*. Demander aux élèves de composer *ça, ci* puis *çon*... Un élève compose, un autre lit.

Phase 2 ■ Fichier p. 47 ■ Individuel : 15 min

Exercice 4 :
Écrire *c* ou *ç* dans des mots.
• Demander aux élèves d'expliquer le travail à faire. Lire la consigne. Faire nommer ou nommer les dessins. Puis aider les élèves si besoin.

> **Différenciation :**
> Leur dire qu'ils doivent s'aider de la règle et des exemples qui sont au tableau.
> L'enseignant(e) procède mot à mot et demande aux élèves de montrer le mot référent qui correspond au mot qu'ils vont devoir écrire avant d'écrire la lettre.

Exercice 5 :
Écrire *ce* ou *ci* dans des mots.
• Même démarche que pour l'exercice 4.

> **Différenciation :**
> Leur dire qu'ils doivent s'aider de la règle et des exemples qui sont au tableau.
> L'enseignant(e) procède mot à mot et demande aux élèves de montrer le mot référent qui correspond au mot qu'ils vont devoir écrire avant d'écrire la lettre.

Exercice 6 :
Écrire *ça* ou *çon* dans des mots.
• Même démarche que pour l'exercice 4.

> **Différenciation :**
> Leur dire qu'ils doivent s'aider de la règle et des exemples qui sont au tableau.
> L'enseignant(e) procède mot à mot et demande aux élèves de montrer le mot référent qui correspond au mot qu'ils vont devoir écrire avant d'écrire la lettre.
> Lire les mots avec les deux prononciations, leur demander laquelle est juste.

Exercice 7 :
• Demander aux élèves d'expliquer le travail à faire. Lire la consigne. Lire les syllabes.
• Écrire les syllabes sur des étiquettes, collectivement, les placer et les déplacer pour former des mots.
• S'assurer que le mot racine est connu des élèves.

> **Différenciation :**
> Les élèves en difficulté préparent avec l'enseignant(e) l'exercice. Ils s'entrainent à combiner en manipulant et en assemblant les étiquettes des syllabes.

Exercice 8 :
• Poser des questions du type :
Quel est cet exercice ? Que faut-il faire ? Pourquoi faire cet exercice ?
(Réponse attendue : *Pour savoir écrire des mots sans se tromper.*)
• Demander :
– *Quel est le premier mot représenté à gauche du quadrillage ?*
(Réponse attendue : *pouce*.)
– *Qu'est-ce qui est représenté dans les bulles sous le quadrillage ?*
– *Quels sont les sons de ces mots référents ?*
• Dire aux élèves que chaque bulle est une aide. Elle indique le mot-repère du son à écrire.
• Pratiquer de manière identique pour le mot *menu*.
• Enfin demander aux élèves de recopier les mots dans les quadrillages de leur fichier.
→ Les mots à écrire sont : *pouce* et *menu*.
• Les élèves peuvent aussi se reporter au plat 3 de couverture de leur fichier qui leur explique comment procéder.

> **Différenciation :**
> Prendre les élèves fragiles, s'assurer dans un premier temps que la consigne est comprise.
> Demander de dire le mot représenté (*pouce*). Verbaliser et articuler exagérément. Commencer à remplir le quadrillage avec eux.

Phase 3 ■ Fichier p. 47 ■ Collectif et individuel : 10 min

Je m'entraine :
• Lire en collectif puis individuellement pendant que les autres élèves travaillent en autonomie sur les exercices 6 et 7.
• Demander aux élèves d'inventer une autre phrase avec les mots qu'ils viennent de lire.

> **Différenciation :**
> Les élèves en difficulté préparent avec l'enseignant(e) la lecture des mots avant la lecture collective. Ils s'entrainent à combiner en manipulant et en assemblant les étiquettes des graphèmes.

Compétences :
- Discriminer auditivement le son /an/.
- Situer le son /an/ dans un mot.
- Connaitre le graphème et les graphies du son /an/.
- Associer les sons /an/ et /en/ avec d'autres sons connus.
- Savoir écrire des mots sans se tromper.

Supports :
Fichier d'apprentissage du code pages 48-49, ardoise, feuille Seyes.

Exercices de phonologie préalables (5 min) :
Quel est le premier son prononcé dans les mots suivants ?
image – page – livre – ours – souris – dormir – Afrique

Discrimination auditive - Séance 1

La confusion entre le son /an/ et le son /on/ est fréquente. Il conviendra d'être très vigilant. Si besoin des exercices de consolidation page 105 du fichier d'apprentissage du code sont disponibles. Pour le son /an/, ouvrir grand la bouche. Pour le son /on/ la bouche s'arrondit. Faire ces exercices exagérément si besoin. Associer ensuite ces sons avec d'autres phonèmes.

Phase 1 ■ Collectif : 5 min

Trouver le son étudié.
- L'enseignant(e) dit des mots (*vendredi – vent – dans – durement – lentement – manteau*) contenant le son /an/ et demande aux élèves de trouver le son commun.
- Pour chaque mot contenant le son /an/, demander aux élèves de trouver le nombre de syllabes. Scander en frappant dans les mains.
- Leur demander ensuite de situer oralement le son /an/ (1re, 2e, 3e syllabe).
- Demander également à chaque élève de dire son prénom ou celui d'un camarade, de dire combien il contient de syllabes, s'il entend /an/ ou pas, et si oui, le situer.
- On peut procéder de la même façon à partir de la lecture d'une comptine.

Le grand panda blanc
Mange des plantes et des bambous
Sur un banc avec son ami l'éléphant.

Phase 2 ■ Ardoise ■ Individuel : 10 min

- Utiliser le code /an/ sur un côté de l'ardoise et ~~/an/~~ sur l'autre côté de l'ardoise. L'enseignant(e) dit les mots et les élèves montrent le bon côté de l'ardoise selon qu'ils entendent, ou non, le son /an/.

penser – monde – ponte – danser – dentifrice – chausson – antenne – chanter

- Les élèves dessinent le nombre de syllabes d'un mot en traçant des arcs de cercle, puis mettent une croix dans un des arcs pour indiquer où se situe le son.
- Proposer aux élèves de trouver des mots avec ce son en début puis en fin de mot.
- À cette époque de l'année les élèves commencent à trouver rapidement les sons étudiés, on peut leur proposer des petites devinettes très simples. Ils doivent retrouver un mot avec le son étudié.

Exemple 1 : *Je suis un animal avec une trompe.* (→ *un éléphant*)
Exemple 2 : *En camping, je dors dedans.* (→ *une tente*)

Phase 3 ■ Collectif : 5 min

- Prévoir un affichage de classe (ou la projection) des mots référents (*panda, dent*) ainsi que les graphies du son /an/.
- Ouvrir le fichier et observer les mots référents : *panda, dent.*
- De nouveau, bien expliquer que pour un même son il peut y avoir plusieurs écritures.
- Dire les mots référents en articulant exagérément chaque syllabe.
- Situer à quel endroit on entend le son en visualisant les arcs de syllabes au tableau.
- Les mots référents seront affichés sur le « mur des sons ».

Phase 4 ■ Fichier p. 48 ■ Individuel : 10 min

Feuille Seyes (3 ou 4 mm) pour l'exercice 4

Démarche : À cette époque de l'année on peut envisager d'expliquer les exercices 1, 2 et 3 et de laisser une partie des élèves en autonomie. Ce qui permet à l'enseignant(e) d'aider efficacement les élèves fragiles.

Exercice 1 :
- Demander aux élèves d'expliquer le travail à faire. Lire la consigne. Faire nommer ou nommer les dessins. Puis laisser les élèves en autonomie.

fantôme – lampe – kangourou – marionnette – montagne – champignon – voiture

Différenciation :
S'assurer que l'élève a bien compris le dessin : le lui faire renommer. Articuler exagérément si besoin.

Exercice 2 :

• Demander aux élèves d'expliquer le travail à faire. Lire la consigne. Rappeler ce qu'est un intrus. Faire nommer ou nommer les dessins. Puis laisser les élèves en autonomie.
ampoule – tente – poussin – cinquante – orange – épouvantail – avion

Différenciation :
Faire renommer aux élèves les dessins.
Donner un exemple d'intrus, mettre le son dans l'intrus si besoin.

Exercice 3 :

C'est la deuxième fois que les élèves rencontrent cet exercice sous cette forme. Dans la période précédente on le trouvait sous la forme de deux exercices distincts. Il conviendra donc de s'assurer que tous les élèves aient compris les deux consignes demandées.

• Il s'agit de situer le son dans le mot représenté et de dessiner les arcs correspondant aux syllabes des mots représentés.
ventilateur – éléphant – volant – croissant – danseur – épouvantail – pantalon – champignon

Différenciation :
Faire le 1er mot avec les élèves. Dire ou faire dire à haute voix les mots correspondant à chaque illustration.
Taper ou faire taper dans les mains le nombre de syllabes de chaque mot représenté.

Exercice 4 :

Cet exercice est une activité de discrimination visuelle et permet d'anticiper sur la séance 2.
L'enseignant(e) sera vigilant(e) afin d'éviter une confusion avec le graphème /on/.

• Montrer au préalable dans les airs le tracé de la lettre, demander aux élèves de faire de même. Leur faire écrire plusieurs fois les lettres sur une feuille Seyes, en variant sa taille. Dire aux élèves que ce son comporte deux lettres qu'il faut accrocher, la lettre *n* à la lettre *e* ou à la lettre *a*.

• Dire aux élèves que le son /an/ s'écrit avec un *n* mais aussi parfois avec un *m*, on pourra donc trouver : *an, am, en, em*.

• Expliquer rapidement la règle du *m* au lieu du *n*, sans exiger, évidemment, que les élèves l'apprennent ou l'appliquent.

Le ***n*** devient ***m*** quand il se trouve devant les lettres ***m, p*** ou ***b***.
Exemple : *trampoline – décembre*.

• Reconnaitre les différentes graphies du son /an/. Demander aux élèves d'expliquer le travail à faire. Lire la consigne. Puis laisser les élèves en autonomie.

Différenciation :
Entourer un exemple de chaque graphie dans le tableau.

Discrimination visuelle – Séance 2

Phase 1 ■ Ardoise ■ Collectif : 15 min

• L'enseignant(e) demande aux élèves de chercher de quelles lettres on aura besoin pour écrire les syllabes : *van, pan, dan, san, man, tan*.

• Essais, mise en commun en articulant bien pour écrire l'ordre des sons entendus.

• Les élèves doivent ensuite trouver des mots dans lesquels on entend ces syllabes. Ils sont écrits au tableau pour bien visualiser.

• Sur le support ardoise, les élèves écrivent les syllabes dictées par l'enseignant(e) : *van, pan, dan, san, man, tan*.

• Répéter cet exercice avec la graphie /en/.

En autonomie ou collectivement, prendre un temps dans la journée pour manipuler des étiquettes portant les lettres *an, am, en, em* et *d, m, p, v*. Demander aux élèves de composer *dan, vam, ven* puis *pen*... Un élève compose, un autre lit.

Phase 2 ■ Fichier p. 49 ■ Individuel : 10 min

Exercice 5 :

Écrire *dan, man* ou *pan* dans des mots.

• Demander aux élèves d'expliquer le travail à faire. Lire la consigne. Faire nommer ou nommer les dessins. Puis laisser les élèves en autonomie.

Différenciation :
Mettre à disposition des élèves des étiquettes *pan, man* ou *dan*. L'enseignant(e) procède mot à mot et demande aux élèves de montrer l'étiquette qui correspond au mot avant d'écrire la syllabe.

Exercice 6 :

Écrire *den, ten* ou *ven* dans des mots.

• Demander aux élèves d'expliquer le travail à faire. Lire la consigne. Faire nommer ou nommer les dessins. Puis laisser les élèves en autonomie.

Différenciation :
Mettre à disposition des élèves des étiquettes *den, ten* ou *ven*. L'enseignant(e) procède mot à mot et demande aux élèves de montrer l'étiquette qui correspond au mot avant d'écrire la syllabe.

Exercice 7 :

• Demander aux élèves d'expliquer le travail à faire. Lire la consigne. Lire les syllabes.

Différenciation :
Donner les étiquettes avec les syllabes et les manipuler pour former les mots avant de les écrire.

Exercice 8 :

Poser des questions du type :
– Quel est cet exercice ?
– Que faut-il faire ?
– Pourquoi faire cet exercice ?

(Réponse attendue : *Pour savoir écrire des mots sans se tromper.*)

• Lire ou faire lire la consigne, expliquer l'exercice.

• Demander :

– *Quel est le premier mot représenté ?*

– *Qu'est-ce qui est représenté dans la bulle sous le quadrillage ?*

– *Quel est le son de ce mot référent ?*

→ Les mots à écrire sont : *pendule* – *sandale*.

• Enfin demander aux élèves de recopier le mot dans leur fichier. Laisser les élèves en autonomie.

• Les élèves peuvent aussi se reporter au plat 3 de couverture de leur fichier qui leur explique comment procéder.

Différenciation :
Prendre les élèves fragiles, s'assurer dans un premier temps que la consigne est comprise.
Demander de dire le mot représenté (*pendule*). Verbaliser et articuler exagérément. Commencer à remplir le quadrillage.

Phase 3 ■ Fichier p. 49 ■ Collectif et individuel : 10 min

Je m'entraine :

• Lire en collectif puis individuellement pendant que les autres élèves travaillent en autonomie sur les exercices 6 et 7.

• Demander aux élèves d'inventer une autre phrase avec les mots qu'ils viennent de lire.

Différenciation :
Les élèves en difficulté préparent avec l'enseignant(e) la lecture des mots avant la lecture collective. Ils s'entrainent à combiner en manipulant et en assemblant les étiquettes des graphèmes.

ch ch ch

Compétences :
- Discriminer auditivement le son /ch/.
- Situer le son /ch/ dans un mot.
- Connaitre le graphème et les graphies du son /ch/.
- Associer le son /ch/ avec d'autres sons connus.
- Savoir écrire des mots sans se tromper.

Supports :
Fichier d'apprentissage du code pages 50-51, ardoise, feuille Seyes.

Exercices de phonologie préalables (5 min) :
Trouve un nouveau mot en enlevant le début d'un autre.
Quel mot trouve-t-on si on enlève :
- le *p* de *placer* ?
- le *t* de *tram* ?
- le *f* de *froid* ?
- le *d* de *droit* ?
- le *p* de *pris* ?

Discrimination auditive – Séance 1

Une confusion fréquente porte sur les sons /ch/ et /j/. La page 108 du fichier d'apprentissage du code pourra permettre d'aider les élèves qui confondent auditivement ces sons.
Faire dire exagérément ces deux sons. Faire dire « *chut* » en insistant sur le son /ch/ pour bien le faire entendre.

Phase 1 ■ Collectif : 5 min

Trouver le son étudié.
- L'enseignant(e) dit des mots *(chameau – chaton – cochon – moucher)* contenant le son /ch/ et demande aux élèves de trouver le son commun.
- Pour chaque mot contenant le son /ch/, leur demander de trouver le nombre de syllabes. Scander en frappant dans les mains.
- Leur demander ensuite de situer oralement le son /ch/ (1re, 2e, 3e syllabe).
- Demander également à chaque élève de dire son prénom ou celui d'un camarade, de dire combien il contient de syllabes, s'il entend /ch/ ou pas, et si oui, le situer.
- Procéder de la même façon à partir de la lecture d'une comptine.

Devant le château,
Le chien dort dans sa niche.
Chut ! dit le chat à la chouette :
Cesse de chanter ta chanson !

Phase 2 ■ Ardoise ■ Individuel : 10 min

- Utiliser le code /ch/ sur un côté de l'ardoise et /~~ch~~/ sur l'autre côté de l'ardoise. L'enseignant(e) dit les mots et les élèves montrent le bon côté de l'ardoise selon qu'ils entendent, ou non, le son /ch/.

chocolat – marcher – jamais – cage – cacher – lâcher – image – lécher
- Les élèves dessinent le nombre de syllabes d'un mot en traçant des arcs de cercle, puis mettent une croix dans un des arcs pour indiquer où se situe le son.
- Proposer aux élèves de trouver des mots avec ce son en début puis en fin de mot.
- À cette période de l'année les élèves commencent à trouver rapidement les sons étudiés, on peut leur proposer une activité du type :

– *Pour son anniversaire, le chat invite d'autres animaux. Mais il n'invite que ceux qui ont le son /ch/ dans leur nom, qui invite-t-il ?*
(Réponses attendues : *chameau – chèvre – cochon – chenille – autruche – mouche – cheval – etc.*)

Différenciation :
Si les élèves ne trouvent pas, faire cette activité sous forme de devinettes.
Exemple : *J'ai deux bosses.*

Phase 3 ■ Collectif : 5 min

- Prévoir un affichage de classe (ou la projection) du mot référent (*chat*) ainsi que la graphie du son /ch/.
- Ouvrir le fichier et observer le mot référent : *chat.*
- Dire le mot référent en articulant exagérément la syllabe.
- Situer à quel endroit on entend le son.
- Le mot référent sera affiché sur le « mur des sons ».

Phase 4 ■ Fichier p. 50 ■ Individuel : 10 min

Feuille Seyes (3 ou 4 mm) pour l'exercice 4

Démarche : À cette période de l'année on peut envisager d'expliquer les exercices 1, 2 et 3 et de laisser une partie des élèves en autonomie. Ce qui permet à l'enseignant(e) d'aider efficacement les élèves plus fragiles.

Exercice 1 :

• Demander aux élèves d'expliquer le travail à faire. Lire la consigne. Faire nommer ou nommer les dessins. Puis laisser les élèves en autonomie.
chocolat – phare – chaise – limace – champs – parachute – genou

Différenciation :
S'assurer que l'élève a bien compris le dessin : le lui faire renommer. Articuler exagérément si besoin.

Exercice 2 :

• Demander aux élèves d'expliquer le travail à faire. Lire la consigne. Rappeler ce qu'est un intrus. Faire nommer ou nommer les dessins. Puis laisser les élèves en autonomie.
souris – cheval – chat – autruche – mouche – vache – girafe

Différenciation :
Faire renommer à l'élève les dessins. Donner un exemple d'intrus, mettre le son dans l'intrus si besoin.

Exercice 3 :

• S'assurer que tous les élèves ont compris les deux consignes demandées.
• Il s'agit de situer le son dans le mot représenté et de dessiner les arcs correspondant aux syllabes des mots.
chameau – champignon – chocolat – cochon

Différenciation :
Faire le 1er mot avec les élèves. Dire ou faire dire à voix haute les mots correspondant à chaque illustration.
Taper ou faire taper dans les mains le nombre de syllabes de chaque mot représenté.

Exercice 4 :

Cet exercice est une activité de discrimination visuelle et permet d'anticiper sur la séance 2.
• Montrer au préalable dans les airs le tracé des lettres, demander aux élèves de faire de même. Leur faire écrire plusieurs fois les lettres sur une feuille Seyes, en variant sa taille.
→ Attention, il y a souvent confusion visuelle entre le *h* et le *l* et le *b*. Les élèves écrivent *cl* ou *cb* et non *ch*. Bien expliciter, car le *c* a déjà été vu avec le son /s/, le *h* n'a encore pas été travaillé.
On apprendra aux élèves à tracer le *ch* sans lever le crayon.
• Reconnaitre les différentes graphies du son /ch/. Demander aux élèves d'expliquer le travail à faire. Lire la consigne. Puis laisser les élèves en autonomie.

Différenciation :
Entourer un exemple de chaque graphie dans le tableau.

Exercice 5 :

Cet exercice permet de compléter le travail de reconnaissance visuel de l'exercice précédent.
• Lire la consigne, faire un exemple au tableau, donner la couleur avec laquelle ils vont devoir colorier et mettre les élèves en autonomie.

Discrimination visuelle - Séance 2

Phase 1 ■ Ardoise ■ Collectif : 15 min

• L'enseignant(e) demande aux élèves de chercher de quelles lettres on aura besoin pour écrire les syllabes : *cha, cho, chu, chan*.
• Essais, mise en commun en articulant bien pour écrire l'ordre des sons entendus.
• Les élèves doivent ensuite trouver des mots dans lesquels on entend ces syllabes. Les mots sont écrits au tableau pour bien visualiser.
• Sur le support ardoise, les élèves écrivent les syllabes dictées par l'enseignant(e) : *cha, ich, cho, chu, chan*.

En autonomie ou collectivement, prendre un temps dans la journée pour manipuler des étiquettes portant les lettres *a, o, e, u, on* et *ch*. Demander aux élèves de composer *cha, cho, che, chu* puis *chon*. Un élève compose, un autre lit.

Phase 2 ■ Fichier p. 51 ■ Individuel : 15 min

Exercice 6 :

Écrire *cho, chu, cha, che* ou *chon* dans des mots.
• Demander aux élèves d'expliquer le travail à faire. Lire la consigne. Faire nommer ou nommer les dessins. Puis laisser les élèves en autonomie.

Différenciation :
Mettre à disposition des élèves des étiquettes *cho, chu, cha, che* ou *chon*. L'enseignant(e) procède mot à mot et demande à l'élève de montrer l'étiquette qui correspond au mot avant d'écrire la syllabe.

Exercice 7 :

Cet exercice a déjà été réalisé, mais il convient d'expliquer de nouveau la consigne.
• Recopier uniquement les mots dans lesquels on entend le son /ch/.
• Demander aux élèves d'expliquer le travail à faire. Lire la consigne. Faire nommer ou nommer les dessins. Puis laisser les élèves en autonomie.

Différenciation :
L'élève recopie ou colorie les lettres *ch* dans les mots. Il les dit ensuite en articulant bien pour entendre, ou pas, le son. Lui demander s'il va le recopier ou non.

Exercice 8 :

Ce n'est pas la première fois que les élèves sont confrontés à cet exercice. Il conviendra tout de même de vérifier que les illustrations des mots sont bien comprises.
• Demander :
– Quel est le premier mot représenté ?
(Réponse attendue : *vache*)
– Qu'est-ce qui est représenté dans la bulle sous le quadrillage ?
– Quel est le son de ce mot référent ?
• Pratiquer de manière identique pour le mot *mouche*.

• Enfin demander aux élèves de recopier les mots dans les quadrillages de leur fichier.

→ Les mots à trouver sont : *vache – mouche*.

• Les élèves peuvent aussi se reporter au plat 3 de couverture de leur fichier qui leur explique comment procéder.

Différenciation :
Prendre les élèves fragiles, s'assurer dans un premier temps que la consigne est comprise. Si besoin, pour ne pas donner la réponse, procéder par devinette : *Le premier mot est un animal, qu'on trouve dans les fermes et qui donne du lait.*
Demander de dire le mot représenté (*vache*). Verbaliser et articuler exagérément. Commencer à remplir le quadrillage.

Phase 3 ■ Fichier p. 51 ■ Collectif et individuel : 10 min

Je m'entraine :

• Lire en collectif puis individuellement pendant que les autres élèves travaillent en autonomie sur les exercices 6 et 7.

• Demander aux élèves d'inventer une autre phrase avec les mots qu'ils viennent de lire.

Différenciation :
Les élèves en difficulté préparent avec l'enseignant(e) la lecture des mots avant la lecture collective. Ils s'entrainent à combiner en manipulant et en assemblant les étiquettes des graphèmes.

k Cc Qu qu Kk

Compétences :
- Discriminer auditivement le son /k/.
- Situer le son /k/ dans un mot.
- Connaitre le graphème et les graphies du son /k/.
- Associer le son /k/ avec d'autres sons connus.

Supports :
Fichier d'apprentissage du code pages 52-53, ardoise.

Exercices de phonologie préalables (5 min) :
Trouver un mot intrus !
Quel est le mot qui ne commence pas par le même son prononcé que :
– *idée* → *image – il – irréel – étable*
– *chat* → *chameau – chalet – girafe – château*
– *vert* → *velu – vache – vraiment – fuite*

Le son /k/ est traité sur quatre séances. Sa reconnaissance auditive est relativement aisée, mais les différents graphèmes de ce son nécessitent un entrainement soutenu.

Discrimination auditive – Séance 1

La confusion est fréquente entre le /k/ et le /g/. Il conviendra d'être vigilant, de prononcer et de faire prononcer le son en exagérant. On pourra s'appuyer sur les mots référents : « C'est le *k* de... *cartable.* »

Phase 1 ■ Collectif : 5 min

Trouver le son étudié.
- L'enseignant(e) dit des mots *(crapaud – haricot – chocolat – kimono – cartable – cactus)* contenant le son /k/ et demande aux élèves de trouver le son commun.
- Pour chaque mot contenant le son /k/, demander aux élèves de trouver le nombre de syllabes. Scander en frappant dans les mains.
- Demander ensuite de situer oralement le son /k/ (1re, 2e, 3e syllabe).
- Demander également à chaque élève de dire son prénom ou celui d'un camarade, combien il contient de syllabes, s'il entend /k/ ou pas, et si oui, de le situer.
- On peut procéder de la même façon à partir de la lecture d'une comptine.

Qui, que, quoi ? dit Claire.
Quel est donc ce son
Que je ne connais pas ?

Phase 2 ■ Ardoise ■ Individuel : 10 min

- Utiliser le code /k/ sur un côté de l'ardoise et ~~/k/~~ sur l'autre côté de l'ardoise. L'enseignant(e) dit les mots et les élèves montrent le bon côté de l'ardoise selon qu'ils entendent, ou non, le son /k/.
kangourou – classer – garage – manquer – glacer – décalquer – figure – équiper
- Les élèves dessinent le nombre de syllabes d'un mot en traçant des arcs de cercle, puis mettent une croix dans un des arcs pour indiquer où se situe le son.
- Proposer aux élèves de trouver des mots avec ce son en début puis en fin de mot.
- Proposer une nouvelle activité :
– Je vais faire des courses. Dans mon panier, je ne mets que des mots contenant le son /k/.
Exemples : *carotte, haricot, chocolat, confiture...*

Différenciation :
Si les élèves ne trouvent pas, faire cette activité sous forme de devinettes.
Exemple : *C'est un légume orange. Les lapins l'adorent.*

Phase 3 ■ Collectif : 5 min

- Prévoir un affichage de classe (ou la projection) des mots référents (*cartable, quille, koala*) ainsi que les graphies du son /k/.
- Ouvrir le fichier et observer les mots référents : *cartable, quille, koala.*
- Dire les mots référents en articulant exagérément chaque syllabe.
- Situer à quel endroit on entend le son en visualisant les arcs de syllabes au tableau (une seule syllabe pour *quille*. Préciser qu'on l'entend en début de mot).
- Les mots référents seront affichés sur le « mur des sons ».
- Rappeler qu'un son peut s'écrire de différentes façons.
- Demander aux élèves de citer des sons qui s'écrivent ainsi.

Phase 4 ■ Fichier p. 52 ■ Individuel : 10 min

Démarche : À cette époque de l'année on peut envisager d'expliquer les exercices 1, 2 et 3 et de laisser une partie des élèves en autonomie. Ce qui permet à l'enseignant(e) d'aider efficacement les élèves plus fragiles.

Exercice 1 :

• Demander aux élèves d'expliquer le travail à faire. Lire la consigne. Faire nommer ou nommer les dessins. Puis laisser les élèves en autonomie.

camion – locomotive – cravate – cadeau – requin – gâteau – coquillage

Différenciation :
S'assurer que l'élève a bien compris le dessin : le lui faire renommer. Articuler exagérément si besoin.

Exercice 2 :

• Demander aux élèves d'expliquer le travail à faire. Lire la consigne. Rappeler ce qu'est un intrus. Faire nommer ou nommer les dessins. Puis laisser les élèves en autonomie.

clown – iglou – coccinelle – hélicoptère – crocodile – cloche – guitare

Différenciation :
Faire renommer à l'élève les dessins. Donner un exemple d'intrus, mettre le son dans l'intrus si besoin.

Exercice 3 :

• S'assurer que tous les élèves ont compris les deux consignes demandées.

• Il s'agit de situer le son dans le mot représenté et de dessiner les arcs correspondant aux syllabes des mots représentés.

abricot – volcan – écureuil – haricot – classeur

Différenciation :
Faire le 1er mot avec l'élève. Dire ou faire dire à voix haute les mots correspondant à chaque illustration.
Taper ou faire taper dans les mains le nombre de syllabes de chaque mot représenté.

Discrimination visuelle – Séance 2

Phase 1 ■ Fichier p. 52 ■ Collectif : 15 min

On s'appuiera sur l'exercice 4 afin de travailler le son /k/ à partir des lettres *k, c, qu*.

Les auteurs ont fait le choix de travailler les trois graphies en même temps. À cette période de l'année les élèves savent déjà qu'un son peut avoir différentes graphies.

Paradoxalement, la difficulté du son /k/ avec certains élèves est la lettre *c*. En effet, lorsqu'ils entendent le son /k/, les élèves ont tendance à écrire *k* (et non *c*), surtout si la syllabe est *ca* (Exemple : Ils écrivent *kdo*.)

Travailler les trois sons en même temps permettra de lever plus facilement les confusions de ce type.

Exercice 4 :

• À faire au préalable à l'oral, il permet de visualiser les différentes écritures du graphème.

• Pour chaque illustration :
- Nommer l'illustration ;
- Découper les syllabes ;
- Colorier.

• Il sera certainement nécessaire de modéliser au tableau avant de laisser les élèves réaliser l'exercice.

En autonomie ou collectivement, prendre un temps dans la journée pour manipuler des étiquettes portant les lettres *a, i, o, e, u* et *c, qu, k*. Demander aux élèves de *composer ca, qui, ko* puis *cu, que*... Un élève compose, un autre lit.

Phase 2 ■ Fichier p. 53 ■ Individuel : 15 min

Exercice 5 :

Écrire *ca, can, cou, cu* ou *con* dans des mots.

• Demander aux élèves d'expliquer le travail à faire. Lire la consigne. Faire nommer ou nommer les dessins. Puis laisser les élèves en autonomie.

Différenciation :
Mettre à disposition des élèves des étiquettes *ca, can, cou, cu* ou *con*. L'enseignant(e) procède mot à mot et demande aux élèves de montrer l'étiquette qui correspond au mot avant d'écrire la syllabe.

Exercice 6 :

• Demander aux élèves d'expliquer le travail à faire. Lire la consigne. Lire les syllabes.

Différenciation :
Écrire les syllabes sur des étiquettes et les manipuler pour former les mots.

Phase 3 ■ Fichier p. 53 ■ Collectif et individuel : 10 min

Je m'entraine :

• Lire en collectif puis individuellement pendant que les autres élèves travaillent en autonomie sur les exercices 5 et 6.

• Demander aux élèves d'inventer une autre phrase avec les mots qu'ils viennent de lire.

Différenciation :
Les élèves en difficulté préparent avec l'enseignant(e) la lecture des mots avant la lecture collective. Ils s'entrainent à combiner en manipulant et en assemblant les étiquettes des graphèmes.

f — F f ph

Compétences :
- Discriminer auditivement le son /f/.
- Situer le son /f/ dans un mot.
- Connaitre le graphème et les graphies du son /f/.
- Aborder les différents graphèmes du son /f/.
- Associer le son /f/ avec d'autres sons connus.

Supports :
Fichier d'apprentissage du code pages 56-57, ardoise, feuille Seyes.

Exercices de phonologie préalables (5 min) :
Quel mot est composé de :
- /p/ /a/ /r/ ?
- /r/ /i/ /r/ ?
- /ch/ /a/ /l/ ?
- /d/ /i/ /r/ ?
- /c/ /o/ /l/ ?

Discrimination auditive – Séance 1

Phase 1 ■ Collectif : 5 min

Trouver le son étudié.
- L'enseignant(e) dit des mots *(pharmacie – fanfare – fourmi – fleuriste – fanfaron)* contenant le son /f/ et demande aux élèves de trouver le son commun.
- Pour chaque mot contenant le son /f/, leur demander de trouver le nombre de syllabes. Scander en frappant dans les mains.
- Demander ensuite de situer oralement le son /f/ (1re, 2e, 3e syllabe).
- Demander également à chaque élève de dire son prénom ou celui d'un camarade, de dire combien il contient de syllabes, s'il entend /f/ ou pas, et si oui, le situer.
- On peut procéder de la même façon à partir de la lecture d'une comptine.

Du haut du phare,
Face à la mer,
Frédéric prend des photos.
Là-bas, au fond,
Ce sont des dauphins qui font la fête
Au milieu des flots.

Phase 2 ■ Ardoise ■ Individuel : 10 min

- Utiliser le code /f/ sur un côté de l'ardoise et /~~f~~/ sur l'autre côté de l'ardoise. L'enseignant(e) dit les mots et les élèves montrent le bon côté de l'ardoise selon qu'ils entendent ou non le son /f/.
farine – café – vélo – affiche – cheval – professeur – efficace – ravi
- Les élèves dessinent le nombre de syllabes d'un mot en traçant des arcs de cercle, puis mettent une croix dans un des arcs pour indiquer où se situe le son.
- Proposer aux élèves de trouver des mots avec ce son en début puis en fin de mot.
- À cette époque de l'année les élèves commencent à trouver rapidement les sons étudiés, on peut leur proposer une activité du type :
– Dans ma fusée j'emmène des animaux. Mais uniquement ceux qui ont le son /f/ dans leur nom. Qui vais-je inviter ?
(Réponses attendues : *éléphant, girafe, dauphin, phoque, fourmi.*)

Différenciation :
Si les élèves ne trouvent pas, faire cette activité sous forme de devinettes. Exemple : *J'ai un long cou.*

Phase 3 ■ Collectif : 5 min

- Prévoir un affichage de classe (ou la projection) des mots référents (*fusée, phare*) ainsi que les graphies du son /f/.
- Ouvrir le fichier et observer les mots référents : *fusée* et *phare*.
- Dire les mots référents en articulant exagérément chaque syllabe.
- Situer à quel endroit on entend le son en visualisant les arcs de syllabes au tableau (une seule syllabe orale pour *phare*).
- Les mots référents seront affichés sur le « mur des sons ».

Phase 4 ■ Fichier p. 56 ■ Individuel : 10 min

Démarche : À cette époque de l'année on peut envisager d'expliquer les exercices 1, 2 et 3 et de laisser une partie des élèves en autonomie. Ce qui permet à l'enseignant(e) d'aider efficacement les élèves plus fragiles.

Exercice 1 :
- Demander aux élèves d'expliquer le travail à faire. Lire la consigne. Faire nommer ou nommer les dessins. Puis laisser les élèves en autonomie.
phare – valise – lavabo – professeur (On peut accepter aussi *maitre* ou *tableau* mais dans ce cas il ne faudra pas entourer l'image.) – *éléphant – confiture – parachute*

Différenciation :
S'assurer que l'élève a bien compris le dessin : le lui faire renommer. Articuler exagérément si besoin.

Exercice 2 :
- Demander aux élèves d'expliquer le travail à faire. Lire la consigne. Rappeler ce qu'est un intrus. Faire nommer ou nommer les dessins. Puis laisser les élèves en autonomie.

chat – girafe – fourmi – dauphin – phoque – éléphant – vautour

Différenciation :
Faire renommer les dessins à l'élève.
Donner un exemple d'intrus, mettre le son dans l'intrus si besoin.

Exercice 3 :
- S'assurer que tous les élèves ont compris les deux consignes demandées.
- Il s'agit de situer le son dans le mot représenté et de dessiner les arcs correspondant aux syllabes des mots représentés. *fauteuil – éléphant – fusée – professeur*

Différenciation :
Faire le 1er mot avec l'élève. Dire ou faire dire à voix haute les mots correspondant à chaque illustration.
Taper ou faire taper dans les mains le nombre de syllabes de chaque mot représenté.

Exercice 4 :
Cet exercice est une activité de discrimination visuelle et permet d'anticiper sur la séance 2.
Ce travail va permettre aux élèves de différencier *f* et *ph*.
- Prendre le temps de faire lire les mots. Tous les mots sont décodables (à part *dauphin*). Demander aux élèves d'entourer les lettres qui font le son /f/. Montrer que parfois, il y a deux fois le même son dans un même mot (*fanfare*).

Différenciation :
Créer des étiquettes avec les mots à coller dans le tableau.

Discrimination visuelle – Séance 2

Phase 1 ■ Fichier p. 57 ■ Collectif et individuel : 15 min

Feuille Seyes (3 ou 4 mm) pour l'exercice 5

La difficulté pour la lettre *f* se situe au niveau de la boucle basse. Certains élèves partant vers la gauche et non vers la droite. Il conviendra d'être vigilant. Si besoin, les faire travailler sur photocopies en ayant soin d'écrire la lettre *f* en pointillés, les élèves doivent alors repasser dessus.

Exercice 5 :
Montrer au préalable dans les airs le tracé de la lettre, demander aux élèves de faire de même. Leur faire écrire plusieurs fois la lettre sur une feuille Seyes, en variant sa taille.
- Reconnaitre les différentes graphies du son /f/. Demander aux élèves d'expliquer le travail à faire. Puis laisser les élèves en autonomie.

Différenciation :
Entourer un exemple de chaque graphie dans le tableau.

En autonomie ou collectivement, prendre un temps dans la journée pour manipuler des étiquettes portant les lettres *a, i, o, an, u, on* et *f, ph*. Demander aux élèves de composer *fa, fi, fon* puis *pho, phan*... Un élève compose, un autre lit.

Phase 2 ■ Fichier p. 57 ■ Individuel : 15 min

Exercice 6 :
Écrire *fu, fi, fan, fau, fa* ou *fon* dans des mots.
- Demander aux élèves d'expliquer le travail à faire. Lire la consigne. Faire nommer ou nommer les dessins. Puis laisser les élèves en autonomie.

Différenciation :
Mettre à disposition des élèves des étiquettes *fu, fi, fau, fan, fa* ou *fon*. L'enseignant(e) procède mot à mot et demande aux élèves de montrer l'étiquette qui correspond au mot avant d'écrire la syllabe.

Exercice 7 :
- Demander aux élèves d'expliquer le travail à faire. Lire la consigne. Lire les syllabes.

Différenciation :
Écrire les syllabes sur des étiquettes, collectivement, les placer et les déplacer pour former des mots.

Exercice 8 :
- Lire ou faire lire la consigne, expliquer l'exercice.
- Le premier dessin est un élève, le mot est très intéressant à travailler avec ses deux écritures du son /an/, s'assurer qu'ils ont bien compris les illustrations et les laisser en autonomie.
- Demander :

Quel est le premier mot représenté ? Qu'est-ce qui est représenté dans la bulle sous le quadrillage ? Quel est le son de ce mot référent ?
→ Mots à trouver : *élève – photo.*
- Demander aux élèves de recopier les mots dans leur fichier.
- Les élèves peuvent aussi se reporter au plat 3 de couverture de leur fichier qui leur explique comment procéder.

Différenciation :
Prendre les élèves fragiles, s'assurer dans un premier temps que la consigne est comprise. Si besoin, pour ne pas donner la réponse, procéder par devinette.
Demander de dire le mot représenté (*élève*). Verbaliser et articuler exagérément. Commencer à remplir le quadrillage.

Phase 3 ■ Fichier p. 57 ■ Collectif et individuel : 10 min

Je m'entraine :
- Lire en collectif puis individuellement pendant que les autres élèves travaillent en autonomie sur les exercices 6 et 7.
- Demander aux élèves d'inventer une autre phrase avec les mots qu'ils viennent de lire.

Différenciation :
Les élèves en difficulté préparent avec l'enseignant(e) la lecture des mots avant la lecture collective. Ils s'entrainent à combiner en manipulant et en assemblant les étiquettes des graphèmes.

Compétences :
- Discriminer auditivement le son /oi/.
- Situer le son /oi/ dans un mot.
- Connaitre le graphème et les graphies du son /oi/.

Associer le son /oi/ avec des sons connus.

Supports :
Fichier d'apprentissage du code pages 58-59, ardoise, feuille Seyes.

Exercices de phonologie préalables (5 min) :
Demander aux élèves de trouver les sons dans les mots :
- *lac* : /l/ /a/ /k/ ;
- *cadeau* : /k/ /a/ /d/ /o/ ;
- *fond* : /f/ /on/ ;
- *chat* : /ch/ /a/ ;
- *anneau* : /a/ /n/ /o/.

Discrimination auditive - Séance 1

Phase 1 ■ Collectif : 5 min

Trouver le son étudié.
- L'enseignant(e) dit des mots (*doigt – armoire – toiture – ardoise – tiroir – roitelet*) contenant le son /oi/ et demande aux élèves de trouver le son commun.
- Pour chaque mot contenant le son /oi/, demander de trouver le nombre de syllabes. Scander en frappant dans les mains.
- Demander ensuite de situer oralement le son /oi/ (1re, 2e, 3e syllabe).
- Demander également à chaque élève de dire son prénom ou celui d'un camarade, de dire combien il contient de syllabes, s'il entend /oi/ ou pas, et si oui, le situer.
- On peut procéder de la même façon à partir de la lecture d'une comptine.

Il était une fois,
Une marchande de foie
Qui vendait du foie
Dans la ville de Foix.
Elle se dit ma foi,
C'est la première fois
Et la dernière fois
Que je vends du foie
Dans la ville de Foix.

Phase 2 ■ Ardoise ■ Individuel : 10 min

- Utiliser le code /oi/ sur un côté de l'ardoise et ~~/oi/~~ sur l'autre côté de l'ardoise. L'enseignant(e) dit les mots et les élèves montrent le bon côté de l'ardoise selon qu'ils entendent, ou non, le son /oi/.

coiffeur – rondeur – manoir – poule – poireau – pourquoi – autrefois

- Les élèves dessinent le nombre de syllabes d'un mot en traçant des arcs de cercle, puis mettent une croix dans un des arcs pour indiquer où se situe le son.
- Proposer aux élèves de trouver des mots avec ce son en début puis en fin de mot.
- À cette période de l'année les élèves commencent à trouver rapidement les sons étudiés, on peut leur proposer une activité du type : *Dans ma voiture je mets mes courses, mes uniquement celles qui contiennent le son /oi/. Je mets quoi ?* (Réponses attendues : *Poire, poireaux, croissant, poisson...*)

Différenciation :
Si les élèves ne trouvent pas, faire cette activité sous forme de devinettes. Exemple : *C'est un animal qui vit dans l'eau.*

Phase 3 ■ Collectif : 5 min

- Prévoir un affichage de classe (ou la projection) du mot référent (*voiture*) ainsi que la graphie du son /oi/.
- Ouvrir le fichier et observer le mot référent : *voiture*.
- Le dire en articulant exagérément chaque syllabe.
- Situer à quel endroit on entend le son en visualisant les arcs de syllabes au tableau.
- Le mot référent sera affiché sur le « mur des sons ».

Phase 4 ■ Fichier p. 58 ■ Individuel : 10 min

Feuille Seyes (3 ou 4 mm) pour l'exercice 4

Démarche : À cette époque de l'année on peut envisager d'expliquer les exercices 1, 2 et 3 et de laisser une partie des élèves en autonomie. Ce qui permet d'aider efficacement les élèves les plus fragiles.

Exercice 1 :
- Demander aux élèves d'expliquer le travail à faire. Lire la consigne. Faire nommer ou nommer les dessins. Puis laisser les élèves en autonomie. *lapin – poussin – coquillage – poisson – arrosoir – voiture – tiroir*

Différenciation :
S'assurer que l'élève a bien compris le dessin : le lui faire renommer. Articuler exagérément si besoin.

Exercice 2 :
- Demander aux élèves d'expliquer le travail à faire. Lire la consigne. Rappeler ce qu'est un intrus. Faire nommer ou nommer les dessins. Puis laisser les élèves en autonomie.

trottoir – poire – moins – balançoire – poids – clou – poireau

Différenciation :
Faire renommer les dessins à l'élève. Donner un exemple d'intrus, mettre le son dans l'intrus si besoin.

Exercice 3 :
• S'assurer que tous les élèves ont compris les deux consignes demandées.
• Il s'agit de situer le son dans le mot représenté et de dessiner les arcs correspondant aux syllabes des mots représentés. *poisson – tiroir – poireau – croissant – arrosoir – trottoir – oiseau*

Différenciation :
Faire le 1er mot avec l'élève. Dire ou faire dire à haute voix les mots correspondant à chaque illustration.
Taper ou faire taper dans les mains le nombre de syllabes de chaque mot représenté.

Exercice 4 :
Cet exercice est une activité de discrimination visuelle et permet d'anticiper sur la séance 2.
• Montrer au préalable dans les airs le tracé des lettres *oi* en attaché, demander aux élèves de faire de même. Leur faire écrire plusieurs fois les lettres sur une feuille Seyes, en variant sa taille.
• Reconnaitre les différentes graphies du son /oi/. Demander aux élèves d'expliquer le travail à faire. Puis laisser les élèves en autonomie.

Différenciation :
Entourer un exemple de chaque graphie dans le tableau.

Discrimination visuelle – Séance 2

Phase 1 ■ Ardoise ■ Collectif : 15 min

• L'enseignant(e) demande aux élèves de chercher de quelles lettres on aura besoin pour écrire les syllabes : *poi, moi, roi, foi, oir, oil, soi, troi.*
• Essais, mise en commun en articulant bien pour écrire l'ordre des sons entendus.
• Les élèves doivent ensuite trouver des mots dans lesquels on entend ces syllabes. Les mots sont écrits au tableau pour bien visualiser.
• Sur le support ardoise, les élèves écrivent les syllabes dictées par l'enseignant(e) : *poi, moi, roi, foi, oir, oil, soi, troi.*

En autonomie ou collectivement, prendre un temps dans la journée pour manipuler des étiquettes portant les *lettres s, p, f, t, b* et *oi*. Demander aux élèves de composer *soi, poi, foi, toi* puis *boi*. Un élève compose, un autre lit.

Phase 2 ■ Fichier p. 59 ■ Individuel : 15 min

Exercice 5 :
Écrire *oi* ou *oir* dans des mots.
• Demander aux élèves d'expliquer le travail à faire. Lire la consigne. Faire nommer ou nommer les dessins. Puis laisser les élèves en autonomie.

Différenciation :
Mettre à disposition des élèves des étiquettes *oi* et *oir*.
L'enseignant(e) procède mot à mot et demande aux élèves de montrer l'étiquette qui correspond au mot avant d'écrire la syllabe.

Exercice 6 :
Écrire *o, oire* ou *oif* dans des mots.
• Demander aux élèves d'expliquer le travail à faire. Lire la consigne. À cette période de l'année, les élèves sont susceptibles de lire seuls des petites phrases.
• Pour cet exercice, qu'ils rencontrent pour la première fois, il conviendra de bien expliquer qu'ils vont devoir compléter des mots dans des phrases. Réaliser tout d'abord l'exercice à l'oral, bien accompagner les élèves.
• Demander aux élèves de recopier ces mots dans leur fichier.

Différenciation :
S'assurer que les élèves savent lire les mots. Les faire travailler par binômes.

Exercice 7 :
• Demander aux élèves d'expliquer le travail à faire. Lire la consigne. Lire les syllabes.

Différenciation :
Écrire les syllabes sur des étiquettes, collectivement, les placer et les déplacer pour former des mots.

Exercice 8 :
• Lire ou faire lire la consigne, expliquer l'exercice.
• S'assurer que les élèves ont bien compris les illustrations et les laisser en autonomie.
• Demander : *Quel est le premier mot représenté ? Qu'est-ce qui est représenté dans la bulle sous le quadrillage ? Quel est le son de ce mot référent ?* → Mots à trouver : *tiroir – poire.*
• Demander aux élèves de recopier les mots dans leur fichier.
• Les élèves peuvent aussi se reporter au plat 3 de couverture de leur fichier qui leur explique comment procéder.

Différenciation :
Prendre les élèves fragiles, s'assurer dans un premier temps que la consigne est comprise. Si besoin, pour ne pas donner la réponse, procéder par devinette.
Demander de dire le mot représenté *(tiroir)*. Verbaliser et articuler exagérément.
Commencer à remplir le quadrillage.

Phase 3 ■ Fichier p. 59 ■ Collectif et individuel : 10 min

Je m'entraine :
• Lire en collectif puis individuellement pendant que les autres élèves travaillent en autonomie sur les exercices 5 et 7.
• Demander aux élèves d'inventer une autre phrase avec les mots qu'ils viennent de lire.

Différenciation :
Les élèves en difficulté préparent avec l'enseignant(e) la lecture des mots avant la lecture collective. Ils s'entrainent à combiner en manipulant et en assemblant les étiquettes des graphèmes.

Bilan 3

Compétence :
Identifier les sons /v/, /e/, /s/, /an/, /ch/, /k/, /f/ et /oi/ et leurs graphèmes pour déchiffrer des mots.
Supports :
Fichier d'apprentissage du code pages 60-61 et page autocollants à la fin du fichier.

Activité préalable :
À l'aide d'un syllabaire ou d'étiquettes, entrainer les élèves à lire les sons à évaluer.
Dire aux élèves que l'on veut savoir ce qu'ils ont appris depuis la rentrée. Préciser qu'ils vont travailler sur tous les sons étudiés.

Exercice 1 :

Compétences :
Retrouver et différencier les sons /v/, /s/, /ch/ et /k/.

• Dire aux élèves que l'on va travailler sur les sons /v/, /s/, /ch/ et /k/. Leur faire rappeler les mots référents si besoin.
• Nommer chaque image de l'exercice (page autocollants à la fin du fichier). Puis laisser les élèves travailler individuellement.

Différenciation :
Faire redire par les élèves le mot référent de chaque son, leur montrer et leur réexpliquer sur une affiche ou sur le fichier : « C'est le *v* de *vélo*. », etc.

Exercice 2 :

Compétence :
Savoir écrire les lettres : *v, e, s, c, ch, k, f, oi.*

• Dicter les lettres : *v, e, s, c, ch, k, f, oi.*

Différenciation :
Utiliser un outil numérique de type ordinateur ou tablette.

Exercice 3 :

Compétence :
Compléter un mot avec les syllabes : *can, cha, von, ca, va, sou, sa, cho.*

Nommer chacune des huit images. S'assurer de la bonne compréhension de la consigne par les élèves. Faire un modèle (exemples : *pantalon, poisson, etc.).*

Différenciation :
Mettre à disposition des élèves des étiquettes avec les syllabes : *can, cha, von, ca, va, sou, sa, cho.*

Exercice 4 :

Compétence :
Savoir associer des syllabes connues.

• Faire lire les syllabes, nommer les images (*cheval, pantalon, abricot*). Insister sur l'*abricot* dont le mot n'est pas forcément connu des élèves. Donner des conseils méthodologiques en expliquant qu'ils peuvent barrer au fur et à mesure les syllabes utilisées.

Différenciation :
Mettre à disposition des élèves des étiquettes avec les syllabes : *pan, val, lon, a, ta, bri, che, cot.*

Exercices 5, 6, 7 et 8 :

Compétence :
Savoir associer un son à un graphème.

• Nommer les images. Dire aux élèves que le mot qui correspond à l'image est écrit en dessous. Leur rappeler que parfois on voit une lettre, mais qu'elle ne fait pas toujours le son auquel on s'attend. Prendre en exemple, le /e/ de *seau*.
• Faire l'exercice 5. Prendre le temps de bien expliquer aux élèves qu'ils ne doivent écrire que les mots dans lesquels ils entendent /e/.
• Procéder de la même façon pour les exercices 6, 7 et 8.

Exercice 9 :

Compétence :
Savoir écrire des syllabes connues.

• Écrire : *va, van, se, fu, foi, cha, chon, me, cra, clo.*

b B b B b

Fichier d'apprentissage du code pp. 62-63

Compétences :
- Discriminer auditivement le son /b/.
- Situer le son /b/ dans un mot.
- Connaitre le graphème et les graphies du son /b/.
- Associer le son /b/ avec d'autres sons connus.

Supports :
Fichier d'apprentissage du code pages 62-63, ardoise, feuille Seyes.

Exercices de phonologie préalables (5 min) :
Demander aux élèves de trouver pour chaque mot le premier son. On utilisera ici des sons déjà travaillés : *oiseau – crocodile – pirogue – pantalon – poisson – cygne – sable – poussin.*
Demander ensuite aux élèves de trouver eux-mêmes des mots.
Si certains élèves rencontrent des difficultés, insister exagérément sur le premier son en prononçant le mot.

Discrimination auditive - Séance 1

La confusion entre /b/ et /p/ est fréquente. Il conviendra d'être vigilant. Si besoin des exercices de consolidation sont disponibles page 104 du fichier d'apprentissage du code. Associer ensuite ces sons avec d'autres phonèmes.

Phase 1 ■ Collectif : 10 min

Trouver le son étudié.
- L'enseignant(e) lit les prénoms de la classe contenant le son /b/ et demande aux élèves de trouver le son commun à ces prénoms.
- Pour chaque prénom contenant le son /b/, demander de trouver le nombre de syllabes. Scander en frappant dans les mains.
- Leur demander ensuite de situer oralement le son /b/ (1re, 2e, 3e syllabe).
- Demander à chaque élève de dire son prénom ou celui d'un camarade, de dire combien il contient de syllabes, s'il entend /b/ ou pas, et si oui, le situer.
- Procéder de la même façon à partir de la lecture d'une comptine.

Un beau bébé
Fait de belles bulles
Et barbote dans le bain
Avec sa balle blanche
Et son beau bateau bleu de pirate.

Phase 2 ■ Ardoise ■ Individuel : 10 min

- Utiliser le code /b/ sur un côté de l'ardoise et /~~b~~/ sur l'autre côté de l'ardoise. L'enseignant(e) dit les mots et les élèves montrent le bon côté de l'ardoise selon qu'ils entendent, ou non, le son /b/.

baobab – aboutir – allonger – débarrasser – barbu – cogner – tableau – brosser – poignet – lavabo

- Les élèves dessinent le nombre de syllabes d'un mot en traçant des arcs de cercle, puis mettent une croix dans un des arcs pour indiquer où se situe le son.
- Proposer aux élèves de trouver des mots avec ce son en début puis en fin de mot. En cas d'erreur, leur demander de dire le mot avec le son /b/.

Exemple : un élève dit *pigeon*, on essaie de dire le mot en plaçant le son /b/ : *bigeon*.

Phase 3 ■ Collectif : 5 min

- Prévoir un affichage de classe (ou la projection) du mot référent (*balançoire*) ainsi que les graphies du son /b/.
- Ouvrir le fichier et observer le mot référent : *balançoire*.
- Dire le mot en articulant exagérément chaque syllabe.
- Situer à quel endroit on entend le son en visualisant les arcs de syllabes au tableau.
- Le mot référent sera affiché sur le « mur des sons ».

Phase 4 ■ Fichier p. 62 ■ Individuel : 10 min

Feuille Seyes (3 ou 4 mm) pour l'exercice 4

Exercice 1 :
Demander aux élèves d'expliquer le travail à faire. Lire la consigne. Faire nommer ou nommer les dessins. Puis laisser les élèves en autonomie.
poule – bateau – ballon – panda – banane – biberon

Différenciation :
S'assurer que l'élève a bien compris le dessin : le lui faire renommer. Articuler exagérément si besoin.

Exercice 2 :
Demander aux élèves d'expliquer le travail à faire. Lire la consigne. Rappeler ce qu'est un intrus. Faire nommer ou nommer les dessins. Puis laisser les élèves en autonomie.
- Prolongement : situer le son dans chaque mot qui le contient.

bougie – bille – pile – loupe – tambourin – bol – bretelles

Différenciation :
Cet exercice demande une action inverse de la précédente. La consigne peut donc être difficile à comprendre par les élèves fragiles. L'enseignant(e) peut la formuler autrement : *On entend le son /b/ dans tous les mots sauf deux.* Faire renommer à l'élève les dessins. Donner un exemple d'intrus.

Exercice 3 :
Il s'agit de situer le son quand il est présent dans le mot représenté. Demander aux élèves d'expliquer le travail à faire. Lire la consigne. C'est la première fois que des intrus sont glissés dans cet exercice. Alerter les élèves et leur faire nommer les intrus avant de faire l'exercice (*parapluie, sapin, pantalon, aspirateur*). Faire nommer ou nommer les dessins. Puis laisser les élèves en autonomie.
biberon – autobus – parapluie – lavabo – bouton – sapin – tambourin – pantalon – balai – aspirateur

Différenciation :
Faire le 1er mot avec l'élève. Dire ou faire dire à haute voix les mots correspondant à chaque illustration.

Exercice 4 :
Cet exercice est une activité de discrimination visuelle et permet d'anticiper sur la séance 2.
- Montrer dans les airs le tracé de la lettre, demander aux élèves de faire de même. Leur faire écrire plusieurs fois la lettre sur une feuille Seyes, en variant sa taille.
- Reconnaitre les différentes graphies du son /b/. Demander aux élèves d'expliquer le travail à faire. Expliquer qu'ils doivent faire la même chose avec les mots du tableau. Puis laisser les élèves en autonomie.

Différenciation :
Entourer un exemple de chaque graphie dans le tableau.

Discrimination visuelle – Séance 2

L'enseignant(e) sera vigilant quant aux confusions régulières entre /b/ et /d/.
Si besoin, des exercices de consolidation sont disponibles en page 104 di fichier d'apprentissage du code.

Phase 1 ■ Ardoise ■ Collectif : 15 min

- L'enseignant(e) demande aux élèves de chercher de quelles lettres on aura besoin pour écrire les syllabes : *ba, bou, bi, bu, be, bo (bau, beau), ban, bon, bé (bez, ber), boi.*
- Essais, mise en commun en articulant bien pour écrire l'ordre des sons entendus.
- Les élèves doivent ensuite trouver des mots dans lesquels on entend ces syllabes. Ils sont écrits au tableau pour bien visualiser.
- Sur le support ardoise, les élèves écrivent les syllabes dictées par l'enseignant(e) : *ba, bou, bi, bu, be, bo, ban, bon, bé, boi.*

En autonomie ou collectivement, prendre un temps dans la journée pour manipuler des étiquettes portant les lettres *a, i, e, ou, an* et *b*. Demander aux élèves de composer *ba, bi, be, bou* puis *ban*. Un élève compose, un autre lit.

Phase 2 ■ Fichier p. 63 ■ Individuel : 15 min

Exercice 5 :
Écrire *ba, bi, ban, be, bou* dans des mots.
- Demander aux élèves d'expliquer le travail à faire. Lire la consigne. Faire nommer ou nommer les dessins. Puis laisser les élèves en autonomie.

Différenciation :
Mettre à disposition des élèves des étiquettes *ba, bi, ban, be, bou*. L'enseignant(e) procède mot à mot et demande à l'élève de montrer l'étiquette qui correspond au mot avant d'écrire la syllabe.

Exercice 6 :
- Demander aux élèves d'expliquer le travail à faire. Lire la consigne. Lire les syllabes.
- Écrire les syllabes sur des étiquettes, collectivement, les placer et les déplacer pour former des mots.

Différenciation :
Les élèves en difficulté préparent avec l'enseignant(e) l'exercice. Ils s'entrainent à combiner en manipulant et en assemblant les étiquettes des syllabes.

Exercice 7 :
- Procéder comme précédemment.
- Demander aux élèves d'expliquer le travail à faire. Lire la consigne. Faire nommer ou nommer les dessins. Rappeler aux élèves que chaque bulle est une aide. Elle indique le mot-repère du son à écrire. Puis laisser les élèves en autonomie.

→ Les mots à écrire sont : *bonbon* et *lavabo*.
- Les élèves peuvent aussi se reporter au plat 3 de couverture de leur fichier qui leur explique comment procéder.

Différenciation :
Prendre les élèves fragiles, s'assurer dans un premier temps que la consigne est comprise.
Demander aux élèves de dire le premier mot représenté (*bonbon*). Verbaliser et articuler exagérément. Commencer à remplir le quadrillage avec eux.

Phase 3 ■ Fichier p. 63 ■ Collectif et individuel : 10 min

Je m'entraine :
- Lire en collectif puis individuellement pendant que les autres élèves travaillent en autonomie sur les exercices 5 et 6.
- Demander aux élèves d'inventer une autre phrase avec les mots qu'ils viennent de lire.
- Expliquer à tous les élèves la signification du nouveau logo (livre ouvert). À partir de ce son, les phrases à lire seront remplacées par un petit texte humoristique et imaginaire dont les mots ne contiennent que des sons déjà appris.

Différenciation :
Les élèves en difficulté préparent avec l'enseignant(e) la lecture des mots avant la lecture collective. Ils s'entrainent à combiner en manipulant et en assemblant les étiquettes des graphèmes.

Compétences :
- Discriminer auditivement les sons /br/, /bl/, /pr/, /pl/.
- Situer les sons /br/, /bl/, /pr/ et /pl/ dans un mot.
- Connaitre le graphème et les graphies des sons /br/ /bl/ /pr/ /pl/.
- Associer les sons /br/, /bl/, /pr/, /pl/ avec d'autres sons connus.

Supports :
Fichier d'apprentissage du code pages 64-65, ardoise, feuille Seyes.

Exercices de phonologie préalables (5 min) :
L'enseignant(e) donne les sons /eu/, /a/, /anch/ et /i/ et les élèves doivent y ajouter les sons de la leçon /bl/, /pl/, /br/ et /pr/ pour former des mots :
- *bleu* : /bl/ /eu/
- *plat* : /pl/ /a/
- *branche* : /br/ /anch/
- *prix* : /pr/ /i/

Discrimination visuelle - Séance 1

Phase 1 ■ Ardoise ■ Collectif : 15 min

Identifier les sons étudiés.
- L'enseignant(e) propose aux élèves de trouver le son qui revient souvent dans une phrase (virelangue) qu'ils devront essayer de répéter, en totalité ou en partie(s).

Virelangue 1 : son /bl/
Les blagues du blaireau blanc font blêmir la blatte blasée.
- Choisir un mot référent pour le son /bl/ qui sera écrit au tableau. Le graphème *bl* est entouré.

Virelangue 2 : son /br/
J'ai un bric à brac de bronzes brisés, de broderies brillantes et de brosses brunes pour la brocante.
- Choisir un mot référent pour le son /br/ qui sera écrit au tableau. Le graphème *br* est entouré.

Virelangue 3 : son /pl/
La plupart des plagistes plongent du plus haut plongeoir de la plage.
- Choisir un mot référent pour le son /pl/ qui sera écrit au tableau. Le graphème *pl* est entouré.

Virelangue 4 : son /pr/
Le principal prisonnier de la prison proteste auprès du prince.
- Choisir un mot référent pour le son /pr/qui sera écrit au tableau. Le graphème *pr* est entouré.

- L'enseignant(e) (ou les élèves) proposent des mots contenant un des sons. Les élèves écrivent sur le support ardoise le graphème correspondant (le modèle est au tableau : *bl, br, pr, pl*).

(Liste possible : *blanc, placard, pluie, brave, bleu, brioche, platane, prêter, bravo, pratique...*)

Phase 2 ■ Fichier p. 64 ■ Individuel : 10 min

Feuille Seyes (3 ou 4 mm) pour l'exercice 2

Exercice 1 :
Lire la consigne, demander aux élèves d'expliquer le travail à faire. Faire nommer ou nommer les dessins. Puis laisser les élèves en autonomie.
abricot – professeur – plume – table – cartable – bracelet – prune – plage

Différenciation :
S'assurer que l'élève a bien compris le dessin : le lui faire renommer. Articuler exagérément si besoin.

Exercice 2 :
- Montrer dans les airs le tracé des lettres en attaché, demander aux élèves de faire de même. Leur faire écrire plusieurs fois les lettres sur une feuille Seyes, en variant sa taille.
- Lire la consigne, demander aux élèves d'expliquer le travail à faire. Faire renommer les dessins de l'exercice. Puis laisser les élèves en autonomie.
- La validation se fait à l'oral. Les élèves lisent à tour de rôle les mots inscrits dans leur tableau.

Différenciation :
Les élèves ayant des difficultés à écrire peuvent n'avoir qu'un seul mot à trouver et à placer dans le tableau pour chaque graphème.

Discrimination visuelle - Séance 2

Phase 1 ■ Fichier p. 65 ■ Collectif : 15 min

Exercice 3 :
Écrire *bar, bra, bran, ban* dans des mots.
- Demander aux élèves d'expliquer le travail à faire. Lire la consigne. Faire nommer ou nommer les dessins. Puis laisser les élèves en autonomie.

Différenciation :
Mettre à disposition des élèves des étiquettes *bar, bra, bran, ban*. L'enseignant(e) procède mot à mot et demande à l'élève de montrer l'étiquette qui correspond au mot avant d'écrire la syllabe.

Phase 2 ■ Fichier p. 65 ■ Individuel : 15 min

Exercice 4 :
• Demander aux élèves d'expliquer le travail à faire. Lire la consigne. Lire les syllabes.
• Écrire les syllabes sur des étiquettes, collectivement, les placer et les déplacer pour former des mots.

Différenciation :
Les élèves en difficulté préparent avec l'enseignant(e) l'exercice. Ils s'entrainent à combiner en manipulant et en assemblant les étiquettes des syllabes.

Exercice 5 :
Écrire *bra* ou *ba* dans des mots.
• Demander aux élèves d'expliquer le travail à faire. Lire la consigne.
• Écrire les syllabes sur des étiquettes, collectivement, les placer et les déplacer pour former des mots. Puis laisser les élèves en autonomie.

Différenciation :
Mettre à disposition des élèves des étiquettes *bra* et *ba*. Passer par une phase orale en utilisant les deux sons à tour de rôle.

Exercice 6 :
Écrire *pl* ou *bl* dans des mots.
• Demander aux élèves d'expliquer le travail à faire. Lire la consigne.
• Écrire les sons sur des étiquettes, collectivement, les placer et les déplacer pour former des mots. Puis laisser les élèves en autonomie. Attirer leur attention sur le fait qu'il s'agit de trouver un son et non plus une syllabe.

Différenciation :
Mettre à disposition des élèves des étiquettes *pl* et *bl*. Passer par une phase orale en utilisant les deux sons à tour de rôle.

Exercice 7 :
Changer la première lettre d'un mot pour écrire un autre mot. Cet exercice a déjà été réalisé à l'oral mais jamais à l'écrit.
• Demander aux élèves de faire l'exercice oralement au préalable.
• Expliquer qu'il peut y avoir plusieurs réponses possibles (*boule, moule*).
Une erreur s'est glissée dans la première édition par conséquent lorsque les élèves écriront le premier mot (*branche*), demander aux élèves d'écrire toute la syllabe /bran/ puisque /ran/ n'est pas écrit.

Différenciation :
Donner sur des étiquettes les lettres possibles.

Exercice 8 :
• Procéder comme précédemment.
• Demander aux élèves d'expliquer le travail à faire. Lire la consigne. Faire nommer ou nommer les dessins. Rappeler aux élèves que chaque bulle est une aide. Elle indique le mot-repère du son à écrire. Puis laisser les élèves en autonomie.
→ Les mots à écrire sont : *prune* et *table*.
• Les élèves peuvent aussi se reporter au plat 3 de couverture de leur fichier qui leur explique comment procéder.

Différenciation :
Prendre les élèves fragiles, s'assurer dans un premier temps que la consigne est comprise.
Demander de dire le mot représenté (*prune*). Verbaliser et articuler exagérément. Commencer à remplir le quadrillage avec eux.

Phase 3 ■ Fichier p. 65 ■ Collectif et individuel : 10 min

Je m'entraine :
• Lire en collectif puis individuellement pendant que les autres élèves travaillent en autonomie sur les exercices 5 et 6.
• Demander aux élèves d'inventer une autre phrase avec les mots qu'ils viennent de lire.
• Contrôler la compréhension du petit texte. S'entrainer à le lire à voix haute en articulant.

Différenciation :
Les élèves en difficulté préparent avec l'enseignant(e) la lecture des mots avant la lecture collective. Ils s'entrainent à combiner en manipulant et en assemblant les étiquettes des graphèmes.

é é er er ez ez

Fichier d'apprentissage du code pp. 66-67

Compétences :
- Discriminer auditivement le son /é/.
- Situer le son /é/ dans un mot.
- Connaitre les graphèmes et les graphies du son /é/.
- Associer le son /é/ avec d'autres sons connus.

Supports :
Fichier d'apprentissage du code pages 66-67, ardoise, feuille Seyes.

Exercices de phonologie préalables (5 min) :
L'enseignant(e) indique le son à discriminer : le son /bl/ (puis /br/, /pl/, /pr/).
Les élèves doivent le retrouver dans des mots et répéter la syllabe qui contient ce son.
Exemple : *oublié* → *blié ; déplier* → *plier ; pruneau* → *pru ; brumeux* → *bru…*

Discrimination auditive – Séance 1

Phase 1 ■ Collectif : 10 min

Trouver le son étudié.
- On peut chercher le son à partir de la lecture d'une poésie.
- Pour chaque mot contenant le son /é/, demander aux élèves de trouver le nombre de syllabes. Scander en frappant dans les mains.
- Demander ensuite de situer oralement le son /é/ (1re, 2e, 3e syllabe).

C'est l'été.
Trois petits moustiques m'ont piqué :
Un sur le front,
Un sur le nez,
Et le troisième, au bout du pied !
Trois petits boutons ont poussé :
Un sur le front,
Un sur le nez,
Et le troisième, au bout du pied !
Me voilà tout défiguré !
C'est l'été !
(Thérèse Boudet)

Phase 2 ■ Ardoise ■ Individuel : 10 min

- Utiliser le code /é/ sur un côté de l'ardoise et /~~é~~/ sur l'autre côté de l'ardoise. L'enseignant(e) dit les mots et les élèves montrent le bon côté de l'ardoise selon qu'ils entendent, ou non, le son /é/.
araignée – tortue – épée – laine – café – manger – chanter – neiger – rêver – pirate – détruit
- Les élèves dessinent le nombre de syllabes d'un mot en traçant des arcs de cercle, puis mettent une croix dans un des arcs pour indiquer où se situe le son.
- Proposer aux élèves de trouver des mots avec ce son. De la même manière, ils dessinent les arcs et situent le son.

Phase 3 ■ Collectif : 5 min

- Prévoir un affichage de classe (ou la projection) des mots référents (*réveil, rocher, nez*) ainsi que les écritures du son /é/.
- Ouvrir le fichier et observer les mots référents : *réveil, rocher, nez*.
- Le dire en articulant exagérément chaque syllabe.
- Situer à quel endroit on entend le son en visualisant les arcs de syllabes au tableau.
- Les mots référents seront affichés sur le « mur des sons ».

Phase 4 ■ Fichier p. 66 ■ Individuel : 10 min

Exercice 1 :
Demander aux élèves d'expliquer le travail à faire. Lire la consigne. Faire nommer ou nommer les dessins. Puis laisser les élèves en autonomie.
éléphant – épée – lapin – vélo – épouvantail – cheminée – poire

Différenciation :
S'assurer que l'élève a bien compris le dessin : le lui faire renommer. Articuler exagérément si besoin.

Exercice 2 :
Demander aux élèves d'expliquer le travail à faire. Faire lire la consigne ou la lire. Rappeler ce qu'est un intrus. Faire nommer ou nommer les dessins. Puis laisser les élèves en autonomie.
- Prolongement : situer le son dans chaque mot qui le contient.
poupée – fraise – pédale – policier – manège – fusée – téléphone

Différenciation :
Cet exercice demande une action inverse du précédent. La consigne peut donc être difficile à comprendre par les élèves fragiles. L'enseignant(e) peut la formuler autrement : *On entend le son /é/ dans tous les mots sauf deux.* Faire renommer à l'élève les dessins. Donner un exemple d'intrus.

Exercice 3 :
Il s'agit de dénombrer les syllabes et de situer le son dans le mot représenté. Demander aux élèves d'expliquer le travail à faire. Faire lire ou lire la consigne. Faire nommer ou nommer

les dessins. Leur demander le nombre d'intrus (en gras). Puis laisser les élèves en autonomie.
cinéma – éléphant – épée – caméra – panier – karaté – ***tambourin*** *– boulanger –* ***balai*** *– télévision*

Différenciation :
Faire la première consigne avec l'élève. Taper ou faire taper dans les mains le nombre de syllabes de chaque mot représenté. Dire ou faire dire à voix haute les mots correspondant à chaque illustration. Nommer les intrus.

Discrimination visuelle - Séance 2

Phase 1 ■ Fichier p. 66-67 ■ Collectif : 5 min ■ Individuel : 15 min

Feuille Seyes (3 ou 4 mm) pour l'exercice 5

Exercice 4 :
Les élèves doivent entourer puis colorier les différentes écritures de /é/ dans des mots.
• Demander aux élèves d'expliquer le travail à faire et/ou faire lire la consigne.
• La première ligne de mots est réalisée collectivement. Les élèves lisent le mot et identifient la syllabe dans laquelle on entend /é/. Ils se reportent aux mots référents pour indiquer la graphie employée.
• La seconde ligne est faite en autonomie sur le fichier.

Différenciation :
L'enseignant(e) peut regrouper les élèves en difficulté pour continuer le travail collectivement à l'oral.

Exercice 5 :
• Montrer dans les airs le tracé des lettres en attaché, demander aux élèves de faire de même. Leur faire écrire plusieurs fois les lettres sur une feuille Seyes, en variant sa taille.
• Demander aux élèves d'expliquer le travail à faire. Puis valider en lisant la consigne.
• Laisser les élèves en autonomie.
• La validation se fait à l'oral. Les élèves lisent à tour de rôle les mots inscrits dans leur tableau.

Différenciation :
Les élèves ayant des difficultés à écrire peuvent n'avoir qu'un seul mot à trouver et à placer dans le tableau pour chaque graphème.

En autonomie ou collectivement, prendre un temps dans la journée pour manipuler des étiquettes portant les lettres *b, r, n, v* et *é, er, ez*. Demander aux élèves de composer *bé, rez, ver* puis *nez*... Un élève compose, un autre lit.

Phase 2 ■ Fichier p. 67 ■ Individuel : 15 min

Exercice 6 :
Écrire des mots à partir de syllabes.
• Demander aux élèves d'expliquer le travail à faire. Lire la consigne. Lire les syllabes.
• Écrire les syllabes sur des étiquettes, collectivement, les placer et les déplacer pour former des mots.

Différenciation :
Les élèves en difficulté préparent avec l'enseignant(e) l'exercice. Ils s'entrainent à combiner en manipulant et en assemblant les étiquettes des syllabes.

Exercice 7 :
Écrire le verbe avec le pronom *vous*.

Cet exercice est l'occasion d'aborder la notion de morphologie verbale. On soulignera juste que le verbe change de forme.

• Expliquer l'exemple au tableau. Procéder de façon explicite puis demander aux élèves d'expliquer à leur tour.
• Les élèves recherchent d'autres verbes qui se terminent en *er* et l'enseignant(e) écrit, sous la dictée des élèves, la terminaison au tableau.
• Les élèves font l'exercice en autonomie.

Différenciation :
Un petit groupe d'élèves peut faire l'exercice en continuant le travail d'explicitation avec l'aide de l'enseignant(e).
Les élèves peuvent travailler en binômes pour s'entraider.

Exercice 8 :
• Procéder comme précédemment.
• Demander aux élèves d'expliquer le travail à faire. Lire la consigne. Faire nommer ou nommer les dessins. Rappeler aux élèves que chaque bulle est une aide. Elle indique le mot-repère du son à écrire. Puis laisser les élèves en autonomie.
→ Les mots à écrire sont : *vélo* et *poupée*.
• Les élèves peuvent aussi se reporter au plat 3 de couverture de leur fichier qui leur explique comment procéder.

Différenciation :
Prendre les élèves fragiles, s'assurer dans un premier temps que la consigne est comprise.
Demander de dire le mot représenté (*vélo*). Verbaliser et articuler exagérément. Commencer à remplir le quadrillage avec eux.

Phase 3 ■ Fichier p. 67 ■ Collectif et individuel : 10 min

Je m'entraine :
• Lire en collectif puis individuellement pendant que les autres élèves travaillent en autonomie sur les exercices 5 et 6.
• Demander aux élèves d'inventer une autre phrase avec les mots qu'ils viennent de lire.
• Contrôler la compréhension du texte à lire. Le faire lire à voix haute en articulant.

Différenciation :
Les élèves en difficulté préparent avec l'enseignant(e) la lecture des mots avant la lecture collective. Ils s'entrainent à combiner en manipulant et en assemblant les étiquettes des graphèmes.

La lettre h — H h H h

Fichier d'apprentissage du code pp. 68-69

Compétences :
- Connaitre les valeurs de la lettre *h*.
- Savoir distinguer si la lettre *h* est utilisée pour les sons /ch/ et /f/ ou si on ne l'entend pas.
- Connaitre et utiliser les graphies /ch/ et /ph/.

Supports :
Fichier d'apprentissage du code pages 68-69, feuille Seyes.

Il s'agit ici d'une séance qui porte sur les valeurs de la lettre *h*. L'entrée est d'abord visuelle puis auditive pour les sons /ch/ et /ph/.

Exercices de phonologie préalables (5 min) :
Quel est le son identique dans les mots suivants ?
– plat – pluie – plot
– érable – oubli – tableau
– broche – arbre – brouter

Discrimination visuelle et auditive – Séance 1

Phase 1 ■ Fichier p. 68 ■ Collectif : 5 min ■ Individuel : 10 min

Exercice 1 :
Identifier les syllabes contenant la lettre *h*.
- La liste des mots de l'exercice 1 est écrite ou projetée au tableau pour servir de support à une explication collective.
- Demander aux élèves d'expliquer le travail à faire. Puis valider en lisant la consigne.
- Laisser les élèves en autonomie.
- La validation se fait à l'oral. Les élèves lisent à tour de rôle les mots inscrits dans leur tableau.

Différenciation :
Les élèves ayant des difficultés à écrire peuvent n'avoir qu'un seul mot à trouver pour chaque graphème.

Exercice 2 :
- Lire la consigne, demander aux élèves d'expliquer le travail à faire.
- En collectif, faire trouver le critère de collection des mots de la première ligne aux élèves. Leur dire que les critères correspondent aux colonnes du tableau de l'exercice 1.
- Les élèves travaillent alors en autonomie.

Différenciation :
Le travail peut se faire en binômes.

Phase 2 ■ Fichier p. 68 ■ Individuel : 10 min

Exercice 3 :
Écrire *ph* ou *ch* dans des mots.
- L'enseignant(e) vérifie que les élèves font bien la relation entre les graphies /ch/, /ph/ et les sons qui leur correspondent.
- Demander aux élèves d'expliquer le travail à faire. Lire la consigne. Faire nommer ou nommer les dessins. Puis laisser les élèves en autonomie.

Différenciation :
Mettre à disposition des élèves des étiquettes *ph, ch.* L'enseignant(e) procède mot à mot et demande aux élèves de montrer l'étiquette qui correspond au mot avant d'écrire la syllabe dans le fichier.

Discrimination visuelle et auditive – Séance 2

Phase 1 ■ Fichier p. 69 ■ Individuel : 10 min

Feuille Seyes (3 ou 4 mm) pour l'exercice 4

Exercice 4 :
- Montrer dans les airs le tracé de la lettre, demander aux élèves de faire de même. Leur faire écrire plusieurs fois la lettre sur une feuille Seyes, en variant sa taille.
- Reconnaitre les différentes graphies du son /h/. Demander aux élèves d'expliquer le travail à faire. Puis laisser les élèves en autonomie.

Différenciation :
Entourer un exemple de chaque graphie dans le tableau.

Exercice 5 :
Écrire des mots à partir de syllabes.
- Demander aux élèves d'expliquer le travail à faire. Lire la consigne. Lire les syllabes.
- Écrire les syllabes sur des étiquettes, collectivement, les placer et les déplacer pour former des mots.

Différenciation :
Les élèves en difficulté préparent avec l'enseignant(e) l'exercice. Ils s'entrainent à combiner en manipulant et en assemblant les étiquettes des syllabes.

Phase 2 ■ Fichier p. 69 ■ Individuel : 10 min

Exercice 6 :
• Laisser les élèves prendre connaissance de l'exercice et expliquer la tâche demandée.
• À l'oral, nommer les animaux : *hibou, cochon, hérisson, cheval, phoque*.
• Rechercher avec les élèves où, éventuellement, ils peuvent retrouver ces mots écrits (réponses : dans leur tête, dans le fichier, dans la classe).

Différenciation :
Donner l'écriture de chaque mot aux élèves ayant des difficultés pour qu'ils puissent les recopier dans les cases.
Le travail peut aussi se faire en binômes.

Exercice 7 :
• Procéder comme précédemment.
• Demander aux élèves d'expliquer le travail à faire. Lire la consigne. Faire nommer ou nommer les dessins. Rappeler aux élèves que chaque bulle est une aide. Elle indique le mot-repère du son à écrire. Puis laisser les élèves en autonomie.

→ Les mots à écrire sont : *haricot* et *bouchon*.
• Les élèves peuvent aussi se reporter au plat 3 de couverture de leur fichier qui leur explique comment procéder.

Différenciation :
Prendre les élèves fragiles, s'assurer dans un premier temps que la consigne est comprise.
Demander de dire le mot représenté (*haricot*). Verbaliser et articuler exagérément. Commencer à remplir le quadrillage avec eux.

Phase 3 ■ Fichier p. 69 ■ Collectif et individuel : 10 min

Je m'entraine :
• Lire en collectif puis individuellement pendant que les autres élèves travaillent en autonomie sur les exercices 4 et 5.
• Demander aux élèves d'inventer une autre phrase avec les mots qu'ils viennent de lire.
• Contrôler la compréhension du petit texte. S'entrainer à le lire à voix haute en articulant.

Différenciation :
Les élèves en difficulté préparent avec l'enseignant(e) la lecture des mots avant la lecture collective. Ils s'entrainent à combiner en manipulant et en assemblant les étiquettes des graphèmes.

Compétences :
- Discriminer auditivement le son /z/.
- Situer le son /z/ dans un mot.
- Connaitre le graphème et les graphies du son /z/.
- Associer le son /z/ avec d'autres sons connus.

Supports :
Fichier d'apprentissage du code pages 70-71, ardoise, feuille Seyes.

Exercices de phonologie préalables (5 min) :
Dire la syllabe *tou*, changer /t/ et mettre un /r/.
Quelle est la syllabe obtenue ? rou

Procéder de la même façon en mettant /k/, /f/, /l/, /p/.

Discrimination auditive - Séance 1

La confusion entre /s/ et /z/ est fréquente. Il conviendra d'être vigilant. Si besoin des exercices de consolidation sont disponibles page 108 du fichier d'apprentissage du code. Associer ensuite ces sons avec d'autres phonèmes.

Phase 1 ■ Collectif : 10 min

Trouver le son étudié.
- L'enseignant(e) dit des mots (*caser – maison – zoo – zizanie – rose*) contenant le son /z/ et demande aux élèves de trouver le son commun.
- Pour chaque mot contenant le son /z/, demander de trouver le nombre de syllabes. Scander en frappant dans les mains.
- Leur demander ensuite de situer oralement le son /z/ (1re, 2e, 3e syllabe).
- On peut également demander à chaque élève de dire son prénom ou celui d'un camarade, de dire combien il contient de syllabes, s'il entend /z/ ou pas, et si oui, le situer.
- On peut procéder de la même façon à partir de la lecture d'une comptine.

À Zanzibar,
Zoé et son zèbre,
Amusent les oiseaux du zoo.

Phase 2 ■ Ardoise ■ Individuel : 10 min

- Utiliser le code /z/ sur un côté de l'ardoise et /z̶/ sur l'autre côté de l'ardoise. L'enseignant(e) dit les mots et les élèves montrent le bon côté de l'ardoise selon qu'ils entendent, ou non, le son /z/.
zut – miser – lisser – assis – bisou – otarie – mincir – peser choisir
- Les élèves dessinent le nombre de syllabes d'un mot en traçant des arcs de cercle, puis mettent une croix dans un des arcs pour indiquer où se situe le son.
- Proposer aux élèves de trouver des mots avec ce son en début puis en fin de mot.

Phase 3 ■ Collectif : 5 min

- Prévoir un affichage de classe (ou la projection) des mots référents (*fraise, zèbre*) ainsi que les graphies du son /z/.
- Ouvrir le fichier et observer les mots référents : *fraise* et *zèbre.*
- Dire ces mots en articulant exagérément chaque syllabe.
- Situer à quel endroit des mots on entend le son en visualisant les arcs de syllabes au tableau.
- Les mots référents seront affichés sur le « mur des sons ».

Phase 4 ■ Fichier p. 70 ■ Ardoise ■ Individuel : 10 min

Feuille Seyes (3 ou 4mm) pour exercice 4

Démarche : À cette époque de l'année on peut envisager d'expliquer les exercices 1 et 2, puis de laisser une partie des élèves en autonomie sur ces exercices. Ce qui permet d'aider efficacement les autres élèves.

Exercice 1 :
Demander aux élèves d'expliquer le travail à faire. Lire la consigne. Faire nommer ou nommer les dessins. Puis laisser les élèves en autonomie.
seize – cygne – cerises – valise – arrosoir – fusée – souris

Différenciation :
S'assurer que l'élève a bien compris le dessin : le lui faire renommer. Articuler exagérément si besoin.

Exercice 2 :
Demander aux élèves d'expliquer le travail à faire. Lire la consigne. Rappeler ce qu'est un intrus. Faire nommer ou nommer les dessins. Puis laisser les élèves en autonomie.
- Prolongement : situer le son dans chaque mot qui le contient.
hérisson – fraise – chaise – quinze – aspirateur – zèbre – usine

Différenciation :
Cet exercice demande une action inverse du précédent. La consigne peut donc être difficile à comprendre par les élèves fragiles. L'enseignant(e) peut la formuler autrement : *On entend le son /z/ dans tous les mots sauf deux.*

Faire renommer à l'élève les dessins. Donner un exemple d'intrus.

Exercice 3 :
En CP beaucoup d'élèves écrivent le son /z/ avec un *z*. Il convient de montrer qu'il s'écrit le plus souvent avec un *s*.
Remarque : Cet exercice permettra de réaliser l'exercice 4, il convient donc de veiller à sa bonne réalisation. Préciser que des intrus se sont glissés dans l'exercice, des mots dans lesquels on n'entend pas /z/.
• Variation d'un exercice récurrent, les élèves vont devoir entourer les « syllabes » contenant un son.
• Nommer chaque dessin, s'attarder sur les intrus : *trousse, classeur* et *moustique*. Procéder collectivement si besoin.

Différenciation :
Faire le 1er mot avec l'élève. Dire ou faire dire à voix haute les mots correspondant à chaque illustration.

Exercice 4 :
Cet exercice est une activité de discrimination visuelle et permet d'anticiper sur la séance 2.
• Montrer au préalable dans les airs le tracé des lettres, demander aux élèves de faire de même. Leur faire écrire plusieurs fois les lettres *s* et *z* sur une feuille Seyes, en variant les tailles.
• Si le son /z/ s'entend plutôt facilement, l'écriture du *s* et du *z* n'est pas aisée. Donner le temps aux élèves d'écrire sur ardoise et sur feuille les différentes graphies. Les associer avec d'autres lettres exemple : *isa, ose, ase, ze, zou, etc.*
• Lire la consigne et demander aux élèves de faire l'exercice.

Différenciation :
Les élèves ayant des difficultés à écrire peuvent n'avoir qu'un seul mot à trouver pour chaque graphème.

Discrimination visuelle – Séance 2

Phase 1 ■ Ardoise ■ Collectif ■ Individuel : 15 min

• L'enseignant(e) demande aux élèves de chercher de quelles lettres on aura besoin pour écrire les syllabes : *seau* de *oiseau, son* de *maison, sir* de *choisir...*
• Essais, mise en commun en articulant bien pour écrire l'ordre des sons entendus.
• Les élèves doivent ensuite trouver des mots dans lesquels on entend ces syllabes. Les mots sont écrits au tableau pour bien visualiser.
• Sur le support ardoise, les élèves écrivent les syllabes dictées par l'enseignant(e) : *seau, son, sir...*

En autonomie ou collectivement, prendre un temps dans la journée pour manipuler des étiquettes portant les lettres *é, on, eau, ou* et *s, z*. Demander aux élèves de composer *zé, son, seau* puis *sou*. Un élève compose, un autre lit.

Phase 2 ■ Fichier p. 71 ■ Collectif : 15 min

Exercice 5 :
Montrer aux élèves que la lettre *s* fait le son /z/ entre deux voyelles.
Il est important que les élèves entendent cette règle.

Entre deux voyelles le *s* se prononce /z/, comme dans *maison*.

• Faire l'exercice 5 avec les élèves. Expliquer la règle. Apporter des exemples (*poisson, saison, pousser, saisir...*) qui seront utilisés dans l'exercice 6.

Exercice 6 :
• Rappeler la règle vue dans l'exercice 5. Cet exercice gagnera à être travaillé collectivement et de façon progressive.
• S'appuyer sur un support collectif, tableau, TNI, étiquettes et procéder de la manière suivante pour les premiers mots :
– Faire trouver le mot.
– Proposer les deux prononciations.
– Rappeler la règle et demander aux élèves d'écrire *s* ou *ss*.

Différenciation :
Donner des étiquettes avec les lettres *s* ou *ss*.

Exercice 7 :
Écrire des mots à partir de syllabes.
• Demander aux élèves d'expliquer le travail à faire. Lire la consigne. Lire les syllabes.
• Écrire les syllabes sur des étiquettes, collectivement, les placer et les déplacer pour former des mots.

Différenciation :
Les élèves en difficulté préparent avec l'enseignant(e) l'exercice. Ils s'entrainent à combiner en manipulant et en assemblant les étiquettes des syllabes.

Exercice 8 :
• Procéder comme précédemment.
• Demander aux élèves d'expliquer le travail à faire. Lire la consigne. Faire nommer ou nommer les dessins. Rappeler aux élèves que chaque bulle est une aide. Elle indique le mot-repère du son à écrire. Laisser les élèves en autonomie.
→ Les mots à écrire sont : *douze* et *valise*.
• Les élèves peuvent aussi se reporter au plat 3 de couverture de leur fichier qui leur explique comment procéder.

Différenciation :
Prendre les élèves fragiles, s'assurer dans un premier temps que la consigne est comprise.
Demander de dire le mot représenté (*douze*). Verbaliser et articuler exagérément. Commencer à remplir le quadrillage.

Phase 3 ■ Fichier p. 71 ■ Collectif et individuel : 10 min

Je m'entraine :
• Lire en collectif puis individuellement pendant que les autres élèves travaillent en autonomie sur les exercices 6 et 7.
• Demander aux élèves d'inventer une autre phrase avec les mots qu'ils viennent de lire.
• Contrôler la compréhension du petit texte. S'entrainer à le lire à voix haute en articulant.

Différenciation :
Les élèves en difficulté préparent avec l'enseignant(e) la lecture des mots avant la lecture collective. Ils s'entrainent à combiner en manipulant et en assemblant les étiquettes des graphèmes.

j — J j G g

Fichier d'apprentissage du code pp. 72-73

Compétences :
- Discriminer auditivement le son /j/.
- Situer le son /j/ dans un mot.
- Connaitre le graphème et les graphies du son /j/.
- Associer le son /j/ avec d'autres sons connus.

Supports :
Fichier d'apprentissage du code pages 72-73, ardoise, feuille Seyes.

Exercices de phonologie préalables (5 min) :
Quel est le son identique dans les mots suivants ?
– chapeau – coton – démolir
– lâcher – Chine – riche
– lézard – oiseau – maison

Discrimination auditive - Séance 1

Phase 1 ■ Collectif : 10 min

Trouver le son étudié.
- L'enseignant(e) dit des mots contenant le son /j/ comme *nager, déjà, jamais, neiger, déjeuner, pyjama, jouer, jardinier* et demande aux élèves de trouver le son commun.
- Pour chaque mot contenant le son /j/, il demande de trouver le nombre de syllabes. Scander en frappant dans les mains.
- Demander ensuite de situer oralement le son /j/ (1re, 2e, 3e syllabe).
- On peut également demander à chaque élève de dire son prénom ou celui d'un camarade, de dire combien il contient de syllabes, s'il entend /j/ ou pas, et si oui, le situer.
- On peut procéder de la même façon à partir de la lecture d'un petit texte.

Durant ce joyeux jour,
J'ai joué avec Joël
Et ses jolies girafes jaunes.

Phase 2 ■ Ardoise ■ Individuel : 10 min

- Utiliser le code /j/ sur un côté de l'ardoise et /j̶/ sur l'autre côté de l'ardoise. L'enseignant(e) dit les mots et les élèves montrent le bon côté de l'ardoise selon qu'ils entendent ou non le son /j/.

jardin – joli – chou – ranger – étage – acheter – rajouter – essayer
- Les élèves dessinent le nombre de syllabes d'un mot en traçant des arcs de cercle, puis mettent une croix dans un des arcs pour indiquer où se situe le son.
- Proposer aux élèves de trouver des mots avec ce son en début puis en fin de mot.

Phase 3 ■ Collectif : 5 min

- Prévoir un affichage de classe (ou la projection) des mots référents (*journal, girafe*) ainsi que les graphies du son /j/.
- Ouvrir le fichier et observer les mots référents : *journal* et *girafe*.
- Dire ces mots en articulant exagérément chaque syllabe.
- Situer à quel endroit on entend le son en visualisant les arcs de syllabes au tableau.
- Les mots référents seront affichés sur le « mur des sons ».

Phase 4 ■ Fichier p. 72 ■ Individuel : 10 min

Feuille Seyes (3 ou 4 mm) pour l'exercice 4

Démarche : À cette époque de l'année on peut envisager d'expliquer les exercices 1, 2 et 3 et laisser une partie des élèves en autonomie. Ce qui permet d'aider efficacement les élèves plus fragiles.

Exercice 1 :
Demander aux élèves d'expliquer le travail à faire. Lire la consigne. Faire nommer ou nommer les dessins. Puis laisser les élèves en autonomie.
donjon – plage – jupe – champignon – douche – bougie – genou

Différenciation :
S'assurer que l'élève a bien compris le dessin : le lui faire renommer. Articuler exagérément si besoin.

Exercice 2 :
Demander aux élèves d'expliquer le travail à faire. Lire la consigne. Rappeler ce qu'est un intrus. Faire nommer ou nommer les dessins. Puis laisser les élèves en autonomie.
- Prolongement : situer le son dans chaque mot qui le contient.

manège – cloche – jaune – garage – orange – mouche

Différenciation :
Cet exercice demande une action inverse du précédent. La consigne peut donc être difficile à comprendre par les élèves fragiles. L'enseignant(e) peut la formuler autrement : *On entend le son /j/ dans tous les mots sauf deux.* Faire renommer à l'élève les dessins. Donner un exemple d'intrus, mettre le son dans l'intrus si besoin.

Exercice 3 :
- S'assurer que tous les élèves ont compris les deux consignes demandées.
- Il s'agit de situer le son dans le mot représenté et de dessiner les arcs correspondant aux syllabes des mots représentés.

journal – pyjama – jardinier – magicien – donjon

Différenciation :
Faire le 1er mot avec l'élève. Dire ou faire dire à voix haute les mots correspondant à chaque illustration.

Exercice 4 :
Cet exercice est une activité de discrimination visuelle et permet d'anticiper sur la séance 2.
• Montrer au préalable dans les airs le tracé des lettres, demander aux élèves de faire de même. Leur faire écrire plusieurs fois les lettres sur une feuille Seyes, en variant les tailles. Les associer avec d'autres lettres : *ja, gi, je, ge, ju.*
• Lire les mots. Entourer la lettre qui fait le son /j/. En déduire qu'il existe deux graphies possibles : *j* et *g*.

Différenciation :
Avec les élèves les plus fragiles, placer le premier mot de chaque colonne.

Discrimination visuelle – Séance 2

Phase 1 ■ Ardoise ■ Collectif ■ Individuel : 15 min

• L'enseignant(e) demande aux élèves de chercher de quelles lettres on aura besoin pour écrire les syllabes : *gi, ge, ju, ja, jon.* Essais, mise en commun en articulant bien pour écrire l'ordre des sons entendus.
• Les élèves doivent ensuite trouver des mots dans lesquels on entend ces syllabes. Les mots sont écrits au tableau pour bien visualiser.
• Expliquer que *j* fait /j/ avec toutes les voyelles et *g* fait /j/ avec *i*, *y* et *e*.

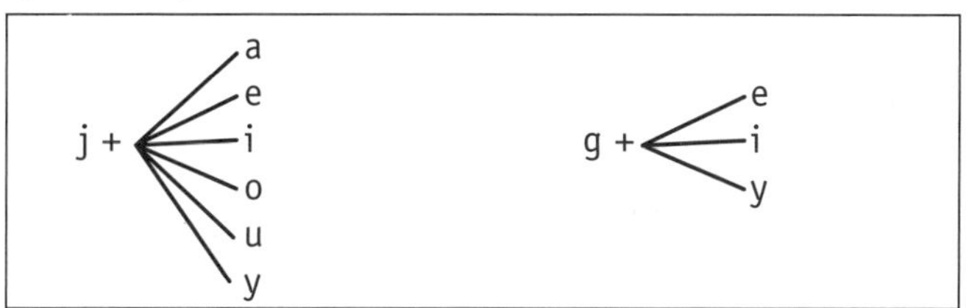

• Sur le support ardoise, les élèves écrivent les syllabes dictées par l'enseignant(e) : *gi, ge, ju, ja, jon.*

En autonomie ou collectivement, prendre un temps dans la journée pour manipuler des étiquettes portant les lettres *a, i, e, u, on* et *j* ou *g*. Demander aux élèves de composer *ja, ju, jon, ge* puis *gi*. Un élève compose, un autre lit.

Phase 2 ■ Fichier p. 73 ■ Collectif : 15 min

Exercice 5 :
Faire l'exercice 5 avec les élèves, puis réexpliquer la règle. Apporter des exemples (*jupe, donjon...*) qui seront utilisés dans l'exercice 6.

Exercice 6 :
Écrire *ge* ou *gi* dans des mots.
• Rappeler la règle vue dans l'exercice 5. Ces exercices gagneront à être travaillés collectivement et de façon progressive. S'appuyer sur un support collectif (tableau, TNI, étiquettes).
• Demander aux élèves d'expliquer le travail à faire. Lire la consigne. Faire nommer ou nommer les dessins. Proposer les deux prononciations. Puis laisser les élèves en autonomie.

Différenciation :
Mettre à disposition des élèves des étiquettes *ge* et *gi*. L'enseignant(e) procède mot à mot et demande aux élèves de montrer l'étiquette qui correspond au mot avant d'écrire la syllabe.

Exercice 7 :
Écrire *ju, ja* ou *jon* dans des mots.
• Rappeler la règle vue dans l'exercice 5.
• Procéder comme dans l'exercice 6.

Différenciation :
Mettre à disposition des élèves des étiquettes *ju, ja* et *jon*. L'enseignant(e) procède mot à mot et demande aux élèves de montrer l'étiquette qui correspond au mot avant d'écrire la syllabe.

Exercice 8 :
Écrire des mots à partir de syllabes.
• Demander aux élèves d'expliquer le travail à faire. Lire la consigne. Nommer ou faire nommer les dessins. Lire les syllabes.
• Écrire les syllabes sur des étiquettes, collectivement, les placer et les déplacer pour former des mots.

Différenciation :
Les élèves en difficulté préparent avec l'enseignant(e) l'exercice. Ils s'entrainent à combiner en manipulant et en assemblant les étiquettes des syllabes.

Exercice 9 :
• Procéder comme précédemment.
• Demander aux élèves d'expliquer le travail à faire. Lire la consigne. Faire nommer ou nommer les dessins. Rappeler aux élèves que chaque bulle est une aide. Elle indique le mot-repère du son à écrire. Puis laisser les élèves en autonomie.
→ Les mots à écrire sont : *jaune* et *genou*.
• Les élèves peuvent aussi se reporter au plat 3 de couverture de leur fichier qui leur explique comment procéder.

Différenciation :
Prendre les élèves fragiles, s'assurer dans un premier temps que la consigne est comprise.
Demander de dire le mot représenté (*jaune*). Verbaliser et articuler exagérément. Commencer à remplir le quadrillage.

Phase 3 ■ Fichier p. 73 ■ Collectif et individuel : 10 min

Je m'entraine :
• Lire en collectif puis individuellement pendant que les autres élèves travaillent en autonomie sur les exercices 6 et 7.
• Demander aux élèves d'inventer une autre phrase avec les mots qu'ils viennent de lire.
• Contrôler la compréhension du texte à lire.

Différenciation :
Les élèves en difficulté préparent avec l'enseignant(e) la lecture des mots avant la lecture collective. Ils s'entrainent à combiner en manipulant et en assemblant les étiquettes des graphèmes.

in — in im ein ain

Fichier d'apprentissage du code pp. 74-75

Compétences :
- Discriminer auditivement le son /in/.
- Situer le son /in/ dans un mot.
- Connaitre les graphèmes et les graphies du son /in/.
- Associer le son /in/ avec d'autres sons connus.

Supports :
Fichier d'apprentissage du code pages 74-75, ardoise, feuille Seyes.

Exercices de phonologie préalables (5 min) :
Dire quatre mots dont un seul a une syllabe d'attaque différente, les élèves doivent retrouver le mot intrus et prononcer la syllabe d'attaque commune.
– *poule – crapaud – poupée – poussette*
– *tonneau – taureau – bateau – toboggan*
– *tapis – biberon – bibliothèque – bille*
– *parasol – panier – parapluie – repas*

Discrimination auditive – Séance 1

Phase 1 ■ Collectif : 10 min

Trouver le son étudié.
- L'enseignant(e) dit des mots contenant le son /in/ et demande aux élèves de trouver le son commun.
incroyable – copain – malin – demain – peinture...
- Pour chaque mot contenant le son /in/, il demande de trouver le nombre de syllabes. Scander en frappant dans les mains.
- Il demande ensuite de situer oralement le son /in/ (1re, 2e, 3e syllabe).
- On peut également demander à chaque élève de dire son prénom ou celui d'un camarade, de dire combien il contient de syllabes, s'il entend /in/ ou pas, et si oui, le situer.
- On peut procéder de la même façon à partir de la lecture d'une petite comptine.

Jouer au requin
Qui chasse un dauphin
Quand on prend son bain
Ce n'est pas malin !

Phase 2 ■ Ardoise ■ Individuel : 10 min

- Utiliser le code /in/ sur un côté de l'ardoise et /~~in~~/ sur l'autre côté de l'ardoise. L'enseignant(e) dit les mots et les élèves montrent le bon côté de l'ardoise selon qu'ils entendent ou non le son /n/ : *matin – chemin – intérieur – dedans – empreinter – marrant – éléphant – marin.*
- Les élèves dessinent le nombre de syllabes d'un mot en traçant des arcs de cercle, puis mettent une croix dans un des arcs pour indiquer où se situe le son.
- Proposer aux élèves de trouver des mots avec ce son en début puis en fin de mot. En cas d'erreur, leur demander de dire le mot avec le son /in/. Exemple : un élève dit *dedans*, on essaie de dire le mot en plaçant le son /in/ : *dedin*.

Phase 3 ■ Collectif : 5 min

- Prévoir un affichage de classe (ou la projection) des mots référents (*requin, train, ceinture*) ainsi que les graphies du son /in/.
- Ouvrir le fichier et observer les mots référents : *requin, train, ceinture*.
- Dire ces mots en articulant exagérément chaque syllabe.
- Situer à quel endroit on entend le son en visualisant les arcs de syllabes au tableau.
- Les mots référents seront affichés sur le « mur des sons ».

Phase 4 ■ Fichier p. 74 ■ Individuel : 10 min

Feuille Seyes (3 ou 4 mm) pour l'exercice 5

Exercice 1 :
Lire la consigne. Faire nommer ou nommer les dessins. Puis laisser les élèves en autonomie.
ceinture – fraise – main – train – pain – poire – moulin

Différenciation :
S'assurer que l'élève a bien compris le dessin : le lui faire renommer. Articuler exagérément si besoin.

Exercice 2 :
Lire la consigne. Rappeler ce qu'est un intrus. Faire nommer ou nommer les dessins. Puis laisser les élèves en autonomie.
- Prolongement : situer le son dans chaque mot qui le contient.
patin – sapin – baleine – poussin – quinze – violon – requin

Différenciation :
Cet exercice demande une action inverse du précédent. La consigne peut donc être difficile à comprendre par les élèves fragiles. L'enseignant(e) peut la formuler autrement : *On entend le son /in/ dans tous les mots sauf deux.* Faire renommer à l'élève les dessins. Donner un exemple d'intrus, mettre le son dans l'intrus si besoin, exemple : *volin* (à la place de *volant*).

Exercice 3 :
Il s'agit de dessiner les arcs correspondant aux syllabes des mots représentés puis de situer le son dans la bonne syllabe en y ajoutant une croix. Lire la consigne. Puis laisser les élèves en autonomie.
moulin – tambourin – chemin – pinceau – requin

Différenciation :
Faire le 1er mot avec l'élève. Dire ou faire dire à voix haute les mots correspondant à chaque illustration.
Taper ou faire taper dans les mains le nombre de syllabes de chaque mot représenté.

Exercice 4 :
Il s'agit de repérer les graphèmes du son /in/ dans les mots. Lire la consigne. Entourer les lettres qui font le son /in/. En déduire qu'il existe plusieurs graphies possibles : *in, im, ein, ain*... Puis laisser les élèves en autonomie.

Différenciation :
Faire l'exercice de manière guidée pour les élèves en difficulté de lecture.

Exercice 5 :
Cet exercice est une activité de discrimination visuelle et permet d'anticiper sur la séance 2.
- Montrer au préalable dans les airs le tracé des lettres, demander aux élèves de faire de même. Leur faire écrire plusieurs fois les lettres sur une feuille Seyes, en variant les tailles.
- Lire la consigne. Relire les mots de l'exercice 4.
- Rappeler la règle du *m* au lieu du *n* devant les lettres *m, p* ou *b*. Exemple : *imprimeur*. Puis laisser les élèves en autonomie.

Différenciation :
Commencer l'exercice avec les premiers mots de l'exercice 4 pour les élèves plus fragiles.

Discrimination visuelle - Séance 2

Phase 1 ■ Ardoise ■ Collectif : 15 min

- L'enseignant(e) demande aux élèves de chercher de quelles lettres on aura besoin pour écrire les syllabes : *tin, din, pin, min*. (Les propositions avec *ain, im* et *ein* sont acceptées).
- Essais, mise en commun en articulant bien pour écrire l'ordre des sons entendus.
- Les élèves doivent ensuite trouver des mots dans lesquels on entend ces syllabes. Ils sont écrits au tableau pour bien visualiser.
- Sur le support ardoise, les élèves écrivent les syllabes dictées par l'enseignant(e) : *rin, sin, vin, fin*. (Les propositions avec *ain, im* et *ein* sont acceptées).

En autonomie ou collectivement, prendre un temps dans la journée pour manipuler des étiquettes portant les lettres *c, t, r, p* et *in* ou *ein*. Demander aux élèves de composer *cein, tin, rin* puis *pein*. Un élève compose, un autre lit.

Phase 2 ■ Fichier p. 75 ■ Individuel : 15 min

Exercice 6 :
Relier les dessins au mot correspondant.
- Lire la consigne. Faire nommer ou nommer les dessins. Puis laisser les élèves en autonomie.

Différenciation :
Pour les élèves en difficulté, faire réaliser l'exercice oralement au préalable (en reliant avec le doigt).
Ou encore proposer les étiquettes des mots et les placer avec eux au-dessus des dessins.

Exercice 7 :
Écrire des mots à partir de syllabes.
- Demander aux élèves d'expliquer le travail à faire. Lire la consigne. Lire les syllabes.
- Écrire les syllabes sur des étiquettes, collectivement, les placer et les déplacer pour former des mots.

Différenciation :
Les élèves en difficulté préparent avec l'enseignant(e) l'exercice. Ils s'entrainent à combiner en manipulant et en assemblant les étiquettes des syllabes.

Exercice 8 :
Cet exercice vise à montrer aux élèves que, même si l'on voit le graphème du son /in/ dans un mot, on n'entend pas forcément le phonème. Expliquer que cela dépend du découpage en syllabes du mot.
- Lire la consigne. Lire les mots ou faire lire les mots par les élèves, puis laisser les élèves en autonomie.

Différenciation :
Faire l'exercice de manière guidée pour les élèves en difficulté.

Exercice 9 :
- Procéder comme précédemment.
- Demander aux élèves d'expliquer le travail à faire. Lire la consigne. Faire nommer ou nommer les dessins. Rappeler aux élèves que chaque bulle est une aide. Elle indique le mot-repère du son à écrire. Puis laisser les élèves en autonomie.

→ Les mots à écrire sont : *pain* et *quinze*.
- Les élèves peuvent aussi se reporter au plat 3 de couverture de leur fichier qui leur explique comment procéder.

Différenciation :
Prendre les élèves fragiles, s'assurer dans un premier temps que la consigne est comprise.
Demander de dire le mot représenté (*pain*). Verbaliser et articuler exagérément. Commencer à remplir le quadrillage.

Phase 3 ■ Fichier p. 75 ■ Collectif et individuel : 10 min

Je m'entraine :
- Lire en collectif puis individuellement pendant que les autres élèves travaillent en autonomie sur les exercices 6 et 7.
- Demander aux élèves d'inventer une autre phrase avec les mots qu'ils viennent de lire.
- Contrôler la compréhension du texte à lire.

Différenciation :
Les élèves en difficulté préparent avec l'enseignant(e) la lecture des mots avant la lecture collective. Ils s'entrainent à combiner en manipulant et en assemblant les étiquettes des graphèmes.

o – ou oi – on

Fichier d'apprentissage du code pp. 76-77

Compétences :
- Discriminer auditivement les sons /o/, /ou/, /oi/, /on/.
- Connaitre les graphèmes et les graphies des sons /o/, /ou/, /oi/, /on/.
- Reconnaitre une syllabe qui contient la lettre *o* et y associer le phonème correspondant.
- Consolider sa connaissance des phonèmes contenant le graphème *o*.

Supports :
Fichier d'apprentissage du code pages 76-77, ardoise, feuille Seyes.

Exercices de phonologie préalables (5 min) :
Demander aux élèves de trouver les sons dans les mots :
– *louche* : /l/ /ou/ /ch/
– *prune, crabe*...

- Proposer aux élèves de trouver des mots avec l'un de ces sons en début puis en fin de mot. En cas d'erreur, leur demander de dire le mot avec le son.

Exemple : un élève dit *demain*, on essaie de dire le mot en plaçant le son /on/ : *demon*.

Discrimination visuelle et auditive – Séance 1

La confusion entre /o/, /ou/, /oi/, /on/ et /oin/ est fréquente. Il conviendra d'être vigilant. Si besoin des exercices de consolidation sont disponibles page 110 du fichier d'apprentissage du code. Associer ensuite ces sons avec d'autres phonèmes.

Phase 1 ■ Ardoise ■ Collectif : 10 min

L'enseignant(e) explique que le travail de cette séance est centré autour de la lettre *o*.
Sur l'ardoise, les élèves doivent chercher tous les graphèmes contenant la lettre *o* qu'ils connaissent.
Si certains graphèmes n'apparaissent pas, l'enseignant(e) peut proposer aux élèves de se référer au « mur des sons » ou à leur fichier d'apprentissage des sons.
Une fois tous les graphèmes répertoriés en colonne au tableau, l'enseignant(e) dit des mots contenant ces graphèmes que les élèves doivent classer dans la bonne colonne.
orthographe – sabot – plafond – poule – tomber – oiseau...
- Pour chaque mot contenant la lettre *o*, il demande de trouver le nombre de syllabes. Scander en frappant dans les mains.
- Il demande ensuite de situer oralement le son (1re, 2e, 3e syllabe).

Phase 2 ■ Ardoise ■ Individuel : 10 min

- Utiliser le code /o/, /ou/, /oi/, /on/ sur l'ardoise. L'enseignant(e) dit les mots et les élèves mettent une croix dans la bonne colonne.

leçon – nounours – armoire – rougeur – lavabo – domino – tromper – poilu
- Les élèves dessinent le nombre de syllabes d'un mot en traçant des arcs de cercle, puis mettent une croix dans un des arcs pour indiquer où se situe le son.

Phase 3 ■ Collectif : 10 min

- Reprendre les affiches correspondant aux phonèmes contenant la lettre *o* sur le « mur des sons » ou dans le fichier d'apprentissage du code : *Poisson* pour le son /on/, *loup* pour le son /ou/, *voiture* pour le son /oi/, *moto* pour le son /o/.
- Dire les mots référents en articulant exagérément chaque syllabe.
- Situer à quel endroit on entend le son en visualisant les arcs de syllabes au tableau.

Phase 4 ■ Fichier p. 76 ■ Individuel : 10 min

Feuille Seyes (3 ou 4 mm) pour l'exercice 2

Exercice 1 :
- Faire décrire l'illustration aux élèves. Lire les consignes. Puis laisser les élèves en autonomie.

Différenciation :
Commencer l'exercice de manière collective avec un petit groupe.

Exercice 2 :
- Montrer au préalable dans les airs le tracé des lettres, demander aux élèves de faire de même. Leur faire écrire plusieurs fois les lettres sur une feuille Seyes, en variant les tailles.
- Lire ou faire la consigne. Lire ou faire lire les mots. Puis laisser les élèves en autonomie.

Différenciation :
Avec un petit groupe en difficulté de lecture, l'enseignant(e) peut faire lire les mots que les élèves devront recopier dans la bonne colonne.

Discrimination visuelle – Séance 2

Phase 1 ■ Ardoise ■ Collectif : 15 min

• L'enseignant(e) demande aux élèves de chercher de quelles lettres on aura besoin pour écrire les syllabes : *sou, mou, lon, choir, poi, no, son, trou, lou, ton.*
• Essais, mise en commun en articulant bien pour écrire l'ordre des sons entendus.
• Les élèves doivent ensuite trouver des mots dans lesquels on entend ces syllabes. Ils sont écrits au tableau pour bien visualiser.
• Sur le support ardoise, les élèves écrivent les syllabes dictées par l'enseignant(e) : *roi, bon, tou, loi, fo, vo, chon, sou.*

Phase 2 ■ Fichier p. 77 ■ Individuel : 15 min

Exercice 3 :
Choisir le bon mot pour compléter une phrase.
Lire la consigne. Puis laisser les élèves en autonomie.

Différenciation :
L'enseignant(e) aide au déchiffrage des phrases avec les élèves les plus fragiles.

Exercice 4 :
Écrire *o, oi, ou, on* dans des mots.
• Demander aux élèves d'expliquer le travail à faire. Lire ou faire lire la consigne. Puis laisser les élèves en autonomie.

Différenciation :
Mettre à disposition des élèves des étiquettes *o, oi, ou* et *on*. L'enseignant(e) procède mot à mot et demande aux élèves de montrer l'étiquette qui correspond au mot avant d'écrire la syllabe.

Exercice 5 :
C'est la première fois que les élèves doivent écrire des mots sans modèle.
• Faire nommer les dessins et laisser les élèves qui le peuvent en autonomie.

Différenciation :
Faire l'exercice avec les élèves les plus fragiles en épelant avec eux chaque mot au fur et à mesure.
Leur donner éventuellement les étiquettes lettres des mots à combiner au préalable (à créer).

Exercice 6 :
• Procéder comme précédemment.
• Demander aux élèves d'expliquer le travail à faire. Lire la consigne. Faire nommer ou nommer les dessins. Rappeler aux élèves que chaque bulle est une aide. Elle indique le mot-repère du son à écrire. Puis laisser les élèves en autonomie.
→ Les mots à écrire sont : *étoile* et *biberon*.
• Les élèves peuvent aussi se reporter au plat 3 de couverture de leur fichier qui leur explique comment procéder.

Différenciation :
Prendre les élèves fragiles, s'assurer dans un premier temps que la consigne est comprise.
Demander de dire le mot représenté (*étoile*). Verbaliser et articuler exagérément. Commencer à remplir le quadrillage avec eux.

Phase 3 ■ Fichier p. 77 ■ Collectif et individuel : 10 min

Je m'entraine :
• Lire en collectif puis individuellement pendant que les autres élèves travaillent en autonomie sur les exercices 3 et 4.
• Demander aux élèves d'inventer une autre phrase avec les mots qu'ils viennent de lire.
• Contrôler la compréhension du petit texte. S'entrainer à le lire à voix haute en articulant.

Différenciation :
Les élèves en difficulté préparent avec l'enseignant(e) la lecture des mots avant la lecture collective. Ils s'entrainent à combiner en manipulant et en assemblant les étiquettes des graphèmes.

è è ê ê

Compétences :
- Discriminer auditivement le son /è/.
- Situer le son /è/ dans un mot.
- Connaitre le graphème et les graphies du son /è/.
- Associer le son /è/ avec d'autres sons connus.

Supports :
Fichier d'apprentissage du code pages 78-79, ardoise, feuille Seyes.

Exercices de phonologie préalables (5 min) :
Trouve des mots qui riment avec :
hibou – pourquoi – cornichon

Discrimination auditive - Séance 1

La discrimination auditive du son /è/ est parfois difficile. La confusion avec le son /é/ est fréquente sur le plan visuel également.

Phase 1 ■ Collectif : 10 min

Trouver le son étudié.
- L'enseignant(e) dit des mots contenant le son /è/ et demande aux élèves de trouver le son commun.
sirène – évènement – arrêt – rêver – fenêtre – forêt
- Pour chaque mot contenant le son /è/, demander de trouver le nombre de syllabes. Scander en frappant dans les mains. Demander ensuite de situer oralement le son /è/ (1re, 2e, 3e syllabe).
- On peut procéder de la même façon à partir de la lecture d'une comptine.
En allant chercher son lait,
Le petit Rémi se perd dans la forêt,
Mais il rencontre des zèbres
Qui l'aident à retrouver sa maison.
- On peut demander aux élèves de dire des mots dans lesquels ils entendent /è/, on acceptera toutes les réponses avec le son /è/ puisqu'on est ici dans une reconnaissance auditive (exemple : *lèvre, tête,* mais aussi *perle, sept, etc.*).
- Mettre en place des activités du type :
– Dans ma fusée, je mets des animaux dans lesquels j'entends le son /è/ : zèbre, serpent, chèvre, baleine, araignées, etc.
Procéder par devinette si besoin.

Phase 2 ■ Ardoise ■ Individuel : 10 min

- Utiliser le code /è/ sur un côté de l'ardoise et /è/ sur l'autre côté de l'ardoise. L'enseignant(e) dit les mots et les élèves montrent le bon côté de l'ardoise selon qu'ils entendent, ou non, le son /è/ : *fenêtre – bonnet – chalet – casser – donner – forêt – robinet – escargot.*
- Les élèves dessinent le nombre de syllabes d'un mot en traçant des arcs de cercle, puis mettent une croix dans un des arcs pour indiquer où se situe le son.
- Proposer aux élèves de trouver des mots avec ce son en début puis en fin de mot. En cas d'erreur, demander aux élèves de dire le mot avec le son /è/.

Phase 3 ■ Collectif : 5 min

- Prévoir un affichage de classe (ou la projection) des mots référents (*manège, forêt*) ainsi que les graphies du son /è/.
- Ouvrir le fichier et observer les mots référents : *manège, forêt.*
- Dire ces mots en articulant exagérément chaque syllabe.
- Situer à quel endroit on entend le son en visualisant les arcs de syllabes au tableau.
- Les mots référents seront affichés sur le « mur des sons ».

Phase 4 ■ Fichier p. 78-79 ■ Individuel : 10 min

Feuille Seyes (3 ou 4 mm) pour l'exercice 5

Exercice 1 :
Demander aux élèves d'expliquer le travail à faire. Lire la consigne. Faire nommer ou nommer les dessins. Puis laisser les élèves en autonomie.
vélo – zèbre – fraise – bretelles – sonnette – pédale – bébé

Différenciation :
S'assurer que l'élève a bien compris le dessin : le lui faire renommer. Articuler exagérément si besoin.

Exercice 2 :
- Demander aux élèves d'expliquer le travail à faire. Lire la consigne. Rappeler ce qu'est un intrus. Faire nommer ou nommer les dessins. Puis laisser les élèves en autonomie.
- Prolongement : situer le son dans chaque mot qui le contient. *treize – fenêtre – sifflet – poupée – verre – téléphone – manège*

Différenciation :
Cet exercice demande une action inverse du précédent. La consigne peut donc être difficile à comprendre par les élèves fragiles. L'enseignant(e) peut la formuler autrement : *On entend le son /è/ dans tous les mots sauf deux.* Faire renommer à l'élève les dessins.

Exercice 3 :
Il s'agit de situer le son dans le mot représenté.
- Demander aux élèves d'expliquer le travail à faire. Lire la consigne. Faire nommer ou nommer les dessins. Bien rappeler aux élèves qu'il y a des intrus (en gras), insister à l'oral en prononçant exagérément. Puis laisser les élèves en autonomie.

sifflet – forêt – escargot – ***télévision*** *– balai – robinet –* ***boulanger*** *–* ***trapéziste*** *– maison – chalet*

Différenciation :
Faire le 1er mot avec l'élève. Dire ou faire dire à voix haute les mots correspondant à chaque illustration. Pointer les intrus.

Les exercices 4 et 5 sont des exercices de discrimination auditive qui introduisent la séance 2.

Exercice 4 :
Écrire *chè, mè, flè* dans des mots.
- Demander aux élèves d'expliquer le travail à faire. Lire la consigne. Faire nommer ou nommer les dessins. Puis laisser les élèves en autonomie. *mèche – chèvre – flèche*

Différenciation :
Mettre à disposition des élèves des étiquettes *chè, mè, che, vre* et *flè*. L'enseignant(e) procède mot à mot et demande aux élèves de montrer l'étiquette qui correspond au mot avant d'écrire la syllabe.

Exercice 5 :
- Montrer au préalable dans les airs le tracé des lettres et des accents, en insistant sur le sens de l'accent. Insister sur l'accent grave, dire aux élèves de commencer en haut puis de descendre.
- Leur demander de faire de même. Leur faire écrire plusieurs fois les lettres sur une feuille Seyes, en variant sa taille. Expliquer que parfois le son /è/ s'écrit *è* ou *ê*. D'autres écritures sont possibles mais seront étudiées dans la séance suivante.
- On nommera les accents : accent grave et accent circonflexe. Éviter le terme « chapeau » pour l'accent circonflexe.

Différenciation :
Entourer un exemple de chaque graphie dans le tableau.

Discrimination visuelle – Séance 2

Phase 1 ■ Collectif : 15 min

- Écrire les mots de l'exercice 5 au tableau, faire entourer la syllabe dans laquelle le son /è/ est située. Classer dans un premier temps les mots qui contiennent le son /é/ puis ceux qui contiennent le son /è/.
- Montrer dans les mots qui contiennent le son /è/ les deux écritures *è* et *ê*. Selon la classe et le temps dont on dispose, on peut expliquer qu'autrefois certains mots avaient un *s* après le *e*, l'imprimerie n'existait pas, on ne pouvait que recopier les livres. Pour aller plus vite, les personnes qui recopiaient les livres ont supprimé le *s* et l'ont remplacé par un accent circonflexe, c'est pourquoi on trouve un accent à *forêt* et un *s* à *forestier* (dans *forêt* le *s* a été remplacé par l'accent circonflexe).

En autonomie ou collectivement, prendre un temps dans la journée pour manipuler des étiquettes portant les lettres *è, ê* et *r, m, t*. Demander aux élèves de composer *rê, mè, tê*... Un élève compose, un autre lit.

Phase 2 ■ Fichier p. 79 ■ Individuel : 15 min

Exercice 6 :
Écrire *é ou ê* dans des mots.
- Il conviendra dans un premier temps de bien travailler la lecture des mots à l'oral. Exagérer la prononciation et répéter plusieurs fois chaque mot. Faire verbaliser les élèves, leur proposer les deux prononciations (*tête* ou *téte*). Cet exercice peut être réalisé collectivement si besoin.

Différenciation :
Mettre à disposition des élèves des étiquettes *é* et *ê*. L'enseignant(e) procède mot à mot et demande aux élèves de montrer l'étiquette qui correspond au mot avant d'écrire la syllabe.

Exercice 7 :
Écrire des mots à partir de syllabes.
- Demander aux élèves d'expliquer le travail à faire. Lire la consigne. Lire les syllabes.
- Écrire les syllabes sur des étiquettes, collectivement, les placer et les déplacer pour former des mots.

Différenciation :
Les élèves en difficulté préparent avec l'enseignant(e) l'exercice. Ils s'entrainent à combiner en manipulant et en assemblant les étiquettes des syllabes.

Exercice 8 :
- Procéder comme précédemment.
- Demander aux élèves d'expliquer le travail à faire. Lire la consigne. Faire nommer ou nommer les dessins. Rappeler aux élèves que chaque bulle est une aide. Elle indique le mot-repère du son à écrire. Puis laisser les élèves en autonomie. → Les mots à écrire sont : *remède* et *pêche*.
- Les élèves peuvent aussi se reporter au plat 3 de couverture de leur fichier qui leur explique comment procéder.

Différenciation :
Prendre les élèves fragiles, s'assurer dans un premier temps que la consigne est comprise.
Demander de dire le mot représenté (*remède*). Verbaliser et articuler exagérément. Commencer à remplir le quadrillage avec eux.

Phase 3 ■ Fichier p. 79 ■ Collectif et individuel : 10 min

Je m'entraine :
- Lire en collectif puis individuellement pendant que les autres élèves travaillent en autonomie sur les exercices 5 et 7.
- Demander aux élèves d'inventer une autre phrase avec les mots qu'ils viennent de lire.
- Contrôler la compréhension du texte à lire. Le faire lire à voix haute.

Différenciation :
Les élèves en difficulté préparent avec l'enseignant(e) la lecture des mots avant la lecture collective. Ils s'entrainent à combiner en manipulant et en assemblant les étiquettes des graphèmes.

è ai ai ei ei et et

Fichier d'apprentissage du code pp. 80-81

Compétences :
- Discriminer auditivement le son /è/.
- Situer le son /è/ dans un mot.
- Connaitre le graphème et les graphies du son /è/.
- Associer le son /è/ avec d'autres sons connus.

Supports :
Fichier d'apprentissage du code pages 80-81, ardoise, feuille Seyes.

Exercices de phonologie préalables (5 min) :
Quel est le premier son entendu dans les mots : *araignée, petit, farine, dormir, refaire* ?

Discrimination visuelle - Séance 1

Phase 1 ■ Collectif : 10 min

Lors de la séance précédente, les activités ont porté notamment sur la reconnaissance auditive. Les pages 80-81 travaillent principalement la discrimination visuelle entre *ai, ei* et *et*.
Cependant, dans un premier temps, il convient de revenir sur des exercices de reconnaissances auditives.
- Poser des questions du type :

– *Sur quel son avons-nous travaillé la dernière séance ?*
– *Sur le marché de Ferrières, on ne trouve que des produits avec le son /è /. Lesquels ?*
(Réponses possibles : *du chèvre, du lait, des escargots, des galettes, des fèves, des herbes, du poulet...*)

Phase 2 ■ Fichier p. 80 ■ Collectif : 10 min

Exercice 1 :
- Demander aux élèves d'expliquer le travail à faire. Lire les consignes. Lire les mots sous les illustrations. Si besoin, faire dessiner les arcs qui correspondent aux syllabes sous les mots. Faire un ou plusieurs exemples au tableau.
- Colorier les lettres qui font /è/, faire constater les différentes écritures du son/è/ : *ei, ai, et* (en fin de mot). Bien expliquer que le son /è/ s'écrit de plusieurs façons.
- Leur dire qu'ils ont déjà vu *è* et *ê*, qu'ils vont à présent découvrir *ei, ai, et*.

Différenciation :
S'assurer que l'élève a bien compris le dessin : le lui faire renommer. Articuler exagérément si besoin.

Phase 3 ■ Collectif : 10 min

- Prévoir un affichage de classe (ou la projection) des mots référents (*baleine, lait, sifflet*) ainsi que les graphies du son /è/.
- Sur le fichier, observer les mots référents : *baleine, lait* et *sifflet.*
- Dire ces mots en articulant exagérément chaque syllabe.
- Situer à quel endroit on entend le son en visualisant les arcs de syllabes au tableau.
- Les mots référents seront affichés sur le « mur des sons ».

Phase 4 ■ Fichier p. 80 ■ Individuel : 10 min

Feuille Seyes (3 ou 4 mm) pour l'exercice 3

Exercice 2 :
- Lire la consigne, demander aux élèves d'expliquer le travail à faire.
- En collectif, faire trouver le critère de collection des mots de la première ligne aux élèves.
- Les élèves travaillent alors en autonomie.

Différenciation :
Le travail peut se faire en binômes.

Exercice 3 :
- Montrer au préalable dans les airs le tracé des lettres, demander aux élèves de faire de même. Leur faire écrire plusieurs fois les lettres sur une feuille Seyes, en variant sa taille.
- Rappeler que parfois le son /è/ s'écrit *ai, ei, et* et que d'autres écritures sont possibles comme cela a été étudié dans l'unité précédente.

Différenciation :
Entourer un exemple de chaque graphie dans le tableau.

Discrimination visuelle - Séance 2

Phase 1 ■ Ardoise ■ Fichier p. 80 ■ Collectif : 15 min

- Revenir sur la séance précédente en proposant des questions du type :

– *Qu'avons-nous travaillé à la dernière séance ?*
– *Qu'avons-nous appris ?*
– *Comment pouvons-nous écrire le son /è/ ?*
- Faire tracer les différentes graphies sur l'ardoise.

Exercice 4 :
Écrire *ai* dans des mots.
- Demander aux élèves d'expliquer le travail à faire. Lire la consigne. Faire nommer ou nommer les dessins. Puis laisser les élèves en autonomie.

balai – fraise – lait – fontaine

Différenciation :
S'assurer que l'élève a bien compris le dessin : le lui faire renommer. Articuler exagérément si besoin.

En autonomie ou collectivement, prendre un temps dans la journée pour manipuler des étiquettes portant les lettres *ai, ei, et* et *ch, t, n, l.* Demander aux élèves de composer *lai, tai, chet, nei, let.* Un élève compose, un autre lit.

Phase 2 ■ Fichier p. 81 ■ Individuel : 15 min

Feuille Seyes (3 ou 4 mm) pour l'exercice 5

Exercice 5 :
- Montrer au préalable dans les airs le tracé des lettres.
- Leur demander de faire de même. Leur faire écrire plusieurs fois les lettres sur une feuille Seyes, en variant sa taille. Expliquer que parfois le son /è/ s'écrit *ai* ou *ei* ou parfois *et*. Les autres écritures possibles ont été étudiées dans la leçon précédente.
- Lire la consigne.
- Écrire les mots au tableau ou utiliser des étiquettes collectives. Les lire ou les faire lire. Faire entourer la syllabe dans laquelle le son /è/ est située. Classer les mots selon les graphies du son /è/.
- Faire entourer ensuite dans le fichier les graphies du son /è/. Laisser les élèves en autonomie.

Différenciation :
Proposer les étiquettes des mots à coller dans les colonnes (à créer).

Exercice 6 :
Utiliser des mots avec les différentes écritures du son /è/.
- Lire l'énoncé de l'exercice et expliquer le travail à réaliser. Si besoin, faire cet exercice collectivement. Dans un premier temps, lire les mots et s'assurer de leur compréhension.
- Dans un second temps, lire les devinettes puis procéder progressivement.

Différenciation :
Proposer les étiquettes des mots à coller dans les lignes (à créer).

Exercice 7 :
- Procéder comme précédemment.
- Demander aux élèves d'expliquer le travail à faire. Lire la consigne. Faire nommer ou nommer les dessins. Rappeler aux élèves que chaque bulle est une aide. Elle indique le mot-repère du son à écrire. Puis laisser les élèves en autonomie.

→ Les mots à écrire sont : *chaise* et *neige*.
- Les élèves peuvent aussi se reporter au plat 3 de couverture de leur fichier qui leur explique comment procéder.

Différenciation :
Prendre les élèves fragiles, s'assurer dans un premier temps que la consigne est comprise.
Demander de dire le mot représenté (*chaise*). Verbaliser et articuler exagérément. Commencer à remplir le quadrillage avec eux.

Phase 3 ■ Fichier p. 81 ■ Collectif et individuel : 10 min

Je m'entraine :
- Lire en collectif puis individuellement pendant que les autres élèves travaillent en autonomie sur les exercices 5 et 7.
- Demander aux élèves d'inventer une autre phrase avec les mots qu'ils viennent de lire.
- Contrôler la compréhension du petit texte. S'entrainer à le lire à voix haute en articulant.

Différenciation :
Les élèves en difficulté préparent avec l'enseignant(e) la lecture des mots avant la lecture collective. Ils s'entrainent à combiner en manipulant et en assemblant les étiquettes des graphèmes.

Bilan 4

Fichier d'apprentissage du code pp. 82-83

Compétences :
• Identifier les sons /b/, /é/, /z/, /j/, /in/, /è/ et leurs graphèmes pour déchiffrer des mots.
• Connaitre les valeurs de la lettre *h* muette ou présente dans les sons /ch/ et /f/.
• Connaitre les valeurs de la lettre *o* présente dans les sons /ou/, /oi/, /on/.
Support :
Fichier d'apprentissage du code pages 82-83.

Activité préalable :
À l'aide d'un syllabaire ou d'étiquettes, entrainer les élèves à lire les sons à évaluer.

Exercice 1 :

Compétences :
Retrouver et différencier les sons /b/ et /br/.

• Expliquer et faire expliquer la consigne par un élève.
• Lire ou faire lire les mots de l'exercice. Articuler exagérément si besoin.

Différenciation :
Réaliser un exemple pour chaque son avec les mots : *bonjour* et *bretelles*.

Exercice 2 :

Compétence :
Savoir différencier les sons /é/ et /ê/.

• Lire la consigne. Rappeler les mots référents des deux sons (*réveil* et *forêt*).
• Laisser les élèves travailler en autonomie.

Différenciation :
Lire les mots aux élèves en accentuant les sons à différencier.

Exercice 3 :

Compétence :
Savoir reconnaitre le son /è/ dans un mot et identifier ses différentes graphies.

• Expliquer et faire expliquer la consigne par un élève.
• Lire ou faire lire chaque mot de l'exercice par les élèves.

Différenciation :
Lire une seconde fois les mots en détachant les syllabes pour faciliter la localisation du son.
Faire tracer les arcs de syllabes sous les mots avant de faire entourer les graphies du son /è/.

Exercice 4 :

Compétences :
Retrouver et différencier les sons /z/ et /s/ et savoir écrire des mots avec ces sons.

• Lire ou faire lire la consigne et les mots.
• S'assurer de la compréhension de la consigne en donnant un exemple.

Différenciation :
Faire redire par les élèves le mot référent de chaque son, leur montrer et leur réexpliquer sur une affiche ou sur le fichier : « C'est le *s* de *sapin*. », etc.

Exercice 5 :

Compétence :
Savoir associer des syllabes.

• Lire ou faire lire la consigne. Faire remarquer que la première syllabe des mots à trouver commence par /j/ ou /g/.
• S'assurer de la bonne compréhension de la consigne en donnant un exemple.

Différenciation :
Mettre à disposition des élèves des étiquettes avec les syllabes : *nou, gi, ge, pe, fe, ra, ju*.

Exercice 6 :

Compétence :
Savoir associer des syllabes.

• Lire ou faire lire la consigne.
• S'assurer de la bonne compréhension de la consigne en donnant un exemple (*gilet*).

Différenciation :
Mettre à disposition des élèves des étiquettes avec les syllabes : *lu, lin, phin, mou, dau, tin*.

Exercice 7 :

Compétence :
Savoir différencier les sons /oi/ et /on/.

• Lire ou faire lire la consigne Rappeler les mots référents des deux sons (*voiture* et *poisson*).
• Laisser les élèves travailler en autonomie.

Différenciation :
Lire les mots aux élèves en accentuant les sons à différencier.

Exercice 8 :

Compétences :
Retrouver et différencier les différentes valeurs du /h/ et savoir écrire des mots avec ce son.

• Lire ou faire lire la consigne et les mots.
• S'assurer de la compréhension de la consigne en donnant un exemple.

Différenciation :
Faire redire par les élèves le mot référent du son, leur montrer et leur réexpliquer sur une affiche ou sur le fichier : « C'est le *h* de *hibou*. C'est le *ch* de *chat*. C'est le *ph* de *phare*. »

Exercice 9 :

Compétence :
Savoir écrire des syllabes connues.

• Écrire : *ba, brou, pé, jo, ga, gon, ja, mè, lè, soi, si, son.*
• Systématiquement, dire la syllabe trois fois en articulant exagérément si besoin, puis demander aux élèves de l'écrire.
• Accepter les écritures différentes lorsque plusieurs graphèmes sont possibles.

g — G g G g

Compétences :
- Discriminer auditivement le son /g/.
- Situer le son /g/ dans un mot.
- Connaitre le graphème et les graphies du son /g/.
- Associer le son /g/ avec d'autres sons connus.

Supports :
Fichier d'apprentissage du code pages 84-85, ardoise, feuille Seyes.

Exercices de phonologie préalables (5 min) :
Toutes les voyelles de la phrase sont transformées en *o* puis en *i*, *etc.*
Lana prépare le repas. → *Lono proporo lo ropos.*

Discrimination auditive - Séance 1

La confusion entre /k/ et /g/ est fréquente. Il conviendra d'être vigilant. Si besoin des exercices de consolidation sont disponibles page 107 du fichier d'apprentissage du code. Associer ensuite ces sons avec d'autres phonèmes.

Phase 1 ■ Collectif : 10 min

Trouver le son étudié.
- L'enseignant(e) lit des mots connus des élèves de la classe contenant le son /g/. Exemple : *garage – gomme – dragon – augmenter…*
- Demander ensuite de situer oralement le son /g/ (1re, 2e, 3e syllabe), puis trouver le nombre de syllabes et situer le son /g/.
- On peut procéder de la même façon à partir de la lecture d'une poésie.

Le ragondin ragondait
Les gontes des mille et une gouttes
Aux grenouilles qui égoutaient
gaptivées en gassant la groute.
(Jean-hugues Malineau)
- Chacun invente sa poésie en modifiant un texte.

Phase 2 ■ Ardoise ■ Individuel : 10 min

- Utiliser le code /g/ sur un côté de l'ardoise et /g̸/ sur l'autre côté de l'ardoise. L'enseignant(e) dit les mots et les élèves montrent le bon côté de l'ardoise selon qu'ils entendent, ou non, le son /g/.
grenouille – guitare – cageot – garer – bague – débarquer – gazelle – gâteau – cadeau – cargo
- Les élèves dessinent le nombre de syllabes d'un mot en traçant des arcs de cercle, puis mettent une croix dans un des arcs pour indiquer où se situe le son.
- Proposer aux élèves de trouver des mots avec ce son en début puis en fin de mot. En cas d'erreur, demander aux élèves de dire le mot avec le son /g/.

Exemple : un élève dit *écouter*, on essaie de dire le mot en plaçant le son /g/ : *égoutter*.

Phase 3 ■ Collectif : 10 min

- Prévoir un affichage de classe (ou la projection) du mot référent (*dragon*) ainsi que les graphies du son /g/.
- Ouvrir le fichier et observer le mot référent : *dragon*.
- Dire ce mot en articulant exagérément chaque syllabe.
- Situer à quel endroit on entend le son en visualisant les arcs de syllabes au tableau.
- Le mot référent sera affiché sur le « mur des sons ».

Phase 4 ■ Fichier p. 84 ■ Individuel : 10 min

Feuille Seyes (3 ou 4 mm) pour l'exercice 4

Exercice 1 :
Demander aux élèves d'expliquer le travail à faire. Lire la consigne. Faire nommer ou nommer les dessins. Puis laisser les élèves en autonomie.
guitare – bague – garage – cartable – crocodile – gâteau – barque

Différenciation :
S'assurer que l'élève a bien compris le dessin : le lui faire renommer. Articuler exagérément si besoin.

Exercice 2 :
Demander aux élèves d'expliquer le travail à faire. Lire la consigne. Rappeler ce qu'est un intrus. Faire nommer ou nommer les dessins. Puis laisser les élèves en autonomie.
tigre – ongle – cravate – garage – cigogne – haricot – dragon

Différenciation :
Cet exercice demande une action inverse du précédent. La consigne peut donc être difficile à comprendre par les élèves fragiles. L'enseignant(e) peut la formuler autrement : *On entend le son /g/ dans tous les mots sauf deux.* Faire renommer à l'élève les dessins.
Donner un exemple d'intrus, mettre le son dans l'intrus si besoin, exemple : *harigot*.

Exercice 3 :
Il s'agit de situer le son dans le mot représenté après avoir dessiné les arcs des syllabes.
- Demander aux élèves d'expliquer le travail à faire. Lire ou faire lire la consigne. Faire nommer ou nommer les dessins. Puis laisser les élèves en autonomie.
garçon – escargot – magasin – iglou – dragon

Différenciation :
L'enseignant(e) aide au tracé des arcs pour vérifier le nombre de syllabes et fait le 1er mot avec l'élève en difficulté. Dire ou faire dire à voix haute les mots correspondant à chaque illustration en exagérant la prononciation.

Exercice 4 :
• Cet exercice de tri de mots (discrimination visuelle) permet de comprendre la règle du son /g/ combiné à *a, i, u, e*.
• Demander aux élèves d'entourer la lettre qui suit le *g* pour mettre la règle en évidence et préparer l'exercice 5.
• Montrer dans les airs le tracé de la lettre, demander aux élèves de faire de même. Leur faire écrire plusieurs fois la lettre sur une feuille Seyes, en variant sa taille.
• Laisser les élèves en autonomie.
• À la suite de cet exercice, on pourra faire un bilan sur les graphies du son /g/ :

/g/ = g + a / o / u	/g/ = g + u + e / i / y

Rappeler la règle du /j/ (guide page 91), en expliquant que si on ne met pas de *u* après le *g*, on entend /j/.

Différenciation :
Faire colorier soit *g* soit *gu* dans les mots à placer.

Discrimination visuelle – Séance 2

Phase 1 ■ Fichier p. 85 ■ Collectif : 15 min

• L'enseignant(e) demande aux élèves de chercher de quelles lettres on aura besoin pour écrire les syllabes : *ga / go / gu / gra / gri / glu / gla / gli.*
• Essais, mise en commun en articulant bien pour écrire l'ordre des sons entendus.
• Passer ensuite à l'écriture de mots, on alternera des mots avec *g* et *gu* :
gomme – vague – figue – ongle – guidon – dragon.
• Les élèves doivent ensuite trouver des mots dans lesquels on entend ces syllabes. Ils sont écrits au tableau pour bien visualiser les différentes graphies.

Exercice 5 :
Cet exercice sert d'institutionnalisation de la règle évoquée lors de l'exercice 4. À l'issue de cet exercice l'enseignant(e) peut procéder à une mise en commun pour valider la règle et à un affichage de classe qui sera enrichi au fur et à mesure des lectures.
Reconnaitre les différentes graphies du son /g/.
• L'élève entoure la lettre qui suit la lettre *g* et l'écrit. Il procède ensuite de même avec les lettres *gu*.

Différenciation :
Un groupe d'élève en autonomie peut, par la suite, dans un moment de différenciation où l'enseignant(e) est avec les élèves en difficulté, collecter les mots avec *g* ou *gu* dans les lectures de la classe pour enrichir l'affichage.

En autonomie ou collectivement, prendre un temps dans la journée pour manipuler des étiquettes portant les lettres *a, u, ou* et *g*. Demander aux élèves de composer *ga, gu* puis *gou*. Un élève compose, un autre lit.

Phase 2 ■ Fichier p. 85 ■ Individuel : 15 min

Exercice 6 :
Écrire des mots.
• Demander aux élèves d'expliquer le travail à faire. Lire la consigne. Faire nommer ou nommer les dessins. Puis laisser les élèves qui le peuvent en autonomie.
un tigre – une bague – un ongle – un dragon

Différenciation :
Faire l'exercice avec les élèves les plus fragiles en épelant avec eux chaque mot au fur et à mesure.
Préparer les syllabes de chaque mot sur des étiquettes pour que les élèves n'aient qu'à assembler les syllabes puis à les écrire.

Exercice 7 :
• Procéder comme précédemment pour ce type d'exercice.
• Demander aux élèves d'expliquer le travail à faire. Lire la consigne. Faire nommer ou nommer les dessins. Rappeler aux élèves que chaque bulle est une aide. Elle indique le mot-repère du son à écrire. Puis laisser les élèves en autonomie.
→ Les mots à écrire sont : *figure* et *magasin*.
• Les élèves peuvent aussi se reporter au plat 3 de couverture de leur fichier qui leur explique comment procéder.

Différenciation :
Prendre les élèves fragiles, s'assurer dans un premier temps que la consigne est comprise.
Demander de dire le mot représenté (*figure*). Verbaliser et articuler exagérément. Commencer à remplir le quadrillage avec eux.

Phase 3 ■ Fichier p. 85 ■ Collectif et individuel : 10 min

Je m'entraine :
• Lire en collectif puis individuellement pendant que les autres élèves travaillent en autonomie sur les exercices 6 et 7.
• Demander aux élèves d'inventer une autre phrase avec les mots qu'ils viennent de lire.
• Contrôler la compréhension du petit texte. S'entrainer à le lire à voix haute en articulant.

Différenciation :
Les élèves en difficulté préparent avec l'enseignant(e) la lecture des mots avant la lecture collective. Ils s'entrainent à combiner en manipulant et en assemblant les étiquettes des graphèmes.

eu eu œu œu

Compétences :
- Discriminer auditivement le son /eu/.
- Situer le son /eu/ dans un mot.
- Connaitre les graphèmes et les graphies du son /eu/.
- Associer le son /eu/ avec d'autres sons connus.

Supports :
Fichier d'apprentissage du code pages 86-87, ardoise, feuille Seyes.

Exercices de phonologie préalables (5 min) :
Entrainement sur des virelangues :
– *Trois gros rats dans trois gros trous croquent trois croutes.*
– *Si cent scies scient cent cyprès ; six cents scies scieront six cents cyprès.*

Discrimination auditive – Séance 1

Phase 1 ■ Collectif : 10 min

Pour ce son, très difficile au niveau de la perception auditive, la lecture d'une poésie facilitera l'entrée dans l'étude du son.

Trouver le son étudié.
- Pour chaque mot contenant le son /eu/, demander de trouver le nombre de syllabes. Scander en frappant dans les mains.
- Demander ensuite de situer oralement le son /eu/ (1re, 2e, 3e syllabe).

Le petit facteur,
Sur son vélomoteur,
Porte des fleurs
Aux neufs voyageurs.
Mais pour son malheur,
Il rencontre un voleur
Qui s'empare de son vélomoteur
Et s'enfuit à cent à l'heure.

Phase 2 ■ Ardoise ■ Individuel : 10 min

- Utiliser le code /eu/ sur un côté de l'ardoise et /~~eu~~/ sur l'autre côté de l'ardoise. L'enseignant(e) dit les mots et les élèves montrent le bon côté de l'ardoise selon qu'ils entendent, ou non, le son /eu/. Préciser aux élèves qu'ils peuvent entendre /eu/ comme dans *danseur* ou /eu/ comme dans *bleu*.
beurrer – bonheur – hautparleur – lèvre – mer – téléviseur – baleine – couleur – maison – parler
- Les élèves dessinent le nombre de syllabes d'un mot en traçant des arcs de cercle, puis mettent une croix dans un des arcs pour indiquer où se situe le son.
- Proposer aux élèves de trouver des mots avec ce son en début puis en fin de mot.

Phase 3 ■ Collectif : 5 min

- Prévoir un affichage de classe (ou la projection) des mots référents (*danseur, cœur, bleu*) ainsi que les graphies du son.
- Ouvrir le fichier et observer les mots référents : *danseur, cœur, bleu*.
- Dire ces mots en articulant exagérément chaque syllabe pour bien marquer la différence entre les deux */eu/.*
- Situer à quel endroit on entend le son en visualisant les arcs de syllabes au tableau.
- Les mots référents seront affichés sur le « mur des sons ».

Phase 4 ■ Fichier p. 86 ■ Individuel : 10 min

Feuille Seyes (3 ou 4 mm) pour l'exercice 4

Exercice 1 :
Demander aux élèves d'expliquer le travail à faire. Lire la consigne. Faire nommer ou nommer les dessins. Articuler exagérément pour bien faire entendre la différence entre les deux /eu/. Puis laisser les élèves en autonomie.
neuf – chasseur – deux – plongeur – nœud – feu – chanteur

Différenciation :
S'assurer que l'élève a bien compris le dessin : le lui faire renommer. Articuler exagérément si besoin.

Exercice 2 :
Demander aux élèves d'expliquer le travail à faire. Lire la consigne. Rappeler ce qu'est un intrus. Faire nommer ou nommer les dessins. Puis laisser les élèves en autonomie.
ordinateur – ventilateur – danseur – aspirateur – araignée – œuf – baleine

Différenciation :
Cet exercice demande une action inverse du précédent. La consigne peut donc être difficile à comprendre par les élèves fragiles. L'enseignant(e) peut la formuler autrement : *On entend le son /eu/ dans tous les mots sauf deux.* Faire renommer à l'élève les dessins.

Exercice 3 :
Demander aux élèves d'expliquer le travail à faire. Lire les consignes. Bien insister sur la présence d'intrus (en gras). Faire nommer ou nommer les dessins. Puis laisser les élèves en autonomie.
*plongeur – ordinateur – **boulanger** – ventilateur – **trottoir** – tracteur – professeur – **robinet***

Différenciation :
Faire le 1er mot avec l'élève. Dire ou faire dire à voix haute les mots correspondant à chaque illustration.
Taper ou faire taper dans les mains le nombre de syllabes de chaque mot représenté.

Exercice 4 :
Cet exercice est une activité de discrimination visuelle et permet d'anticiper sur la séance 2.
Identifier les graphies de /eu/.
• Montrer au préalable dans les airs le tracé des lettres. Leur demander de faire de même. Leur faire écrire plusieurs fois les lettres sur une feuille Seyes, en variant sa taille.
• Demander aux élèves d'expliquer le travail à faire. Lire la consigne. On peut se référer à l'exercice 1 pour bien fixer la consigne. Puis laisser les élèves en autonomie.

Différenciation :
Entourer un exemple de chaque graphie dans le tableau.

Discrimination visuelle – Séance 2

Phase 1 ■ Collectif : 15 min

• L'enseignant(e) demande aux élèves de chercher de quelles lettres on aura besoin pour écrire les syllabes : *beur / teur / seur / teur / geur / veur / deur / feur / leur / neur / peur...*
• Essais, mise en commun en articulant bien pour écrire l'ordre des sons entendus.
• Les élèves doivent ensuite trouver des mots dans lesquels on entend ces syllabes. Ils sont écrits au tableau pour bien visualiser les graphies.

En autonomie ou collectivement, prendre un temps dans la journée pour manipuler des étiquettes portant les lettres *f, t, g, s* et *eu, eur, œur*. Demander aux élèves de composer *feu, teur, geur, sœur...* Un élève compose, un autre lit.

Phase 2 ■ Fichier p. 87 ■ Individuel : 15 min

Exercice 5 :
Écrire *feur, teur, geur, œur, seur* dans des mots.
• Demander aux élèves d'expliquer le travail à faire. Lire la consigne. Faire nommer ou nommer les dessins. Puis laisser les élèves en autonomie.
cœur – ordinateur – chanteur – danseur – coiffeur – plongeur

Différenciation :
Mettre à disposition des élèves les étiquettes *feur, teur, geur, œur, seur*. L'enseignant(e) procède mot à mot et demande à l'élève de montrer l'étiquette qui correspond au mot à compléter avant d'écrire la syllabe.

Exercice 6 :
Remettre des syllabes en ordre pour faire un mot.
• Demander aux élèves d'expliquer le travail à faire. Lire ou faire lire la consigne et les syllabes. Puis laisser les élèves en autonomie.

Différenciation :
L'enseignant(e) prépare des étiquettes avec les différentes syllabes afin que l'élève puisse manipuler et lire les syllabes pour construire le mot.

Exercice 7 :
• Procéder comme précédemment pour ce type d'exercice.
• Demander aux élèves d'expliquer le travail à faire. Lire la consigne. Faire nommer ou nommer les dessins. Rappeler aux élèves que chaque bulle est une aide. Elle indique le mot-repère du son à écrire. Puis laisser les élèves en autonomie.
→ Les mots à écrire sont : *deux* et *chasseur*.
• Les élèves peuvent aussi se reporter au plat 3 de couverture de leur fichier qui leur explique comment procéder.

Différenciation :
Prendre les élèves fragiles, s'assurer dans un premier temps que la consigne est comprise.
Demander de dire le mot représenté (*deux*). Verbaliser et articuler exagérément. Commencer à remplir le quadrillage avec eux.

Phase 3 ■ Fichier p. 87 ■ Collectif et individuel : 10 min

Je m'entraine :
• Lire en collectif puis individuellement pendant que les autres élèves travaillent en autonomie sur les exercices 5 et 6.
• Demander aux élèves d'inventer une autre phrase avec les mots qu'ils viennent de lire.
• Contrôler la compréhension du petit texte. S'entrainer à le lire à voix haute en articulant.

Différenciation :
Les élèves en difficulté préparent avec l'enseignant(e) la lecture des mots avant la lecture collective. Ils s'entrainent à combiner en manipulant et en assemblant les étiquettes des graphèmes.

gn gn gn

Fichier d'apprentissage du code pp. 88-89

Compétences :
- Discriminer auditivement le son /gn/.
- Situer le son /gn/ dans un mot.
- Connaitre le graphème et la graphie du son /gn/.
- Associer le son /gn/ avec d'autres sons connus.

Supports :
Fichier d'apprentissage du code pages 88-89, ardoise, feuille Seyes.

Exercices de phonologie préalables (5 min) :
L'enseignant(e) dit une syllabe (*seur, teur...*), les élèves doivent la replacer dans des mots qu'ils trouvent eux-mêmes.

Discrimination auditive – Séance 1

Phase 1 ■ Collectif : 10 min

Trouver le son étudié.
- Pour chaque mot de la comptine suivante contenant le son /gn/, demander de trouver le nombre de syllabes. Scander en frappant dans les mains.
- Demander ensuite de situer oralement le son /gn/ (1re, 2e, 3e syllabe).

Une petite araignée
Si jolie mignonne,
S'est posée sur mon poignet,
Et s'est mis à chanter :
« J'aiiiiiiime la campaaaaagne,
Pluuuuus que la montaaaaaagne,
Et avec ma compaaaaaaagne,
On mange des lasaaaaagnes...
SCRATCH !
J'aime pas les araignées !

Phase 2 ■ Ardoise ■ Individuel : 10 min

- Utiliser le code /gn/ sur un côté de l'ardoise et ~~/gn/~~ sur l'autre côté de l'ardoise. L'enseignant(e) dit les mots et les élèves montrent le bon côté de l'ardoise selon qu'ils entendent, ou, non le son /gn/.

signer – cabane – campagnol – Espagne – tisane – rossignol – chignon – araignée – laineux – neiger
- Les élèves dessinent le nombre de syllabes d'un mot en traçant des arcs de cercle, puis mettent une croix dans un des arcs pour indiquer où se situe le son.
- Proposer aux élèves de trouver des mots avec ce son.
- De la même manière, ils dessinent les arcs et situent le son.

Phase 3 ■ Collectif : 5 min

- Prévoir un affichage de classe (ou la projection) du mot référent (*montagne*) ainsi que les écritures du son /gn/.
- Ouvrir le fichier et observer le mot référent : *montagne*.
- Le dire en articulant exagérément chaque syllabe.
- Situer à quel endroit on entend le son en visualisant les arcs de syllabes au tableau.
- Le mot référent sera affiché sur le « mur des sons ».

Phase 4 ■ Fichier p. 88 ■ Individuel : 10 min

Feuille Seyes (3 ou 4 mm) pour l'exercice 4

Exercice 1 :
Demander aux élèves d'expliquer le travail à faire. Lire la consigne. Faire nommer ou nommer les dessins. Puis laisser les élèves en autonomie.
baignoire – fille – couronne – champignon – cigogne – ananas – tournevis

Différenciation :
S'assurer que l'élève a bien compris le dessin : le lui faire renommer. Articuler exagérément si besoin.

Exercice 2 :
Demander aux élèves d'expliquer le travail à faire. Faire lire la consigne ou lire. Rappeler ce qu'est un intrus. Faire nommer ou nommer les dessins. Puis laisser les élèves en autonomie.
montagne – araignée – domino – cygne – chignon – peigne – papillon

Différenciation :
Cet exercice demande une action inverse du précédent. La consigne peut donc être difficile à comprendre par les élèves fragiles. L'enseignant(e) peut la formuler autrement : *On entend le son /gn/ dans tous les mots sauf deux.* Faire renommer à l'élève les dessins.
Donner un exemple d'intrus, mettre le son dans l'intrus si besoin, exemple : *papignon*.

Exercice 3 :
Il s'agit de dénombrer les syllabes et de situer le son dans le mot représenté. Demander aux élèves d'expliquer le travail à faire. Faire lire ou lire la consigne. Faire nommer ou nommer les dessins. Puis laisser les élèves en autonomie.
chignon – champignon – araignée – agneau

Différenciation :
Faire la première consigne avec l'élève. Taper ou faire taper dans les mains le nombre de syllabes de chaque mot représenté. Dire ou faire dire à voix haute les mots correspondant à chaque illustration.

Exercice 4 :
Cet exercice est une activité de discrimination visuelle et permet d'anticiper sur la séance 2.
• Montrer au préalable dans les airs le tracé des lettres. Leur demander de faire de même. Leur faire écrire plusieurs fois les lettres sur une feuille Seyes, en variant sa taille.
• Les élèves doivent entourer les différentes écritures de /gn/ dans des mots. Demander aux élèves d'expliquer le travail à faire puis faire lire la consigne. Les laisser en autonomie.

Différenciation :
Entourer un exemple de chaque graphie dans le tableau si besoin.

Discrimination visuelle - Séance 2

Phase 1 ■ Collectif : 15 min

• L'enseignant(e) demande aux élèves de chercher de quelles lettres on aura besoin pour écrire les syllabes : *gna / gni / gne / gnon / gnan / gnar / gnou.*
• Essais, mise en commun en articulant bien pour écrire l'ordre des sons entendus.
• Les élèves doivent ensuite trouver des mots dans lesquels on entend ces syllabes. Ils sont écrits au tableau pour bien visualiser.

En autonomie ou collectivement, prendre un temps dans la journée pour manipuler des étiquettes portant les lettres *e, on, eau, an, oi* et *gn*. Demander aux élèves de composer *gne, gnon, gneau, gnan* puis *gnoi*. Un élève compose, un autre lit.

Phase 2 ■ Fichier pp. 88-89 ■ Individuel : 15 min

Exercice 5 :
• L'enseignant(e) ou un élève lit la consigne, les mots à placer puis les devinettes.
• Les élèves répondent oralement puis écrivent le mot.

Différenciation :
L'enseignant(e) donne des indices soit sur la compréhension du mot si l'élève n'a pas le lexique soit sur les sons entendus et les correspondances grapho-phonétiques.

Exercice 6 :
Écrire *gne, gnon, gneau* ou *gnoi* dans des mots.
• Demander aux élèves d'expliquer le travail à faire. Faire lire ou lire la consigne. Faire nommer ou nommer les dessins. Puis laisser les élèves en autonomie.
agneau – baignoire – peigne – chignon – champignon – montagne

Différenciation :
Mettre à disposition des élèves les étiquettes *gne, gnon, gneau, gnoi.*
L'enseignant(e) procède syllabe par syllabe et demande à l'élève de montrer la syllabe entendue dans le mot.

Exercice 7 :
Remettre les syllabes en ordre pour faire un mot.
• Demander aux élèves d'expliquer le travail à faire. Lire ou faire lire la consigne et les syllabes. Puis laisser les élèves en autonomie.

Différenciation :
L'enseignant(e) prépare des étiquettes avec les différentes syllabes afin que l'élève puisse manipuler et lire les syllabes pour construire le mot.

Exercice 8 :
• Procéder comme précédemment pour ce type d'exercice.
• Demander aux élèves d'expliquer le travail à faire. Lire la consigne. Faire nommer ou nommer les dessins. Rappeler aux élèves que chaque bulle est une aide. Elle indique le mot-repère du son à écrire. Puis laisser les élèves en autonomie.
→ Les mots à écrire sont : *araignée* et *cigogne*.
• Les élèves peuvent aussi se reporter au plat 3 de couverture de leur fichier qui leur explique comment procéder.

Différenciation :
Prendre les élèves fragiles, s'assurer dans un premier temps que la consigne est comprise.
Demander de dire le mot représenté (*araignée*). Verbaliser et articuler exagérément. Commencer à remplir le quadrillage avec eux.

Phase 3 ■ Fichier p. 89 ■ Collectif et individuel : 10 min

Je m'entraine :
• Lire en collectif puis individuellement pendant que les autres élèves travaillent en autonomie sur les exercices 6 et 7.
• Demander aux élèves d'inventer une autre phrase avec les mots qu'ils viennent de lire.
• Contrôler la compréhension du petit texte. S'entrainer à le lire à voix haute en articulant.

Différenciation :
Les élèves en difficulté préparent avec l'enseignant(e) la lecture des mots avant la lecture collective. Ils s'entrainent à combiner en manipulant et en assemblant les étiquettes des graphèmes.

Fichier d'apprentissage du code pp. 90-91

Compétences :
- Discriminer auditivement la lettre *e* devant une double consonne ou une consonne simple.
- Situer le son /è./ dans un mot.
- Connaitre les graphèmes et les graphies des sons /ett/, /ell/, /ess/, /ec/, /es/, /er/...

Supports :
Fichier d'apprentissage du code pages 90-91, ardoise.

Exercices de phonologie préalables (5 min) :
Changer de lettre pour changer de mot.
Dire le mot *tête,* changer le /t/ et mettre un /f/.
Quel est le mot obtenu ? → Fête
Idem, en mettant /b/, /j/, /d/, /p/, /c/.

Discrimination auditive - Séance 1

Phase 1 ■ Collectif : 5 min

Trouver le son étudié.
- L'enseignant(e) lit la comptine suivante.
- Demander aux élèves de trouver les mots contenant le son étudié.

La belle petite belette a perdu la tête,
Elle cherche la ciboulette
À côté de la maisonnette
Heureusement la chouette
Qui a ses lunettes
Lui indique la brouette
Où est la ciboulette.

Phase 2 ■ Ardoise ■ Collectif : 15 min

- Les mots en /ette/ de la poésie sont écrits au tableau : *belette – ciboulette – maisonnette – chouette – lunettes – brouette*
- Observer les mots.
- L'enseignant(e) localise le son /ette/ en le montrant et les élèves écrivent ce qui fait /ette/ sur l'ardoise.
- L'enseignant(e) écrit les mots au tableau : *terre – verre – tonnerre.*
- Même démarche pour mettre en évidence le son /erre/.
- L'enseignant(e) pose la question : *Comment va-t-on écrire les mots : pelle – selle – marelle ?*
- Les élèves font des propositions sur l'ardoise. On procède à la mise en commun et à l'institutionnalisation de la règle sur la valeur du mot devant deux consonnes.
- Même démarche avec le « e » devant /s/, /c/, /l/. C'est l'observation des mots qui permet de construire l'orthographe.

Phase 3 ■ Collectif : 5 min

- Prévoir un affichage de classe (ou la projection) des mots référents (*fourchette, vert*) ainsi que les graphies des sons.
- Ouvrir le fichier et observer les mots référents du son : *fourchette, vert.*
- Dire ces mots en articulant exagérément chaque syllabe.
- Les mots référents seront affichés sur le « mur des sons ».

Phase 4 ■ Fichier p. 90 ■ Individuel : 10 min

Exercice 1 :
- Demander aux élèves d'expliquer le travail à faire.
- Faire lire la consigne. Pour faciliter la compréhension l'enseignant(e) écrit chaque son avec une couleur qui lui est associée : *On écrit /è/ en rouge et /é/ en bleu.*
- Faire nommer ou nommer les dessins. Puis laisser les élèves en autonomie.

truelle – professeur – fourchette – bretelles – sonnette – poupée – télévision

Différenciation :
S'assurer que l'élève a bien compris le dessin : le lui faire renommer. Articuler exagérément si besoin. Renvoyer systématiquement au code couleur pour chaque mot.

Exercice 2 :
Demander aux élèves d'expliquer le travail à faire. Lire la consigne. Rappeler ce qu'est un intrus. Faire nommer ou nommer les dessins. Puis laisser les élèves en autonomie.
lunettes – sauterelle – cheval – poubelle – verre – allumettes – téléphone

Différenciation :
La consigne peut être difficile à comprendre par les élèves fragiles. L'enseignant(e) peut la formuler autrement : *On entend le son /è./ dans tous les mots sauf deux.*
Faire renommer à l'élève les dessins.
Donner un exemple d'intrus, mettre le son dans l'intrus si besoin, exemple : *chevelle.*

Exercice 3 :
Les élèves trient les mots en fonction des graphies /erre/, /elle/, /ette/, /esse/.
- Faire lire la consigne et la liste des mots. Puis laisser les élèves en autonomie.

Différenciation :
L'enseignant(e) lit les mots en articulant exagérément si besoin et l'élève en difficulté montre la colonne du son qu'il entend.

Discrimination visuelle - Séance 2

Phase 1 ■ Ardoise ■ Collectif : 15 min

Après un rappel et la lecture de syllabes écrites au tableau, on passe à l'écriture des différents sons dans des mots.

Phase 2 ■ Fichier p. 90-91 ■ Individuel : 15 min

Exercice 4 :
Les élèves doivent compléter chaque mot avec les syllabes proposées : *esse / elle / ette / erre.*
• Faire lire ou lire la consigne. Les laisser en autonomie.
la terre – une trompette – une poubelle – une boulette – une pelle – une caresse – un verre

Différenciation :
L'enseignant(e) lit chaque mot en exagérant la prononciation. L'élève montre la syllabe entendue.

Exercice 5 :
Les élèves doivent entourer les syllabes où l'on entend le son /è./ puis recopier chaque mot dans la bonne colonne.
• Faire lire ou lire la consigne et la liste des mots à trier. Laisser les élèves en autonomie.

Différenciation :
L'enseignant(e) donne le mot à écrire et l'élève montre la syllabe qu'il entend.
L'enseignant(e) fait un rappel en écrivant les mots : *nacelle, parterre, navette, contesse.*
Un élève vient montrer dans ces mots les syllabes dans lesquelles on entend /è./.

Exercice 6 :
Remettre les syllabes en ordre pour faire un mot.
• Demander aux élèves d'expliquer le travail à faire. Lire ou faire lire la consigne et les syllabes. Puis laisser les élèves en autonomie.

Différenciation :
L'enseignant(e) prépare des étiquettes avec les différentes syllabes afin que l'élève puisse manipuler et lire les syllabes pour construire le mot.

Exercice 7 :
• Procéder comme précédemment pour ce type d'exercice.
• Demander aux élèves d'expliquer le travail à faire. Lire la consigne. Faire nommer ou nommer les dessins. Rappeler aux élèves que chaque bulle est une aide. Elle indique le mot-repère du son à écrire. Puis laisser les élèves en autonomie.
→ Les mots à écrire sont : *lunettes* et *couverture*.
• Les élèves peuvent aussi se reporter au plat 3 de couverture de leur fichier qui leur explique comment procéder.

Différenciation :
Prendre les élèves fragiles, s'assurer dans un premier temps que la consigne est comprise.
Demander de dire le mot représenté (*lunettes*). Verbaliser et articuler exagérément. Commencer à remplir le quadrillage avec eux.

Phase 3 ■ Fichier p. 91 ■ Collectif et individuel : 10 min

Je m'entraine :
• Lire en collectif puis individuellement pendant que les autres élèves travaillent en autonomie sur les exercices 5 et 6.
• Demander aux élèves d'inventer une autre phrase avec les mots qu'ils viennent de lire.
• Contrôler la compréhension du petit texte. S'entrainer à le lire à voix haute en articulant.

Différenciation :
Les élèves en difficulté préparent avec l'enseignant(e) la lecture des mots avant la lecture collective. Ils s'entrainent à combiner en manipulant et en assemblant les étiquettes des graphèmes.

oin — oin oin

Fichier d'apprentissage du code pp. 92-93.

Compétences :
- Discriminer auditivement le son /oin/.
- Situer le son /oin/ dans un mot.
- Connaitre le graphème et les graphies du son /oin/.
- Associer le son /oin/ avec d'autres sons connus.

Supports :
Fichier d'apprentissage du code pages 92-93, ardoise, feuille Seyes.

Exercices de phonologie préalables (5 min) :
L'enseignant(e) dit la syllabe /ett/. Les élèves doivent trouver des mots contenant cette syllabe.
Faire la même chose avec les syllabes /ell/, /ess/...

Discrimination auditive et visuelle – Séance 1

Phase 1 ■ Collectif : 10 min

Trouver le son étudié.
- L'enseignant(e) lit la comptine suivante.
- Demander aux élèves de trouver les mots contenant le son étudié.
- Pour chaque mot de la comptine contenant le son /oin/, demander de trouver le nombre de syllabes. Scander en frappant dans les mains.
- Demander ensuite de situer oralement le son /oin/ (1re, 2e, 3e syllabe).

→ Pour chaque mot, trouver le nombre de syllabes et situer le son /oin/.

Dans le magasin du rondpoint
J'ai trouvé du shampoing
Et en cherchant dans les coins
Un peu de foin.
Mais ce dont j'ai le plus besoin
Ce sont des chaussures à ma pointure.

Phase 2 ■ Ardoise ■ Individuel : 10 min

- Utiliser le code /oin/ sur un côté de l'ardoise et /~~oin~~/ sur l'autre côté de l'ardoise. L'enseignant(e) dit les mots et les élèves montrent le bon côté de l'ardoise selon qu'ils entendent, ou non, le son /oin/.

pointu – lointain – matin – shampoing – champignon – coin – témoin – besoin – pointure – lapin
- Les élèves dessinent le nombre de syllabes d'un mot en traçant des arcs de cercle, puis mettent une croix dans un des arcs pour indiquer où se situe le son.
- Proposer aux élèves de trouver des mots avec ce son en début puis en fin de mot. En cas d'erreur, leur demander de dire le mot avec le son /oin/.

Exemple : un élève dit *poule*, on essaie de dire le mot en plaçant le son /oin/ : *poinle*.

Phase 3 ■ Collectif : 5 min

- Prévoir un affichage de classe (ou la projection) du mot référent (*point*) ainsi que les graphies du son /oin/.
- Ouvrir le fichier et observer le mot référent du son : *point*.
- Le dire en articulant exagérément chaque syllabe.
- Le mot référent sera affiché sur le « mur des sons ».

Phase 4 ■ Fichier p. 92 ■ Individuel : 10 min

Feuille Seyes (3 ou 4 mm) pour l'exercice 3

Exercice 1 :
Demander aux élèves d'expliquer le travail à faire. Faire lire ou lire la consigne. Faire nommer ou nommer les dessins. Puis laisser les élèves en autonomie.
pain – foin – moins – main – shampoing – sapin – point

Différenciation :
S'assurer que l'élève a bien compris le dessin : le lui faire renommer. Articuler exagérément si besoin.

À partir de cet exercice, tous les exercices relèvent de la discrimination visuelle.

Exercice 2 :
Faire lire ou lire la consigne, puis la première liste de mots. Expliquer ce qu'est un intrus.
- En collectif, faire trouver le critère de collection des mots de la première ligne aux élèves.
- Laisser les élèves en autonomie.

Différenciation :
L'enseignant(e) lit et répète chaque liste de mots pour les élèves plus fragiles.

Exercice 3 :
Les élèves doivent colorier les différentes écritures de /oin/.
- Montrer au préalable dans les airs le tracé des lettres.
- Leur demander de faire de même. Leur faire écrire plusieurs fois les lettres sur une feuille Seyes, en variant sa taille.
- Demander aux élèves d'expliquer le travail à réaliser. Faire lire ou lire la consigne. Puis laisser les élèves en autonomie.

Différenciation :
Entourer un exemple de chaque graphie dans le tableau et aider à repérer l'ordre des trois lettres.

Exercice 4 :
Il s'agit de repérer le mot *loin* écrit en différentes écritures.
• Demander aux élèves d'expliquer le travail à faire. Faire lire ou lire la consigne. Laisser les élèves en autonomie.

Différenciation :
Entourer un exemple de graphie dans le tableau.

Discrimination visuelle - Séance 2

Phase 1 ■ Ardoise ■ Collectif : 15 min

• L'enseignant(e) demande aux élèves de chercher de quelles lettres on aura besoin pour écrire les syllabes : *poin / foin / loin / coin / moin*.
• Essais, mise en commun en articulant bien pour écrire l'ordre des sons entendus.
• Les élèves doivent ensuite trouver des mots dans lesquels on entend ces syllabes. Ces mots sont écrits au tableau pour bien les visualiser.
• Sur le support ardoise, les élèves écrivent d'un côté /oin/, de l'autre côté /in/ : à l'écoute des mots dits par l'enseignant(e) ils montrent l'une ou l'autre syllabe :
matin – vilain – pointure – besoin – grain – groin – sapin – lointain – pointu

En autonomie ou collectivement, prendre un temps dans la journée pour manipuler des étiquettes portant les lettres *p, l, f* et *oin*. Demander aux élèves de composer *poin, loin, foin*. Un élève compose, un autre lit.

Phase 2 ■ Fichier p. 92-93 ■ Individuel : 15 min

Exercice 5 :
Remettre les syllabes en ordre pour faire un mot.
• Demander aux élèves d'expliquer le travail à faire. Lire ou faire lire la consigne et les syllabes. Puis laisser les élèves en autonomie.

Différenciation :
L'enseignant(e) prépare des étiquettes avec les différentes syllabes afin que l'élève puisse manipuler et lire les syllabes pour construire le mot.

Exercice 6 :
Les élèves prennent conscience de l'ordre des lettres dans ce son.
Écrire *oin* ou *ion* dans des mots.
• Demander aux élèves d'expliquer le travail à faire.
• Faire lire ou lire la consigne. Puis laisser les élèves en autonomie.

Différenciation :
L'enseignant(e) accompagne les élèves plus fragiles dans la lecture des mots et l'élève doit montrer ce qu'il entend. En cas de difficulté, l'enseignant(e) dit le mot en utilisant les deux possibilités : On dit *un avion* ou *un avoin* ? »

Exercice 7 :
L'élève doit choisir /oin/ ou /oi/ en s'aidant du contexte de la phrase pour trouver le mot.
• Faire lire ou lire la consigne.
• Puis laisser les élèves en autonomie. Ils sont désormais capables de décoder tous les mots de ces phrases.

Différenciation :
L'enseignant(e) accompagne les élèves plus fragiles dans la lecture des phrases pour les aider à trouver le mot. Une fois le mot trouvé, si besoin, il procède comme dans l'exercice précédent en proposant les deux versions /oin/ ou /oi/.

Exercice 8 :
• Procéder comme précédemment pour ce type d'exercice.
• Demander aux élèves d'expliquer le travail à faire. Lire la consigne. Faire nommer ou nommer les dessins. Rappeler aux élèves que chaque bulle est une aide. Elle indique le mot-repère du son à écrire. Puis laisser les élèves en autonomie.
→ Les mots à écrire sont : *foin* et *groin*.
• Les élèves peuvent aussi se reporter au plat 3 de couverture de leur fichier qui leur explique comment procéder.

Différenciation :
Prendre les élèves fragiles, s'assurer dans un premier temps que la consigne est comprise.
Demander de dire le mot représenté (*foin*). Verbaliser et articuler exagérément. Commencer à remplir le quadrillage avec eux.

Phase 3 ■ Fichier p. 93 ■ Collectif et individuel : 10 min

Je m'entraine :
• Lire en collectif puis individuellement pendant que les autres élèves travaillent en autonomie sur les exercices 6 et 7.
• Demander aux élèves d'inventer une autre phrase avec les mots qu'ils viennent de lire.
• Contrôler la compréhension du petit texte. S'entrainer à le lire à voix haute en articulant.

Différenciation :
Les élèves en difficulté préparent avec l'enseignant(e) la lecture des mots avant la lecture collective. Ils s'entrainent à combiner en manipulant et en assemblant les étiquettes des graphèmes.

ien ion ian ieu ier

Fichier d'apprentissage du code p. 94

Compétences :
- Discriminer auditivement les sons /ien/, /ian/, /ion/, /ieu/, /ier/.
- Situer ces sons dans des mots.
- Connaitre les graphèmes et les graphies des sons /ien/, /ian/, /ion/, /ieu/, /ier/.
- Associer les sons /ien/, /ian/, /ion/, /ieu/, /ier/ avec d'autres sons connus.

Supports :
Fichier d'apprentissage du code page 94, ardoise.

Exercices de phonologie préalables (5 min) :
L'enseignant(e) dit un virelangue et les élèves répètent :
– *Six gros escargots grelottent, ils ont la grippe.*
– *Trois tortues tristes sur trois toits gris.*
– *Trois gros rats gris dans trois trous creux.*

Discrimination auditive – Séance 1

Phase 1 ■ Collectif : 10 min

Trouver le son étudié.
- L'enseignant(e) lit la comptine suivante.
- Demander aux élèves de trouver les mots contenant les sons étudiés.

Au pied du pommier,
Le vieux musicien,
Avec son violon,
Vient dire adieu.

D'un air souriant,
Au milieu des siens,
Il quitte les lieux.

Phase 2 ■ Ardoise ■ Collectif : 10 min

- Les mots de la poésie sont écrits au tableau :
pied – pommier – vieux – musicien – violon – vient – adieu – lieux – souriant – milieu – siens
- Ces mots sont catégorisés par sons, les mettre dans un tableau. Collectivement on observe les différentes graphies.
- Pour chaque mot de la comptine contenant le son /i./, demander de trouver le nombre de syllabes. Scander en frappant dans les mains.
- Demander ensuite de situer oralement le son /i./ (1re, 2e, 3e syllabe).
- Les élèves dessinent sur leur ardoise le nombre de syllabes d'un mot en traçant des arcs de cercle, puis mettent une croix dans un des arcs pour indiquer où se situe le son.

Phase 3 ■ Collectif : 5 min

- Prévoir un affichage de classe (ou la projection) des mots référents (*un chien, un lion*) ainsi que les graphies des sons.
- Ouvrir le fichier et observer les mots référents : *un chien, un lion.*
- Dire ces mots en articulant exagérément chaque syllabe.
- Situer à quel endroit on entend le son en visualisant les arcs de syllabes au tableau.
- Les mots référents seront affichés sur le « mur des sons ».

En autonomie ou collectivement, prendre un temps dans la journée pour manipuler des étiquettes portant les lettres *d, l, ch* et *ien, ion, ieu*. Demander aux élèves de composer *dien, lion, chien, lieu...* Un élève compose, un autre lit.

Phase 4 ■ Fichier p. 94 ■ Individuel : 10 min

Exercice 1 :
- Demander aux élèves d'expliquer le travail à faire.
- Faire lire ou lire la consigne. Pour faciliter la compréhension, l'enseignant(e) faire écrire chaque son avec une couleur qui lui est associée : On écrit /ien/ en bleu, /ion/ en vert...
- Faire nommer ou nommer les dessins. Puis laisser les élèves en autonomie.

camion – magicien – avion – triangle – lion – chien – pompier

Différenciation :
S'assurer que l'élève a bien compris le dessin : le lui faire renommer. Articuler exagérément si besoin. Renvoyer systématiquement au code couleur à chaque mot.

Discrimination visuelle – Séance 2

Phase 1 ■ Fichier p. 94 ■ Individuel : 15 min

Après un rappel et la lecture de syllabes écrites au tableau on passe à l'écriture des différents sons dans des syllabes.

Exercice 2 :
Écrire *ian, ien* ou *ieu* dans des mots.
- Demander aux élèves d'expliquer le travail à faire. Lire la consigne. Puis laisser les élèves en autonomie.

Différenciation :
Mettre à disposition des élèves des étiquettes *ian, ien* et *ieu.* L'enseignant(e) procède mot à mot et demande aux élèves de montrer l'étiquette qui correspond au mot avant d'écrire la syllabe.

Exercice 3 :
Écrire *ier* ou *ion* dans des mots.
• Demander aux élèves d'expliquer le travail à faire. Lire la consigne. Puis laisser les élèves en autonomie.

Différenciation :
Mettre à disposition des élèves des étiquettes *ier* et *ion*. L'enseignant(e) procède mot à mot et demande aux élèves de montrer l'étiquette qui correspond au mot avant d'écrire la syllabe.

Exercice 4 :
Écrire *ien* ou *ein* dans des mots.
• Demander aux élèves d'expliquer le travail à faire. Lire la consigne. Puis laisser les élèves en autonomie.

Différenciation :
Mettre à disposition des élèves des étiquettes *ien* et *ein*. L'enseignant(e) procède mot à mot et demande aux élèves de montrer l'étiquette qui correspond au mot avant d'écrire la syllabe.

Exercice 5 :
• Procéder comme précédemment pour ce type d'exercice.
• Demander aux élèves d'expliquer le travail à faire. Lire la consigne. Faire nommer ou nommer les dessins. Rappeler aux élèves que chaque bulle est une aide. Elle indique le mot-repère du son à écrire. Puis laisser les élèves en autonomie.
→ Les mots à écrire sont : *avion* et *magicien*.

• Les élèves peuvent aussi se reporter au plat 3 de couverture de leur fichier qui leur explique comment procéder.

Différenciation :
Prendre les élèves fragiles, s'assurer dans un premier temps que la consigne est comprise.
Demander de dire le mot représenté (*avion*). Verbaliser et articuler exagérément. Commencer à remplir le quadrillage avec eux.

Phase 3 ■ Fichier p. 94 ■ Collectif et individuel : 10 min

Je m'entraine :
• Lire en collectif puis individuellement pendant que les autres élèves travaillent en autonomie sur les exercices 2, 3 et 4.
• Demander aux élèves d'inventer une autre phrase avec les mots qu'ils viennent de lire.
• Contrôler la compréhension du petit texte. S'entrainer à le lire à voix haute en articulant.

Différenciation :
Les élèves en difficulté préparent avec l'enseignant(e) la lecture des mots avant la lecture collective. Ils s'entrainent à combiner en manipulant et en assemblant les étiquettes des graphèmes.

.y. Y y

Fichier d'apprentissage du code p. 95

Compétences :
- Discriminer auditivement le sons /.y./.
- Situer le son /.y./ dans un mot.
- Associer le graphème /.y./ avec d'autres sons connus.

Supports :
Fichier d'apprentissage du code page 95, ardoise, feuille Seyes.

Exercices de phonologie préalables (5 min) :
L'enseignant(e) dit un virelangue et les élèves répètent.
Natacha n'attacha pas son chat qui s'échappa. Cela fâcha Sacha qui chassa Natacha.
Les élèves répètent, puis jouent à changer le /a/ en /o/ et en /i/.

Discrimination auditive – Séance 1

Phase 1 ■ Ardoise ■ Collectif : 10 min

Trouver le son étudié.
- L'enseignant(e) lit la comptine suivante.
- Demander aux élèves de trouver les mots contenant les sons étudiés.

Le yack aime voyager en yacht
Le yéti en kayak,
Mais pour le lama pas de voyage,
Il est bien trop effrayé,
Et préfère jouer au yoyo
Sous les rayons du soleil.

Phase 2 ■ Collectif : 10 min

- Les mots de la poésie sont écrits au tableau.

yack – yacht – yéti – kayak – voyager – effrayé – yoyo – rayons
- Ces mots sont catégorisés par sons, les mettre dans un tableau. Collectivement on observe les différentes graphies.
- Pour chaque mot de la comptine contenant le son /.y./, demander de trouver le nombre de syllabes. Scander en frappant dans les mains.
- Demander ensuite de situer oralement le son /.y./ (1re, 2e, 3e syllabe).
- Les élèves dessinent sur leur ardoise le nombre de syllabes d'un mot en traçant des arcs de cercle, puis mettent une croix dans un des arcs pour indiquer où se situe le son.
- On observe la graphie du son /.y./ dans chaque mot.
- Préciser que pour le mot « voyager » le *y* a deux fonctions : produire le son *oi* avec le *o* et le son /.y./ avec le *a* (*ia*).

Phase 3 ■ Collectif : 5 min

- Prévoir un affichage de classe (ou la projection) des mots référents (*crayon*) ainsi que la graphie du son.
- Ouvrir le fichier et observer le mot référent : *crayon*.
- Le dire en articulant exagérément chaque syllabe.
- Noter encore la double fonction de la lettre *y*.
- Les mots référents seront affichés sur le « mur des sons ».

Phase 4 ■ Fichier p. 95 ■ Individuel : 10 min

Exercice 1 :
Demander aux élèves d'expliquer le travail à faire.
Faire lire ou lire la consigne. Faire nommer ou nommer les dessins. Puis laisser les élèves en autonomie.
yaourt – ballon – tuyau – étoile – gruyère – rayon – trampoline

Différenciation :
S'assurer que l'élève a bien compris le dessin : le lui faire renommer. Articuler exagérément si besoin.

Exercice 2 :
Demander aux élèves d'expliquer le travail à faire. Faire lire la consigne ou lire. Rappeler ce qu'est un intrus. Expliquer que la lettre *y* est dans tous les mots mais que l'on n'entend pas le son /.y./ dans un mot. Faire nommer ou nommer les dessins. Puis laisser les élèves en autonomie.

Différenciation :
Cet exercice demande une action inverse du précédent. La consigne peut donc être difficile à comprendre par les élèves fragiles. L'enseignant(e) peut la formuler autrement : *On entend le son /.y./ dans tous les mots sauf un.* Faire renommer à l'élève les dessins.

Discrimination visuelle – Séance 2

Phase 1 ■ Fichier p. 95 ■ Collectif : 15 min

Feuille Seyes (3 ou 4 mm) pour l'exercice 3

Exercice 3 :
- Montrer au préalable dans les airs le tracé de la lettre *y*.
- Leur demander de faire de même. Leur faire écrire plusieurs fois la lettre sur une feuille Seyes, en variant sa taille.

• Demander aux élèves d'expliquer le travail à réaliser. Faire lire ou lire la consigne et les mots. Puis laisser les élèves en autonomie.

Différenciation :
L'enseignant(e) lit les mots en articulant exagérément si besoin et l'élève en difficulté montre la colonne du son qu'il entend.
Faire colorier de couleur différentes la lettre qui précède le *y*.

Exercice 4 :

• Rappeler la double fonction du *y* (*i* + *i*, le premier *i* étant à la fin d'une syllabe et le second au début de la syllabe qui suit) dans les mots *voyage* (voi-iage) ou *payer* (pai-ier). Au préalable, rappeler aux élèves que les sons /oi/ ou /ai/ utilisent un *i*.

• Faire lire ou lire la consigne. C'est un exercice complexe qui demande une bonne compréhension de la double fonction de la lettre *y*. Ne pas hésiter à étayer.
un avion – un crayon – balayer – une radio

Différenciation :
L'enseignant(e) lit les mots en articulant exagérément si besoin et l'élève montre le son qu'il entend.
Certains élèves ne font pas cet exercice.

Phase 3 ■ Fichier p. 95 ■ Collectif et individuel : 10 min

Je m'entraine :

• Lire en collectif puis individuellement pendant que les autres élèves travaillent en autonomie sur les exercices 1 et 2.

• Demander aux élèves d'inventer une autre phrase avec les mots qu'ils viennent de lire.

• Contrôler la compréhension du petit texte. S'entrainer à le lire à voix haute en articulant.

Différenciation :
Les élèves en difficulté préparent avec l'enseignant(e) la lecture des mots avant la lecture collective. Ils s'entrainent à combiner en manipulant et en assemblant les étiquettes des graphèmes.

Compétences :
- Discriminer auditivement le son /ill/.
- Situer le son /ill/ dans un mot.
- Connaitre le graphème et les graphies /ill/.
- Associer le son /ill/ avec d'autres sons connus.
- Savoir écrire en les différenciant les sons /.y./ et /ill/.

Supports :
Fichier d'apprentissage du code pages 96-97, ardoise.

Exercices de phonologies préalables (5 min) :
L'enseignant(e) dit un virelangue et les élèves répètent.
piano, panier, piano, panier, piano, panier...
Il est nécessaire de pratiquer un rebrassage des connaissances qui ont été acquises sur les deux séances précédentes.

Discrimination auditive – Séance 1

Phase 1 ■ Collectif : 10 min

Trouver le son étudié.
- L'enseignant(e) lit la comptine suivante.
- Demander aux élèves de trouver les mots contenant le son étudié.

Au pays des gorilles,
Il y a une petite fille
Qui cherche sa famille.
Au pays des gorilles,
La petite fille gentille
S'est tordue la cheville.
Au pays des gorilles,
Avec quelques brindilles,
Elle s'est fait des béquilles.
Au pays des gorilles,
Pas plus vite qu'une chenille,
Elle rejoint sa famille.
(Bruno Basset)

Phase 2 ■ Ardoise ■ Collectif : 10 min

- Les mots de la poésie sont écrits au tableau.
fille – gorilles – famille – gentille – cheville – brindilles – béquilles – chenille
- On observe la graphie commune à tous les mots : *ille*.
- Les élèves dessinent, sur leur ardoise, le nombre de syllabes d'un mot en traçant des arcs de cercle, puis mettent une croix dans un des arcs pour indiquer où se situe le son.
- L'enseignant(e) propose alors d'autres mots tels que :
trouvaille – bouteille – fauteuil – feuille – nouille – fenouil
- La graphie /il/ ou /ille/ est toujours présente mais le son change en fonction de la ou des lettres qui précèdent.
- Les élèves trouvent d'autres mots qui sont écrits au tableau, on marque les syllabes avec des arcs et on note la place du son.

Phase 3 ■ Collectif : 5 min

- Prévoir un affichage de classe (ou la projection) du mot référent (*une fille*) ainsi que la graphie du son.
- Ouvrir le fichier et observer le mot référent : *une fille*.
- Le dire en articulant exagérément chaque syllabe.
- Les mots référents seront affichés sur le « mur des sons ».

Phase 4 ■ Fichier p. 96 ■ Individuel : 10 min

Exercice 1 :
- Demander aux élèves d'expliquer le travail à faire.
- Faire lire ou lire la consigne. Faire nommer ou nommer les dessins. Puis laisser les élèves en autonomie.
chenille – araignée – jonquille – guitare – papillon – quille – jardinier

Différenciation :
S'assurer que l'élève a bien compris le dessin : le lui faire renommer en articulant bien chaque syllabe.

Exercice 2 :
Demander aux élèves d'expliquer le travail à faire. Faire lire ou lire la consigne. Rappeler ce qu'est un intrus. Les lettres *il* sont dans tous les mots mais on n'entend pas le son /ill/ dans un mot. Faire nommer ou nommer les dessins et les mots en dessous. Puis laisser les élèves en autonomie.
une bille – une fille – une ile – un coquillage – une cheville

Différenciation :
Cet exercice demande une action inverse du précédent. La consigne peut donc être difficile à comprendre par les élèves fragiles. L'enseignant(e) peut la formuler autrement : *On entend le son /ill/ dans tous les mots sauf un.* Faire renommer à l'élève les dessins.

Exercice 3 :
Il s'agit de situer le son dans le mot représenté après avoir dessiné les arcs des syllabes. Faire lire ou lire la consigne. Faire nommer ou nommer les dessins et lire les mots en dessous. Faire remarquer que le son /ill/ peut s'écrire *ill* ou *y*, mais préciser que cette compétence sera travaillée dans les exercices 6 et 7. Ici, on fait surtout attention à sa place dans un mot. Puis laisser les élèves en autonomie.

Différenciation :
Pour l'élève en difficulté, l'enseignant(e) aide au tracé des arcs pour vérifier le nombre de syllabes et fait le 1er mot avec l'élève. Dire ou faire dire à voix haute les mots correspondant à chaque illustration en exagérant la prononciation.

Discrimination visuelle - Séance 2

Phase 1 ■ Fichier p. 96 ■ Collectif : 15 min

Après un rappel et la lecture des mots écrits au tableau lors de la séance 1, on passe à l'écriture des différents sons dans des syllabes. Veiller à rebrasser toutes les graphies */i./, /.y./, /il/, /ill/.*
L'aide de l'enseignant(e) est précieuse pour tous les élèves.

Exercice 4 :
Les élèves doivent compléter chaque mot avec les syllabes proposées : *iller* ou *iler*.
• Faire lire ou lire la consigne. Laisser les élèves en autonomie.
briller – empiler – déshabiller – filer

Différenciation :
L'enseignant(e) propose pour chaque mot un essai avec tous les sons. L'élève verbalise le bon mot et montre le son adéquat. Exemple : *briler* ou *briller* ; *empiler* ou *empiller* ; *déshabiler* ou *déshabiller.*

Exercice 5 :
• Faire lire la consigne et les mots. Laisser les élèves en autonomie.

Différenciation :
L'enseignant(e) réécrit les mots sur un même support pour faciliter l'entrée dans l'exercice.

Phase 2 ■ Fichier p. 97 ■ Collectif : 15 min

Exercice 6 :
Demander aux élèves d'expliquer le travail à réaliser. Faire lire ou lire la consigne, les mots de l'exercice 3 et les mots non barrés de l'exercice 2 (*bille, fille, coquillage, cheville*). Puis laisser les élèves en autonomie.

Différenciation :
L'enseignant(e) lit les mots en articulant exagérément si besoin et l'élève en difficulté montre la colonne du son qu'il entend.
Faire colorier de couleurs différentes les lettes *ill* ou la lettre *y* dans les mots.

Exercice 7 :
Les élèves doivent compléter chaque mot avec les lettres proposées : *y* ou *ill*.
• Faire lire ou lire la consigne. Les laisser en autonomie.
béquille – papillon – famille – gruyère – yeux – yaourt – nettoyer – billet – appuyer

Différenciation :
Si l'exercice est un peu complexe pour les élèves fragiles. Ils passent à la lecture du « Je m'entraine » avec l'enseignant(e).

Exercice 8 :
• Procéder comme précédemment pour ce type d'exercice.
• Demander aux élèves d'expliquer le travail à faire. Lire la consigne. Faire nommer ou nommer les dessins. Rappeler aux élèves que chaque bulle est une aide. Elle indique le mot-repère du son à écrire. Puis laisser les élèves en autonomie.
→ Les mots à écrire sont : *rayon* et *bille*.
• Les élèves peuvent aussi se reporter au plat 3 de couverture de leur fichier qui leur explique comment procéder.

Différenciation :
Prendre les élèves fragiles, s'assurer dans un premier temps que la consigne est comprise.
Demander de dire le mot représenté (*rayon*). Verbaliser et articuler exagérément. Commencer à remplir le quadrillage avec eux.

Phase 3 ■ Fichier p. 97 ■ Collectif et individuel : 10 min

Je m'entraine :
• Lire en collectif puis individuellement pendant que les autres élèves travaillent en autonomie sur l'exercice 6.
• Demander aux élèves d'inventer une autre phrase avec les mots qu'ils viennent de lire.
• Contrôler la compréhension du petit texte. S'entrainer à le lire à voix haute en articulant.

Différenciation :
Les élèves en difficulté préparent avec l'enseignant(e) la lecture des mots avant la lecture collective. Ils s'entrainent à combiner en manipulant et en assemblant les étiquettes des graphèmes.

ail eil euil ouil

ail aill eil eill euil euill ouil ouill

Fichier d'apprentissage du code pp. 98-99

Compétences :
- Discriminer auditivement les sons /ail/, /eil/, /euil/, /ouil/.
- Situer les sons /ail/, /eil/, /euil/, /ouil/ dans un mot.
- Connaitre le graphème et les graphies de /ail/, /eil/, /euil/, /ouil/.
- Associer les sons /ail/, /eil/, /euil/, /ouil/ avec d'autres sons connus.

Supports :
Fichier d'apprentissage du code pages 98-99, ardoise.

Exercices de phonologie préalables (5 min) :
Trouver des mots qui commencent par le son *i* (exemple : *hiver).*
Dire : *Il n'y aura pas d'i « ver ».*
Prolonger le jeu : Les élèves doivent trouver d'autres mots en *i* (exemple : *image, ivoire...)* et dire la même phrase *(Il n'y aura pas d'« i mage »...).*

Discrimination auditive - Séance 1

Phase 1 ■ Ardoise ■ Collectif : 10 min

- Fabriquer des étiquettes, sur lesquelles sont écrits les mots ci-dessous, à distribuer aux élèves. Leur faire reproduire sur leur cahier un tableau avec quatre colonnes *ail aill – euil euill – eil eill – ouil ouill* et leur demander d'y classer les étiquettes-mots.

paille	écureuil	travailler	fauteuil
embouteiller	nouille	grenouille	fenouil
citrouille	portail	feuille	médailler

- Lors de la mise en commun, on observe la graphie commune à tous les mots *: ille, il* mais le son change en fonction de la lettre qui le précède.
- Les élèves dessinent, sur leur ardoise, le nombre de syllabes d'un des mots du tableau en traçant des arcs de cercle, puis mettent une croix dans un des arcs pour indiquer où se situe le son.
- Les élèves choisissent d'autres mots écrits dans le tableau, ils marquent les syllabes avec des arcs et notent la place du son.

Phase 2 ■ Collectif : 5 min

- Prévoir un affichage de classe (ou la projection) des mots référents (*abeille, médaille, feuille, grenouille*) ainsi que les graphies des sons.
- Ouvrir le fichier et observer les mots référents : *abeille, médaille, feuille, grenouille*.
- Dire ces mots en articulant exagérément chaque syllabe.
- Les mots référents seront affichés sur le « mur des sons ».

Phase 3 ■ Fichier p. 98 ■ Individuel : 10 min

Exercice 1 :
- Demander aux élèves d'expliquer le travail à faire.
- Faire lire ou lire la consigne. Écrire au tableau la graphie de *ail* en rouge et *eil* en vert.
- Faire nommer ou nommer les dessins. Puis laisser les élèves en autonomie.

vitrail – épouvantail – réveil – abeille – soleil – caillou – médaille

Différenciation :
S'assurer que l'élève a bien compris le dessin : le lui faire renommer. Distribuer des étiquettes /ail/ et /eil/, les élèves fragiles montrent ce qu'ils entendent avant d'entourer.

Exercice 2 :
- Faire lire la consigne. Écrire au tableau la graphie de *euil* en bleu et *ouil* en vert.
- Faire nommer ou nommer les dessins. Puis laisser les élèves en autonomie.

nouille – feuille – fauteuil – grenouille – écureuil – citrouille

Différenciation :
S'assurer que l'élève a bien compris le dessin : le lui faire renommer. Bien articuler en renommant les dessins. Distribuer des étiquettes /ouil/ et /euil/, les élèves fragiles montrent ce qu'ils entendent avant d'entourer.

Exercice 3 :
Il s'agit de barrer l'intrus dans la ligne.
- Faire lire la consigne. Nommer ou faire nommer les dessins et les mots en dessous. L'attention des élèves est attirée sur le fait que l'absence du *i* entre le *e* et le *l* change le son.

Différenciation :
Pour l'élève en difficulté, l'enseignant(e) donne les mots en articulant exagérément.

Exercice 4 :
Cet exercice est une activité de discrimination visuelle et permet d'anticiper sur la séance 2.

Demander aux élèves d'expliquer le travail à réaliser. Faire lire ou lire la consigne et les mots à placer dans le tableau. Puis laisser les élèves en autonomie.

Différenciation :
L'enseignant(e) lit les mots en articulant exagérément si besoin et l'élève en difficulté montre la colonne du son qu'il entend.
Faire colorier de couleurs différentes les lettres *ail, aill, euil, euill, eil, eill, ouil, ouill.*

Discrimination visuelle - Séance 2

Phase 1 ■ Fichier p. 99 ■ Collectif : 15 min

Après un rappel et la lecture de mots écrits sur le tableau, lors de la séance 1, on passe à l'écriture des différents sons dans des syllabes. On veille à rebrasser toutes les graphies /i/, /y/, /il/, /ill/.
L'aide de l'enseignant(e) est précieuse pour tous les élèves.

Exercice 5 :
Les élèves doivent compléter chaque mot avec les syllabes proposées : *ail* ou *eil*.
• Faire lire ou lire la consigne. Les laisser en autonomie.
réveil – sommeil – travail – portail

Différenciation :
L'enseignant(e) propose, pour chaque mot, un essai avec tous les sons. L'élève verbalise le bon mot et montre le son adéquat. Exemple : *révail* ou *réveil*.
L'enseignant(e) peut, pour les élèves les plus en avance, faire entourer le déterminant.

Exercice 6 :
Les élèves doivent compléter chaque mot avec les syllabes proposées : *aille* ou *eille*.
• Faire lire ou lire la consigne. Les laisser en autonomie.
bouteille – bataille – groseille – muraille

Différenciation :
L'enseignant(e) propose pour chaque mot un essai avec tous les sons. L'élève verbalise le bon mot et montre l'étiquette du son adéquat. Exemple : *boutaille* ou *bouteille*.
L'enseignant(e) peut pour les élèves les plus en avance faire entourer le déterminant.

Exercice 7 :
Les élèves doivent compléter chaque mot avec les syllabes proposées : *euil* ou *ouil*.
• Faire lire ou lire la consigne. Les laisser en autonomie.
fauteuil – seuil – fenouil – écureuil

Différenciation :
L'enseignant(e) propose pour chaque mot un essai avec tous les sons. L'élève verbalise le bon mot et montre l'étiquette du son adéquat. Exemple : *fauteuil* ou *fautouil*.
L'enseignant(e) peut, pour les élèves les plus en avance, faire entourer le déterminant.

Exercice 8 :
Les élèves doivent compléter chaque mot avec les syllabes proposées : *euille* ou *ouille*.
• Faire lire ou lire la consigne. Les laisser en autonomie.
citrouille – nouille – feuille – rouille

Différenciation :
L'enseignant(e) propose pour chaque mot un essai avec tous les sons. L'élève verbalise le bon mot et montre l'étiquette du son adéquat. Exemple : *citreuille* ou *citrouille*.
L'enseignant(e) peut, pour les élèves les plus en avance, faire entourer le déterminant.

Exercice 9 :
• Procéder comme précédemment pour ce type d'exercice.
• Demander aux élèves d'expliquer le travail à faire. Lire la consigne. Faire nommer ou nommer les dessins. Rappeler aux élèves que chaque bulle est une aide. Elle indique le mot-repère du son à écrire. Puis laisser les élèves en autonomie.
→ Les mots à écrire sont : *oreille* et *caillou*.
• Les élèves peuvent aussi se reporter au plat 3 de couverture de leur fichier qui leur explique comment procéder.

Différenciation :
Prendre les élèves fragiles, s'assurer dans un premier temps que la consigne est comprise.
Demander de dire le mot représenté (*oreille*). Verbaliser et articuler exagérément. Commencer à remplir le quadrillage avec eux.

Phase 2 ■ Fichier p. 99 ■ Collectif et individuel : 10 min

Je m'entraine :
• Lire en collectif puis individuellement pendant que les autres élèves travaillent en autonomie sur les exercices 5, 6, 7 et 8.
• Demander aux élèves d'inventer une autre phrase avec les mots qu'ils viennent de lire.
• Contrôler la compréhension du petit texte. S'entrainer à le lire à voix haute en articulant.

Différenciation :
Les élèves en difficulté préparent avec l'enseignant(e) la lecture des mots avant la lecture collective. Ils s'entrainent à combiner en manipulant et en assemblant les étiquettes des graphèmes.

Compétences :
- Connaitre des valeurs de la lettre *x*.
- Situer le son /x/ dans des mots.
- Connaitre le graphème et les graphies de /x/.
- Associer le son /x/ avec d'autres sons connus.

Supports :
Fichier d'apprentissage du code pages 100-101, ardoise, feuille Seyes.

Exercices de phonologie préalables (5 min) :
Trouver des mots avec le son *eille*.
Cette dernière séance revient sur l'écriture évoquée à la séance précédente de *aill/eill/euill/ouill*. Elle permet de fixer l'orthographe de certains mots.
Un travail parallèle pourra être mené pour savoir comment choisir *il* ou *ille* en observant le masculin ou le féminin des mots.

Discrimination auditive et visuelle – Séance 1

Phase 1 ■ Collectif : 10 min

Trouver le son étudié.
- L'enseignant(e) lit la comptine suivante.
- Demander aux élèves de trouver les mots contenant le son étudié.

Aller au Mexique avec son xylophone
C'est extraordinaire.
Prendre un taxi à Mexico
C'est exotique.
Et faire de la boxe à Xichang
C'est excitant.

→ Pour chaque mot contenant la lettre *x*, trouver le nombre de syllabes et situer le son /ks/ ou /gz/.

Phase 2 ■ Ardoise ■ Collectif : 15 min

Sur le support ardoise l'enseignant(e) vérifie le degré de discrimination ; par exemple sur un côté de l'ardoise les élèves écrivent /gz/ et de l'autre côté /ks/. Il donne les mots de la comptine *(Mexique, xylophone, extraordinaire...)* et l'élève montre le bon côté. Il peut procéder de la même façon avec les autres sons de la lettre *x* si besoin.
Cette phase va permettre de trouver les différentes correspondances grapho-phonétique.
- L'enseignant(e) fabrique des étiquettes que les élèves devront classer en fonction du son entendu. Les mots de la comptine sont repris pour faciliter le travail de tri mais les sons /z/ et /s/ sont présents ainsi que la lettre *x* muette.

Mexico	deuxième	exotique	boxe
six	taxi	extraordinaire	dix
deux	paix	xylophone	sixième

- La mise en commun va permettre une validation des différents sons entendus ou non. Les élèves dessinent le nombre de syllabes d'un mot en traçant des arcs de cercle, puis mettent une croix dans un des arcs pour indiquer où se situent les sons.
- Demander aux élèves de trouver des mots avec ces sons.

Phase 3 ■ Collectif : 5 min

- Prévoir un affichage de classe (ou la projection) des mots référents (*taxi, exercice*) ainsi que les écritures de la lettre *x*.
- Ouvrir le fichier et observer les mots référents : *taxi, exercice.* Par souci de simplification, seuls deux sons de la lettre *x* sont traités sur le fichier.
- Dire ces mots en articulant exagérément chaque syllabe.
- Situer à quel endroit on entend le son en visualisant les arcs de syllabes au tableau.
- Les mots référents seront affichés sur le « mur des sons ».

Phase 4 ■ Fichier p. 100 ■ Individuel : 10 min

Feuille Seyes (3 ou 4 mm) pour l'exercice 2

Exercice 1 :
Demander aux élèves d'expliquer le travail à faire. Faire lire ou lire la consigne. Faire nommer ou nommer les dessins. Puis laisser les élèves en autonomie.
bijoux – taxi – maison – houx – exercice – escargot

Différenciation :
S'assurer que l'élève a bien compris le dessin : le lui faire renommer. Articuler exagérément si besoin.

Exercice 2 :
- Montrer au préalable dans les airs le tracé de la lettre *x*.
- Leur demander de faire de même. Leur faire écrire plusieurs fois la lettre sur une feuille Seyes, en variant sa taille.
- Demander aux élèves d'expliquer le travail à réaliser. Faire lire ou lire la consigne et les mots. Puis laisser les élèves en autonomie.

Différenciation :
L'enseignant(e) lit les mots en articulant exagérément si besoin et l'élève en difficulté montre la colonne du son qu'il entend.
Pour l'élève en difficulté l'enseignant(e) peut associer l'image d'un taxi au son /ks/ et l'image d'un xylophone au son /gz/.

Exercice 3 :
Il s'agit de lire les mots et de trouver l'intrus.
• Faire lire ou lire la consigne et les mots, ligne par ligne. Réexpliquer ce qu'est un intrus.
• En collectif, faire trouver le critère de collection des mots de la première ligne aux élèves.
Laisser les élèves en autonomie.

Différenciation :
C'est l'enseignant(e) qui lit la liste des mots et la répète jusqu'à ce que la discrimination soit acquise.

Discrimination auditive et visuelle - Séance 2

Phase 1 ■ Collectif : 10 min

Un rappel de la séance précédente est nécessaire avec reprise du dispositif de tri de la phase 2. Il est encore difficile à ce stade de faire écrire des syllabes et des mots.

Phase 2 ■ Fichier p. 101 ■ Individuel : 15 min

Exercice 4 :
En coloriant les mots qui se touchent par un côté de la case, les élèves doivent trouver, en lisant les mots, un chemin qui les mène de « fixe » à « silex ». Il sera nécessaire d'expliquer la signification de certains mots.
• Les laisser en autonomie.
fixe → vexer → mixte → axe → luxe → boxer → silex

Différenciation :
La lecture est assurée par l'enseignant(e) qui articule exagérément si besoin.

Exercice 5 :
Les élèves doivent trouver, en lisant les mots, un chemin qui les mène de « exagérer » à « exiger » en coloriant les mots qui se touchent par un côté de la case.
• Les laisser en autonomie.
exagérer → xylophone → exiler → exister → exotique → exact → exiger

Différenciation :
La lecture est assurée par l'enseignant(e) qui articule exagérément si besoin.

Exercice 6 :
Les élèves doivent écrire des mots dans une grille. Certains de ces mots sont disponibles dans les exercices précédents.
• Faire lire ou lire la consigne. Bien expliquer le principe d'écriture d'une lettre par case.
• Laisser les élèves en autonomie.

Différenciation :
Mettre à disposition des élèves des étiquettes sur lesquelles les mots sont déjà écrits. L'élève les lit avec l'aide de l'enseignant(e).

Phase 3 ■ Fichier p. 101 ■ Collectif et individuel : 10 min

Je m'entraine :
• Lire en collectif puis individuellement pendant que les autres élèves travaillent en autonomie sur les exercices 4 et 5.
• Demander aux élèves d'inventer une autre phrase avec les mots qu'ils viennent de lire.
• Contrôler la compréhension du petit texte. S'entrainer à le lire à voix haute en articulant.

Différenciation :
Les élèves en difficulté préparent avec l'enseignant(e) la lecture des mots avant la lecture collective. Ils s'entrainent à combiner en manipulant et en assemblant les étiquettes des graphèmes.

Bilan 5

Fichier d'apprentissage du code pp. 102-103

Compétence :
Identifier les sons /g/, /eu/, /gn/, /ett/, /ess/, /ec/... /oin/, /i./, /.y./, /ill/, /x/ et leurs graphèmes pour déchiffrer des mots.
Support :
Fichier d'apprentissage du code pages 102-103.

Activité préalable :
À l'aide d'un syllabaire ou d'étiquettes, entrainer les élèves à lire les sons à évaluer.

Exercice 1 :

Compétences :
Retrouver et différencier les sons /g/ et /j/ et savoir écrire des mots avec ces sons.

• Lire ou faire lire la consigne et les mots.
• S'assurer de la compréhension de la consigne en donnant un exemple : *tigre – girafe*.

Différenciation :
Faire redire par les élèves le mot référent de chaque son, leur montrer et leur réexpliquer sur une affiche ou sur le fichier : « C'est le *g* de *dragon*. C'est le */j/* de *journal*. ».

Exercice 2 :

Compétences :
Retrouver et différencier les différentes graphies de /g/.

• L'enseignant(e) rappelle que seul *g* + *a, o, u, l*...fait le son /g/.
• L'élève colorie les syllabes dans lesquelles il entend le son /g/.

Différenciation :
Entourer un ou deux exemples de sons /g/ dans le tableau.

Exercice 3 :

Compétences :
Retrouver et différencier les sons /e/ et /eu/ et savoir écrire des mots avec ces sons.

• Un élève lit la consigne. L'exercice est réalisé en autonomie.
renard – feu – bleu – coiffeur – deux – heure – chasseur – demain

Différenciation :
L'enseignant(e) lit le premier mot exagérément si besoin et valide avec l'élève le son avant de l'écrire dans le fichier.

Exercice 4 :

Compétences :
Retrouver et différencier les sons /ion/ et /oin/ et savoir écrire des mots avec ces sons.

• Un élève lit la consigne. L'exercice est réalisé en autonomie.
soin – besoin – camion – région – pointure – avion

Différenciation :
L'enseignant(e) lit le premier mot exagérément si besoin et valide avec l'élève le son avant de l'écrire dans le fichier.

Exercice 5 :

Compétences :
Retrouver et différencier les différentes graphies de /x/.

• L'enseignant(e) rappelle que *x* se prononce parfois /gz/, parfois /ks/, parfois /s/ et parfois on ne l'entend pas.
• L'élève colorie les syllabes dans lesquelles il entend le son /s/.

Différenciation :
Entourer un exemple de chaque différente prononciation de sons /s/ dans le tableau.

Exercice 6 :

Compétences :
Retrouver et différencier les sons /g/ et /gn/ et savoir écrire des mots avec ces sons.

• Lire ou faire lire la consigne et les mots.
• S'assurer de la compréhension de la consigne en donnant un exemple : *guitare – signal*.

Différenciation :
Faire redire par les élèves le mot référent de chaque son, leur montrer et leur réexpliquer sur une affiche ou sur le fichier : « C'est le *g* de *dragon*. C'est le */gn/* de *montagne*. ».

Exercice 7 :

Compétence :
Savoir associer des syllabes.

• Lire ou faire lire la consigne. Faire nommer ou nommer les images.

• S'assurer de la bonne compréhension de la consigne en donnant un exemple.

Différenciation :
Mettre à disposition des élèves des étiquettes avec les syllabes : *gne, pa, go, leil, nier, ci, so.*

Exercice 8 :

Compétences :
Savoir associer des syllabes.

• Lire ou faire lire la consigne. Faire nommer ou nommer les images.
• S'assurer de la bonne compréhension de la consigne en donnant un exemple.

Différenciation :
Mettre à disposition des élèves des étiquettes avec les syllabes : *chette, ma, bou, gi, teille, cien, four.*

Exercice 9 :

Compétences :
Savoir écrire des syllabes connues.

• Écrire : *ga – gui – gou – gnon – gne – teil(teille) – vail(vaille) – pion – vian – tier – foin – loin – dette – lette – bel(belle) – sel(selle) – tel(telle).*
• Systématiquement, dire la syllabe trois fois en articulant exagérément si besoin, puis demander aux élèves de l'écrire.

Consolidation b – d b – p

Fichier d'apprentissage du code p. 104

Il s'agit ici de séances de remédiation qui ne sont pas obligatoires mais à proposer en fonction des élèves et de leurs difficultés. Tous les mots à compléter, à reconstituer ou à recopier dans un tableau sont décodables par les élèves (selon la progression du fichier).

Compétences :
- Discriminer auditivement les sons /b/, /d/ et /b/, /p/.
- Discriminer visuellement les graphèmes *b, d* et *b, p*.
- Situer les sons /b/, /d/ et /p/ dans un mot.
- Connaitre le graphème et les graphies des sons /b/, /d/ et /p/.
- Associer les graphèmes *b, d* et *p* avec d'autres graphèmes connus.

Supports :
Fichier d'apprentissage du code page 104, ardoise.

b – d

Phase 1 ■ Ardoise ■ Collectif : 15 min

L'enseignant(e) explique clairement que le travail de cette séance porte sur la différenciation de deux sons proches : le /b/ de *balançoire* et le /d/ de *domino*.
- Sur ardoise, les élèves essaient d'écrire les mots : *bouche* et *douche*.
- Les mots sont écrits au tableau par deux élèves. Puis les deux graphèmes sont entourés.
- Les élèves s'entrainent à tracer ces deux lettres proches. Montrer au préalable dans les airs le tracé de chaque lettre. L'enseignant(e) insiste sur les différences visuelles : en script le *b* a un « bidon » ou la forme d'une botte, alors que le *d* a une bosse dans le « dos », en cursive le *b* forme une grande boucle alors que le *d* ressemble au script avec sa « bosse » dans le dos. Demander aux élèves de faire de même. Sur ardoise, leur faire écrire plusieurs fois chaque lettre, en variant sa taille.
- L'enseignant(e) demande aux élèves de chercher de quelles lettres on aura besoin pour écrire les syllabes : *bé, bou, do, dou*.
- Essais, mise en commun, en articulant bien pour écrire l'ordre des sons entendus.
- Les élèves doivent ensuite trouver des mots dans lesquels on entend ces syllabes. Ils sont écrits au tableau pour bien visualiser.
- Sur le support ardoise, les élèves écrivent les syllabes dictées par l'enseignant(e) : *da, bon, ba, du, ba, dan*.

Phase 2 ■ Ardoise ■ Fichier p. 104 ■ Individuel : 10 min

- Utiliser le code /d/ sur un côté de l'ardoise et /b/ sur l'autre côté de l'ardoise. L'enseignant(e) dit les mots et les élèves montrent le bon côté de l'ardoise selon qu'ils entendent le son /b/ ou /d/.

directrice – ballon – barbe – habit – ronde – panda

Exercice 1 :
Lire la consigne, demander aux élèves d'expliquer le travail à faire. Faire nommer ou nommer les dessins. Puis laisser les élèves en autonomie.
douche – bouche – dent – bateau – banc – radeau

Différenciation :
S'assurer que l'élève a bien compris le dessin : le lui faire renommer. Articuler exagérément si besoin.

Exercice 2 :
Il s'agit de reconnaitre les graphies de /b/ et de /d/.
- L'enseignant(e) fait un rapide rappel des différences entre l'écriture du /b/ et celle du /d/.
- Lire la consigne, demander aux élèves d'expliquer le travail à faire. Puis laisser les élèves en autonomie.

Exercice 3 :
- Lire la consigne, demander aux élèves d'expliquer le travail à faire. Faire nommer ou nommer les dessins. Puis laisser les élèves en autonomie.

banane – domino – boule – douche

Différenciation :
Mettre à disposition des élèves des étiquettes *ba, do, bou, dou*. L'enseignant(e) procède mot à mot et demande à l'élève de montrer l'étiquette qui correspond au mot avant d'écrire la syllabe.

b – p

Phase 1 ■ Ardoise ■ Collectif : 15 min

• L'enseignant(e) explique clairement que le travail de cette séance porte sur la différenciation de deux sons proches le /b/ de *balançoire* et le /p/ de *chapeau*.
• Les élèves essaient d'écrire sur leurs ardoises les mots : *boule* et *poule*.
• Les mots sont écrits au tableau par deux élèves. Puis les deux graphèmes sont entourés.
• Les élèves s'entrainent à tracer ces deux lettres proches. Montrer au préalable dans les airs le tracé de chaque lettre. L'enseignant(e) insiste sur les différences visuelles : en script le *b* a un « bidon » alors que le *p* a une « patte » qui descend, en cursive le *b* forme une grande boucle alors que le *p* ressemble au script avec sa patte qui descend. Demander aux élèves de faire de même. Leur faire écrire plusieurs fois chaque lettre sur leur ardoise, en variant sa taille.
• L'enseignant(e) demande aux élèves de chercher de quelles lettres on aura besoin pour écrire les syllabes : *pou, bo, bou, pi*.
• Essais, mise en commun, en articulant bien pour écrire l'ordre des sons entendus.
• Les élèves doivent ensuite trouver des mots dans lesquels on entend ces syllabes. Ils sont écrits au tableau pour bien visualiser.
• Sur le support ardoise, les élèves écrivent les syllabes dictées par l'enseignant(e) : *pe, ba, bon, pan, ban*.

Phase 2 ■ Fichier p. 104 ■ Individuel : 10 min

• Utiliser le code /b/ sur un côté de l'ardoise et /p/ sur l'autre côté de l'ardoise. L'enseignant(e) dit les mots et les élèves montrent le bon côté de l'ardoise selon qu'ils entendent /b/ ou /p/.
bonbon – biberon – nappe – palme – boite – panda

Exercice 1 :
Lire la consigne, demander aux élèves d'expliquer le travail à faire. Faire nommer ou nommer les dessins. Puis laisser les élèves en autonomie.
poule – bracelet – boule – paille – poisson – chapeau

Différenciation :
S'assurer que l'élève a bien compris le dessin : le lui faire renommer. Articuler exagérément si besoin.

Exercice 2 :
Il s'agit de reconnaitre les graphies des sons /b/ ou /p/.
• L'enseignant(e) fait un rapide rappel des différences entre l'écriture du /b/ et celle du /p/.
• Lire la consigne, demander aux élèves d'expliquer le travail à faire. Puis laisser les élèves en autonomie.

Exercice 3 :
• Lire la consigne, demander aux élèves d'expliquer le travail à faire. Faire nommer ou nommer les dessins. Puis laisser les élèves en autonomie.
poule – lavabo – bouchon – pirate

Différenciation :
Mettre à disposition des élèves des étiquettes syllabes *pou, le, la, va, bo, bou, chon, pi, ra, te*. L'enseignant(e) procède mot à mot et demande à l'élève de montrer les étiquettes qui correspondent au mot avant d'écrire la syllabe.

Consolidation m – n on – an

Fichier d'apprentissage du code p. 105

Il s'agit ici de séances de remédiation qui ne sont pas obligatoires mais à proposer en fonction des élèves et de leurs difficultés. Tous les mots à compléter, à reconstituer ou à recopier dans un tableau sont décodables par les élèves (selon la progression du fichier).

Compétences :
- Discriminer auditivement les sons /m/ et /n/ et les sons /on/ et /an/.
- Discriminer visuellement les graphèmes *m* et *n* et les graphèmes *on* et *an*.
- Situer les sons /m/, /n/, /on/ et /an/ dans un mot.
- Connaitre le graphème et les graphies des sons /m/, /n/, /on/ et /an/.
- Associer les graphèmes *m, n, on* et *an* avec d'autres graphèmes connus.

Supports :
Fichier d'apprentissage du code page 105, ardoise.

m – n

Phase 1 ■ Ardoise ■ Collectif : 15 min

- L'enseignant(e) explique clairement que le travail de cette séance porte sur la différenciation de deux sons proches, le /m/ de *maison* et le /n/ d'*âne*.
- Sur ardoise, les élèves essaient d'écrire le mot : *domino*.
- Le mot est écrit au tableau par un élève. Puis les deux graphèmes sont entourés.
- Les élèves s'entrainent à tracer ces deux lettres proches. Montrer au préalable dans les airs le tracé de la lettre. L'enseignant(e) insiste sur les différences visuelles : en script le *m* a deux ponts alors que le *n* n'en a qu'un, en cursive le *m* se forme en traçant trois ponts alors qu'on ne trace que deux ponts pour le *n*. Demander aux élèves de faire de même. Sur ardoise, leur faire écrire plusieurs fois chaque lettre, en variant sa taille.
- L'enseignant(e) demande aux élèves de chercher de quelles lettres on aura besoin pour écrire les syllabes : *mi, ma, nou, mar, nar, ne, na.*
- Essais, mise en commun, en articulant bien pour écrire l'ordre des sons entendus.
- Les élèves doivent ensuite trouver des mots dans lesquels on entend ces syllabes. Ils sont écrits au tableau pour bien visualiser.
- Sur le support ardoise, les élèves écrivent les syllabes dictées par l'enseignant(e) : *mon, ni, nur, man, nor.*

Phase 2 ■ Ardoise ■ Fichier p. 105 ■ Individuel : 10 min

- Utiliser le code /m/ sur un côté de l'ardoise et /n/ sur l'autre côté de l'ardoise. L'enseignant(e) dit les mots et les élèves montrent le bon côté de l'ardoise selon qu'ils entendent /m/ ou /n/.

marcher – lune – ramer – film – navet – animal

Exercice 1 :
Lire la consigne, demander aux élèves d'expliquer le travail à faire. Faire nommer ou nommer les dessins. Puis laisser les élèves en autonomie.
téléphone – prune – allumettes – moustache – fourmi – niche

Différenciation :
S'assurer que l'élève a bien compris le dessin : le lui faire renommer. Articuler exagérément si besoin.

Exercice 2 :
Il s'agit de reconnaitre les graphies des sons /m/ ou /n/.
- L'enseignant(e) fait un rapide rappel des différences entre l'écriture du *m* et celle du *n*.
- Lire la consigne, rappeler ce que le mot « coche » signifie, demander aux élèves d'expliquer le travail à faire. Puis laisser les élèves en autonomie.

Exercice 3 :
- Lire la consigne, demander aux élèves d'expliquer le travail à faire. Puis laisser les élèves en autonomie.

Différenciation :
L'enseignant(e) procède mot à mot et, pour chaque mot, demande à l'élève d'essayer les deux phonèmes. Exemple : *un ami* ou *un ani*.

on – an

Phase 1 ■ Ardoise ■ Collectif : 15 min

• L'enseignant(e) explique clairement que le travail de cette séance porte sur la différenciation de deux sons proches le /on/ de *poisson* et le /an/ de *panda*.
• Sur ardoise, les élèves essaient d'écrire les mots : *bidon* et *demande*.
• Les mots sont écrits au tableau par deux élèves. Puis les deux graphèmes sont entourés.
• Les élèves s'entrainent à tracer ces deux graphèmes proches. Montrer au préalable dans les airs le tracé du graphème. L'enseignant(e) insiste sur les différences visuelles : en script le *a* a une canne, en cursive le *o* se termine par une boucle en haut du cercle alors que le *a* possède une canne. Demander aux élèves de faire de même. Sur ardoise, leur faire écrire plusieurs fois les graphèmes, en variant leurs tailles.
• L'enseignant(e) demande aux élèves de chercher de quelles lettres on aura besoin pour écrire les syllabes : *mon, can, bon, dan, ton.*
• Essais, mise en commun, en articulant bien pour écrire l'ordre des sons entendus.
• Les élèves doivent ensuite trouver des mots dans lesquels on entend ces syllabes. Ils sont écrits au tableau pour bien visualiser.
• Sur le support ardoise, les élèves écrivent les syllabes dictées par l'enseignant(e) : *von, jan, fon, son, lan.*

Phase 2 ■ Ardoise ■ Fichier p. 105 ■ Individuel : 10 min

• Utiliser le code /on/ sur un côté de l'ardoise et /an/ sur l'autre côté de l'ardoise. L'enseignant(e) dit les mots et les élèves montrent le bon côté de l'ardoise selon qu'ils entendent /on/ ou /an/.
ranger – manger – bouton – emmener – ombre – blouson

Exercice 1 :
Lire la consigne, demander aux élèves d'expliquer le travail à faire. Faire nommer ou nommer les dessins. Puis laisser les élèves en autonomie.
tente – ballon – dent – mouton – pompier – kangourou

Différenciation :
S'assurer que l'élève a bien compris le dessin : le lui faire renommer. Articuler exagérément si besoin.

Exercice 2 :
Il s'agit de reconnaitre les graphies des sons /on/ ou /an/.
• L'enseignant(e) fait un rapide rappel des différences entre l'écriture du *on* et celle du *an*.
• Lire la consigne, demander aux élèves d'expliquer le travail à faire. Puis laisser les élèves en autonomie.

Exercice 3 :
• Lire la consigne, demander aux élèves d'expliquer le travail à faire. Puis laisser les élèves en autonomie.

Différenciation :
L'enseignant(e) procède mot à mot et, pour chaque mot, demande à l'élève d'essayer les deux phonèmes. Exemple : *An donse* ou *On danse*…

Consolidation f – v en – ne

Fichier d'apprentissage du code p. 106

Il s'agit ici de séances de remédiation qui ne sont pas obligatoires mais à proposer en fonction des élèves et de leurs difficultés. Tous les mots à compléter, à reconstituer ou à recopier dans un tableau sont décodables par les élèves (selon la progression du fichier).

Compétences :
- Discriminer auditivement les sons /f/ et /v/.
- Discriminer visuellement les graphèmes *en* et *ne*.
- Situer les sons /f/ et /v/ /en/ et /ne/ dans un mot.
- Connaitre le graphème et les graphies des sons /f/, /v/, /en/ et /ne/.
- Associer les graphèmes *f, v, en* et *ne* avec d'autres graphèmes connus.

Supports :
Fichier d'apprentissage du code page 106, ardoise.

f – v

Phase 1 ■ Ardoise ■ Collectif : 15 min

- L'enseignant(e) explique clairement que le travail de cette séance porte sur la différenciation de deux sons proches le /f/ de *fusée* ou de *phare* et le /v/ de *vélo*.
- Sur ardoise, les élèves essaient d'écrire les mots : *vite* et *foudre*.
- Les mots sont écrits au tableau par deux élèves. Puis les deux graphèmes sont entourés.
- Les élèves s'entrainent à tracer ces deux graphèmes. Montrer au préalable dans les airs le tracé du graphème. L'enseignant(e) insiste sur les différences visuelles : en script le *f* est une lettre qui monte, en cursive le *f* se trace en faisant une boucle vers le haut et une vers le bas alors que le *v* ne dépasse pas de la ligne. Demander aux élèves de faire de même. Sur ardoise, leur faire écrire plusieurs fois chaque lettre, en variant leurs tailles.
- L'enseignant(e) demande aux élèves de chercher de quelles lettres on aura besoin pour écrire les syllabes : *von, pho* (ou *fo*), *val, fa* (ou *pha*).
- Essais, mise en commun, en articulant bien pour écrire l'ordre des sons entendus.
- Les élèves doivent ensuite trouver des mots dans lesquels on entend ces syllabes. Ils sont écrits au tableau pour bien visualiser.
- Sur le support ardoise, les élèves écrivent les syllabes dictées par l'enseignant(e) : *vou, voi, foi, for, vul.*

Phase 2 ■ Ardoise ■ Fichier p. 106 ■ Individuel : 10 min

- Utiliser le code /f/ sur un côté de l'ardoise et /v/ sur l'autre côté de l'ardoise. L'enseignant(e) dit les mots et les élèves montrent le bon côté de l'ardoise selon qu'ils entendent /f/ ou /v/.

vitre – finir – locomotive – enfermer – four – vaisselle

Exercice 1 :
Lire la consigne, demander aux élèves d'expliquer le travail à faire. Faire nommer ou nommer les dessins. Puis laisser les élèves en autonomie.
valise – dauphin – cheval – phoque – fourmi – confiture – lavabo

Différenciation :
S'assurer que l'élève a bien compris le dessin : le lui faire renommer. Articuler exagérément si besoin.

Exercice 2 :
Il s'agit de reconnaitre les graphies des sons /f/ ou /v/.
- L'enseignant(e) fait un rapide rappel des différences entre l'écriture du *f*, du *ph* et celle du *v*.
- Lire la consigne et les mots à classer, demander aux élèves d'expliquer le travail à faire. Puis laisser les élèves en autonomie.

Différenciation :
Entourer un exemple de chaque graphie. Mettre à disposition des élèves les étiquettes des mots pour qu'ils les placent dans le tableau.

Exercice 3 :
- Lire la consigne, faire lire les syllabes, demander aux élèves d'expliquer le travail à faire. Puis laisser les élèves en autonomie.

Différenciation :
Mettre à disposition des élèves des étiquettes *che, ri, to, val, von, fa, pho, ne, sa.* L'enseignant(e) procède mot à mot et demande à l'élève de montrer l'étiquette qui correspond au mot avant d'écrire le mot.

en – ne

Phase 1 ■ Ardoise ■ Collectif : 15 min

• L'enseignant(e) explique clairement que le travail de cette séance porte sur la différenciation de deux graphies proches : *ne* et *en*.
• Sur ardoise, les élèves essaient d'écrire les mots : *lune* et *lente*.
• Les mots sont écrits au tableau par deux élèves. Puis les deux graphèmes sont entourés.
• Les élèves s'entrainent à tracer ces deux graphèmes proches. Montrer au préalable dans les airs le tracé des graphèmes. L'enseignant(e) insiste sur l'ordre des lettres. Demander aux élèves de faire de même. Sur ardoise, leur faire écrire plusieurs fois les graphèmes, en variant leurs tailles.
• L'enseignant(e) demande aux élèves de chercher de quelles lettres on aura besoin pour écrire les syllabes : *ne, line, ten, ane, ren*.
• Essais, mise en commun, en articulant bien pour écrire l'ordre des sons entendus.
• Les élèves doivent ensuite trouver des mots dans lesquels on entend ces syllabes. Ils sont écrits au tableau pour bien visualiser.

Phase 2 ■ Ardoise ■ Fichier p. 106 ■ Individuel : 10 min

• Utiliser le code *en* sur un côté de l'ardoise et *ne* sur l'autre côté de l'ardoise. L'enseignant(e) écrit des mots au tableau et les élèves montrent le bon côté de l'ardoise selon qu'ils voient *ne* ou *en*.
trampoline – dent – médicament – laine – ruine – encore

Exercice 1 :
Lire la consigne et les mots, demander aux élèves d'expliquer le travail à faire. Puis laisser les élèves en autonomie.

Différenciation :
Entourer un exemple de chaque graphème.

Exercice 2 :
Lire la consigne, demander aux élèves d'expliquer le travail à faire. Puis laisser les élèves en autonomie.

Différenciation :
L'enseignant(e) procède mot à mot et, pour chaque mot, demande à l'élève d'essayer les deux phonèmes. Exemple : *vitrien* ou *vitrine*.

Consolidation t – d k – g

Fichier d'apprentissage du code p. 107

Il s'agit ici de séances de remédiation qui ne sont pas obligatoires mais à proposer en fonction des élèves et de leurs difficultés. Tous les mots à compléter, à reconstituer ou à recopier dans un tableau sont décodables par les élèves (selon la progression du fichier).

Compétences :
- Discriminer auditivement les sons /t/, /d/ et /k/, /g/.
- Situer les sons /t/, /d/ et /k/, /g/ dans un mot.
- Connaitre le graphème et les graphies des sons /t/, /d/ et /k/, /g/.
- Associer les graphèmes *t, d* et *k, g* avec d'autres graphèmes connus.

Supports :
- Fichier d'apprentissage du code page 107, ardoise.

t – d

Phase 1 ■ Ardoise ■ Collectif : 15 min

- L'enseignant(e) explique clairement que le travail de cette séance porte sur la différenciation de deux sons proches le /t/ de *tortue* et le /d/ de *domino*.
- Sur ardoise, les élèves essaient d'écrire les mots : *touche* et *douche*.
- Les mots sont écrits au tableau par deux élèves. Puis les deux graphèmes sont entourés.
- Les élèves s'entrainent à tracer ces deux graphèmes. Montrer au préalable dans les airs le tracé du graphème. L'enseignant(e) insiste sur les différences visuelles : en script et en cursive le *t* est une lettre qui monte avec une barre alors que le *d* a une « bosse » dans le dos. Demander aux élèves de faire de même. Sur ardoise, leur faire écrire plusieurs fois chaque lettre, en variant leurs tailles.
- L'enseignant(e) demande aux élèves de chercher de quelles lettres on aura besoin pour écrire les syllabes : *toil, tar, te.*
- Essais, mise en commun, en articulant bien pour écrire l'ordre des sons entendus.
- Les élèves doivent ensuite trouver des mots dans lesquels on entend ces syllabes. Ils sont écrits au tableau pour bien visualiser.
- Sur le support ardoise, les élèves écrivent les syllabes dictées par l'enseignant(e) : *tra, dri, tro, dro, tron.*

Phase 2 ■ Ardoise ■ Fichier p. 107 ■ Individuel : 10 min

- Utiliser le code /t/ sur un côté de l'ardoise et /d/ sur l'autre côté de l'ardoise. L'enseignant(e) dit les mots et les élèves montrent le bon côté de l'ardoise selon qu'ils entendent /t/ ou /d/.

tournevis – dormir – patate – douce – corde

Exercice 1 :
Lire la consigne, demander aux élèves d'expliquer le travail à faire. Faire nommer ou nommer les dessins. Puis laisser les élèves en autonomie.
bateau – râteau – dent – cadeau – tente – radeau

Différenciation :
S'assurer que l'élève a bien compris le dessin : le lui faire renommer. Articuler exagérément si besoin.

Exercice 2 :
Lire la consigne, demander aux élèves d'expliquer le travail à faire. Rappeler ce qu'est un intrus. Faire nommer ou nommer les dessins. Puis laisser les élèves en autonomie.
tomate – taupe – dix – cartable – cravate – pédale – dent – médicament – lunettes – salade

Différenciation :
S'assurer que l'élève a bien compris le dessin : le lui faire renommer. Articuler exagérément si besoin.

Exercice 3 :
- Lire la consigne, demander aux élèves d'expliquer le travail à faire. Puis laisser les élèves en autonomie.

Différenciation :
Mettre à disposition des élèves des étiquettes *dra, trou, ta, di.* L'enseignant(e) procède mot à mot et demande à l'élève de montrer l'étiquette qui correspond au mot avant d'écrire le mot.

k – g

Phase 1 ■ Ardoise ■ Collectif : 15 min

• L'enseignant(e) explique clairement que le travail de cette séance porte sur la différenciation de deux sons proches le /k/ de *cartable* et le /g/ de *dragon*.
• Les élèves essaient d'écrire sur leurs ardoises les mots : *gourde* et *corde*.
• Les mots sont écrits au tableau par deux élèves. Puis les deux graphèmes sont entourés.
• Les élèves s'entrainent à tracer ces deux graphèmes. Montrer au préalable dans les airs le tracé du graphème. L'enseignant(e) insiste sur les différences visuelles : en script et en cursive le *g* est une lettre qui descend. Demander aux élèves de faire de même. Leur faire écrire plusieurs fois chaque lettre sur leur ardoise, en variant leurs tailles.
• L'enseignant(e) demande aux élèves de chercher de quelles lettres on aura besoin pour écrire les syllabes : *gon, clo, ca, gre*.
• Essais, mise en commun en articulant bien pour écrire l'ordre des sons entendus.
• Les élèves doivent ensuite trouver des mots dans lesquels on entend ces syllabes. Ils sont écrits au tableau pour bien visualiser.
• Sur le support ardoise, les élèves écrivent les syllabes dictées par l'enseignant(e) : *gro, cru, gar, clou*.

Phase 2 ■ Ardoise ■ Fichier p. 107 ■ Individuel : 10 min

• Utiliser le code /k/ sur un côté de l'ardoise et /g/ sur l'autre côté de l'ardoise. L'enseignant(e) dit les mots et les élèves montrent le bon côté de l'ardoise selon qu'ils entendent /k/ ou /g/.
corde – gourde – barque – bague – coquille

Exercice 1 :
Lire la consigne, demander aux élèves d'expliquer le travail à faire. Faire nommer ou nommer les dessins. Puis laisser les élèves en autonomie.
cadeau – gâteau – quille – tigre – garçon – garage

Différenciation :
S'assurer que l'élève a bien compris le dessin : le lui faire renommer. Articuler exagérément si besoin.

Exercice 2 :
Lire la consigne, demander aux élèves d'expliquer le travail à faire. Rappeler ce qu'est un intrus. Faire nommer ou nommer les dessins. Puis laisser les élèves en autonomie.
cartable – barque – couverture – iglou – cadeau – bague – guitare – dragon – tigre – écureuil

Différenciation :
S'assurer que l'élève a bien compris le dessin : le lui faire renommer. Articuler exagérément si besoin.

Exercice 3 :
• Lire la consigne, demander aux élèves d'expliquer le travail à faire. Puis laisser les élèves en autonomie.

Différenciation :
Mettre à disposition des élèves des étiquettes avec les syllabes écrites des mots : *dra, gon, clo, che, ca, ra, va, ne, ti, gre*. L'enseignant(e) procède mot à mot et demande à l'élève de montrer l'étiquette qui correspond au mot avant d'écrire la syllabe.

Consolidation s – z ch – j

Fichier d'apprentissage du code p. 108

Il s'agit ici de séances de remédiation qui ne sont pas obligatoires mais à proposer en fonction des élèves et de leurs difficultés. Tous les mots à compléter, à reconstituer ou à recopier dans un tableau sont décodables par les élèves (selon la progression du fichier).

Compétences :
- Discriminer auditivement les sons /s/, /z/ et /ch/, /j/.
- Situer les sons /s/, /z/ et /ch/, /j/ dans un mot.
- Connaitre le graphème et les graphies des sons *s, z* et *ch, j*.
- Associer les graphèmes *s, z* et *ch, j* avec d'autres graphèmes connus.

Supports :
Fichier d'apprentissage du code page 108, ardoise.

s – z

Phase 1 ■ Ardoise ■ Collectif : 15 min

- L'enseignant(e) explique clairement que le travail de cette séance porte sur la différenciation de deux sons proches le /s/ de *sapin* et le /z/ de *zèbre*.
- Sur ardoise, les élèves essaient d'écrire les mots : *zéro* et *sécurité*.
- Les mots sont écrits au tableau par deux élèves. Puis les deux graphèmes sont entourés.
- Les élèves s'entrainent à tracer ces deux graphèmes. Montrer au préalable dans les airs le tracé du graphème. L'enseignant(e) insiste sur les différences visuelles : en cursive le *z* est une lettre qui descend. Demander aux élèves de faire de même. Sur ardoise, leur faire écrire plusieurs fois chaque lettre, en variant leurs tailles.
- L'enseignant(e) demande aux élèves de chercher de quelles lettres on aura besoin pour écrire les syllabes : *si, ze, vis.*
- Essais, mise en commun, en articulant bien pour écrire l'ordre des sons entendus.
- Les élèves doivent ensuite trouver des mots dans lesquels on entend ces syllabes. Ils sont écrits au tableau pour bien visualiser.
- Sur le support ardoise, les élèves écrivent les syllabes dictées par l'enseignant(e) : *zou, san, sur, zo.*

Phase 2 ■ Ardoise ■ Fichier p. 108 ■ Individuel : 10 min

- Utiliser le code /s/ sur un côté de l'ardoise et /z/ sur l'autre côté de l'ardoise. L'enseignant(e) dit les mots et les élèves montrent le bon côté de l'ardoise selon qu'ils entendent /s/ ou /z/.

souris – tasse – zoro – zébu – quinze – singe

Exercice 1 :
Lire la consigne, demander aux élèves d'expliquer le travail à faire. Faire nommer ou nommer les dessins. Puis laisser les élèves en autonomie.
salade – chaussure – zèbre – valise – limace – trapèze – treize

Différenciation :
S'assurer que l'élève a bien compris le dessin : le lui faire renommer. Articuler exagérément si besoin.

Exercice 2 :
Lire la consigne et les mots, demander aux élèves d'expliquer le travail à faire. Rappeler ce qu'est un intrus. Puis laisser les élèves en autonomie.

Différenciation :
S'assurer que l'élève a bien compris le dessin : le lui faire renommer. Articuler exagérément si besoin.

Exercice 3 :
Il s'agit de reconnaitre les graphies des sons /s/ ou /z/.
- L'enseignant(e) fait un rapide rappel des différences entre l'écriture du *s* et celle du *z*.
- Lire la consigne, demander aux élèves d'expliquer le travail à faire. Puis laisser les élèves en autonomie.

Différenciation :
L'enseignant(e) procède mot à mot et, pour chaque mot, demande à l'élève d'essayer les deux phonèmes. Exemple : *séro* ou *zéro*.

Exercice 4 :
- Lire la consigne et la devinette, demander aux élèves d'expliquer le travail à faire. Puis laisser les élèves en autonomie.

Consolidation — La lettre o : o – ou oi – on – oin

Fichier d'apprentissage du code p. 110

Tous les mots à compléter, à reconstituer ou à recopier dans un tableau sont décodables par les élèves (selon la progression du fichier).

Compétences :
- Reconnaitre une syllabe qui contient la lettre *o* et y associer le phonème correspondant.
- Consolider sa connaissance des phonèmes contenant le graphème *o*.

Supports :
Fichier d'apprentissage du code page 110, ardoise.

Phase 1 ■ Ardoise ■ Collectif : 15 min

- L'enseignant(e) explique que le travail de cette séance est centré autour de la lettre *o*.
- Sur l'ardoise, les élèves doivent chercher tous les phonèmes contenant la lettre *o* qu'ils connaissent.
- Si certains phonèmes n'apparaissent pas, l'enseignant(e) peut proposer aux élèves de se référer au « mur des sons » ou à leur fichier.
- Une fois tous les phonèmes répertoriés en colonne au tableau, l'enseignant(e) demande aux élèves d'écrire des mots correspondant à chaque phonème.
- Puis l'enseignant(e) propose lui-même des mots que les élèves doivent classer dans la bonne colonne.
loto – louche – oiseau – ourson – maison – poing
- L'enseignant(e) demande aux élèves de chercher de quelles lettres on aura besoin pour écrire les syllabes : *bon, lon, pou, no, ion, poi, mou.*
- Essais, mise en commun, en articulant bien pour écrire l'ordre des sons entendus.
- Les élèves doivent ensuite trouver des mots dans lesquels on entend ces syllabes. Ils sont écrits au tableau pour bien visualiser.

Phase 2 ■ Ardoise ■ Fichier p. 110 ■ Individuel : 15 min

Utiliser le code /o/ sur un côté de l'ardoise et /o̶/ sur l'autre côté de l'ardoise. L'enseignant(e) lit les mots et les élèves montrent le bon côté de l'ardoise selon qu'ils entendent /o/ ou pas.
manteau – pion – lavabo – loin – moule – poids – bateau

Exercice 1 :
Lire la consigne et les mots, demander aux élèves d'expliquer le travail à faire. Faire lire ou nommer les dessins. Puis laisser les élèves en autonomie.

Différenciation :
S'assurer que l'élève a bien compris le dessin : le lui faire renommer. Articuler exagérément si besoin. Mettre à disposition des élèves les plus fragiles des étiquettes avec les mots de façon à ce qu'ils les placent dans le tableau.

Exercice 2 :
Lire la consigne et les mots, demander aux élèves d'expliquer le travail à faire. Puis laisser les élèves en autonomie.

Différenciation :
Mettre à disposition des élèves les plus fragiles des étiquettes avec les mots de façon à ce qu'ils les placent dans le tableau.

Exercice 3 :
Le travail consiste à compléter une grille de mots croisés.
- Lire la consigne, demander aux élèves d'expliquer le travail à faire. Faire nommer ou nommer les dessins. Puis laisser les élèves en autonomie.

Différenciation :
Mettre à disposition des élèves des étiquettes avec les mots *bonbon, ballon, poule, mouton, lion, domino, poire*. L'enseignant(e) procède mot à mot et demande à l'élève de montrer l'étiquette qui correspond au mot avant d'écrire le mot.

Consolidation

La lettre e : e – eau – en – é er – ez – è – ei – eu

Fichier d'apprentissage du code p. 111

Tous les mots à compléter, à reconstituer ou à recopier dans un tableau sont décodables par les élèves (selon la progression du fichier).

Compétences :
- Reconnaitre une syllabe qui contient la lettre *e* et y associer le phonème correspondant.
- Consolider sa connaissance des phonèmes contenant le graphème *e*.

Supports :
Fichier d'apprentissage du code page 111, ardoise.

Phase 1 ■ Ardoise ■ Collectif : 15 min

- L'enseignant(e) explique que le travail de cette séance est centré autour de la lettre *e*.
- Sur l'ardoise, les élèves doivent chercher tous les phonèmes contenant la lettre *e* qu'ils connaissent.
- Si certains phonèmes n'apparaissent pas, l'enseignant(e) peut proposer aux élèves de se référer au « mur des sons » ou à leur fichier.
- Une fois tous les phonèmes répertoriés en colonne au tableau, l'enseignant(e) demande aux élèves d'écrire des mots correspondant à chaque phonème.
- Puis l'enseignant(e) propose lui-même des mots que les élèves doivent classer dans la bonne colonne.
radeau – mèche – feutre – clé – tracteur – enfant – boucher – chez – soleil – menu
- L'enseignant(e) demande aux élèves de chercher de quelles lettres on aura besoin pour écrire les syllabes : *cher (chez, ché), feu (fe), nei (né), eau, cière...*
- Essais, mise en commun, en articulant bien pour écrire l'ordre des sons entendus.
- Les élèves doivent ensuite trouver des mots dans lesquels on entend ces syllabes. Ils sont écrits au tableau pour bien visualiser.

Phase 2 ■ Fichier p. 111 ■ Individuel : 15 min

Exercice 1 :
Lire la consigne, demander aux élèves d'expliquer le travail à faire. Faire lire ou nommer les dessins. Puis laisser les élèves en autonomie.

Différenciation :
S'assurer que l'élève a bien compris le dessin : le lui faire renommer. Articuler exagérément si besoin. Mettre à disposition des élèves les plus fragiles des étiquettes avec les mots de façon à ce qu'ils les placent dans le tableau.

Exercice 2 :
Lire la consigne, demander aux élèves d'expliquer le travail à faire. Faire lire ou nommer les dessins. Puis laisser les élèves en autonomie.

Différenciation :
S'assurer que l'élève a bien compris le dessin : le lui faire renommer. Articuler exagérément si besoin.

Exercice 3 :
Le travail consiste à compléter une grille de mots pour trouver un mot mystère.
- Lire la consigne, demander aux élèves d'expliquer le travail à faire. Puis laisser les élèves en autonomie.

Différenciation :
Mettre à disposition des élèves des étiquettes avec les mots *boucher, œuf* (en expliquant aux élèves que, dans les cases, le *o* et *e* seront séparés exceptionnellement), *neige, eau, sorcière*. L'enseignant(e) procède mot à mot et demande à l'élève de montrer les étiquettes qui correspondent au mot avant d'écrire le mot.

Lecture-compréhension

Sommaire

Vocabulaire des consignes

Cette première séquence a pour objectif de faire comprendre les différentes consignes de travail et les pictogrammes associés à ces consignes, de façon à préparer au mieux les élèves à l'usage du fichier.
Elle sera l'occasion de présenter le fichier, de le décrire et d'expliquer son fonctionnement.

Compétences :
Comprendre une consigne ; reformuler une consigne ; utiliser des mots précis pour s'exprimer.
Supports :
Fichier lecture-compréhension : plat 2 de couverture et pages 4 et 5.
Matériel : photocopier éventuellement le plat 2 de couverture en grand pour l'afficher dans la classe.

Séance 1

Phase 1

Collectif : 10 min

• L'enseignant(e) explique aux élèves que pour pouvoir travailler seuls il va falloir comprendre les consignes données.
• Faire l'inventaire oral de ce que les élèves connaissent comme consignes.
• L'enseignant(e) choisit une des consignes connues des élèves et montre le pictogramme associé.

Phase 2 ■ Ardoise

Groupes de 2 élèves / Collectif : 15 min

• À partir d'une deuxième consigne connue, les élèves dessinent par deux sur l'ardoise le pictogramme associé.
• Les groupes échangent leurs représentations et doivent trouver la consigne que l'autre groupe a voulu représenter.
• La mise en commun permet de se mettre d'accord sur la représentation.
• On constate qu'à chaque consigne il faut dessiner « l'action » et parfois l'objet qui permet de faire cette action.

Phase 3 ■ Ardoise

Collectif / Individuel : 10 min

• L'enseignant(e) affiche au tableau quelques pictogrammes non encore vus, les élèves doivent exprimer la consigne à réaliser. Les élèves dessinent sur l'ardoise ce que dit la consigne, par exemple pour souligner : ___ et pour entourer : ◯

Phase 4 ■ Fichier plat 2

Collectif : 10 min

• Présenter le fichier en expliquant aux élèves que ce support va les aider à apprendre à lire et à comprendre les histoires des albums.
• Laisser chaque élève manipuler librement son fichier tout en observant les différents comportements. Puis laisser les élèves s'exprimer sur l'organisation du fichier en les aidant, au besoin, par quelques questions. *Qu'avez-vous remarqué ? Que voyez-vous au début de votre fichier ?* (légende des pictos, pages d'entrée de périodes, cadres verts, ...).

Séance 2

Phase 1 ■ Fichier page 4

Collectif / Individuel : 15 min

Exercice 1 :

Compétence : Comprendre une consigne.

• Observer l'illustration de l'exercice 1. S'assurer de la bonne compréhension du vocabulaire en demandant aux élèves de nommer ce qu'ils voient (animaux, objets).
• L'enseignant(e) utilise la légende des pictogrammes (sur le plat 2 de couverture, si possible affiché) pour accompagner la lecture des différentes consignes. Les élèves répondent d'abord collectivement puis par écrit individuellement une fois que les réponses ont été validées.

Exercice 2 :

Compétence : Associer une consigne et son pictogramme.

• L'enseignant(e) lit la consigne et l'exercice est d'abord fait collectivement puis individuellement.
• Les élèves prennent dès le début l'habitude d'utiliser une règle pour relier, avec l'aide de l'enseignant(e) si besoin.

Phase 2 ■ Fichier page 5

Individuel : 30 min

Les exercices de la page 5 placent les élèves en situation de recherche soit de l'utilisation d'un objet, soit du sens de la consigne. En étant confrontés à des consignes variées, les élèves s'habituent à différentes typologies d'exercices et gagnent ainsi en autonomie dans leur travail. L'enseignant(e) lit la consigne de chaque exercice au préalable et la correction s'effectue ensuite collectivement, exercice par exercice.

Exercice 3 :

Compétence : Associer un objet et une action.

Exercice 4 :

Compétence : Observer une consigne réalisée et être capable de trouver l'action qui a permis de la réaliser.

Exercice 5 :

Compétence :
Comprendre l'action à réaliser à partir d'un objet.

Exercice 6 :

Compétence :
Être capable d'associer une consigne et un pictogramme.

• L'enseignant(e) lit les mots et les élèves les relient au bon pictogramme.

Exercice 7 :

Compétence :
Représenter un pictogramme pour une consigne donnée.

Fichier lecture-compréhension pp. 6-10

L'empereur, sa femme et le p'tit prince

L'objectif de cette première partie est de faire le lien entre les apprentissages menés en grande section de maternelle et ceux à acquérir au CP. Tous les élèves n'arrivent pas avec les mêmes connaissances de l'écrit au CP. Ils ont tous rencontré des textes mais leurs acquis ont besoin d'être structurés et systématisés.
Avec le premier texte, les élèves sont amenés à faire un inventaire de leurs connaissances de l'écrit :
- La fonction de l'écrit (quel type de texte, à quoi sert-il ?).
- Les repères à prendre dans la page en distinguant les connaissances apportées par le texte et par l'illustration.
- Les repères dans l'écrit proprement dit : début et fin d'un texte, notion de mot, ordre des mots, paragraphes, titre.
- Le lien entre l'oral et l'écrit : c'est pour travailler cette compétence que le choix du premier texte s'est porté sur une chanson traditionnelle connue de tous les élèves de maternelle. À partir de cette connaissance orale, les élèves peuvent établir des correspondances entre l'ordre des mots écrits et la succession des mots de la chanson.

Compétences :
- Connaitre le principe alphabétique de l'écrit.
- Se repérer dans un texte.
- Reconnaitre des mots.

Support :
Fichier de lecture-compréhension pages 6 à 10.

Séance 1

Phase 1 ■ Fichier page 6

Collectif : 10 min

- Annoncer aux élèves ce qu'ils vont devoir faire : Repérer dans un texte tout ce qu'ils connaissent déjà.
- Les élèves ont la page de leur fichier sous les yeux mais il serait préférable de projeter ou de reproduire la page au tableau. Demander : *Quel peut être ce texte ? Cherchez tout ce que vous pouvez comprendre en regardant cette page.* Les élèves viennent à tour de rôle au tableau et indiquent sur le support collectif les indices qu'ils ont prélevés. Les autres élèves peuvent valider ou non, l'enseignant(e) relance en généralisant les trouvailles et structure l'ensemble des remarques.

Phase 2

Collectif : 5 min

Synthèse :
- Demander aux élèves ce qu'ils ont découvert sur le texte et comment.
- Conserver le texte annoté avec les remarques des élèves.
- On peut s'attendre à :
  - une identification de mots (voire de fragments de mots, de lettres, de syllabes), de phrases, de paragraphes, de signes de ponctuation ;
  - au repérage d'éléments répétitifs et des différences.
- L'enseignant(e) chante la chanson avec les élèves.

Séance 2

Phase 1

Collectif : 10 min ■ Texte projeté ou affiché

Rappel des connaissances
- L'enseignant(e) affiche à nouveau le texte collectif annoté.
- Les élèves sont invités à se souvenir de ce qu'ils avaient noté la veille. Chaque trace laissée sur le texte est explicitée : *Là, c'est entouré parce que c'est le titre ; Ces mots sont soulignés parce que ce sont les jours de la semaine et on les connait, etc.*

Phase 2 ■ Fichier pages 6 et 7

Individuel : 20 min

Après cette révision collective, les élèves prennent connaissance des exercices de leur fichier.
Les premiers exercices sont faits et corrigés au fur et à mesure en verbalisant à nouveau les procédures qui ont permis de se repérer dans l'écrit.

Exercice 1 :

Compétence :
Identifier le type de texte.

Prendre le temps de repérer l'exercice. Expliquer la consigne, insister sur le vocabulaire (*Entoure*) et le logo qui correspond. Poser la question oralement, s'appuyer sur les formes (triangle bleu, carré rouge et rond violet) pour répondre.

Différenciation :
En cas de difficultés, apporter une recette de cuisine (gâteau, compote, etc.) ou une histoire pour comparer les types de texte.

Exercice 2 :

Compétence :
Identifier une zone de titre.

• Rappeler sur le texte collectif où se situe le titre puis enlever l'affichage.
• Demander aux élèves de se repérer sur leur fichier.
• Vérifier rapidement la compréhension du mot « *Souligne* ».
• Lire et expliquer la consigne. Laisser aux élèves quelques minutes et valider le travail.

Différenciation :
Aider certains élèves en s'appuyant sur le texte collectif pendant que les autres travaillent de façon autonome.

Exercice 3 :

Compétence :
Identifier une zone de texte.

• Rappeler sur le texte collectif où se situe le texte, puis enlever l'affichage.
• Demander aux élèves de se repérer sur leur fichier.
• Vérifier rapidement la compréhension du mot « *Entoure* ».
• Lire et expliquer la consigne. Laisser aux élèves quelques minutes et valider le travail.

Différenciation :
Aider certains élèves en s'appuyant sur le texte collectif pendant que les autres travaillent de façon autonome.

Exercice 4 :

Compétence :
Identifier les paragraphes d'un texte.

• Rappeler sur le texte collectif où se situe le titre, le texte et les paragraphes.
• Expliquer que les paragraphes sont des parties du texte.
• Utiliser des couleurs pour bien les différencier.
• Demander aux élèves de se repérer sur leur fichier.
• Lire et expliquer la consigne. Laisser aux élèves quelques minutes et valider le travail.

Différenciation :
Aider les élèves en s'appuyant sur le texte collectif. Entourer, dans le fichier des élèves qui en ont besoin, les paragraphes avec des couleurs différentes.

Exercice 5 :

Compétence :
Indiquer le début et la fin d'un texte.

• Montrer sur le texte collectif le titre, le texte et les paragraphes, le début et la fin du texte.
• Des élèves viennent au tableau pour situer le début et la fin du texte.
• Enlever l'affichage et faire pointer du doigt par chaque élève le début puis la fin du texte sur le fichier.
• Lire et expliquer la consigne. Laisser ensuite aux élèves le temps de répondre à la consigne.

Différenciation :
Reprendre le texte collectif et dessiner les points de début et de fin.

Séance 3

Phase 1 ■ Fichier page 7

Collectif : 20 min ■ Texte projeté ou affiché

• Les élèves ont leur fichier sous les yeux et chantent la chanson. Le texte collectif est le support d'observation du déroulement de l'écrit.
• L'enseignant(e) questionne :
– *Quelle partie du texte est lue en premier ?* (→ Le titre)
– *Dans quel ordre se lisent ou s'écrivent les différents paragraphes (repérés la veille) ?*
• L'enseignant(e) peut écrire le texte devant les élèves sur l'ordinateur afin que ceux-ci le voient se dérouler de haut en bas et de gauche à droite, ou encore le surligner au fur et à mesure.
• L'enseignant(e) et les élèves inventent des devinettes pour faire trouver des mots du texte (ils sont alors amenés à parler de ligne et de mot et à numéroter de haut en bas et de gauche à droite). *Exemple : Le mot à trouver est le 3ᵉ de la 2ᵉ ligne.*

Phase 2 ■ Fichier page 7

Collectif / Individuel : 25 min

Exercice 6 :

Compétence :
Connaitre la notion de mot.

• L'enseignant(e) écrit la phrase au tableau : « *Nous reviendrons mercredi.* »
• Faire repérer la majuscule, le point. Demander le nombre de mots, les faire entourer. Cacher ou effacer la phrase.
• À partir du fichier, lire les consignes et laisser aux élèves le temps de faire le travail, individuellement ou par deux. Corriger collectivement en verbalisant les procédures.

Différenciation :
Reprendre la phrase collective comme modèle.

Exercice 7 :

Compétence :
Reconnaitre des mots par comparaison à un modèle.

Cet exercice constitue une situation problème et peut se faire collectivement.
Il nécessite l'explicitation des stratégies utilisées par les élèves : *Pour trouver des mots identiques au modèle, je regarde si je vois un mot qui commence par la même lettre que le modèle puis je compare toutes les lettres.*

Différenciation :
Faire un exemple avec le mot *lundi*. Raccourcir le texte en ne laissant que les trois premières lignes du paragraphe, utiliser des étiquettes mobiles (fichier à photocopier).

Exercice 8 :

Compétence :
Reconnaitre un mot dans un texte.

• Il s'agit de réinvestir les stratégies découvertes lors de l'exercice 7. À faire individuellement.
• Correction collective en verbalisant les procédures.

Séance 4

Phase 1 ■ Fichier pages 6 et 8

Collectif : 30 min
Texte projeté ou affiché

Découverte collective

- L'enseignant(e) demande : *Est-ce le même texte qu'auparavant ?*
- Les élèves peuvent comparer les pages 6 et 8 de leur fichier mais il est préférable de projeter l'image des deux textes ou de les reproduire au tableau.
- À travers la comparaison, les élèves sont amenés à réinvestir les notions vues auparavant : titre, paragraphe, mot, place des mots, identification des noms des jours de la semaine.

Phase de structuration

Il est important de faire verbaliser les stratégies pour établir des comparaisons entre les mots (de la première à la dernière lettre) et entre des groupes de mots (du premier mot au dernier mot). Les élèves revoient alors aussi l'organisation chronologique de l'écriture (compétence travaillée la veille).

Phase 2 ■ Fichier page 9

Individuel : 15 min

Exercice 1 :

Compétence :
Reconnaitre un mot par comparaison à un modèle proche.

- Il permet de réinvestir les stratégies découvertes précédemment. Faire la liste de ces stratégies. Expliquer la consigne et laisser les élèves en autonomie.
- Corriger collectivement en verbalisant les stratégies.

Exercice 2 :

Compétence :
Reconnaitre un mot en gardant une image mentale de ce mot, le modèle étant éloigné.

- Laisser aux élèves le temps de découvrir ce nouvel exercice. Expliquer que l'objectif de ce travail est d'apprendre à retrouver les jours de la semaine. Les faire verbaliser dans un premier temps. Lire et expliquer la consigne. Laisser aux élèves le temps de réaliser l'exercice.
- Corriger collectivement en verbalisant les stratégies.

Différenciation :
Écrire les mots au tableau.
Procéder progressivement en proposant des étiquettes mobiles (fichier à photocopier).

Séance 5

Phase 1 ■ Fichier page 9

Collectif / Individuel : 45 min

Cette séance permet de réinvestir les notions étudiées précédemment.
Les exercices 3, 4, 5 et 6 peuvent être faits en autonomie.

Exercice 3 :

Compétence : Identifier le début et la fin d'un texte.

Exercice 4 :

Compétence :
Identifier le premier mot et le dernier mot d'un texte.

Exercice 5 :

Compétence : Identifier les paragraphes d'un texte.

Exercice 6 :

Compétence : Identifier des groupes de mots identiques.

Différenciation 1 :
Commencer le travail collectivement pour les élèves qui ne peuvent pas travailler en autonomie. On gagnera à afficher ou projeter les textes. Demander aux élèves de retrouver les éléments identiques. Débuter par la première ligne. Au besoin, rappeler ce qu'est une ligne. Passer par des phases orales en verbalisant afin que les élèves identifient parfaitement les mots identiques. Lire et expliquer ensuite la consigne. Laisser aux élèves quelques minutes et valider le travail.

Différenciation 2 :
Mettre moins de phrases. Utiliser des étiquettes mobiles avec les phrases écrites dessus.

Exercice 7 :

Compétence :
Trouver un mot manquant en identifiant sa place à l'oral au préalable (dernier mot d'un couplet connu).

Travail collectif à l'oral.
- Lire le paragraphe, sans le mot manquant. Demander aux élèves de quoi il s'agit *(du paragraphe de « Vendredi matin »)*. Faire trouver oralement le mot manquant.
- Situer et entourer le paragraphe qui correspond dans le texte page 8. Faire retrouver le mot en posant des questions du type : *où se situe le mot dans le paragraphe ?* S'assurer que les élèves l'ont trouvé en le leur faisant pointer du doigt.
- Le modèle d'écriture est donné en écriture liée au tableau.

Différenciation :
Pour les élèves qui ont des difficultés en graphisme, utiliser différentes étiquettes avec les jours de la semaine (fichier à photocopier), ils doivent retrouver celle qui correspond à *samedi*.

Séance 6

Je prends la parole ■ Fichier page 10

Collectif / Individuel : 45 min

La connaissance des noms des jours de la semaine fait l'objet d'un réinvestissement page 10.
À l'oral puis à l'écrit, en les lisant, en les écrivant puis en les collant dans l'ordre, les élèves sont amenés à manipuler ces mots et à les mettre en relation avec un texte de comptine qu'ils s'entrainent à mémoriser.

Exercice 2 :

Support : Étiquettes du fichier à photocopier.

Mon chat Ouma - Épisode 1

Le texte *Mon chat Ouma* permet de revoir et de développer les connaissances sur l'écrit travaillées à travers les premières pages du fichier, *Bonjour le CP !*
Mon chat Ouma est une histoire écrite sous forme de randonnée. Le personnage principal Ouma pose la même question à différents animaux.
Cette écriture simple et répétitive s'apparente à celle d'une chanson et de son refrain. Elle facilite la prise de repères dans l'écrit et la mise en relation entre ce qui est entendu et ce qui est écrit. La démarche est semblable à celle de l'exploitation de la chanson « *L'empereur, sa femme et le p'tit prince* ».
Ces deux premiers temps d'apprentissage de la méthode sont en étroite continuité.
La compréhension du texte passe par l'identification des personnages et de leurs pensées ainsi que l'expression de relations de causalité écrites sous forme implicite. *Exemple : Tu ne peux pas dormir avec moi, tu laisses trop de poils / Tu ne peux pas dormir avec moi* ***parce que*** *tu laisses trop de poils.*

Compétences :
- Se repérer dans un texte.
- Identifier des dialogues.
- Savoir ce qu'est une phrase, un mot, une syllabe, une lettre.
- Identifier des personnages et leurs pensées.
- Comprendre un paragraphe de l'histoire.

Supports :
Album *Mon chat Ouma*, fichier de lecture-compréhension pages 11-13 et étiquettes du fichier à photocopier.

Séance 1

Lors de la séance 1. Vocabulaire au quotidien (1) : *ferme – niche.*
Dans la journée, en dehors de la séance de lecture. Vocabulaire au quotidien (2) : *ferme – niche.*
Déroulement : se reporter à la page 6.

Phase 1 ■ Album couverture et pages 2 et 3

Collectif : 15 min

Compétences :
- Prendre la parole pour décrire.
- Formuler des hypothèses sur l'histoire.

La couverture
Description :
- Présenter la page de couverture et laisser les élèves la décrire.
- Montrer le titre, l'auteur, l'illustrateur et l'éditeur.

Analyse :
- Questionner les élèves :
- *Quelle histoire allons-nous découvrir ?*
- *Où se passe-t-elle ?*
- *Quels sont les personnages ?*
- *Y a-t-il plusieurs chats à votre avis ?*
- *Que peut-on en dire ?*
- *Que signifient les bulles qui partent de la tête du garçon ?*

(**Vocabulaire attendu :** *chat – enfant – garçon – chambre – lit.*)

Album pages 2 et 3
Anticipation de la lecture :
- À partir de l'illustration de l'album, les élèves cherchent à anticiper ce qui va se passer dans l'histoire. *Que va-t-il se passer dans l'histoire ?*
- Laisser les élèves s'exprimer rapidement.
- L'enseignant(e) recense leurs hypothèses sur une affiche ou au tableau pour les vérifier ensuite lors de la lecture du texte.

Lecture :
- Lecture du texte par l'enseignant(e).
- Confronter ce texte avec les hypothèses émises à partir de la couverture.
- Annoncer aux élèves qu'ils vont retrouver cette partie de l'album dans leur fichier de compréhension pour travailler sur cet épisode.

Phase 2 ■ Fichier pages 11 et 12

Collectif : 15 min

Compétence :
Connaitre la notion de mot et l'ordre des mots d'une phrase.

- Laisser les élèves regarder l'illustration de la page d'ouverture de la période 1 (page 11) et celle de l'épisode 1 (page 12).
- Constater que celle de la page d'ouverture ne permet pas de voir où la scène se passe, contrairement à celle de la page 12 (similaire à celle de l'album). Ce sont les mêmes personnages mais vus en gros plan.
- Identifier avec les élèves le support de travail : la zone sur fond vert qui comporte à la fois une illustration et des écrits. L'écrit en noir est le texte de l'histoire, le texte en rouge correspond à une tâche à réaliser (voir le pictogramme).

L'illustration (page 12)
- Demander quelles sont les différences entre l'illustration du fichier et celle de l'album.

• Faire remarquer la différence de plan qui donne des indices supplémentaires sur le lieu et les personnages.
• L'enseignant(e) pose quelques questions :
– *Quels sont les personnages ?*
– *Que font le chien, la poule et le lapin ?*
– *Que fait le chat ?*
– *Où sont-ils ?*
– *Qu'est-ce qui peut être écrit au-dessus de la niche ?*
(**Vocabulaire attendu :** *niche, clapier, foin.*)

Le texte
• Lecture du texte de l'épisode 1 par l'enseignant(e).
• Les élèves suivent avec leur doigt sur le texte du fichier page 12.
• Demander aux élèves ce qu'ils repèrent dans l'écrit. On peut s'attendre à ce qu'ils disent qu'il y a une phrase et qu'elle est composée de 8 mots (apprentissages de la période précédente).
Quelques mots peuvent être connus de certains élèves : *chat, un*.
• En collectif, à l'oral, faire rechercher tous les mots de la phrase.
• Distribuer les étiquettes de la phrase (fiche à photocopier) aux élèves, ils viennent à tour de rôle les placer dans l'ordre au tableau.
• L'observation du texte page 12 se termine par le travail demandé aux élèves : « Colorie le mot *un* dans la phrase. »
• Découverte de la consigne de la tâche de l'encadré vert par les élèves. Ceux-ci recherchent l'action à faire (compréhension du pictogramme de la consigne).
• L'enseignant(e) lit la consigne pour valider les propositions des élèves et laisse les élèves répondre sur leur fichier.
• Correction collective.

Phase 3 ■ Fichier page 12

Collectif : 5 min ■ Individuel : 10 min

• Laisser les élèves redécouvrir seuls la phrase accompagnant l'illustration. Ils balayent de leur doigt la totalité de la phrase de gauche à droite.
• Annoncer : *Je vous lis cette phrase, regardez-la pendant que je la lis.*

Exercice 1 :

> **Compétences :**
> Connaitre la notion de phrase et de mot.

• Découverte de l'exercice 1 par les élèves. Les élèves recherchent l'action à faire (compréhension du pictogramme de la consigne).

Écoute des propositions des élèves :
Ne pas valider la première proposition ; attendre qu'un grand nombre d'élèves ait pris la parole.

> **Différenciation :**
> Repérer les élèves qui ne parlent pas pour les solliciter dans une autre situation similaire.

• L'enseignant(e) lit la consigne pour valider les propositions des élèves et laisse les élèves répondre sur leur fichier.
• Correction collective avec la phrase écrite au tableau.

Remarques concernant la correction :
Tout au long de cette unité, des corrections collectives sont proposées pour prendre le temps de rendre explicites les tâches et les stratégies de résolution des exercices. L'aspect volontairement répétitif des types d'exercice doit permettre aux élèves d'être rapidement en autonomie dans l'utilisation de leur fichier. Quand tous les élèves deviendront autonomes, la correction pourra être conduite par l'enseignant(e) pour un petit groupe d'élèves ou de manière individualisée pour mieux répondre aux difficultés des élèves.

Exercice 2 :

> **Compétences :**
> • Comprendre la notion de personnage et ses désignations.
> • Développer l'identification immédiate de mots.

• Laisser les élèves découvrir les deux parties de l'exercice 2. Les laisser faire des hypothèses sur la nature du travail à réaliser.
• Lire les deux consignes et laisser les élèves répondre.
• Correction collective au tableau de la seconde partie de l'exercice.
• C'est le moment de faire expliciter, et de redire de la manière la plus claire possible, comment s'effectue la comparaison de deux mots (compétence travaillée dans la première partie de la méthode) :

> *– Deux mots sont les mêmes s'ils sont écrits avec les mêmes lettres dans le même ordre.*
> *– Je dois comparer la première lettre qui est celle à gauche dans le mot, puis la deuxième, puis toutes les lettres jusqu'à la fin du mot.*

• Faire verbaliser la stratégie de comparaison par les élèves qui se sont trompés.
• Proposer d'autres mots à comparer : *chat, chut, catch, char.*

Séance 2

> **Lors de la séance 2. Vocabulaire au quotidien (3) :**
> *ferme – niche.*
> **Dans la journée, en dehors de la séance de lecture. Vocabulaire au quotidien (4) :**
> *ferme – niche.*
> **Déroulement :** se reporter à la page 6.

Phase 1 ■ Fichier page 13

Collectif : 10 min ■ Individuel : 10 min

> **Compétences :**
> • Se souvenir et savoir décrire des activités réalisées la veille.
> • Savoir nommer ce qui a été appris.
> • Résumer oralement un texte étudié précédemment.

• Demander aux élèves de faire le rappel de l'épisode et des activités réalisées lors de la séance 1 puis d'identifier leurs apprentissages : *Qu'avons-nous appris à faire ?*

Réponses attendues :
- retrouver le mot *un* dans le texte.
- identifier des personnages.
- retrouver l'écriture du nom du personnage principal.
- compter les mots d'une phrase.

Exercices 3 et 4 :

Compétences :
• Reconnaitre un mot dans un texte.
• Reconnaitre les lettres composant un mot.

• Procéder comme auparavant avec recherche du sens des consignes par les élèves.
• Réalisation individuelle des exercices 3 et 4.
• Correction collective.
• À un autre moment de la journée, proposer le jeu du pendu avec le mot *chat*.

Différenciation :
Entrainer à l'épellation des mots pour favoriser la connaissance des lettres.
Barrer quelques lettres dans l'exercice.
Distribuer des étiquettes avec les lettres du mot *chat* (à créer).

Phase 2 ■ Fichier page 13

Collectif : 5 min ■ Individuel : 10 min

Exercice 5 :

Compétence :
Connaitre la notion de phrase et de mot.

Cette tâche est déjà connue des élèves.
• Recherche par les élèves du sens de la consigne.
• Réalisation individuelle et correction collective.

Différenciation :
On peut faire remarquer que deux mots ont une majuscule dans la phrase : *Mon* qui est le premier mot de la phrase et *Ouma* qui est le nom du chat. Proposer d'écrire d'autres phrases avec les prénoms de la classe. L'enseignant(e) écrit au tableau ou sur une affiche :
Ma copine ... cherche un endroit pour dormir.
Mon copain ... cherche un endroit pour dormir.
L'enseignant(e) note les propositions des élèves.

Exercice 6 :

Compétence : Reproduire l'ordre des mots d'une phrase.
Support : Étiquettes du fichier à photocopier.

• L'enseignant(e) lit la consigne de l'exercice. À l'oral, collectivement, les élèves sont invités à dire comment ils vont procéder pour réussir cet exercice.

Différenciation :
Mettre en valeur la majuscule et le point.
Expliquer que le mot avec la majuscule sera le premier mot de la phrase et celui avec le point le dernier.

Exercice 7 : Étude de la langue

Compétence :
Reconnaitre de manière implicite le genre d'un nom.

• L'exercice est à faire au préalable à l'oral, ce qui doit permettre aux élèves de prendre conscience que le petit mot devant un nom n'est pas toujours le même.
• À l'oral, les élèves proposent d'autres mots avec *un*.
• Jeu du furet : L'un après l'autre, les élèves donnent un nom avec *un* puis la consigne est changée et ce sont alors des mots avec *une* qu'il faut trouver.
• Avant d'écrire le mot *un*, l'enseignant(e) montre le tracé du mot au tableau en verbalisant le déroulement du geste et en insistant sur les repères spatiaux de démarrage du trait et des interlignes.

Différenciation :
Mettre en valeur la majuscule et le point.
Expliquer que le mot avec la majuscule sera le premier mot de la phrase et celui avec le point le dernier.

Phase 3 ■ Fichier page 13

Collectif : 10 min

Cette phase peut être reportée à un autre moment de la journée, elle permet de faire un bilan et de revenir sur les compétences travaillées dans la séance.

Exercice 8 : Entraine-toi

Compétences :
• Savoir reconnaitre les mots *un* et *chat*.
• Produire une phrase à l'oral en utilisant un mot donné.

• Les élèves peuvent s'entrainer à l'aide d'étiquettes montrées au groupe rapidement (mots flash).
• Les étiquettes peuvent être stockées en affichage permanent dans la classe pour d'autres entrainements, pour le travail sur les analogies (constitution de collections) et pour la production d'écrits.
• Insister sur les mots outils (valise jaune) en demandant aux élèves de les réutiliser dans des phrases à l'oral.

Remarque générale :
Au préalable, il est important d'apprendre aux élèves comment mémoriser.
• Rechercher avec eux, au début de l'année, ce qu'ils font pour retenir des mots.
• Découvrir que l'on peut :
- Faire une photo du mot dans sa tête.
- Épeler dans sa tête la succession des lettres du mot.
- Entendre le mot sous forme d'une succession de syllabes que l'on sait écrire.
- Établir des analogies avec d'autres mots (leur demander s'ils connaissent d'autres mots avec le son /ch/, le son /a/, avec une lettre muette à la fin. Commencer à l'oral mais faire aussi des comparaisons à l'écrit avec des prénoms de la classe : *chat* comme *Sacha*, *Aïcha*...).
• Leur faire formuler les différentes possibilités :
Je peux m'entrainer en épelant le mot, en le copiant, et en l'écrivant sans le modèle, en ayant l'image dans ma tête.

Mon chat Ouma - Épisode 2

Compétences :
- Se souvenir d'un récit et le reformuler.
- Savoir décrire une illustration à l'oral.
- Émettre des hypothèses sur la suite du récit.
- Comprendre un paragraphe de l'histoire.

Supports :
Album *Mon chat Ouma*, fichier de lecture-compréhension pages 14-15 et étiquettes du fichier à photocopier.

Séance 1

Lors de la séance 1. Vocabulaire au quotidien (1) : *poulailler – perchoir.*
Dans la journée, en dehors de la séance de lecture. Vocabulaire au quotidien (2) : *poulailler – perchoir.*
Déroulement : se reporter à la page 6.

Phase 1 ■ Album pages 2 à 5

■ Collectif : 15 min

Compétences :
- Prendre la parole pour décrire.
- Formuler des hypothèses sur l'histoire.

Rappel de l'épisode 1

Avant d'ouvrir l'album :
- Demander aux élèves de se rappeler l'épisode 1 et de reformuler l'histoire sans ouvrir l'album.
- Demander aux élèves de faire des hypothèses sur la suite de l'histoire. Les propositions des élèves peuvent être notées au tableau.

Avec l'album :
- L'enseignant(e) relit le texte page 2.

Album pages 4 et 5

Analyse :
- Les élèves observent l'illustration page 5 et la décrivent. (***Vocabulaire attendu :*** *poulailler – perchoir – poule – chat.*)

Anticipation de la lecture :
- Questionner les élèves : *En regardant l'illustration et son texte, avez-vous une idée de ce qui va se passer ?*
- Laisser les élèves s'exprimer rapidement.
- L'enseignant(e) recense leurs hypothèses sur une affiche ou au tableau pour les vérifier ensuite lors de la lecture du texte.

Remarques concernant la participation orale :
Pour favoriser l'expression orale des élèves et augmenter leur temps de parole, il est préférable que l'enseignant(e) ne pose pas de questions précises sur l'illustration à ce moment-là. Les interventions de l'enseignant(e) doivent avoir pour but de maintenir le cadre des interventions au profit d'une recherche de sens de l'histoire. Il relance la participation en demandant si on a tout dit sur cette image. Il sollicite éventuellement certains élèves qui ne participent pas. Il accepte que certains se bornent à répéter ce que disent les autres car ce temps est celui d'un entrainement des compétences orales des élèves. Il ne valide pas les propositions des élèves mais peut souligner certaines différences dans leurs prises d'indice, ce qui a pour effet de relancer l'expression orale des élèves.

Lecture :
- Lecture du texte de l'épisode 2 par l'enseignant(e).
- Confronter ce texte avec les hypothèses formulées auparavant. Puis les élèves reformulent avec leurs mots ce qu'ils ont compris de l'épisode 2.
- L'enseignant(e) reformule à son tour ce qu'ont dit les élèves en insistant sur les éléments que l'on retrouvera à chaque épisode :
  – les personnages ;
  – le lieu ;
  – la question d'Ouma ;
  – la justification de l'animal interrogé ;
  – le sentiment exprimé par Ouma.
- Si besoin, l'enseignant(e) peut faire préciser certains points en posant quelques questions :
  – *Que signifient les bulles qui partent de la tête de la poule ?*
  – *Pourquoi voit-on deux chats sur l'illustration ?*
  – *Où sont les personnages ?*
  – *Que pense la poule ?*
  – *Quel est le sentiment du chat en partant ?* (On attend comme réponse : *déçu.*)

Phase 2 ■ Fichier page 14

Collectif oral : 15 min ■ Texte projeté au tableau

Compétences :
- Comprendre un énoncé oral.
- Établir des relations entre l'oral et l'écrit.

Travail sur le fichier
Identifier à nouveau avec les élèves le support de travail : la zone sur fond vert qui comporte à la fois une illustration et des écrits. L'écrit en noir est le texte de l'histoire, le texte en rouge correspond aux tâches à réaliser (pictogramme).

L'illustration
Faire remarquer que ce n'est plus celle de l'album. Expliquer que certains mots difficiles seront illustrés à côté du texte. Les élèves sont invités à identifier le perchoir et à faire le lien avec l'épisode découvert dans l'album. À partir de cet

élément, les élèves reformulent leur compréhension de l'histoire et explicitent la relation de causalité : *Ouma ne peut pas dormir avec la poule parce que...*

Le texte

• L'enseignant(e) relit le texte de l'épisode 2.
• Les élèves suivent avec leur doigt sur le texte du fichier page 14.
• L'enseignant(e) demande aux élèves ce qu'ils repèrent dans cet écrit. On peut s'attendre à ce que les élèves disent qu'ils connaissent des mots (*un* – *chat* – *Ouma*, peut-être d'autres mots connus dès la maternelle) ou que lorsque les personnages parlent, il y a un tiret devant ce qu'ils disent. Les mots en gras, que les élèves devraient reconnaitre, sont les mots qui ont été plus particulièrement étudiés dans les épisodes précédents. Les élèves peuvent repérer les majuscules qui commencent les phrases et les points qui les terminent.
• Toutes les remarques des élèves sont portées sur le texte projeté au tableau (en entourant, surlignant, etc.).
• L'observation du texte page 14 se termine par le travail demandé aux élèves dans le cadre vert : « Colorie les mots *le* et *la* dans le texte. »
• Découverte de la consigne de la tâche de l'encadré vert par les élèves. Ceux-ci recherchent l'action à faire (compréhension du picto de la consigne).
Il sera bon de faire la relation avec le travail de tri de la séance précédente. On avait recherché des mots qui se disaient avec *un* et des mots qui se disaient avec *une* (voir exercice 7 page 13).
• L'enseignant(e) lit la consigne pour valider les propositions des élèves et laisse les élèves répondre sur leur fichier.
• Correction collective.

Étude de la langue :
Un et ***le*** accompagnent les **mots masculins** comme *garçon* ;
une et ***la*** accompagnent les **noms féminins** comme *fille*.

Phase 3 ■ Fichier page 14

Collectif : 5 min ■ Individuel : 10 min

Exercice 1 :

Compétence :
Comprendre une relation de causalité.

• L'enseignant(e) lit la consigne, la question et les réponses possibles. Les élèves travaillent individuellement.

Différenciation :
Les élèves peuvent se reporter à l'album pour avoir l'aide de l'illustration.

• Correction : Les élèves sont invités à justifier leur réponse en faisant référence au texte. On peut aussi revenir sur l'illustration du texte dans l'album qui présente ce qu'imagine la poule sous forme de bulle.

Exercice 2 :

Compétence :
Prendre des repères dans un texte.

• Ce travail a été préparé lors de la phase 2.
• Les consignes sont lues par l'enseignant(e), redites par les élèves. Les élèves sont invités à expliquer collectivement comment ils vont procéder pour trouver les paroles du chat avant de travailler individuellement.

Différenciation :
Les élèves peuvent travailler à deux ou en petits groupes. Ce type de travail avait déjà été proposé avec le texte de la chanson « *L'empereur, sa femme et le p'tit prince* ».
Les élèves qui avaient été en difficulté lors de cette tâche sont regroupés par l'enseignant(e) pour bénéficier d'un enseignement explicite.

• Correction collective sur le texte projeté au tableau. Si des élèves ont bénéficié d'une aide de l'enseignant(e), ils viennent présenter la correction de l'exercice à leurs camarades en explicitant.

Séance 2

Lors de la séance 2. Vocabulaire au quotidien (3) : *poulailler – perchoir.*
Dans la journée, en dehors de la séance de lecture.
Vocabulaire au quotidien (4) : *poulailler – perchoir.*
Déroulement : se reporter à la page 6.

Phase 1 ■ Fichier page 14

Collectif : 10 min ■ Individuel : 10 min

Rappel du récit

• Demander aux élèves de faire le rappel de l'épisode (sans s'aider des illustrations de l'album).
• Ne pas intervenir, relever ensuite les éléments de désaccord, sans donner la réponse. On va travailler ici le langage d'évocation, amener les élèves à se rappeler, nommer les choses, résumer, etc.
• Amener les élèves à utiliser le vocabulaire étudié. Pour bien comprendre un texte, il faut que les élèves connaissent 3 éléments :
– les personnages (*Qui sont-ils ? Combien sont-ils ? Où sont-ils ?* etc.) ;
– les faits (*Que se passe-t-il ?*) ;
– ce que pensent les personnages (leurs pensées, leurs émotions, etc.).
• L'enseignant(e) lit les épisodes 1 et 2 et lève les doutes et les désaccords éventuels exprimés lors du rappel du récit.
• Il vérifie la compréhension des élèves, si cela est nécessaire, par des questions du type :
– *Qu'est-ce qu'un perchoir ?*
– *Qui sont les personnages ?*
– *Que demande Ouma ?*
– *Que répond la poule ? Pourquoi ?*

Rappel des apprentissages

• L'enseignant(e) aide les élèves à exprimer les apprentissages réalisés lors de la séance 1 :
– Retrouver un mot dans un texte.
– Compter le nombre de mots dans une phrase.

Exercice 3 :

Compétence : Comparer deux phrases.

• L'enseignant(e) lit la consigne de l'exercice. À l'oral, collectivement, les élèves sont invités à dire comment ils vont procéder pour réussir l'exercice 3.

> *– Deux phrases sont les mêmes si elles sont écrites avec les mêmes mots dans le même ordre.*
> *– Je dois comparer le premier mot (écrit avec une majuscule) puis le deuxième puis tous les mots jusqu'au point qui termine la phrase.*

• Correction collective.

Exercice 4 :

> **Compétence :** Reproduire l'ordre des mots d'une phrase.
> **Support :** Étiquettes du fichier à photocopier.

• L'enseignant(e) lit la consigne de l'exercice.
• À l'oral, collectivement, les élèves sont invités à dire comment ils vont procéder pour réussir l'exercice 4.

> **Différenciation :**
> Mettre en valeur la majuscule et le point.
> Expliquer que le mot avec la majuscule sera le premier mot de la phrase et celui avec le point le dernier.

Phase 2 ■ Fichier page 15

Collectif : 5 min ■ Individuel : 10 min

Remarques concernant les exercices :
Les élèves ont travaillé ce type de tâches lors de l'épisode 1. Ces exercices reviendront régulièrement dans la plupart des périodes pour faciliter l'autonomie des élèves. Il est donc utile de prendre son temps dans cette période pour que tous les élèves comprennent.

Exercice 5 :

> **Compétence :** Reconnaitre un mot dans un texte.

• Laisser les élèves découvrir l'exercice et verbaliser ce qu'ils doivent faire et comment ils vont s'y prendre.
• Travail individuel. Correction collective au tableau.
• À un autre moment de la journée, proposer le jeu du pendu avec le mot *poule*.

Exercice 6 :

> **Compétence :** Reconnaitre les lettres composant un mot.

• Laisser les élèves découvrir l'exercice, verbaliser ce qu'ils doivent faire et comment ils vont s'y prendre.
• Travail individuel. Correction collective au tableau.

> **Différenciation :**
> Barrer quelques lettres dans l'exercice.
> Distribuer des étiquettes avec les lettres du mot *poule* (à créer).

Exercice 7 :

> **Compétence :** Reconnaitre des mots identiques.

• Laisser les élèves découvrir l'exercice, verbaliser ce qu'ils doivent faire et comment ils vont s'y prendre.
• Travail individuel. Correction collective au tableau.

> **Différenciation :**
> Les élèves en difficulté lors de l'épisode 1 sur des exercices similaires sont regroupés par l'enseignant(e) pour bénéficier d'un enseignement explicite.

Phase 3 ■ Fichier page 15

Collectif : 5 min ■ Individuel : 10 min

Exercice 8 : Étude de la langue

> **Compétence :** Reconnaitre de manière implicite le genre d'un nom.

• L'exercice est à faire à l'oral, ce qui doit permettre aux élèves de prendre conscience que ce petit mot devant un nom n'est pas toujours le même, que certains mots sont précédés de *le* et d'autres de *la*.
• À l'oral, les élèves proposent d'autres mots avec *le* et *la*.
Jeu du furet : L'un après l'autre les élèves donnent un nom avec *le* puis on change la consigne et ce sont alors des mots avec *la* qu'il faut trouver.
• Avant d'écrire les mots *le* et *la*, l'enseignant(e) montre le tracé des mots au tableau en verbalisant le déroulement du geste et en insistant sur la continuité du geste (*le* doit s'écrire sans lever le crayon), sur les repères spatiaux de démarrage du trait, et le respect des interlignes.

Exercice 9 :

> **Compétence :** Maitriser l'écriture de mots en écriture liée.

Avant de laisser les élèves travailler individuellement, faire trouver le nom à écrire en reprenant la notion de personnage. L'enseignant(e) attire l'attention sur le fait que, dans le texte, ce mot est écrit en cursif mais qu'ils doivent l'écrire en attaché tout en respectant l'ordre des lettres.

Phase 4 ■ Fichier page 15

Collectif : 10 min

Cette phase peut être reportée à un autre moment de la journée, elle permet de faire un bilan et de revenir sur les compétences travaillées dans la séance.

Exercice 10 : Entraine-toi

> **Compétences :**
> • Reconnaitre les mots : *poule – la – le*.
> • Produire une phrase à l'oral en utilisant des mots donnés.

Révision des mots : *chat – un*.

À l'oral : Les élèves proposent des phrases contenant les mots étudiés. Des propositions peuvent être écrites au tableau par l'enseignant(e) sous la dictée des élèves. Les élèves repèrent ainsi la place du mot étudié dans les phrases.
À l'écrit : Les élèves peuvent être entrainés à l'aide d'étiquettes montrées au groupe rapidement (mots flash).
• Un travail de décomposition en syllabes écrites peut être proposé en comparant *poule* et *le*.
• Les étiquettes peuvent être stockées en affichage permanent dans la classe pour d'autres entrainements, pour le travail sur les analogies (constitution de collections) et pour la production d'écrits.
• Demander aux élèves comment ils vont faire pour mémoriser ces mots : *Je peux m'entrainer en épelant le mot, en le copiant, en l'écrivant sans le modèle, en ayant l'image dans ma tête, en écoutant les syllabes dont il est composé.*

Mon chat Ouma - Épisode 3

Compétences :
- Se souvenir d'un récit et le reformuler.
- Savoir décrire une illustration à l'oral.
- Émettre des hypothèses sur la suite du récit.
- Réinvestir des apprentissages antérieurs.
- Comprendre un paragraphe de l'histoire.

Supports :
Album *Mon chat Ouma*, fichier de lecture-compréhension pages 16-17 et étiquettes du fichier à photocopier.

Séance 1

Lors de la séance 1. Vocabulaire au quotidien (1) : *clapier – grille.*
Dans la journée, en dehors de la séance de lecture. Vocabulaire au quotidien (2) : *clapier – grille.*
Déroulement : se reporter à la page 6.

Phase 1 ■ Album pages 2 à 7

Collectif : 15 min

Compétences :
- Prendre la parole pour décrire.
- Formuler des hypothèses sur l'histoire.

Rappel des épisodes précédents

Avant d'ouvrir l'album :
- Demander aux élèves de se rappeler des épisodes précédents et de les reformuler sans ouvrir l'album.
- Demander aux élèves de faire des hypothèses sur la suite de l'histoire. Les propositions des élèves peuvent être notées au tableau.

Avec l'album :
- L'enseignant(e) relit le texte des pages 2 et 4 de l'album.

Album pages 6 et 7

La démarche suivie pour cet épisode sera la même que pour l'épisode précédent. Les similitudes entre les situations seront sans doute observées par les élèves. Ceci devrait les aider à réinvestir les connaissances acquises précédemment tant sur la compréhension générale que sur les indices textuels.

Analyse :
- Les élèves observent l'illustration page 7 et la décrivent. (**Vocabulaire attendu :** *clapier – grille – grillage – serrure – poignée.*)

Anticipation de la lecture :
- Questionner les élèves : *En regardant cette illustration et son texte, avez-vous une idée sur ce qui va se passer ?*
- Laisser les élèves s'exprimer rapidement.
- L'enseignant(e) recense leurs hypothèses sur une affiche ou au tableau pour les vérifier ensuite lors de la lecture du texte. Voir les remarques concernant la participation orale pages 4 et 5 de l'introduction générale.

Lecture :
- Lecture du texte de l'épisode 3 par l'enseignant(e).
- Confronter ce texte avec les hypothèses formulées auparavant. Puis les élèves reformulent avec leurs mots ce qu'ils ont compris de l'épisode 3.
- L'enseignant(e) reformule à son tour ce qu'ont dit les élèves en insistant sur les éléments que l'on retrouvera à chaque épisode :
  - les personnages ;
  - le lieu ;
  - la question d'Ouma ;
  - la justification de l'animal interrogé ;
  - le sentiment exprimé par Ouma.
- Si besoin, l'enseignant(e) peut faire préciser certains points en posant quelques questions :
  - *Où se passe cet épisode ?*
  - *Que signifient les bulles qui partent de la tête du lapin ?*
  - *Pourquoi Ouma semble-t-il malheureux ?*
  - *Que veut faire Ouma en haut à gauche de l'illustration ?*

Phase 2 ■ Fichier page 16

Collectif : 15 min ■ Texte projeté au tableau

Rappel des apprentissages
- Amener les élèves, oralement, à se souvenir et à nommer les apprentissages réalisés au cours de l'épisode 2 :
  - Retrouver des mots identiques dans un texte ou un tableau.
  - Repérer les marques d'un dialogue.
  - Comparer des phrases.
  - Écrire une phrase en mettant les étiquettes dans l'ordre.
  - Retrouver les lettres d'un mot.
  - Écrire des mots.
  - Distinguer des mots avec *le* et des mots avec *la*.
  - Lire des mots.

Compétences :
- Comprendre un énoncé oral.
- Établir des relations entre l'oral et l'écrit.

L'illustration
- Les élèves sont invités à identifier le clapier et à faire le lien avec l'épisode découvert dans l'album. À partir de cet élément, les élèves reformulent leur compréhension de l'histoire et explicitent la relation de causalité : *Ouma ne peut pas dormir avec le lapin parce que…*

Le texte
- Nouvelle écoute de la lecture du texte faite par l'enseignant(e).
- Les élèves suivent avec leur doigt sur le texte du fichier page 16.

• Relever les similitudes et les différences avec l'épisode précédent.
• L'enseignant(e) demande aux élèves ce qu'ils repèrent dans cet écrit. Un grand nombre d'élèves peut prendre la parole. Toutes les connaissances élaborées lors de l'épisode 2 peuvent être réinvesties. On peut s'attendre à ce que les élèves disent qu'ils connaissent des mots (le nom des personnages, *Ouma*, peut-être *lapin*, dont ils auront localisé l'écrit par similitude avec l'emplacement de *poule* et les mots appris : *le – la – un – chat* et d'autres mots reconnus par le fait que les épisodes 2 et 3 sont très semblables (*dans – demande – je – peux – dormir – avec – toi – non – j'aurais – aimé – dormir – dit – en – partant*), que les paroles des personnages sont les phrases qui sont précédées par un tiret ; que la première phrase est dite par le chat, la deuxième par le lapin, la troisième par le chat…
• Toutes les remarques des élèves sont portées sur le texte projeté au tableau (en entourant, surlignant, etc.).
• L'observation du texte page 16 se termine par le travail demandé aux élèves : « Colorie le mot *Non* dans le texte. »

Phase 3 ■ Fichier page 16

Collectif : 5 min ■ Individuel : 10 min

Exercice 1 :

Compétence :
Comprendre une relation de causalité.

• L'enseignant(e) lit la consigne, la question et les réponses possibles. Les élèves travaillent individuellement.

Différenciation :
Les élèves peuvent se reporter au livre pour avoir l'aide de l'illustration.

• Correction : les élèves sont invités à justifier leur réponse en faisant référence au texte. On peut aussi revenir sur l'illustration du texte dans l'album qui présente ce qu'imagine le lapin sous forme de bulle.

Exercice 2 :

Compétence :
Repérer les dialogues dans le texte.

• Ce travail a été préparé lors de la phase 2.
Les consignes sont lues par l'enseignant(e), redites par les élèves. Les élèves sont invités à expliquer collectivement comment ils vont procéder pour trouver les dialogues et les paroles du chat avant de travailler individuellement.

Différenciation :
Les élèves peuvent travailler à deux ou en petits groupes. Ce type de travail avait déjà été proposé lors de l'épisode 2. Les élèves, qui avaient été alors en difficulté sur ce type de tâche, sont regroupés par l'enseignant(e) pour bénéficier d'un enseignement explicite.

• Correction collective sur le texte projeté au tableau. Si des élèves ont bénéficié d'une aide de l'enseignant(e), ce sont eux qui viennent présenter la correction de l'exercice à leurs camarades en explicitant.

Séance 2

Lors de la séance 2. Vocabulaire au quotidien (3) : *clapier – grille.*
Dans la journée, en dehors de la séance de lecture.
Vocabulaire au quotidien (4) : *clapier – grille.*
Déroulement : se reporter à la page 6.

Phase 1 ■ Fichier page 16

Collectif : 10 min ■ Individuel : 10 min

Rappel du récit
• Demander aux élèves de faire le rappel de l'épisode (sans s'aider des illustrations de l'album).
• Ne pas intervenir, relever ensuite les éléments de désaccord, sans donner la réponse. On va travailler ici le langage d'évocation, amener les élèves à se rappeler, nommer les choses, résumer, etc.
• Amener les élèves à utiliser le vocabulaire étudié. Pour bien comprendre un texte il faut que les élèves connaissent 3 éléments :
– les personnages (*Qui sont-ils ? Combien sont-ils ? Où sont-ils ?* etc.) ;
– les faits (*Que se passe-t-il ?*) ;
– ce que pensent les personnages (leurs pensées, leurs émotions, etc.).
• L'enseignant(e) lit l'épisode 3.
• Il vérifie la compréhension des élèves, si cela est nécessaire, par des questions du type :
– *Qu'est-ce qu'un clapier ?*
– *Que demande Ouma ?*
– *Que répond le lapin ?*

Rappel des apprentissages
• L'enseignant(e) aide les élèves à exprimer les apprentissages réalisés lors de la séance 1 :
– Retrouver un mot dans un texte.
– Reconnaitre les marques d'un dialogue.
– Reconnaitre le début d'une phrase à la majuscule.

Exercice 3 :

Compétence :
Reconnaitre ce qu'est un mot.

• L'enseignant(e) lit la consigne. La difficulté pourrait être de prendre le point d'interrogation pour un mot.
• Avant de compter les mots de la phrase, on peut les lire en les isolant un à un. On vérifie ainsi que le point d'interrogation n'est pas prononcé : il n'est pas un mot mais la ponctuation qui termine la phrase, comme le fait un simple point.

Exercice 4 :

Compétence :
Reconnaitre des mots dans un texte.

• Expliquer ce que signifie le petit picto ⊕ qui apparait pour la première fois : il correspond à une partie de l'exercice que l'élève ne fait que s'il a fini rapidement et sans difficulté particulière l'activité demandée.

• L'enseignant(e) lit la consigne. Il précise seulement la compétence visée lors de cette phase de travail : « savoir reconnaitre des mots » et pose le problème : *Que devez-vous faire ? Comment allez-vous faire ?*
• Il est préférable de donner en premier la parole aux élèves pour que ce soit eux, qui cherchent à comprendre ce qui est demandé. Le picto et les illustrations sont supports de compréhension.
Réponse attendue entre autres : *On doit comparer chaque lettre du mot et pas seulement la première.*
• Travail individuel. Correction collective au tableau (chaque exercice sera corrigé en donnant la parole aux élèves pour qu'ils expliquent comment ils procèdent).
• À un autre moment de la journée, proposer le jeu du pendu avec les mots *dormir* et *lapin*.

Différenciation :
Les élèves ayant besoin de temps ne font pas la partie d'exercice assortie d'une croix.
Les élèves qui pourraient être en difficulté sont regroupés par l'enseignant(e) et travaillent de façon explicite, chacun sur un mot.

Phase 2 ■ Fichier page 17

Collectif : 10 min ■ Individuel : 15 min

Exercice 5 :

Compétence :
Reconnaitre les lettres composant un mot.

• Les élèves connaissent ce type d'exercice. Les laisser le découvrir et verbaliser ce qu'ils doivent faire et comment ils vont s'y prendre.
• Travail individuel.
• Correction collective au tableau.

Différenciation :
Barrer quelques lettres dans l'exercice.
Distribuer des étiquettes avec les lettres du mot *lapin* (à créer).
Les élèves ayant besoin de temps ne font pas la partie d'exercice assortie d'une croix.

Exercice 6 :

Compétence :
Reconnaitre les syllabes d'un mot.

• Ce type d'exercice est nouveau dans le fichier.
• L'enseignant(e) précise seulement la compétence visée lors de cette phase de travail : « savoir reconnaitre les syllabes d'un mot » et pose le problème : *Que devez-vous faire ? Comment allez-vous faire ?*
• Il est préférable de donner en premier la parole aux élèves pour que ce soit eux qui cherchent à comprendre ce qui est demandé. Le picto et les illustrations sont supports de compréhension.

Différenciation :
Distribuer les étiquettes des syllabes (à créer) pour reformer les mots.

Exercice 7 :

Compétence :
Reconnaitre un mot sous différentes graphies.

• Ce type d'exercice est nouveau dans le fichier.
• L'enseignant(e) précise seulement la compétence visée lors de cette phase de travail : « savoir reconnaitre des mots identiques ayant des écritures différentes » et pose le problème : *Que devez-vous faire ? Comment allez-vous faire ?*

Différenciation :
L'écriture du mot *lapin* est réservée aux élèves les plus avancés.

Exercice 8 :

Compétence :
Reproduire l'ordre des mots d'une phrase.
Support : Étiquettes du fichier à photocopier.

• Cet exercice, connu des élèves, peut être fait en autonomie.
• Correction collective avec un temps d'explication consacré à l'utilisation de la virgule qui sert à rythmer la phrase.

Différenciation :
Mettre en valeur la majuscule et le point.
Expliquer que le mot avec la majuscule sera le premier mot de la phrase et celui avec le point le dernier.

Phase 3 ■ Fichier page 17

Collectif : 10 min

Cette phase peut être reportée à un autre moment de la journée, elle permet de faire un bilan et de revenir sur les compétences travaillées dans la séance.

Exercice 9 : Entraine-toi

Compétences :
• Reconnaitre les mots : *lapin – dormir – non*.
• Produire une phrase à l'oral en utilisant les mots donnés.

Révision des mots : *la – poule – le*

À l'oral : Les élèves proposent différentes phrases contenant les mots étudiés. Quelques propositions peuvent être écrites au tableau par l'enseignant(e) sous la dictée des élèves. Les élèves repèrent ainsi la place du mot étudié dans les phrases.
À l'écrit : Les élèves peuvent être entrainés à l'aide d'étiquettes montrées au groupe rapidement (mots flash).
• Un travail de décomposition en syllabes écrites peut être proposé sur les mots *poule* et *lapin* qui comportent respectivement *le* et *la*.
• Les étiquettes peuvent être stockées en affichage permanent dans la classe pour d'autres entrainements, pour le travail sur les analogies (constitution de collections) et pour la production d'écrits.
• Demander aux élèves comment ils vont faire pour mémoriser ces mots :
Je peux m'entrainer en épelant le mot, en le copiant, en l'écrivant sans le modèle, en ayant l'image dans ma tête, en écoutant les syllabes dont il est composé.

Mon chat Ouma - Épisode 4

Compétences :
- Se souvenir d'un récit et le reformuler.
- Savoir décrire une illustration à l'oral.
- Émettre des hypothèses sur la suite du récit.
- Réinvestir des apprentissages antérieurs.
- Comprendre un paragraphe de l'histoire.

Supports :
Album *Mon chat Ouma*, fichier de lecture-compréhension pages 18-19 et étiquettes du fichier à photocopier.

Séance 1

Lors de la séance 1. Vocabulaire au quotidien (1) : *cage – salon.*
Dans la journée, en dehors de la séance de lecture. Vocabulaire au quotidien (2) : *cage – salon.*
Déroulement : se reporter à la page 6.

Phase 1 ■ Album pages 2 à 9

Collectif : 15 min

Compétences :
- Prendre la parole pour décrire.
- Formuler des hypothèses sur l'histoire.

Rappel des épisodes précédents
Avant d'ouvrir l'album :
- Demander aux élèves de rappeler les épisodes précédents sans s'aider des illustrations.
- Ne pas intervenir, relever ensuite les éléments de désaccord, sans donner la réponse. On va travailler ici le langage d'évocation, amener les élèves à se rappeler, nommer les choses, résumer, etc. Inciter les élèves à utiliser le vocabulaire étudié.

Avec l'album :
- Lire les épisodes déjà étudiés et lever les doutes et les désaccords.
- Les élèves peuvent faire des premières hypothèses sur l'épisode du jour.

Album pages 8 et 9
La démarche suivie pour cet épisode sera la même que pour l'épisode précédent. Les similitudes entre les situations seront sans doute observées par les élèves. Ceci devrait les aider à réinvestir les connaissances acquises précédemment tant sur la compréhension générale que sur les indices textuels.
Analyse :
- Les élèves observent l'illustration page 9 et la décrivent.

(**Vocabulaire attendu :** *salon – perroquet – cage – place.*)

Anticipation de la lecture :
- Questionner les élèves : *En regardant cette illustration et son texte, avez-vous une idée de ce qui va se passer ?*
- Laisser les élèves s'exprimer rapidement.
- L'enseignant(e) recense leurs hypothèses sur une affiche ou au tableau pour les vérifier ensuite lors de la lecture du texte.

Lecture :
- Lecture du texte de l'épisode 4 par l'enseignant(e).
- Confronter ce texte avec les hypothèses formulées auparavant. Puis les élèves reformulent avec leurs mots ce qu'ils ont compris de l'épisode 4.
- L'enseignant(e) reformule à son tour ce qu'ont dit les élèves en insistant sur les éléments que l'on retrouvera à chaque épisode :

– les personnages ;
– le lieu ;
– la question d'Ouma ;
– la justification de l'animal interrogé ;
– le sentiment exprimé par Ouma.

- Si besoin, l'enseignant(e) peut faire préciser certains points en posant quelques questions :

– *Où se passe cet épisode ?*
– *Que signifient les bulles qui partent de la tête du perroquet ?*
– *Pourquoi Ouma est-il triste en bas de l'image ?*
– *Pourquoi est-il dans la cage en haut de l'image ?*
– *Pourquoi sourit-il lorsqu'il est dans la cage ?*

Phase 2 ■ Fichier page 18

Collectif : 15 min ■ Texte projeté au tableau

Rappel des apprentissages
- Amener les élèves, oralement, à se souvenir et à nommer les apprentissages réalisés au cours de l'épisode 3 :

– Retrouver des mots identiques dans un texte selon différentes graphies.
– Repérer les marques d'un dialogue.
– Écrire une phrase en mettant les étiquettes dans l'ordre.
– Retrouver les lettres d'un mot.
– Écrire des mots à partir de leurs syllabes.
– Lire des mots.

Compétences :
- Comprendre un énoncé oral.
- Établir des relations entre l'oral et l'écrit.

Mon chat Ouma - Épisode 4

L'illustration

• Les élèves sont invités à identifier la cage et à faire le lien avec l'épisode découvert dans l'album. À partir de cet élément, les élèves reformulent leur compréhension de l'histoire et explicitent la relation de causalité : *Ouma ne peut pas dormir avec le perroquet parce que...*

Le texte

• Nouvelle écoute de la lecture du texte faite par l'enseignant(e).
• Les élèves suivent avec leur doigt sur le texte du fichier page 18.
• Ils relèvent les similitudes et les différences avec l'épisode précédent.
• L'enseignant(e) demande aux élèves ce qu'ils repèrent dans cet écrit. Un grand nombre d'élèves peut prendre la parole. Toutes les connaissances élaborées lors de l'épisode 3 peuvent être réinvesties.
• On peut s'attendre à ce que les élèves disent qu'ils connaissent des mots (le nom *Ouma*, peut-être *perroquet* dont ils auront localisé le mot par similitude avec l'emplacement de *poule*, les mots appris : *le – la – un – chat – dormir – non* et d'autres mots reconnus par le fait que les épisodes 2, 3 et 4 sont très semblables : *dans – demande – je – peux – avec – toi – j'aurais – aimé – dit – en – partant),* que les paroles des personnages sont les phrases qui sont précédées par un tiret ; que la première phrase est dite par le chat, la deuxième par le perroquet, la troisième par le chat...
• Toutes les remarques des élèves sont portées sur le texte projeté au tableau (en entourant, surlignant, etc.).

Phase 3 ■ Fichier page 18

Collectif : 5 min ■ Individuel : 10 min

Exercice 1 :

Compétence :
Trouver une réponse explicite dans un texte étudié.

• L'enseignant(e) lit la consigne.
• Les élèves travaillent individuellement.

Différenciation :
Les élèves peuvent se reporter au livre pour avoir l'aide de l'illustration.

• Correction : Les élèves sont invités à justifier leur réponse en faisant référence au texte et à l'illustration de l'album.

Exercice 2 :

Compétence :
Se mettre à la place d'un personnage pour imaginer ce qu'il pense.

Aide à la compréhension de l'implicite

• Les consignes sont lues par l'enseignant(e), redites par les élèves.
• Chaque illustration est explicitée par un ou plusieurs élèves.
1. Ouma et le perroquet sont très contents d'être ensemble.
2. Le perroquet est trop serré, il manque de place.
3. Le perroquet a peur d'Ouma.
• Correction collective : Les élèves sont invités à justifier leur choix. Certains pourront avoir choisi l'image où le perroquet a peur car les chats aiment manger les oiseaux, ou l'image où ils sont heureux d'être ensemble car ils sont peut-être amis. Ces réponses peuvent se concevoir mais il faudra amener les élèves à faire le lien avec le texte entendu où le perroquet parle d'un manque de place.

Séance 2

Lors de la séance 2. Vocabulaire au quotidien (3) : *cage – salon.*
Dans la journée, en dehors de la séance de lecture.
Vocabulaire au quotidien (4) : *cage – salon.*
Déroulement : se reporter à la page 6.

Phase 1 ■ Fichier page 18

Collectif : 10 min ■ Individuel : 10 min

Rappel du récit

• Demander aux élèves de faire le rappel de l'épisode (sans s'aider des illustrations de l'album).
• Ne pas intervenir, relever ensuite les éléments de désaccord, sans donner la réponse. On va travailler ici le langage d'évocation, amener les élèves à se rappeler, nommer les choses, résumer, etc.
• Amener les élèves à utiliser le vocabulaire étudié. Pour bien comprendre un texte il faut que les élèves connaissent trois éléments :
– les personnages (*Qui sont-ils ? Combien sont-ils ? Où sont-ils ?* etc.) ;
– les faits (*Que se passe-t-il ?*) ;
– ce que pensent les personnages (leurs pensées, leurs émotions, etc.).
• L'enseignant(e) relit l'épisode 4 pendant que les élèves suivent avec leur doigt.
• Il vérifie la compréhension des élèves, si cela est nécessaire, par des questions du type :
– *Qu'est-ce qu'une cage ?*
– *Que demande Ouma ?*
– *Que répond le perroquet ?*

Rappel des apprentissages

• L'enseignant(e) aide les élèves à exprimer l'ensemble ou une partie des apprentissages textuels réalisés lors de la séance 1 :
– Retrouver un mot dans un texte.
– Retrouver une phrase de dialogue dans un texte.

Exercice 3 :

Compétence :
Repérer les dialogues dans le texte.

• Ce travail a déjà été proposé lors de l'épisode 3.
• Les consignes sont lues par l'enseignant(e), redites par les élèves. Les élèves sont invités à expliquer collectivement comment ils vont procéder pour trouver les dialogues et les paroles du chat avant de travailler individuellement.

Différenciation :
Les élèves peuvent travailler à deux.

• Correction collective sur le texte projeté au tableau.

Exercice 4 :

Compétence :
Reconnaitre des mots dans un texte.

• L'enseignant(e) lit la consigne. Il précise seulement la compétence visée lors de cette phase de travail : « savoir reconnaitre des mots » et pose le problème : *Que devez-vous faire ? Comment allez-vous faire ?*
• Il est préférable de donner en premier la parole aux élèves pour que ce soit eux qui cherchent à comprendre ce qui est demandé. Le picto et les illustrations sont supports de compréhension.
Réponse attendue entre autres : *On doit comparer chaque lettre du mot et pas seulement la première.*
• Lire ou faire lire les mots. Expliquer le sens si besoin.
• Travail individuel. Correction collective au tableau (chaque exercice sera corrigé en donnant la parole aux élèves pour qu'ils expliquent comment ils procèdent).
• À un autre moment de la journée, proposer le jeu du pendu avec le mot *demande*.

Différenciation :
Les élèves ayant besoin de temps ne font pas les parties d'exercice assorties d'une croix ou seulement partiellement.
Les élèves qui pourraient être en difficulté sont regroupés par l'enseignant(e) et travaillent de façon explicite, chacun sur un mot.

Phase 2 ■ Fichier pages 18 et 19

Collectif : 10 min ■ Individuel : 15 min

Chaque exercice fait l'objet d'une correction collective.

Exercice 5 :

Compétence :
Associer les deux écritures d'un mot.

• L'enseignant(e) lit la consigne. Les élèves reformulent, un exemple peut être fait collectivement au tableau avec les mots *poule* et *lapin*.

Différenciation :
Les élèves ayant besoin de temps ne font pas les parties d'exercice assorties d'une croix (ils ne recopient pas les mots). Ils peuvent également ne recopier qu'un ou deux mots et non pas les trois.

Exercice 6 :

Compétence :
Reconnaitre les lettres composant un mot.

• Les élèves connaissent ce type d'exercice. Ils peuvent le faire à présent sans préparation collective.

Différenciation :
Barrer quelques lettres dans l'exercice.
Distribuer des étiquettes avec les lettres du mot *demande*.
Les élèves ayant besoin de temps ne font pas la seconde partie de l'exercice assortie d'une croix.

Exercice 7 :

Compétence :
Reproduire l'ordre des mots d'une phrase.
Support : Étiquettes du fichier à photocopier.

• Cet exercice, connu des élèves, peut être fait en autonomie.

Différenciation :
Mettre en valeur la majuscule et le point.
Expliquer que le mot avec la majuscule sera le premier mot de la phrase et celui avec le point le dernier.

Exercice 8 :

Compétence :
Associer une phrase en cursive avec la même écrite en script.

• Ce type d'exercice est nouveau dans le fichier. L'enseignant(e) précise seulement la compétence visée lors de cette phase de travail : « comparer l'écriture en script et l'écriture cursive » et pose le problème : *Que devez-vous faire ? Comment allez-vous faire ?*
• Les élèves travaillent individuellement.

Phase 3 ■ Fichier page 19

Collectif : 10 min

Cette phase peut être reportée à un autre moment de la journée, elle permet de faire un bilan et de revenir sur les compétences travaillées dans la séance.

Exercice 9 : **Entraine-toi**

Compétences :
• Reconnaitre les mots : *demande – il.*
• Savoir reconnaitre une phrase.

Révision des mots : *la – poule – le – chat – dormir.*

À l'oral : Les élèves proposent différentes phrases contenant les mots étudiés. Quelques propositions peuvent être écrites au tableau par l'enseignant(e) sous la dictée des élèves. Les élèves repèrent ainsi la place du mot étudié dans les phrases.

À l'écrit : Les élèves peuvent être entrainés à l'aide d'étiquettes montrées au groupe rapidement (mots flash).
• Les élèves doivent entourer l'une des deux phrases. Leur faire préciser qui est « il » et leur demander quand on l'emploie.
• Les étiquettes peuvent être stockées en affichage permanent dans la classe pour d'autres entrainements, pour le travail sur les analogies (constitution de collections) et pour la production d'écrits.
• Demander aux élèves comment ils vont faire pour mémoriser ces mots :
Je peux m'entrainer en épelant le mot, en le copiant, en l'écrivant sans le modèle, en ayant l'image dans ma tête, en écoutant les syllabes dont il est composé.

Mon chat Ouma - Épisode 5

Compétences :
- Se souvenir d'un récit et le reformuler.
- Savoir décrire une illustration à l'oral.
- Émettre des hypothèses sur la suite du récit.
- Réinvestir des apprentissages antérieurs.
- Comprendre un paragraphe de l'histoire.

Supports :
Album *Mon chat Ouma*, fichier de lecture-compréhension pages 20-21 et étiquettes du fichier à photocopier.

Séance 1

Lors de la séance 1. Vocabulaire au quotidien (1) : *salle à manger – se noyer.*
Dans la journée, en dehors de la séance de lecture. Vocabulaire au quotidien (2) : *salle à manger – se noyer.*
Déroulement : se reporter à la page 6.

Phase 1 ■ Album pages 2 à 11

Collectif : 15 min

Compétences :
- Prendre la parole pour décrire.
- Formuler des hypothèses sur l'histoire.

Rappel des épisodes précédents
Avant d'ouvrir l'album :
- Demander aux élèves de rappeler les épisodes précédents sans s'aider des illustrations.
- Ne pas intervenir, relever ensuite les éléments de désaccord, sans donner la réponse. On va travailler ici le langage d'évocation, amener les élèves à se rappeler, nommer les choses, résumer, etc. Inciter les élèves à utiliser le vocabulaire étudié.

Avec l'album :
- Lire les épisodes déjà étudiés et lever les doutes et les désaccords.
- Les élèves peuvent faire des premières hypothèses sur l'épisode du jour.

Album pages 10 et 11
La démarche suivie pour cet épisode sera la même que pour l'épisode précédent. Les similitudes entre les situations seront sans doute observées par les élèves. Ceci devrait les aider à réinvestir les connaissances acquises précédemment tant sur la compréhension générale que sur les indices textuels.
Analyse :
- Les élèves observent l'illustration page 11 et la décrivent. (**Vocabulaire attendu :** *poisson – eau – bocal – bulles.*)

Anticipation de la lecture :
- Questionner les élèves : *En regardant cette illustration et son texte, avez-vous une idée de ce qui va se passer ?*
- Laisser les élèves s'exprimer rapidement.
- L'enseignant(e) recense leurs hypothèses sur une affiche ou au tableau pour les vérifier ensuite lors de la lecture du texte.

Lecture :
- Lecture du texte de l'épisode 5 par l'enseignant(e).
- Confronter ce texte avec les hypothèses formulées auparavant. Puis les élèves reformulent avec leurs mots ce qu'ils ont compris de l'épisode 5.
- L'enseignant(e) reformule à son tour ce qu'ont dit les élèves en insistant sur les éléments que l'on retrouve à chaque épisode :
  - les personnages ;
  - le lieu ;
  - la question d'Ouma ;
  - la justification de l'animal interrogé ;
  - le sentiment exprimé par Ouma.
- Si besoin, l'enseignant(e) peut faire préciser certains points en posant quelques questions :
  - *Où se passe cet épisode ?*
  - *Que signifient les bulles qui partent de la tête du poisson ?*
  - *Pourquoi Ouma est-il triste, en haut, en regardant le bocal ?*

Phase 2 ■ Fichier page 20

Collectif : 15 min ■ Texte projeté au tableau

Compétences :
- Comprendre un énoncé oral.
- Établir des relations entre l'oral et l'écrit.

L'illustration
- Les élèves sont invités à faire le lien entre l'illustration du poisson et l'épisode découvert dans l'album. À partir de cela, les élèves reformulent leur compréhension de l'histoire et explicitent la relation de causalité : *Ouma ne peut pas dormir avec le poisson parce que...*

Le texte
- Écoute de la lecture du texte faite par l'enseignant(e).
- Les élèves suivent avec leur doigt sur le texte du fichier page 20.
- Ils relèvent les similitudes et les différences avec l'épisode précédent.

• L'enseignant(e) demande aux élèves ce qu'ils repèrent dans cet écrit. Un grand nombre d'élèves peut prendre la parole. Toutes les connaissances élaborées lors de l'épisode 4 peuvent être réinvesties.
• On peut s'attendre à ce que les élèves disent qu'ils connaissent des mots (le nom *Ouma*, peut- être *poisson* dont ils auront localisé le mot par similitude avec l'emplacement de *perroquet* et les mots appris : *le – la – un – chat – dormir – demande – non* et d'autres mots reconnus par le fait que les épisodes sont très semblables : *dans – je – peux – avec – toi – j'aurais – aimé – dit – en – partant) ;* que les paroles des personnages sont les phrases qui sont précédées par un tiret ; que la première phrase est dite par le chat, la deuxième par le poisson, la troisième par le chat...
• Toutes les remarques des élèves sont portées sur le texte projeté au tableau (en entourant, surlignant, etc.).

Phase 3 ■ Fichier page 20

Collectif : 5 min ■ Individuel : 10 min

Exercice 1 :

Compétence :
Trouver une réponse explicite dans un texte étudié.

• L'enseignant(e) lit la consigne.
• Les élèves travaillent individuellement.
• Correction : Les élèves sont invités à justifier leur réponse en faisant référence au texte.

Exercice 2 :

Compétence :
Se mettre à la place d'un personnage pour imaginer ce qu'il pense.

Aide à la compréhension de l'implicite
• Les consignes sont lues par l'enseignant(e), redites par les élèves.
• Chaque illustration est explicitée par un ou plusieurs élèves :
1. Ouma et le poisson vont être trop serrés.
2. Ouma va se noyer.
• Correction collective : Les élèves sont invités à justifier leur choix. Il faudra amener les élèves à faire le lien avec le texte entendu où le poisson parle de se noyer.

Séance 2

Lors de la séance 2. Vocabulaire au quotidien (3) : *salle à manger – se noyer.*
Dans la journée, en dehors de la séance de lecture. Vocabulaire au quotidien (4) : *salle à manger – se noyer.*
Déroulement : se reporter à la page 6.

Phase 1 ■ Fichier page 20

Collectif : 10 min ■ Individuel : 10 min

Rappel du récit
• Demander aux élèves de faire le rappel de l'épisode (sans s'aider des illustrations de l'album).
• Ne pas intervenir, relever ensuite les éléments de désaccord, sans donner la réponse. On va travailler ici le langage d'évocation, amener les élèves à se rappeler, nommer les choses, résumer, etc.
• Amener les élèves à utiliser le vocabulaire étudié. Pour bien comprendre un texte il faut que les élèves connaissent trois éléments :
– les personnages (*Qui sont-ils ? Combien sont-ils ? Où sont-ils ?* etc.) ;
– les faits (*Que se passe-t-il ?*) ;
– ce que pensent les personnages (leurs pensées, leurs émotions, etc.).
• L'enseignant(e) relit l'épisode 5 pendant que les élèves suivent avec leur doigt.
• Il vérifie la compréhension des élèves, si cela est nécessaire, par des questions du type :
– *Que demande Ouma ?*
– *Que répond le poisson ?*

Exercice 3 :

Compétences :
• Repérer les dialogues dans le texte.
• Connaitre la ponctuation.

• Ce travail a déjà été proposé lors des épisodes précédents.
• Les consignes sont lues par l'enseignant(e), redites par les élèves. Les élèves sont invités à expliquer collectivement comment ils vont procéder pour trouver les dialogues et les paroles du poisson avant de travailler individuellement.
• Correction collective sur le texte projeté au tableau.

Différenciation :
Les élèves peuvent travailler à deux.

Exercice 4 :

Compétence :
Reconnaitre des mots dans un texte.

• L'enseignant(e) lit la consigne. Il/Elle précise seulement la compétence visée lors de cette phase de travail : « savoir reconnaitre des mots » et pose le problème : *Que devez-vous faire ? Comment allez-vous faire ?*
• Il est préférable de donner en premier la parole aux élèves pour que ce soit eux qui cherchent à comprendre ce qui est demandé. Le picto et les illustrations sont supports de compréhension.
Réponse attendue entre autres : *On doit comparer chaque lettre du mot et pas seulement la première.*
• Lire ou faire lire les mots. Expliquer le sens si besoin.
• Travail individuel. Correction collective au tableau (chaque exercice sera corrigé en donnant la parole aux élèves pour qu'ils expliquent comment ils procèdent).

• À un autre moment de la journée, proposer le jeu du pendu avec le mot *poisson*.

Différenciation :
Les élèves ayant besoin de temps ne font pas les parties d'exercice assorties d'une croix, ou seulement partiellement. Les élèves qui pourraient être en difficulté sont regroupés par l'enseignant(e) et travaillent de façon explicite, chacun sur un mot.

Phase 2 ■ Fichier pages 20 et 21

Collectif : 10 min ■ Individuel : 15 min

Chaque exercice fait l'objet d'une correction collective.

Exercice 5 :

Compétence :
Associer les deux écritures d'un mot.

• Les élèves donnent la consigne en s'aidant du picto et des séances précédentes.

Différenciation :
Les élèves ayant besoin de temps ne font pas les parties d'exercice assorties d'une croix, ou seulement partiellement.

Exercice 6 :

Compétence :
Reconnaitre les lettres composant un mot.

• Les élèves connaissent ce type d'exercice. Ils peuvent le faire à présent sans préparation collective.

Différenciation :
Barrer quelques lettres dans l'exercice.
Distribuer des étiquettes avec les lettres du mot *poisson* (à créer).
Les élèves ayant besoin de temps ne font pas la partie de l'exercice assortie d'une croix.

Exercice 7 :

Compétence :
Reproduire l'ordre des mots d'une phrase.
Support : Étiquettes du fichier à photocopier.

• Cet exercice, connu des élèves, peut être fait en autonomie.

Différenciation :
Mettre en valeur la majuscule et le point.
Expliquer que le mot avec la majuscule sera le premier mot de la phrase et celui avec le point le dernier.
Les élèves ayant besoin de temps ne font pas la partie de l'exercice assortie d'une croix.

Exercice 8 :

Compétence :
Associer deux syllabes pour reconstituer un mot.

• Les élèves en s'aidant du picto et des séances précédentes donnent la consigne.
• Les élèves ont déjà rencontré cet exercice dans l'épisode 3 mais l'enseignant(e) peut de nouveau prendre le temps d'une démonstration collective au tableau avec en exemple les mots *poule* et *lapin*.
• Les élèves travaillent individuellement.

Différenciation :
Distribuer les étiquettes des syllabes (à créer).
Les élèves ayant besoin de temps ne font pas les parties d'exercice assorties d'une croix (écrire les mots reconstitués).

Phase 3 ■ Fichier page 21

Collective : 10 min

Cette phase peut être reportée à un autre moment de la journée, elle permet de faire un bilan et de revenir sur les compétences travaillées dans la séance.

Exercice 9 : Entraine-toi

Compétences :
• Reconnaitre les mots : *poisson – peux – je.*
• Savoir reconnaitre une phrase.

Révision des mots : *dormir – un – le.*

À l'oral : Les élèves proposent différentes phrases contenant les mots étudiés. Quelques propositions peuvent être écrites au tableau par l'enseignant(e) sous la dictée des élèves. Les élèves repèrent ainsi la place du mot étudié dans les phrases.
• Un travail de décomposition en syllabes peut être proposé sur le mot *poisson*.
À l'écrit : Les élèves peuvent être entrainés à l'aide d'étiquettes montrées au groupe rapidement (mots flash).
• Les élèves doivent entourer l'une des deux phrases. Leur demander qui peut être « Je » et leur demander quand on l'emploie.
• Les étiquettes peuvent être stockées en affichage permanent dans la classe pour d'autres entrainements, pour le travail sur les analogies (constitution de collections) et pour la production d'écrits.
• Demander aux élèves comment ils vont faire pour mémoriser ces mots. Ce travail méthodologique sera renouvelé dans les séances de la période 1 afin de rassurer les élèves les plus fragiles :
Je peux m'entrainer en épelant le mot, en le copiant, en l'écrivant sans le modèle, en ayant l'image dans ma tête, en écoutant les syllabes dont il est composé.

Mon chat Ouma - Épisode 6

Compétences :
- Se souvenir d'un récit et le reformuler.
- Émettre des hypothèses sur la suite du récit.
- Réinvestir des apprentissages antérieurs.
- Comprendre un paragraphe de l'histoire.

Supports :
Album *Mon chat Ouma*, fichier de lecture-compréhension pages 22-23 et étiquettes du fichier à photocopier.

Séance 1

Lors de la séance 1. Vocabulaire au quotidien (1) : *bâiller.*
Dans la journée, en dehors de la séance de lecture. Vocabulaire au quotidien (2) : *bâiller.*
Déroulement : se reporter à la page 6.

Phase 1 ■ Album pages 2 à 13

Collectif : 15 min

Compétences :
- Prendre la parole pour décrire.
- Formuler des hypothèses sur l'histoire.

- La démarche suivie pour cet épisode est la même que pour l'épisode précédent (rappel et relecture des épisodes précédents, lecture du nouvel épisode).
- Les similitudes entre les situations seront sans doute observées par les élèves. Ceci devrait les aider à réinvestir les connaissances acquises précédemment tant sur la compréhension générale que sur les indices textuels.
- Question de recherche : *En regardant cette illustration et son texte, avez-vous une idée de ce qui va se passer ?*
- Les remarques des élèves sont recensées sur une affiche ou au tableau pour laisser trace d'une prise d'indices que l'on validera ou non lors de la lecture du texte.

(**Vocabulaire attendu :** *chambre – lit – garçon – poils – bâiller.*)

Phase 2 ■ Fichier page 22

Collectif : 15 min ■ Texte projeté au tableau

Compétences :
- Comprendre un énoncé oral.
- Établir des relations entre l'oral et l'écrit.

L'illustration
- Les élèves sont invités à faire le lien entre l'illustration de Momo et l'épisode découvert dans l'album. À partir de cela, les élèves reformulent leur compréhension de l'histoire et explicitent la relation de causalité : *Ouma ne peut pas dormir avec Momo parce que...*

Le texte
- L'enseignant(e) lit le texte. Les élèves suivent avec leur doigt sur le texte du fichier page 22.
- Les similitudes et les différences avec l'épisode précédent sont relevées.
- L'enseignant(e) rapproche ce que disent les élèves des hypothèses écrites sur l'affiche lors de la phase 1.
- L'enseignant(e) demande aux élèves ce qu'ils repèrent dans cet écrit. Un grand nombre d'élèves peut prendre la parole. Toutes les connaissances élaborées lors de l'épisode 5 peuvent être réinvesties.
- On peut s'attendre à ce que les élèves disent qu'ils connaissent des mots (le nom des personnages *Ouma*, peut-être *Momo* et *chambre* dont ils auront localisé le mot par similitude avec l'emplacement de *poisson* et les mots appris (en gras) ou reconnus par le fait que les épisodes sont très semblables) ; que les paroles des personnages sont les phrases qui sont précédées par un tiret ; que la première phrase est dite par le chat, la deuxième par Momo, la troisième par le chat.
- Toutes les remarques des élèves sont portées sur le texte projeté au tableau (en entourant, surlignant, etc.).

Phase 3 ■ Fichier page 22

Collectif : 5 min ■ Individuel : 10 min

Exercice 1 :

Compétence :
Trouver une réponse explicite dans un texte étudié.

- L'enseignant(e) lit la consigne.
- Les élèves travaillent individuellement.
- Correction : Les élèves sont invités à justifier leur réponse en faisant référence au texte et à l'illustration du livre.

Différenciation :
Les élèves peuvent se reporter au livre pour avoir l'aide de l'illustration.

Exercice 2 :

Compétence :
Se mettre à la place d'un personnage pour imaginer ce qu'il pense.

Aide à la compréhension de l'implicite
• Les consignes sont lues par l'enseignant(e), redites par les élèves.
• Chaque illustration est explicitée par un ou plusieurs élèves :
1. Ouma est content.
2. Ouma est triste.
3. Ouma a peur.
• Correction collective : Les élèves sont invités à justifier leur choix. Il faudra amener les élèves à faire le lien avec le texte entendu où Momo parle des poils qu'Ouma va laisser.

Séance 2

Lors de la séance 2. Vocabulaire au quotidien (3) : *bâiller.*
Dans la journée, en dehors de la séance de lecture.
Vocabulaire au quotidien (4) : *bâiller.*
Déroulement : se reporter à la page 6.

Phase 1 ■ Fichier page 22

Collectif : 5 min ■ Individuel : 10 min

Rappel du récit
• Les élèves sont invités à raconter l'épisode 6.
• L'enseignant(e) relit le texte pendant que les élèves suivent avec leur doigt.
Anticipation
• Les élèves sont invités à anticiper sur la suite du texte : « *À votre avis, que va-t-il se passer dans le prochain texte ?* »

Exercice 3 :

Compétence :
Reconnaitre des mots dans un texte.

• L'enseignant(e) lit la consigne. Il/Elle précise seulement la compétence visée lors de cette phase de travail : « savoir reconnaitre des mots » et pose le problème : *Que devez-vous faire ? Comment allez-vous faire ?*
• Il est préférable de donner en premier la parole aux élèves pour que ce soit eux qui cherchent à comprendre ce qui est demandé. Le picto et les illustrations sont supports de compréhension.
Réponse attendue entre autres : *On doit comparer chaque lettre du mot et pas seulement la première.*
• Travail individuel. Correction collective au tableau (chaque exercice sera corrigé en donnant la parole aux élèves pour qu'ils expliquent comment ils procèdent).
• À un autre moment de la journée, proposer le jeu du pendu avec le mot *chambre*.

Exercice 4 :

Compétence :
Reconnaitre des mots identiques.

• Les élèves en s'aidant du picto et des séances précédentes donnent la consigne.
• On doit comparer chaque lettre du mot et pas seulement la première.
• Lire ou faire lire les mots. Expliquer le sens si besoin.
• Travail individuel.
• Correction collective au tableau (chaque exercice sera corrigé en donnant la parole aux élèves pour qu'ils expliquent comment ils procèdent).

Différenciation :
Les élèves ayant besoin de temps ne font pas les parties d'exercice assorties d'une croix ou seulement partiellement.
Les élèves qui pourraient être en difficulté sont regroupés par l'enseignant(e) et travaillent de façon explicite, chacun sur un mot.

Phase 2 ■ Fichier pages 22 et 23

Collectif : 10 min ■ Individuel : 20 min

Exercice 5 :

Compétences :
• Trouver une réponse explicite dans un texte étudié.
• Recopier un mot en cursive.

• Ce type d'exercice est nouveau dans le fichier. L'enseignant(e) précise seulement la compétence visée lors de cette phase de travail : « savoir retrouver un mot » et pose le problème : *Que devez-vous faire ? Comment allez-vous faire ?*
• Il est préférable de donner en premier la parole aux élèves pour que ce soit eux qui cherchent à comprendre ce qui est demandé. Le picto et les illustrations sont supports de compréhension.
• Les élèves travaillent individuellement.
• Correction collective.

Différenciation :
Proposer aux élèves des étiquettes avec les mots *cage, chambre* et *bocal.*

Exercice 6 :

Compétence :
Reconnaitre les lettres composant un mot.

• Les élèves connaissent ce type d'exercice. Ils peuvent le faire à présent sans préparation collective.

Différenciation :
Barrer quelques lettres dans l'exercice.
Distribuer des étiquettes avec les lettres du mot *chambre* (à créer).
Les élèves ayant besoin de temps ne font pas la partie d'exercice assortie d'une croix.

Exercice 7 :

Compétence :
Reproduire l'ordre des mots d'une phrase.
Support : Étiquettes du fichier à photocopier.

• Cet exercice, étant connu des élèves, peut être fait en autonomie.
• Correction collective.

Différenciation :
Mettre en valeur la majuscule et le point.
Expliquer que le mot avec la majuscule sera le premier mot de la phrase et celui avec le point le dernier.
Les élèves ayant besoin de temps ne font pas la partie d'exercice assortie d'une croix.

Exercice 8 :

Compétence :
Associer deux syllabes pour un mot.

• Les élèves en s'aidant du picto et des séances précédentes donnent la consigne.
• Les élèves ont déjà rencontré cet exercice dans les épisodes précédents mais l'enseignant(e) peut de nouveau prendre le temps d'une démonstration collective au tableau avec en exemple le mot *dormir*.
• Les élèves travaillent individuellement.

Différenciation :
Distribuer les étiquettes des syllabes (à créer).
Les élèves ayant besoin de temps ne font pas les parties d'exercice assorties d'une croix.

Exercice 9 :

Compétence :
Compléter un texte à trous avec des mots appris.

• Ce type d'exercice est nouveau dans le fichier. L'enseignant(e) précise seulement la compétence visée lors de cette phase de travail : « savoir compléter un texte avec les bons mots » et pose le problème : *Que devez-vous faire ? Comment allez-vous faire ?*
• Il est préférable de donner en premier la parole aux élèves pour que ce soit eux qui cherchent à comprendre ce qui est demandé. Le picto et les illustrations sont supports de compréhension.
• Les élèves travaillent individuellement.
• Correction collective.

Phase 3 ■ Fichier page 23

Collectif : 10 min

Cette phase peut être reportée à un autre moment de la journée, elle permet de faire un bilan et de revenir sur les compétences travaillées dans la séance.

Exercice 10 : Entraine-toi

Compétences :
• Reconnaitre les mots : *tu – de – chambre.*
• Produire une phrase à l'oral en utilisant les mots donnés.

Révision des mots : *dormir – le – peux – la – je – poule.*

À l'oral :
• Les élèves proposent différentes phrases contenant les mots étudiés. Quelques propositions peuvent être écrites au tableau par l'enseignant(e) sous la dictée des élèves. Les élèves repèrent ainsi la place du mot étudié dans les phrases.
• Les élèves peuvent être entrainés à l'aide d'étiquettes montrées au groupe rapidement (mots flash).
• Un travail de décomposition en syllabes écrites peut être proposé sur le mot *chambre*.

À l'écrit :
• Les étiquettes peuvent être stockées en affichage permanent dans la classe pour d'autres entrainements, pour le travail sur les analogies (constitution de collections) et pour la production d'écrits.
• Demander aux élèves comment ils vont faire pour mémoriser ces mots. Ce travail méthodologique sera renouvelé dans les séances de la période 1 afin de rassurer les élèves les plus fragiles :
Je peux m'entrainer en épelant le mot, en le copiant, en l'écrivant sans le modèle, en ayant l'image dans ma tête, en écoutant les syllabes dont il est composé.

Mon chat Ouma - Épisode 7

Compétences :
- Se souvenir d'un récit et le reformuler.
- Émettre des hypothèses sur la suite du récit.
- Réinvestir des apprentissages antérieurs.
- Comprendre un paragraphe de l'histoire.

Supports :
Album *Mon chat Ouma*, fichier de lecture-compréhension pages 24-25 et étiquettes du fichier à photocopier.

Séance 1

Lors de la séance 1. Vocabulaire au quotidien (1) : *des épisodes 1 à 7.*
Dans la journée, en dehors de la séance de lecture. Vocabulaire au quotidien (2) : rebrassage du vocabulaire *des épisodes 1 à 7.*
Déroulement : se reporter à la page 6.

Phase 1 ■ Album pages 2 à 15

Collectif : 15 min

Compétences :
- Prendre la parole pour décrire.
- Formuler des hypothèses sur l'histoire.

- La démarche suivie pour cet épisode est la même que pour l'épisode précédent (rappel et relecture des épisodes précédents, lecture du nouvel épisode).
- Les similitudes entre les situations seront sans doute observées par les élèves. Ceci devrait les aider à réinvestir les connaissances acquises précédemment tant sur la compréhension générale que sur les indices textuels.
- L'enseignant(e) demande aux élèves de se remémorer l'anticipation effectuée en séance 2 de l'épisode 6.
- Question de recherche : *En regardant cette illustration et son texte, avez-vous une idée de ce qui va se passer ?*
- Les remarques des élèves sont recensées sur une affiche ou au tableau pour laisser trace d'une prise d'indices que l'on validera ou non lors de la lecture du texte.

(**Vocabulaire attendu :** *chien – niche – nuit – dormir – lune.*)

Phase 2 ■ Fichier page 24

Collectif : 15 min ■ Texte projeté au tableau

Compétences :
- Comprendre un énoncé oral.
- Établir des relations entre l'oral et l'écrit.

L'illustration
- Les élèves sont invités à faire le lien entre l'illustration du chien et l'épisode découvert dans l'album. À partir de cela, les élèves reformulent leur compréhension de l'histoire et explicitent la relation de causalité : *Ouma peut dormir avec Raoul, le chien, parce que...*

Le texte
- L'enseignant(e) relit le texte de l'épisode 7.
- Les élèves suivent avec leur doigt sur le texte du fichier page 24.
- Les similitudes et les différences avec l'épisode précédent sont relevées.
- L'enseignant(e) rapproche ce que disent les élèves des hypothèses écrites sur l'affiche lors de la phase 1.
- Validation des hypothèses.
- L'enseignant(e) demande aux élèves ce qu'ils repèrent dans cet écrit. Un grand nombre d'élèves peut prendre la parole. Toutes les connaissances élaborées lors des épisodes précédents peuvent être réinvesties.
- On peut s'attendre à ce que les élèves disent qu'ils connaissent des mots (le nom *Ouma,* les mots appris et les paroles des personnages, c'est-à-dire les phrases qui sont précédées par un tiret, ...).
- Toutes les remarques des élèves sont portées sur le texte projeté au tableau (en entourant, surlignant, etc.).

Phase 3 ■ Fichier page 24

Collectif : 5 min ■ Individuel : 10 min

Exercice 1 :

Compétence :
Trouver une réponse explicite dans un texte étudié.

- L'enseignant(e) lit la consigne. Les élèves travaillent individuellement.
- Correction : Les élèves sont invités à justifier leur réponse en faisant référence au texte et à l'illustration du livre.

Différenciation :
Les élèves peuvent se reporter au livre pour avoir l'aide de l'illustration.

Exercice 2 :

Compétence :
Se mettre à la place d'un personnage pour imaginer ce qu'il pense.

Aide à la compréhension de l'implicite

- Les consignes sont lues par l'enseignant(e), redites par les élèves.
- Chaque illustration est explicitée par un ou plusieurs élèves :

1. Ouma est triste.
2. Ouma a peur.
3. Ouma est content.

- Correction collective : Les élèves sont invités à justifier leur choix. Il faudra amener les élèves à faire le lien avec le texte entendu. Dans ce cas la réponse est implicite, il faudra aider les élèves à relever les éléments qui amènent à penser qu'il est content (enfin un personnage accepte de partager sa couche, Ouma trouve donc ce qu'il cherchait).

Séance 2

Lors de la séance 2. Vocabulaire au quotidien (3) : *des épisodes 1 à 7.*
Dans la journée, en dehors de la séance de lecture. Vocabulaire au quotidien (4) : *des épisodes 1 à 7.*
Déroulement : se reporter à la page 6.

Phase 1 ■ Fichier page 24

Collectif : 5 min ■ Individuel : 10 min

Rappel de récit

- Les élèves sont invités à raconter l'histoire d'Ouma. C'est la dernière séance, insister sur le résumé chronologique. Demander aux élèves de ne présenter que les passages importants en faisant abstraction des détails.
- L'enseignant(e) relit le texte pendant que les élèves suivent avec leur doigt.

Exercice 3 :

Compétence :
Reconnaitre une phrase.

- Les élèves en s'aidant du picto et des séances précédentes donnent la consigne.
- Travail individuel.

Exercice 4 :

Compétence :
Reconnaitre des mots dans un texte.

- Les élèves en s'aidant du picto et des séances précédentes donnent la consigne : « *On doit comparer chaque lettre du mot et pas seulement la première.* »
- Lire ou faire lire les mots. Expliquer le sens si besoin.
- Travail individuel.
- Correction collective au tableau (chaque exercice sera corrigé en donnant la parole aux élèves pour qu'ils expliquent comment ils procèdent).
- À un autre moment de la journée, proposer le jeu du pendu avec le mot *maison*.

Différenciation :
Les élèves ayant besoin de temps ne font pas la partie d'exercice assortie d'une croix ou seulement partiellement.
Les élèves qui pourraient être en difficulté sont regroupés par l'enseignant(e) et travaillent de façon explicite, chacun sur un mot.

Phase 2 ■ Fichier pages 24 et 25

Collectif : 10 min ■ Individuel : 20 min

Exercice 5 :

Compétence :
Associer le même mot écrit en script et en cursive.

Les élèves, en s'aidant du picto et des séances précédentes, donnent la consigne.

Différenciation :
Les élèves ayant besoin de temps ne font pas la partie d'exercice assortie d'une croix ou seulement partiellement.

Exercice 6 :

Compétence :
Reconnaitre les lettres composant un mot.

Les élèves connaissent ce type d'exercice. Ils peuvent le faire à présent sans préparation collective.

Différenciation :
Barrer quelques lettres dans l'exercice.
Distribuer des étiquettes avec les lettres du mot *maison* (à créer).
Les élèves ayant besoin de temps ne font pas la partie d'exercice assortie d'une croix.

Exercice 7 :

Compétence :
Reproduire l'ordre des mots d'une phrase.
Support : Étiquettes dans le fichier à photocopier.

- Cet exercice, étant connu des élèves, peut être fait en autonomie.
- Correction collective.

Différenciation :
Mettre en valeur la majuscule et le point.
Expliquer que le mot avec la majuscule sera le premier mot de la phrase et celui avec le point le dernier.
Les élèves ayant besoin de temps ne font pas la partie d'exercice assortie d'une croix.

Exercice 8 :

Compétence :
Associer deux syllabes pour un mot.

• Les élèves en s'aidant du picto et des séances précédentes donnent la consigne.
• Les élèves ont déjà rencontré cet exercice dans les épisodes précédents mais l'enseignant(e) peut de nouveau prendre le temps d'une démonstration collective au tableau avec en exemple le mot *chambre*.
• Les élèves travaillent individuellement.

Différenciation :
Distribuer les étiquettes des syllabes (à créer).
Les élèves ayant besoin de temps ne font pas les parties d'exercice assorties d'une croix.

Exercice 9 :

Compétence :
Remettre les personnages de l'histoire dans l'ordre chronologique de leur apparition.
Support : Étiquettes du fichier à photocopier.

• L'enseignant(e) lit la consigne. Les élèves reformulent.
• Les élèves travaillent individuellement. Ils découpent les personnages sur la fiche du fichier à photocopier et les collent dans leur ordre d'apparition dans l'histoire.
• Correction collective.

Phase 3 ■ Fichier page 25

Collectif : 10 min

Cette phase peut être reportée à un autre moment de la journée, elle permet de faire un bilan et de revenir sur les compétences travaillées dans la séance.

Exercice 10 : Entraine-toi

Compétences :
• Reconnaitre les mots : *est – niche – maison*.
• Produire une phrase à l'oral en utilisant les mots donnés.

Révision des mots : *de – poule – la*.

À l'oral :
• Les élèves proposent différentes phrases contenant les mots étudiés. Quelques propositions peuvent être écrites au tableau par l'enseignant(e) sous la dictée des élèves. Les élèves repèrent ainsi la place du mot étudié dans les phrases.
• Un travail de décomposition en syllabe peut être proposé sur le mot *maison*.

À l'écrit :
• Les élèves peuvent être entrainés à l'aide d'étiquettes montrées au groupe rapidement (mots flash).
• Les étiquettes peuvent être stockées en affichage permanent dans la classe pour d'autres entrainements, au travail sur les analogies (constitution de collections) et pour la production d'écrits.
• Demander aux élèves comment ils vont faire pour mémoriser ces mots.

Vocabulaire des animaux

Compétence : Acquisition de lexique : habitats d'animaux.
Support : Fichier de lecture-compréhension page 26.

Tout au long de la période *Quelle histoire !* des mots de vocabulaire ont été notés sur des affiches et travaillés 5 minutes chaque jour (voir les conseils pour faire acquérir le vocabulaire au quotidien page 6).

Phase orale ■ Fichier page 26

Collectif : 20 min

Exercice 1 :
Annoncer l'objectif de la séance : « apprendre et retenir des mots pour désigner les habitats des différents animaux ».
Les élèves sont invités à rappeler oralement les habitats des animaux de l'histoire. Puis ceux de l'illustration du fichier page 26. Les mots nouveaux sont portés avec leur définition sur les affiches de vocabulaire.

Poulailler → lieu où vivent les poules.
Clapier → lieu où vivent les lapins.
Bergerie → lieu où vivent les moutons.
Écurie → lieu où vivent les chevaux.
Étable → lieu où vivent les vaches.
Porcherie → lieu où vivent les cochons.
Nid → lieu où vivent les oiseaux.
Tanière → lieu où vivent les loups.

D'autres noms d'habitats peuvent être ajoutés oralement.

Phase écrite ■ Fichier page 26

Individuel : 20 min

Exercice 2 :
Les élèves relient les mots des deux colonnes.

Écrire une phrase

Compétences :
Formuler une phrase à l'oral ; trouver les mots manquants de la phrase ; écrire les mots manquants en copiant un modèle.
Support : Fichier de lecture-compréhension page 27.

Phase orale ■ Fichier page 27

Collectif : 25 min

• Annoncer l'objectif de la séance : « savoir écrire une phrase avec les mots de vocabulaire de la séance précédente ».
• Écrire au tableau la phrase : *Le chat dort dans la chambre.*
• Les élèves peuvent la lire à voix haute, tous les mots sont connus (attention l'écriture liée peut constituer un obstacle pour certains élèves). Faire lire un grand nombre d'élèves. D'abord la phrase en totalité puis des mots dans le désordre. (Jeu du furet : l'enseignant(e) montre les mots, chaque élève lit à son tour en suivant l'ordre des tables.)
• Demander aux élèves d'expliquer ce qui est attendu dans la tâche d'écriture.
• Les deux phrases à écrire sont proposées à l'oral par les élèves : *Le lapin dort dans le clapier. La poule dort dans le poulailler.*
• L'enseignant(e) demande : *Comment allez-vous faire pour pouvoir écrire ces phrases ?* Les élèves doivent trouver les stratégies qui seront souvent utilisées dans la production d'écrit. L'enseignant(e) les aide à expliciter toutes les actions requises par la tâche d'écriture. Cette explicitation a pour but de s'assurer que tous les élèves peuvent devenir autonomes dans cet exercice et que les stratégies, bien identifiées et mises en mots, pourront être réactivées lors d'un travail ultérieur. Soit :
– Regarder la phrase « *Le chat dort dans la chambre.* »
– La comparer avec celle que l'on veut écrire « *Le lapin dort dans le clapier.* »
– S'assurer que les élèves se repèrent bien sur la page.
– Remarquer qu'il faudra écrire au début de la phrase ***le lapin*** et à la fin de la phrase, ***le clapier***.
– Savoir trouver ces mots dans l'encadré de la page.
– Remarquer que dans l'encadré, il est écrit ***un clapier***, ***un poulailler*** *et non pas* ***le***. Pour écrire ***le*** il faut regarder le mot dans la phrase modèle complète.
– Enfin remarquer que le premier ***le*** est écrit avec une majuscule parce que c'est le premier mot de la phrase et que le second n'a pas de majuscule.
• Toutes ces remarques faites à l'oral sont l'occasion de revoir un grand nombre d'apprentissages de l'écrit.

Phase écrite ■ Fichier page 27

Individuel : 20 min

• Les élèves travaillent individuellement avec un crayon à papier. L'enseignant(e) veille à ce qu'ils soient assis correctement et que le crayon soit bien tenu.
• Individuellement, des encouragements et une aide peuvent être apportés.

Différenciation :
Certains élèves n'ont pas encore d'aisance pour maitriser le geste graphique : leur donner des étiquettes, avec les mots écrits.
Les élèves ayant besoin de temps ne font pas les parties d'exercices assorties d'une croix.
La contrainte des interlignes peut être prématurée. Il leur est alors demandé d'écrire au-dessus des lignes.

Écouter un autre texte : le Jeu de l'oie

• Ce jeu de l'oie (plateau de jeu) est à retrouver sur le fichier à photocopier ou à télécharger sur le site de Nathan accompagnant la méthode. Il peut être photocopié en format A3 et si possible collé sur un support rigide. Il peut être imprimé en couleur ou colorié et plastifié.
• Il pourra être utilisé tout au long de l'année pour revoir de manière ludique les connaissances acquises dans chaque période.
• Les cases bleues renvoient à des questions portant :
- sur la culture littéraire ;
- sur le vocabulaire travaillé ;
- sur les connaissances de la langue orale et écrite.
Dans chaque période du manuel, un autre texte est proposé. Il a pour but d'offrir aux élèves la possibilité de se familiariser avec des types de textes variés. Les principaux supports de lecture étant des histoires et un documentaire, les pages « autre texte » élargissent le corpus proposé, ici avec un écrit fonctionnel : la règle d'un jeu de société.

Séance 1

Compétences :
• Prendre la parole pour décrire.
• Formuler des hypothèses sur les règles de ce jeu en particulier.

Phase 1 ■ Fichier page 28

Collectif : 20 min ■ Texte projeté au tableau

• Découverte de l'illustration montrant un jeu de l'oie. Laisser les élèves réagir sur les illustrations, le fait qu'il s'agisse d'un jeu. *L'ont-ils compris ? Le connaissent-ils ?*

Exercice 1 :
• Question de recherche : *Sur quoi allons-nous travailler ?* Puis : *Pouvez-vous expliquer comment on joue à ce jeu ?* (**Vocabulaire attendu :** *pion – case – dé – lancer le dé – avancer – reculer.*)
Vocabulaire à introduire : *plateau de jeu.*
• Les remarques des élèves sont recensées au tableau ou sur une affiche représentant le jeu pour laisser une trace des mots que l'on retrouvera lors de la lecture du texte.
• Annoncer aux élèves que l'on pourra jouer au jeu présenté sur le fichier avec du matériel fait pour la classe, que les règles précises vont leur être lues et qu'ils auront à les comprendre et à les redire à l'oral.

Phase 2 ■ Fichier page 28

Collectif : 25 min ■ Texte projeté au tableau

• Annoncer l'objectif aux élèves : *Vous allez chercher dans ce texte des indices qui vous permettent de comprendre comment est écrite la règle du jeu. Vous allez sans doute retrouver ce que l'on a écrit au tableau quand on a décrit l'illustration.*
• L'enseignant(e) propose une phase de découverte collective. Les élèves ont la page de leur fichier sous les yeux mais il est préférable de projeter son image ou de reproduire la page au tableau.
Ils viennent à tour de rôle au tableau et indiquent sur le support collectif les indices qu'ils ont prélevés. Les autres élèves peuvent valider ou non, l'enseignant(e) relance en généralisant les trouvailles et structure l'ensemble des remarques des élèves.
Synthèse : *Qu'avons-nous découvert sur ce texte ?*
• On conserve le texte annoté des remarques des élèves. On peut s'attendre :
- au repérage des deux parties du texte et de leur nom ;
- au repérage de la numérotation ;
- à l'identification de mots (certains étant écrits au tableau lors de la découverte de l'illustration du jeu) et de signes de ponctuation ;
- au repérage d'éléments répétitifs et de différences.
• L'enseignant(e) lit le texte. Les élèves suivent des yeux et du doigt sur le texte du fichier.

Séance 2

Compétences :
• Connaitre la structuration d'un texte de règle de jeu.
• Organiser des recherches de façon adaptée à ce type de texte.

Phase 1 ■ Fichier page 28

Collectif : 15 min ■ Texte projeté au tableau

• Rappel de la lecture par les élèves à l'oral ; ils disent avec leurs mots, de manière collective, comment on joue avec ce jeu.
• Puis rappel par l'enseignant(e) des connaissances relatives au texte sur le support collectif.

Phase 2 ■ Fichier page 29

Collectif : 15 min ■ Individuel : 15 min

Exercice 2 :
• Ce travail a été préparé lors de la lecture par l'enseignant(e). Un court moment d'explicitation est nécessaire avant de travailler individuellement.
• Les élèves sont invités à proposer leur propre démarche pour faire l'exercice.
• **Formulation attendue :** *Dans ce type de texte, on donne tout d'abord le matériel de jeu puis les règles. La partie qui*

parle du matériel de jeu est donc au début (en haut) du texte. La partie qui explique les règles est en dessous de la partie matériel de jeu.

Exercice 3 :

Compétence :
Identifier un objet comme étant un intrus.

• Travail individuel après lecture de la consigne par l'enseignant(e).

Remarque :
L'enseignant(e) ou les élèves font remarquer que, pour trouver l'intrus, il faut comparer la liste du matériel du texte à celle de l'exercice.

• Correction collective.

Exercice 4 :

Compétence :
Associer un signe correspondant à une consigne.

• Un travail de compréhension des items de l'exercice est nécessaire.
• Les élèves doivent identifier les trois types de case. Les mots « case avec une oie », « case bleue », « case rouge » sont écrits avec leur représentation au tableau.
• Sous le guidage de l'enseignant(e), en recherchant dans le texte de la règle les mots « case avec une oie », « case bleue », « case rouge », les élèves retrouvent les règles décrivant les actions à faire pour ces trois types de case. Ces écrits correspondants sont surlignés dans le texte du fichier ou sur un modèle collectif au tableau (exemple : « case rouge » et « recule de trois cases ».
• Travail individuel suivi d'une correction collective.

Différenciation :
Les élèves peuvent travailler à deux pour échanger sur leurs démarches.
Avec l'enseignant(e), un petit groupe peut poursuivre le travail d'explication fait en collectif. Chaque élève aura à faire le travail sur une case en expliquant à voix haute ce qu'il fait et comment il le fait.

Exercice 5 :

Compétences :
• Lire et comprendre une consigne.
• S'approprier la manière de déplacer son pion sur le chemin des cases.

Cet exercice est à faire en autonomie. Il sera corrigé en collectif.

Différenciation :
Ce travail est destiné aux élèves qui ont terminé rapidement l'exercice 4.

Séance 3

Cette troisième séance, à faire à la fin de chaque période, permet, à travers le jeu, une révision des notions étudiées dans la période.

Phase 1 ■ Fichier page 28

Collectif : 20 min

Compétence :
Savoir décrire à l'oral.

• Rappel de la règle du jeu par les élèves à l'oral. Le rappel s'effectue de manière collective, chaque élève pouvant apporter un complément d'information à ce qui a été dit auparavant ou reformuler à son tour avec ses mots. L'enseignant(e) n'intervient pas mais interroge à la fin, pour relancer ou s'assurer que tout a été dit. Il fait respecter les règles de la communication (rester dans le sujet, attendre son tour).
• Quand les élèves ont le sentiment d'avoir tout dit, l'enseignant(e) relit le texte du fichier page 28. Le texte est projeté au tableau pour que les élèves en suivent la lecture.

Phase 2 ■ Support collectif du jeu ■ Cartes questions (à photocopier)

Collectif : 25 min ■ Équipes de 4 élèves

Compétences :
• Savoir travailler en équipe.
• Savoir réactiver des connaissances apprises lors de la période 1.

• L'enseignant(e) annonce que le jeu va se jouer par équipes de quatre joueurs. Les élèves s'organisent rapidement en ilots.
• Le plateau de jeu est placé soit verticalement au tableau, soit sur une table au milieu de la classe. La boite contenant les cartes des questions est placée à côté du plateau de jeu.
• Chaque équipe a un pion. Chaque élève de l'équipe viendra à son tour le déplacer sur le plateau commun à la classe. Lorsque le joueur arrive sur une case bleue, il tire une question. Une trentaine de questions sont proposées sur la période 1 pour revoir les apprentissages lexicaux, culturels et linguistiques. Attention ! La réponse à la question devra être donnée par l'ensemble de l'équipe, l'enseignant(e) pouvant interroger au hasard un de ses membres.
La réponse à la question n'est donnée qu'au tour suivant, l'équipe pouvant entre temps, chercher, partager ses savoirs et se mettre d'accord.
• L'enseignant(e) est le meneur de jeu. Il veille à faire s'alterner les différents joueurs sur un rythme soutenu. Il lit les questions tirées à voix haute pour que tout le monde les entendent. Il rappelle la question quand une équipe donne la réponse et demande à l'ensemble de la classe de valider la réponse.

Prolongements :
• Les élèves peuvent inventer de nouvelles questions au cours des prochaines séances de lecture sous forme de dictées à l'adulte.
• Les questions peuvent être utilisées en dehors du jeu comme rituel de révision des connaissances sur un court moment de la journée de classe.

Comptine à écouter

Cette comptine reprend le vocabulaire étudié (*chat, poule, perroquet, perchoir, poisson, etc.*). Elle associe les jours de la semaine, dont le lexique a été travaillé dès la maternelle.
Les élèves ont déjà appris des comptines, ce type de texte leur est donc familier. Ils vont pouvoir ici analyser et dégager quelques caractéristiques (absence de points, majuscule en début de vers, etc.). On fera le lien avec le travail de l'exercice 3 page 20.

Séance 1

Phase 1 ■ Fichier page 30

Collectif : 20 min

Compétence :
Savoir repérer les caractéristiques d'une comptine.

- Écoute du texte dit par l'enseignant(e).
- Laisser les élèves s'exprimer en les guidant par des questions du type :

– *Que pouvez-vous dire de ce texte ?*
– *À quel autre texte vous fait-il penser ? Demander aux élèves de se justifier (on acceptera la réponse « Mon chat Ouma » et des titres de comptines), les élèves doivent alors argumenter en s'appuyant sur le vocabulaire.*
– *Quels sont les personnages de cette histoire ?*

- Projeter le texte au tableau, demander aux élèves de désigner ce qu'ils reconnaissent : des mots, la ponctuation (majuscules, point), etc.
- Entourer ou faire entourer de couleurs différentes les personnages et les jours de la semaine.
- Montrer aux élèves que ce texte est centré, que les premiers mots ne sont pas alignés. Montrer également que chaque vers commence par une majuscule, alors qu'il n'y a pas de point avant : « Ce type de texte s'appelle une comptine. »

Phase 2 ■ Fichier page 30

Collectif : 25 min

Exercice 1 :

Compétence :
Savoir retrouver des mots connus dans un texte (les jours de la semaine).
Support : Étiquettes du fichier à photocopier.

- Lecture de la consigne par l'enseignant(e).
- Demander aux élèves de réaliser l'exercice. S'appuyer sur le picto si besoin. Leur préciser qu'ils ne doivent utiliser qu'une seule couleur. Pour les élèves les plus avancés, leur demander de colorier d'une couleur différente les jours de la semaine et les personnages de la comptine.

Différenciation :
Donner aux élèves les étiquettes des jours de la semaine (fichier à photocopier).
Leur permettre de s'appuyer sur le travail fait en collectif.

Exercice 2 :

- Lecture de la consigne par l'enseignant(e). Laisser les élèves réaliser l'exercice.

Différenciation :
Demander aux élèves d'attendre la validation par l'enseignant(e) avant de coller les étiquettes situées dans le fichier à photocopier. Proposer un support sur lequel les jours de la semaine sont déjà dans l'ordre. Le support n'est pas forcément sous les yeux de l'élève. Il peut être derrière un tableau, sur le côté d'une armoire, etc. Amener l'élève à se déplacer, regarder le support et retourner à sa place afin de faire correctement son travail. On l'oblige ainsi à mémoriser la réponse.

Prolongement : On peut faire apprendre la comptine. On donnera une méthode aux élèves en procédant par étape :

A → Du lundi au mardi
B → Se cache la souris
C → Mais mercredi, le chat
D → Veut en faire son repas
E → Arrive jeudi la poule
F → Avec son œuf qui roule
G → Vendredi le perroquet
H → Sur son perchoir apparait
...

On commencera par leur faire apprendre A et B, puis C et D, puis A, B, C et D.
On continuera avec E et F puis G et H, puis E, F, G, H.
Puis A, B, C, D, E, F, G, H...

Le plus féroce des loups - Épisode 1

En période 1, les élèves ont commencé à se construire une culture littéraire sur laquelle on s'appuiera pour le travail de la période 2. Cette nouvelle période qui traite de l'**univers des contes** est appréciée des élèves.
Le personnage principal du texte de la période 2 est *le loup*, celui des contes, qui va au fil des épisodes rencontrer différents personnages familiers, certains pacifiques (*les petits cochons, le Petit Chaperon rouge*) et d'autres menaçants (*le chasseur, le boucher, l'ogre*).
Ce texte présente l'avantage d'être répétitif. Comme lors de la période 1, il s'agit d'une **histoire en randonnée.**
La répétition des situations, la reprise des dialogues et la structuration identique de chaque épisode aident les élèves à se repérer et à construire leur **compréhension de l'histoire.**
La quantité de **vocabulaire** connu d'un épisode à l'autre est importante, ce qui permet de réactiver ce vocabulaire mais aussi d'orienter l'apprentissage sur certains mots nouveaux.
En **étude de la langue**, on abordera le **genre des noms.**
Les instructions officielles rappellent que « *les objectifs de l'étude de la langue au cours du cycle 2 sont liés à la lecture et à l'écriture. Les connaissances acquises permettent de traiter des problèmes de compréhension et des problèmes orthographiques* ». En étude de la langue, il n'est pas question de faire des « leçons de grammaire », mais, comme l'indiquent les instructions officielles, il conviendra de s'appuyer essentiellement sur l'oral et de manipuler la langue en effectuant des transformations. Concrètement, l'enseignant(e) fera de grandes affiches afin de collecter tout au long des épisodes des mots illustrant les différentes notions à étudier. L'enseignant(e) gagnera à enrichir ce tableau au fil de son travail quotidien, et pas seulement en lecture.

Compétences :
- Se repérer dans un texte.
- Savoir décrire une illustration à l'oral.
- Émettre des hypothèses sur la suite d'un récit.
- Savoir reformuler un texte entendu ou lu.
- Réinvestir des apprentissages antérieurs.
- Comprendre un paragraphe de l'histoire.

Supports :
Album *Le plus féroce des loups*, fichier de lecture-compréhension pages 31-33 et étiquettes du fichier à photocopier.

Séance 1

Texte de l'épisode 1 :
Par **un** grand froid d'hiver, **un** gros loup velu
aux longues dents pointues sort **de** sa tanière.
Il a faim ! Une faim **de** loup !
– Hou ! Hou ! Gare à vous ! Voilà **le** plus féroce
des loups ! pépient les petits oiseaux.

- **Les mots en gras** sont les mots déjà travaillés dans les exercices « Entraine-toi » des séances précédentes.
- Les mots soulignés sont les mots que l'élève peut décoder si l'on suit la progression du fichier d'apprentissage du code.

Lors de la séance 1. Vocabulaire au quotidien (1) : *pépient – velu – tanière – féroce.*
Dans la journée, en dehors de la séance de lecture.
Vocabulaire au quotidien (2) : *pépient – velu – tanière – féroce.*
Déroulement : se reporter à la page 6.

Phase 1 ■ Album couverture et pages 2 et 3

Collectif : 15 min

Compétences :
- Prendre la parole pour décrire.
- Formuler des hypothèses sur l'histoire.
- Comprendre un texte entendu ou lu.

Couverture de l'album
Description :
- Présenter la couverture et laisser les élèves la décrire.
- Montrer le titre, l'auteur, l'illustrateur, l'éditeur.

Analyse :
- Questionner les élèves :

– *Quelle histoire allons-nous découvrir ?*
– *Où se passe-t-elle ?*
– *Quel est le personnage ? Parait-il gentil ? Méchant ?*
– *Quand se passe cette histoire ?*
(**Vocabulaire attendu :** *loup, gants, écharpe, neige, hiver, barrière.*)

Album pages 2 et 3

Anticipation de la lecture :

• À partir de l'illustration de la couverture de l'album et des pages 2 et 3, les élèves cherchent à anticiper ce qui va se passer dans l'histoire. *Que va-t-il se passer dans l'histoire ?*
• Laisser les élèves s'exprimer rapidement.
• L'enseignant(e) recense leurs hypothèses sur une affiche ou au tableau pour les vérifier ensuite lors de la lecture du texte.
• Si cela est nécessaire, l'enseignant(e) pose des questions :
– *Quels sont les personnages ?*
– *Que fait le loup ?*
– *Que font les oiseaux ?*
– *Où se passe l'histoire, quand ?*
• La représentation des ombres peut porter à confusion pour certains élèves. Expliquer qu'il s'agit d'ombres et non pas d'autres animaux.

Lecture :

• Lecture du texte de l'album par l'enseignant(e).
• Confronter ce texte avec les hypothèses émises à partir de la couverture.
• Demander aux élèves de dire tout ce qu'ils ont retenu.
• Annoncer aux élèves qu'ils vont retrouver cette partie de l'album dans leur fichier de compréhension pour travailler sur cet épisode.

Phase 2 ■ Fichier pages 31 et 32

Collectif : 15 min

Compétence :
Savoir prendre des repères dans un texte.

Illustration (page 31)

• Laisser les élèves regarder l'illustration de la page d'ouverture de la période 2.
• Comparer avec l'illustration des pages 2 et 3 de l'album et demander quelles sont les différences entre les deux illustrations.
• L'enseignant(e) pose quelques questions :
– *S'agit-il de la même histoire que celle de l'album ?*
– *Est-ce la même saison ?*
– *Quels sont les personnages ?*
– *Pourquoi y a-t-il plus de personnages ? Qu'évoquent-ils ? (d'autres contes dont certains, comme les Trois petits cochons ou le Petit Chaperon rouge, sont souvent connus par les élèves).*
(**Vocabulaire attendu :** *loups, oiseau, bois, cochons, chèvres, garçon, Chaperon rouge.)*

Illustrations et texte du fichier (p. 32)

Rappeler que certains mots difficiles sont ainsi illustrés à côté du texte. Les élèves sont invités à identifier *tanière*, ils *pépient* et à faire le lien avec l'épisode découvert dans l'album.

• Lecture du texte de l'épisode 1 par l'enseignant(e).
• Les élèves suivent avec leur doigt sur le texte du fichier page 32.
• Demander aux élèves ce qu'ils repèrent dans l'écrit, s'ils retrouvent dans le texte des éléments connus. On peut s'attendre à ce que les élèves reconnaissent les mots déjà vus en période 1 : *un, de, le*, et les indiquer par des actions sur le texte collectif (souligner, entourer, colorier, etc.).
• Demander aux élèves de venir montrer les mots qu'ils connaissent sur le texte projeté ou recopié au tableau.
• Faire découvrir le mot : *les*. Mettre en valeur la ponctuation.
• Souligner, entourer, colorier sur le texte collectif les mots et la ponctuation reconnus.
• Différencier lignes et phrases en demandant : *Combien de lignes et combien de phrases y a-t-il dans le texte ?*
• Revenir sur les mots de vocabulaire difficiles et notamment : *pépient, velu, tanière, féroce*, et l'expression « *avoir une faim de loup* ». Demander : *Que veut dire « Hou ! Hou ! » ?*

Phase 3 ■ Fichier page 32

Collectif : 5 min ■ Individuel : 10 min

Exercice 1 :

Compétence :
Trouver une réponse explicite dans un texte étudié.

• L'enseignant(e) lit la consigne et demande : *Que fait le loup de l'histoire ?*
• Les élèves travaillent individuellement.

Différenciation :
Demander aux élèves de décrire oralement chaque dessin et les aider à se repérer grâce à l'illustration de la tanière dans le cadre vert.

• Correction : les élèves sont invités à justifier leur réponse en faisant référence au texte.

Exercice 2 :

Compétence :
Trouver une réponse explicite dans un texte étudié.

• L'enseignant(e) lit la consigne et les réponses possibles. Les élèves travaillent individuellement.

Différenciation :
Les élèves peuvent se reporter au livre pour avoir l'aide de l'illustration et du texte.

• Correction : les élèves sont invités à justifier leur réponse en faisant référence au texte. On peut aussi revenir sur l'illustration du texte dans l'album.

Exercice 3 :

Compétence :
Reconnaitre des mots dans un texte.

• L'enseignant(e) lit la consigne. Préciser seulement la compétence visée lors de cette phase de travail : « savoir reconnaitre des mots» et poser le problème : *Que devez-vous faire ? Comment allez-vous faire ?*
• Donner en premier la parole aux élèves pour que ce soit eux qui cherchent à comprendre ce qui est demandé. Le picto est support de compréhension.

Réponse attendue, entre autres : *On doit comparer chaque lettre du mot et pas seulement la première.*
• Travail individuel. Correction collective au tableau (chaque mot sera corrigé en donnant la parole aux élèves pour qu'ils expliquent comment ils procèdent).
• À un autre moment de la journée, proposer le jeu du pendu avec le mot *loup*.

Différenciation :
Les élèves ayant besoin de temps ne font pas les parties d'exercice assorties d'une croix ou seulement partiellement. Les élèves qui pourraient être en difficulté sont regroupés par l'enseignant(e) et travaillent de façon explicite, chacun sur un mot.

Séance 2

Lors de la séance 2. Vocabulaire au quotidien (3) : *pépient – velu – tanière – féroce.*
Dans la journée, en dehors de la séance de lecture. Vocabulaire au quotidien (4) : *pépient – velu – tanière – féroce.*
Déroulement : se reporter à la page 6.

Phase 1 ■ Fichier pages 32 et 33

Collectif : 10 min ■ Individuel : 10 min

Rappel du récit
• Demander aux élèves de faire le rappel de l'épisode (sans s'aider des illustrations de l'album).
• Ne pas intervenir, relever ensuite les éléments de désaccord, sans donner la réponse. On travaille ici le langage d'évocation, amener les élèves à se rappeler, nommer les choses, résumer, etc.
• Amener les élèves à utiliser le vocabulaire étudié. Pour bien comprendre un texte il faut que les élèves connaissent trois éléments :
– les personnages (*Qui sont-ils ? Combien sont-ils ? Où sont-ils ? etc.*) ;
– les faits (*Que se passe-t-il ?*) ;
– ce que pensent les personnages (leurs pensées, leurs émotions, etc.).
• L'enseignant(e) relit l'épisode 1 pendant que les élèves suivent avec leur doigt sur le fichier.

Rappel des apprentissages
• Demander aux élèves de faire le rappel des activités réalisées lors de la séance 1 puis d'identifier leurs apprentissages : *Qu'avons-nous appris à faire ?*
Réponses attendues :
– trouver des réponses d'après un texte ;
– retrouver des mots dans un texte.

Différenciation :
L'enseignant(e) peut regrouper quelques élèves en difficulté sur un type d'exercice pour observer les stratégies des élèves, identifier les obstacles et rendre la tâche explicite.

Exercice 4 :

Compétence :
Associer les deux écritures d'un mot.

• L'enseignant(e) lit la consigne. Les élèves reformulent, un exemple peut être fait collectivement au tableau avec les mots *poule* et *lapin* vus dans la période 1.

Différenciation :
Les élèves ayant besoin de temps ne font pas les parties d'exercice assorties d'une croix (ils ne recopient pas les mots). Ils peuvent également ne recopier qu'un ou deux mots et non pas les trois.

Exercice 5 :

Compétence :
Reconnaitre les lettres composant un mot.

• Les élèves connaissent ce type d'exercice. Ils peuvent les faire à présent sans préparation collective.
• Correction collective.

Différenciation :
Les élèves ayant besoin de temps ne font pas la deuxième partie de l'exercice assortie d'une croix.

Exercice 6 :

Compétence :
Retrouver l'ordre des mots d'une phrase.
Support : Étiquettes du fichier à photocopier.

• Cet exercice, connu des élèves, peut être fait en autonomie.
• Correction collective.
• Les mots de la 2e phrase de l'exercice sont pour la première fois en désordre.

Différenciation :
Faire rechercher la zone de texte en lien avec la phrase à reconstituer.
Un travail sur la majuscule et le point continue d'être nécessaire pour certains élèves.
Les élèves ayant besoin de temps ne font pas la seconde partie de l'exercice assortie d'une croix.

Phase 2 ■ Fichier page 33

Collectif : 5 min ■ Individuel : 10 min

Exercice 7 :

Compétence :
Associer une phrase en cursive avec la même écrite en script.

• L'enseignant(e) précise seulement la compétence visée lors de cette phase de travail : « comparer l'écriture script et l'écriture cursive » et pose le problème : *Que devez-vous faire ? Comment allez-vous faire ?*
• Les élèves travaillent individuellement.

Différenciation :
L'enseignant(e) aide l'élève à comparer mot à mot ou lettre à lettre.

Exercice 8 :

Compétence :
Savoir recopier un titre sans faire d'erreurs.

• Demander aux élèves de souligner le titre de l'album parmi les phrases proposées dans l'exercice 7.
• Rappeler les conditions d'une bonne position assise et d'une tenue correcte du crayon de papier.

Différenciation :
La majuscule peut être écrite en script ou tracée à l'avance par l'enseignant(e).

Phase 3 ■ Fichier page 33

Collectif : 10 min.

Cette phase peut être reportée à un autre moment de la journée, elle permet de faire un bilan et de revenir sur les compétences travaillées dans la séance.

Exercice 9 : Entraine-toi

Compétences :
• Reconnaitre des mots : *les – loup(s) – oiseau(x).*
• Produire une phrase à l'oral en utilisant les mots donnés.

Révision des mots : *un – est.*
À l'oral : Les élèves proposent différentes phrases contenant les mots étudiés. Quelques propositions peuvent être écrites au tableau par l'enseignant(e) sous la dictée des élèves. Les élèves repèrent ainsi la place des mots étudiés dans les phrases.

Étude de la langue :
On peut ici travailler à l'oral sur la distinction ***un*** et ***les*** (plusieurs) et attirer l'attention des élèves sur la lettre supplémentaire à la fin du mot quand il signifie qu'il y a plusieurs *loups* ou *oiseaux*.

À l'écrit : Les élèves peuvent être entrainés à l'aide d'étiquettes montrées au groupe rapidement (mots flash).
• Les étiquettes peuvent être stockées en affichage permanent dans la classe pour d'autres entrainements à la lecture rapide, le travail sur les analogies (constitution de collections) et pour la production d'écrits.
• Insister sur les mots outils (valise jaune) en demandant aux élèves de les réutiliser dans des phrases à l'oral.
• Demander aux élèves comment ils vont faire pour mémoriser ces mots (voir page 21) :
Je peux m'entrainer en épelant le mot, en le copiant, en l'écrivant sans le modèle, en ayant l'image dans ma tête, en écoutant les syllabes dont il est composé.

Le plus féroce des loups - Épisode 2

Compétences :
- Comprendre un paragraphe de l'histoire.
- Savoir décrire une illustration à l'oral.
- Émettre des hypothèses sur la suite d'un récit.
- Se repérer dans un texte.
- Réinvestir des apprentissages antérieurs.
- Savoir reformuler un texte entendu ou lu.

Supports :
Album *Le plus féroce des loups*, fichier de lecture-compréhension pages 34-35 et étiquettes du fichier à photocopier.

Séance 1

Par **un** grand froid d'hiver, **un** gros chasseur moustachu au long fusil s'approche, tout comme **le loup**, de **la** clairière. Là, trois **lapins** tout doux s'amusent et jouent **le** derrière en l'air.
– Hou ! Hou ! Gare à vous ! Voilà **le** plus féroce des **loups** ! pépient **les** petits oiseaux.

- **Les mots en gras** sont les mots déjà travaillés dans les exercices « Entraine-toi » des séances précédentes.
- Les mots soulignés sont les mots que l'élève peut décoder si l'on suit la progression du fichier d'apprentissage du code.

Lors de la séance 1. Vocabulaire au quotidien (1) : *clairière – moustachu – pépient* (révision).
Dans la journée, en dehors de la séance de lecture. Vocabulaire au quotidien (2) : *clairière – moustachu – pépient* (révision). **Déroulement :** se reporter à la page 6.

Phase 1 ■ Album pages 2 à 5

Collectif : 15 min

Compétences :
- Prendre la parole pour décrire.
- Formuler des hypothèses sur l'histoire.
- Comprendre un texte entendu ou lu.

Rappel de l'épisode 1

Avant d'ouvrir l'album :
- Demander aux élèves de se rappeler l'épisode 1 et de reformuler l'histoire sans ouvrir l'album.
– les personnages : *un loup, des petits oiseaux ;*
– le problème : *le loup a faim.*
- Demander aux élèves de faire des hypothèses sur la suite de l'histoire et les noter au tableau.

Avec l'album :
- L'enseignant(e) relit le texte page 3.

Album pages 4 et 5

Analyse :
- Les élèves observent l'illustration pages 4-5 et la décrivent. (**Vocabulaire attendu :** *chasseur – fusil – lapins – loup – oiseaux.*)

Anticipation de la lecture :
- Questionner les élèves : *En regardant l'illustration et son texte, avez-vous une idée de ce qui va se passer ?*
- Laisser les élèves s'exprimer rapidement.
- L'enseignant(e) recense leurs hypothèses sur une affiche ou au tableau pour les vérifier ensuite lors de la lecture.

Remarques concernant la participation orale :
Pour favoriser l'expression orale des élèves et augmenter leur temps de parole, il est préférable de ne pas poser de questions précises sur l'illustration à ce moment. Les interventions de l'enseignant(e) doivent permettre de maintenir le cadre au profit d'une recherche de sens de l'histoire. Relancer la participation en demandant si on a tout dit sur cette image. Solliciter éventuellement certains élèves qui ne participent pas. Accepter que certains se bornent à répéter ce que disent les autres car ce temps est celui d'un entrainement des compétences orales des élèves. Ne pas valider leurs propositions mais souligner certaines différences dans leurs prises d'indices, ce qui a pour effet de relancer leur expression.

Lecture :
- Lecture du texte page 4 de l'album par l'enseignant(e).
- Confronter ce texte avec les hypothèses formulées auparavant. Puis les élèves reformulent avec leurs mots ce qu'ils ont compris de l'épisode 2.
- L'enseignant(e) reformule à son tour ce qu'ont dit les élèves en insistant sur les éléments que l'on retrouvera à chaque épisode : les personnages ; le lieu.
- Attirer l'attention des élèves sur certaines répétitions de l'épisode 1 et leur demander de les retrouver à l'oral :
– Hou ! Hou! Gare à vous ! Voilà le plus féroce des loups ! pépient les petits oiseaux.

Phase 2 ■ Fichier page 34

Collectif : 15 min

Compétences :
- Comprendre un énoncé oral.
- Établir des relations entre l'oral et l'écrit.

Rappeler que certains mots difficiles sont ainsi illustrés à côté du texte. Les élèves sont invités à identifier la clairière et à faire le lien avec l'épisode découvert dans l'album.

Texte du fichier

• L'enseignant(e) lit le texte de l'épisode 2 dans le fichier. Annoncer aux élèves qu'il s'agit uniquement d'une partie du texte de l'album (page 4).
• Les élèves suivent avec leur doigt sur le texte page 34.
• Demander aux élèves de chercher s'ils retrouvent dans le texte des éléments connus (exemple : les mots en gras comme *un – grand – loup – la – le – oiseaux*). Indiquer leurs remarques par des actions sur le texte collectif affiché ou projeté au tableau (en entourant, surlignant, etc.).
• Différencier lignes et phrases en demandant : *Combien de lignes, combien de phrases y a-t-il ?*
• Mettre en valeur la ponctuation.
• Revenir sur les mots de vocabulaire difficiles, notamment les mots : *chasseur, moustachu, trois* et faire découvrir le mot : *et*. Les entourer. En garder une trace écrite, les écrire en cursive.

Phase 3 ■ Fichier page 34

Collectif et individuel : 15 min

Exercice 1 :

Compétence :
Trouver des réponses explicites dans un texte étudié.

• L'enseignant(e) lit la consigne.
• Les élèves travaillent individuellement.
(**4 réponses attendues :** *le filet à papillon, les chats dans l'arbre, le lapin supplémentaire, ce n'est pas l'hiver : les feuilles de l'arbre et l'absence de neige.*)

Différenciation :
Les élèves peuvent se reporter à l'album (p. 4-5) pour avoir l'aide de l'illustration.

• Correction : les élèves sont invités à justifier leurs réponses en faisant référence au texte.

Exercice 2 :

Compétence :
Trouver des réponses explicites dans un texte étudié.

• L'enseignant(e) lit la consigne, la question et les réponses possibles. Il s'assure de la bonne compréhension de l'expression « *tout comme* ».
• Les élèves travaillent individuellement, puis ils peuvent comparer à deux leurs réponses pour mieux réfléchir et argumenter s'ils constatent des différences dans leurs réponses.
(**2 réponses attendues :** *le chasseur, le loup.)*

Différenciation :
L'enseignant(e) peut regrouper des élèves dont il connait les difficultés de compréhension ou d'expression orale pour faire oralement avec eux l'exercice en faisant le lien entre la compréhension de l'histoire et les traces écrites laissées sur le texte commun lors de la phase précédente.

• Correction : Les élèves sont invités à justifier leur réponse en faisant référence au texte.

Exercice 3 :

Compétence : Reconnaitre des mots dans un texte.

• L'enseignant(e) lit la consigne. Préciser seulement la compétence visée lors de cette phase de travail : « savoir reconnaitre des mots » et poser le problème : *Que devez-vous faire ? Comment allez-vous faire ?*
• Donner en premier la parole aux élèves pour que ce soit eux qui cherchent à comprendre ce qui est demandé. Le picto est support de compréhension.
Réponse attendue entre autres : *On doit comparer chaque lettre du mot et pas seulement la première.*
• Travail individuel. Correction collective au tableau (chaque mot sera corrigé en donnant la parole aux élèves pour qu'ils expliquent comment ils procèdent).
• À un autre moment de la journée, proposer le jeu du pendu avec le mot : *lapin.*

Différenciation :
Les élèves ayant besoin de temps ne font pas les parties d'exercice assorties d'une croix ou seulement partiellement.
Les élèves qui pourraient être en difficulté sont regroupés par l'enseignant(e) et travaillent de façon explicite, chacun sur un mot.

Exercice 4 :

Compétence : Associer les deux écritures d'un mot.

• L'enseignant(e) lit la consigne. Les élèves reformulent, un exemple peut être fait collectivement au tableau avec les mots *poule* et *lapin* vus dans la période 1.

Différenciation :
L'enseignant(e) aide l'élève à comparer mot à mot ou lettre à lettre.
Les élèves ayant besoin de temps ne font pas les parties d'exercice assorties d'une croix (ils ne recopient pas les mots). Ils peuvent également ne recopier qu'un ou deux mots et non pas les trois.

Séance 2

Lors de la séance 2. Vocabulaire au quotidien (3) : *clairière – moustachu – pépient (révision).*
Dans la journée, en dehors de la séance de lecture. Vocabulaire au quotidien (4) : *clairière – moustachu – pépient (révision).* **Déroulement :** se reporter à la page 6.

Phase 1 ■ Album pages 4 à 9 ■ Fichier page 34

Collectif : 10 min ■ Individuel : 10 min

Rappel du récit

• Demander aux élèves de faire le rappel de l'épisode (sans s'aider des illustrations de l'album). Ne pas intervenir, relever ensuite les éléments de désaccord, sans donner la réponse. On va travailler ici le langage d'évocation, amener les élèves à se rappeler, nommer les choses, résumer, etc.
• Amener les élèves à utiliser le vocabulaire étudié. Pour bien comprendre un texte il faut que les élèves connaissent

trois éléments : les personnages (*Qui sont-ils ? Combien sont-ils ? Où sont-ils ? etc.*) ; les faits (*Que se passe-t-il ?*) ; ce que pensent les personnages (leurs pensées, leurs émotions, etc.).

Rappel des apprentissages

• Demander aux élèves de faire le rappel des activités réalisées lors de la séance 1 puis d'identifier leurs apprentissages : *Qu'avons-nous appris à faire ?*

Réponses attendues :

– trouver des réponses d'après un texte et une illustration ;
– retrouver des mots dans une phrase ;
– relier deux écritures différentes.

Lecture de l'album (suite : pages 4 à 9)

• L'enseignant(e) relit la page 4 et poursuit avec le texte de la page 7 et le début du texte p. 9 jusqu'à *« Avalé le chasseur ! »*.
• Les élèves reformulent ce qu'ils ont compris de ce texte puis émettent des hypothèses sur la suite du récit.
• L'enseignant(e) note ces hypothèses au tableau.
• Les élèves tournent la page et découvrent la réponse par l'illustration des pages 6 à 9 et la lecture du texte par l'enseignant(e) de la page 9 jusqu'à « *Avalé le chasseur !* ».

Exercice 5 : Entraine-toi

Cette phase peut être reportée à un autre moment de la journée, elle permet de faire un bilan et de revenir sur les compétences travaillées dans la séance.

Compétences : Reconnaitre le mot : *et*.
• Produire une phrase à l'oral en utilisant les mots donnés.

Révision des mots : *lapin – loup – le.*
À l'oral et à l'écrit, procéder comme page 170.

Phase 2 ■ Fichier page 35

Collectif : 5 min ■ Individuel : 15 min

Exercice 6 :

Compétence : Reconnaitre les lettres composant un mot.

• Les élèves connaissent ce type d'exercice. Ils peuvent le faire à présent sans préparation collective.

Différenciation :
Distribuer des étiquettes avec les lettres des mots (à créer). Les élèves ayant besoin de temps ne font pas la seconde partie de l'exercice assortie d'une croix.

• Correction collective.

Exercice 7 :

Compétence : Reproduire l'ordre des mots d'une phrase.
Support : Étiquettes du fichier à photocopier.

• Cet exercice, connu des élèves, peut être fait en autonomie. Correction collective.

Différenciation :
Faire rechercher la zone de texte en lien avec la phrase à reconstituer. Les élèves ayant besoin de temps ne font pas la seconde partie de l'exercice assortie d'une croix.

Exercice 8 :

Compétence :
Associer une phrase en cursive avec la même écrite en script.

• L'enseignant(e) précise seulement la compétence visée lors de cette phase de travail : « comparer l'écriture script et l'écriture cursive liée » et pose le problème : *Que devez-vous faire ? Comment allez-vous faire ?*
• Les élèves travaillent individuellement.

Différenciation :
L'enseignant(e) aide l'élève à comparer mot à mot ou lettre à lettre.

Exercice 9 :

Compétence : Savoir recopier une phrase sans faire d'erreurs.

• Demander aux élèves de choisir une phrase parmi celles de l'exercice 8.
• Rappeler les conditions d'une bonne position assise et d'une tenue correcte du crayon à papier.

Différenciation :
La majuscule peut être écrite en script ou tracée à l'avance par l'enseignant(e). Autoriser les élèves à écrire sur un autre support que le fichier (ardoise, brouillon...).

Exercice 10 :

Compétence : Associer deux syllabes pour former un mot.

• Les élèves ont déjà rencontré cet exercice dans la période précédente mais l'enseignant(e) peut de nouveau prendre le temps d'une démonstration collective au tableau avec en exemple le mot *oiseau*.
• Dans un premier temps, les mots à retrouver sont donnés par les élèves à l'oral. Puis ils travaillent individuellement.

Différenciation :
Donner les étiquettes des syllabes (à créer).
Les élèves ayant besoin de temps ne font pas les parties d'exercice assorties d'une croix.

Phase 3 ■ Fichier page 35

Collectif : 10 min

Cette phase peut être reportée à un autre moment de la journée, elle permet de faire un bilan et de revenir sur les compétences travaillées dans la séance.

Exercice 11 : Entraine-toi

Compétences :
• Reconnaitre les mots : *trois – chasseur*.
• Produire une phrase à l'oral en utilisant les mots donnés.

Révision des mots : *loup – lapins – et – les – oiseaux.*
À l'oral et à l'écrit, procéder comme page 170.

Le plus féroce des loups - Épisode 3

Compétences :
- Comprendre un paragraphe de l'histoire.
- Savoir décrire une illustration à l'oral.
- Émettre des hypothèses sur la suite d'un récit.
- Se repérer dans un texte.
- Réinvestir des apprentissages antérieurs.
- Savoir reformuler un texte entendu ou lu.

Supports :
Album *Le plus féroce des loups*, fichier de lecture-compréhension pages 36-37 et étiquettes du fichier à photocopier.

Séance 1

Le loup continue son chemin **et** fait **un** clin d'œil aux **trois lapins,** tout surpris, qui **le** suivent.
Par ce grand froid d'hiver, **un** gros boucher dodu au long couteau pointu s'approche, tout comme **le loup**, d'une clairière.
Là, **trois** petits cochons tout ronds prennent l'air.

- **Les mots en gras** sont les mots déjà travaillés dans les exercices « Entraine-toi » des séances précédentes.
- Les mots soulignés sont les mots que l'élève peut décoder si l'on suit la progression du fichier d'apprentissage du code.

Lors de la séance 1. Vocabulaire au quotidien (1) : *clin d'œil - dodu - barrière.*
Dans la journée, en dehors de la séance de lecture. Vocabulaire au quotidien (2) : *clin d'œil - dodu - barrière.*
Déroulement : se reporter à la page 6.

Phase 1 ■ Album pages 2 à 11

Collectif : 15 min

Compétences :
- Prendre la parole pour décrire.
- Formuler des hypothèses sur l'histoire.
- Comprendre un texte entendu ou lu.

Rappel des épisodes précédents
Avant d'ouvrir l'album :
- Réactiver la problématique. Les élèves reformulent ce qu'ils ont découvert lors des trois premiers épisodes :
– les personnages : *un loup, un chasseur, trois lapins, des oiseaux ;*
– premier problème : *le loup a faim, le chasseur va tirer mais le loup l'avale.*
- Demander aux élèves de faire des hypothèses sur la suite de l'histoire. Les propositions des élèves sont notées au tableau.

Avec l'album :
- L'enseignant(e) relit le texte des pages 3 à 9 jusqu'à *« Avalé le chasseur ! ».*

Album pages 9 à 11
Analyse :
- Les élèves observent l'illustration pages 10 et 11 et la décrivent.
(**Vocabulaire attendu** : *couteau – casquette – cochons – barrière – loup – oiseaux.*)

Anticipation de la lecture :
- Questionner les élèves : *En regardant l'illustration et son texte, avez-vous une idée de ce qui va se passer ?*
- Laisser les élèves s'exprimer rapidement.
- L'enseignant(e) recense leurs hypothèses sur une affiche ou au tableau pour les vérifier ensuite lors de la lecture du texte.

Lecture :
- Lecture par l'enseignant(e) du texte des pages de l'épisode 3 (de la page 9 « *Le loup continue...* » à « *...prennent l'air.* » page 11).
- Confronter ce texte avec les hypothèses formulées auparavant. Puis les élèves reformulent avec leurs mots ce qu'ils ont compris de l'épisode 3.
- L'enseignant(e) reformule à son tour ce qu'ont dit les élèves en insistant sur les éléments que l'on retrouvera à chaque épisode :
– les personnages.
– le lieu.

Phase 2 ■ Fichier page 36

Collectif : 15 min

Compétences :
- Comprendre un énoncé oral.
- Établir des relations entre l'oral et l'écrit.

Illustrations
Rappeler que certains mots difficiles sont ainsi illustrés à côté du texte. Les élèves sont invités à identifier *clin d'œil, dodu* et à faire le lien avec l'épisode découvert dans l'album.

Texte du fichier
- L'enseignant(e) lit le texte de l'épisode 3 dans le fichier. Annoncer aux élèves qu'il s'agit du même texte (« tout surpris » en moins) que celui qu'il vient de leur lire dans l'album.
- Les élèves suivent avec leur doigt sur le texte du fichier page 36.

• Demander aux élèves de chercher s'ils retrouvent dans le texte des éléments connus (exemple : les mots en gras comme *un* – *trois* – *loup* – *lapins* – *le* – *et*). Indiquer leurs remarques par des actions sur le texte collectif affiché ou projeté au tableau (en entourant, surlignant, etc.).
• Demander aux élèves de venir montrer les mots (*loup, trois, lapins, et, un, une, le...*) ou l'expression (*Par ce grand froid d'hiver*) qu'ils connaissent.
• Mettre en valeur la ponctuation.
• Revenir sur les mots de vocabulaire difficiles, notamment les mots : *boucher, dodu, clin d'œil,* faire découvrir les petits mots : *son* et *une*. Les entourer. En garder une trace écrite, les écrire en cursive.

Phase 3 ■ Fichier page 36

Collectif et individuel : 15 min

Exercice 1 :

Compétence :
Trouver une réponse explicite dans un texte étudié.

• L'enseignant(e) lit la consigne et les trois réponses possibles.
• Les élèves travaillent individuellement.
(**Réponse attendue :** *un boucher.*)

Différenciation :
Les élèves peuvent se reporter à l'album (pp. 10-11) pour avoir l'aide de l'illustration.

• Correction : les élèves sont invités à justifier leur réponse en faisant référence au texte.

Exercice 2 :

Compétence :
Trouver des réponses explicites dans un texte étudié.

• L'enseignant(e) lit la consigne.
• Les élèves travaillent individuellement.

Différenciation :
Les élèves peuvent se reporter à l'album (pp. 10-11) pour avoir l'aide de l'illustration.

• Correction : les élèves sont invités à justifier leur réponse en faisant référence au texte.

Exercice 3 :

Compétence :
Reconnaitre des mots dans un texte.

• L'enseignant(e) lit la consigne. Préciser seulement la compétence visée lors de cette phase de travail : « savoir reconnaitre des mots » et poser le problème : *Que devez-vous faire ? Comment allez-vous faire ?*
• Le picto est support de compréhension.
Réponse attendue entre autres : *On doit comparer chaque lettre du mot et pas seulement la première.*

• Travail individuel. Correction collective au tableau (chaque mot sera corrigé en donnant la parole aux élèves pour qu'ils expliquent comment ils procèdent).
• À un autre moment de la journée, proposer le jeu du pendu avec les mots : *son, une*.

Différenciation :
Les élèves ayant besoin de temps ne font pas les parties d'exercice assorties d'une croix ou seulement partiellement. Les élèves qui pourraient être en difficulté sont regroupés par l'enseignant(e) et travaillent de façon explicite, chacun sur un mot.

Exercice 4 :

Compétence :
Associer les deux écritures d'un mot.

• L'enseignant(e) lit la consigne. Les élèves reformulent, un exemple peut être fait collectivement au tableau avec les mots *oiseau* et *couteau*.

Différenciation :
L'enseignant(e) aide à comparer mot à mot ou lettre à lettre.
Les élèves ayant besoin de temps ne font pas les parties d'exercice assorties d'une croix (ils ne recopient pas les mots). Ils peuvent également ne recopier qu'un ou deux mots et non pas les trois.

Séance 2

Lors de la séance 2. Vocabulaire au quotidien (3) : *clin d'œil – dodu – barrière.*
Dans la journée, en dehors de la séance de lecture. Vocabulaire au quotidien (4) : *clin d'œil – dodu – barrière.*
Déroulement : se reporter à la page 6.

Phase 1 ■ Fichier page 36

Collectif : 10 min ■ Individuel : 10 min

Rappel du récit
• Demander aux élèves de faire le rappel de l'épisode (sans s'aider des illustrations de l'album).
• Ne pas intervenir, relever ensuite les éléments de désaccord, sans donner la réponse. On travaille ici le langage d'évocation, amener les élèves à se rappeler, nommer les choses, résumer, etc.
• Amener les élèves à utiliser le vocabulaire étudié. Pour bien comprendre un texte il faut que les élèves connaissent trois éléments :
– les personnages (*Qui sont-ils ? Combien sont-ils ? Où sont-ils ? etc.*) ;
– les faits (*Que se passe-t-il ?*) ;
– ce que pensent les personnages (leurs pensées, leurs émotions, etc.).
• L'enseignant(e) relit l'épisode 3 pendant que les élèves suivent avec leur doigt sur le fichier.

Rappel des apprentissages
• Demander aux élèves de faire le rappel des activités réalisées lors de la séance 1 puis d'identifier leurs apprentissages : *Qu'avons-nous appris à faire ?*
Réponses attendues :
– trouver des réponses d'après un texte ;
– retrouver des mots dans une phrase ;
– relier deux écritures différentes.

Exercice 5 : Entraine-toi

Cette phase peut être reportée à un autre moment de la journée, elle permet de faire un bilan et de revenir sur les compétences travaillées dans la séance.

Compétences :
• Reconnaitre les mots : *une – son – petit(s) – cochon(s).*
• Produire une phrase à l'oral en utilisant les mots donnés.

Révision des mots : *trois – le – les – poule.*
À l'oral : Les élèves proposent différentes phrases contenant les mots étudiés. Quelques propositions peuvent être écrites au tableau par l'enseignant(e) sous la dictée des élèves. Les élèves repèrent ainsi la place des mots étudiés dans les phrases.
À l'écrit : Les élèves peuvent être entrainés à l'aide d'étiquettes montrées au groupe rapidement (mots flash).
• Les étiquettes peuvent être stockées en affichage permanent dans la classe pour d'autres entrainements à la lecture rapide, le travail sur les analogies (constitution de collections) et pour la production d'écrits.
• Demander aux élèves comment ils vont faire pour mémoriser ces mots : *Je peux m'entrainer en épelant le mot, en le copiant, en l'écrivant sans le modèle, en ayant l'image dans ma tête, en écoutant les syllabes dont il est composé.*

Phase 2 ■ Fichier page 37

Collectif : 5 min ■ Individuel : 10 min

Exercice 6 :

Compétence :
Reconnaitre les lettres composant un mot.

• Les élèves connaissent ce type d'exercice. Ils peuvent le faire à présent sans préparation collective.

Différenciation :
Distribuer les étiquettes avec les lettres des mots (à créer).
Les élèves ayant besoin de temps ne font pas la seconde partie de l'exercice assortie d'une croix.

• Correction collective.

Exercice 7 :

Compétence :
Reproduire l'ordre des mots d'une phrase.
Support : Étiquettes du fichier à photocopier.

• Cet exercice, connu des élèves, peut être fait en autonomie.
• Correction collective.

Différenciation :
Faire recherche la zone de texte en lien avec la phrase à reconstituer.
Les élèves ayant besoin de temps ne font pas la seconde partie de l'exercice assortie d'une croix.

Exercice 8 :

Compétence :
Compléter un texte à trous avec des mots appris.

• Ce type d'exercice a déjà été réalisé en période 1 du fichier. L'enseignant(e) précise seulement la compétence visée lors de cette phase de travail : « savoir compléter un texte avec les bons mots » et pose le problème : *Que devez-vous faire ? Comment allez-vous faire ?*
• Il est préférable de donner en premier la parole aux élèves pour que ce soit eux qui cherchent à comprendre ce qui est demandé. Le picto est support de compréhension.
• Les élèves travaillent individuellement.
• La correction de l'exercice consistera à faire relire la phrase complétée par les élèves.

Différenciation :
Les élèves ayant besoin de temps ne font pas la seconde partie de l'exercice assortie d'une croix.

Exercice 9 :

Compétence :
Associer deux syllabes pour former un mot.

• Les élèves ont déjà rencontré cet exercice mais l'enseignant(e) peut de nouveau prendre le temps d'une démonstration collective au tableau avec en exemple le mot *lapin*.
• Les élèves travaillent individuellement.

Différenciation :
Donner les étiquettes des syllabes (à créer).
Les élèves ayant besoin de temps ne font pas les parties d'exercice assorties d'une croix.

Phase 3 ■ Fichier page 37

Collectif : 10 min

Cette phase peut être reportée à un autre moment de la journée, elle permet de faire un bilan et de revenir sur les compétences travaillées dans la séance.

Exercice 10 : Entraine-toi

Compétences :
• Reconnaitre les mots : *boucher – s'approche.*
• Produire une phrase à l'oral en utilisant les mots donnés.

Révision des mots : *petit(s) – loup – le.*
À l'oral et à l'écrit, procéder comme précédemment (voir page 170).

Le plus féroce des loups – Épisode 4

Compétences :
- Comprendre un paragraphe de l'histoire.
- Savoir décrire une illustration à l'oral.
- Émettre des hypothèses sur la suite d'un récit.
- Se repérer dans un texte.
- Réinvestir des apprentissages antérieurs.
- Savoir reformuler un texte entendu ou lu.

Supports :
Album *Le plus féroce des loups*, fichier de lecture-compréhension pages 38-39, ardoise et étiquettes du fichier à photocopier.

Séance 1

– Hou ! Hou ! Gare à vous ! Voilà **le** plus féroce **des loups** ! pépient **les petits oiseaux.**
Tchic-tchac, **le boucher est** prêt à découper.
Snip-snap, **le loup est** prêt à croquer.
Les trois petits cochons se mettent à trembler devant tant **de** dangers.
Qui **les** mangera en premier, **le boucher** ou **le loup ?**

- **Les mots en gras** sont les mots déjà travaillés dans les exercices « Entraine-toi » des séances précédentes.
- Les mots soulignés sont les mots que l'élève peut décoder si l'on suit la progression du fichier d'apprentissage du code.

Lors de la séance 1. Vocabulaire au quotidien (1) : *trembler – danger.*
Dans la journée, en dehors de la séance de lecture. Vocabulaire au quotidien (2) : *trembler – danger.*
Déroulement : se reporter à la page 6.

Phase 1 ■ Album pages 2 à 13

Collectif : 15 min

Compétences :
- Prendre la parole pour décrire.
- Formuler des hypothèses sur l'histoire.
- Comprendre un texte entendu ou lu.

Rappel des épisodes précédents
Avant d'ouvrir l'album :
- Réactiver la problématique. Les élèves reformulent ce qu'ils avaient découvert lors des précédents épisodes :
– les personnages : *un loup, un chasseur, trois lapins, des oiseaux, un boucher, trois petits cochons ;*
– le lieu : les personnages se rencontrent dans un bois, près d'une barrière ;
– premier problème : *le loup a faim, le chasseur va tirer ;*
– résolution du premier problème : le loup a mangé le chasseur.
– deuxième problème : *Le boucher a un long couteau pointu, il s'approche des trois petits cochons.*
- Demander aux élèves de faire des hypothèses sur la suite de l'histoire. Les propositions des élèves sont notées au tableau.

Avec l'album :
- L'enseignant(e) relit le texte des pages 3 à 11 jusqu'à « *prennent l'air* ».

Album pages 11 à 13
Analyse :
- Les élèves observent l'illustration des pages 12 et 13 et la décrivent.
(**Vocabulaire attendu :** *trembler – avoir peur – boucher – couteau – loup – cochons – barrière – ombre.*)

Anticipation de la lecture :
- Questionner les élèves : En regardant l'illustration et son texte, avez-vous une idée de ce qui va se passer ?
- Laisser les élèves s'exprimer rapidement.
- L'enseignant(e) recense leurs hypothèses sur une affiche ou au tableau pour les vérifier ensuite lors de la lecture du texte.
- Attirer l'attention des élèves sur certaines répétitions de l'histoire et demander aux élèves de les retrouver à l'oral :
– Hou ! Hou! Gare à vous ! Voilà le plus féroce des loups ! pépient les petits oiseaux.
– Snip-snap, le loup est prêt à croquer.

Lecture :
- Lecture par l'enseignant(e) du texte des pages de l'épisode 4 (de la page 11 « *– Hou ! Hou !...* » à la fin de la page 13).
- Confronter ce texte avec les hypothèses formulées auparavant. Puis les élèves reformulent avec leurs mots ce qu'ils ont compris de l'épisode 4.
- L'enseignant(e) reformule à son tour ce qu'ont dit les élèves en insistant sur les éléments que l'on retrouvera à chaque épisode :
– les personnages.
– le lieu.

Phase 2 ■ Fichier page 38

Collectif : 15 min

Compétences :
- Comprendre un énoncé oral.
- Établir des relations entre l'oral et l'écrit.

Illustration
Les élèves sont invités à identifier *trembler* et à faire le lien avec l'épisode découvert dans l'album.

Texte du fichier

• L'enseignant(e) lit le texte de l'épisode 4 dans le fichier. Annoncer aux élèves qu'il s'agit du même texte que celui qu'il vient de lire dans l'album.
• Les élèves suivent avec leur doigt sur le texte du fichier page 38.
• Demander aux élèves s'ils retrouvent dans le texte des éléments connus (exemple : les mots en gras comme *le – trois – loup – cochons – petits – boucher – de*). Indiquer ces remarques par des actions sur le texte collectif affiché ou projeté au tableau (en entourant, surlignant, etc.).
• Demander aux élèves de venir montrer les mots (*loup, trois, cochons, et, petits, boucher, le...*).
• Mettre en valeur la ponctuation.
• Surligner la dernière phrase et l'identifier comme une question.
• Revenir sur les mots de vocabulaire difficiles, notamment le mot : *trembler...* Faire découvrir le mot *ou* (en lien avec le sens de la dernière phrase). Entourer ces mots. En garder une trace écrite, les écrire en cursive.

Phase 3 ■ Fichier page 38

Collectif et individuel : 15 min

Exercice 1 :

Compétence :
Trouver des réponses explicites dans un texte étudié.

• L'enseignant(e) lit la consigne.
• Les élèves travaillent individuellement.
(**4 réponses attendues :** *le loup qui dort, la fleur dans la main du boucher, le cochon supplémentaire, ce n'est pas l'hiver.*)
• Correction : les élèves sont invités à justifier leurs réponses en faisant référence au texte.

Différenciation :
Les élèves peuvent se reporter à l'album (pp. 12-13) pour avoir l'aide de l'illustration.

Exercice 2 :

Compétence :
Trouver des réponses implicites dans un texte étudié.

Aide à la compréhension de l'implicite

• Les consignes sont lues par l'enseignant(e), redites par les élèves.
• Chaque illustration est explicitée par un ou plusieurs élèves (*oiseaux, boucher, loup, cochon*).
• Correction collective : les élèves sont invités à justifier leurs choix. Il faudra amener les élèves à faire le lien avec le texte.

Différenciation 1 :
Après avoir travaillé individuellement, les élèves peuvent comparer à deux leurs réponses pour mieux réfléchir et argumenter s'ils constatent des différences dans leurs réponses.
L'enseignant(e) peut regrouper quelques élèves ayant des difficultés de compréhension ou d'expression à l'oral pour faire avec eux l'exercice en faisant le lien entre compréhension de l'histoire et traces écrites laissées sur le texte lors de la phase précédente.

Différenciation 2 :
Pour développer la compréhension, on peut proposer aux élèves de théâtraliser l'épisode, les élèves sont les personnages, l'enseignant(e) peut être le narrateur.

Exercice 3 :

Compétence :
Reconnaitre des mots dans un texte.

• L'enseignant(e) lit la consigne. Préciser seulement la compétence visée lors de cette phase de travail : « savoir reconnaitre des mots » et poser le problème : *Que devez-vous faire ? Comment allez-vous faire ?*
• Le picto est support de compréhension.
Réponse attendue entre autres : *On doit comparer chaque lettre du mot et pas seulement la première.*
• Travail individuel. Correction collective au tableau (chaque mot sera corrigé en donnant la parole aux élèves pour qu'ils expliquent comment ils procèdent).
• À un autre moment de la journée, proposer le jeu du pendu avec le mot : *cochon.*

Différenciation :
Les élèves ayant besoin de temps ne font pas les parties d'exercice assorties d'une croix ou seulement partiellement.
Les élèves qui pourraient être en difficulté sont regroupés par l'enseignant(e) et travaillent de façon explicite, chacun sur un mot.

Séance 2

Lors de la séance 2. Vocabulaire au quotidien (3) : *trembler – danger.*
Dans la journée, en dehors de la séance de lecture. Vocabulaire au quotidien (4) : *trembler – danger.*
Déroulement : se reporter à la page 6.

Phase 1 ■ Album pages 11 à 15 ■ Fichier page 38

Collectif : 10 min ■ Individuel : 10 min

Rappel du récit

• Demander aux élèves de faire le rappel de l'épisode (sans s'aider des illustrations de l'album).
• Ne pas intervenir, relever ensuite les éléments de désaccord, sans donner la réponse. On travaille ici le langage d'évocation, amener les élèves à se rappeler, nommer les choses, résumer, etc.
• Amener les élèves à utiliser le vocabulaire étudié. Pour bien comprendre un texte il faut que les élèves connaissent trois éléments :
– les personnages (*Qui sont-ils ? Combien sont-ils ? Où sont-ils ? etc.*) ;
– les faits (*Que se passe-t-il ?*) ;
– ce que pensent les personnages (leurs pensées, leurs émotions, etc.).

Rappel des apprentissages
• Demander aux élèves de faire le rappel des activités réalisées lors de la séance 1 puis d'identifier leurs apprentissages : *Qu'avons-nous appris à faire ?*
Réponses attendues :
– trouver des réponses d'après un texte et une illustration.
– retrouver des mots dans un texte.

Lecture de l'album (suite : pages 11 à 15)
• L'enseignant(e) relit les pages 11 et 13 de l'album.
• Les élèves émettent des hypothèses sur la suite du récit.
• L'enseignant(e) note ces hypothèses au tableau.
• Les élèves tournent la page, découvrent la réponse par l'illustration des pages 14 et 15 puis par la lecture du texte de ces mêmes pages faite par l'enseignant(e). L'implicite est important car on ne voit pas le loup avaler le boucher. S'assurer que tous les élèves ont compris et les interroger sur le couteau planté dans la neige, seule « trace » du boucher.

Exercice 4 : Entraine-toi
Cette phase peut être reportée à un autre moment de la journée, elle permet de faire un bilan et de revenir sur les compétences travaillées dans la séance.

Compétences :
• Reconnaitre le mot : *ou*.
• Reproduire une phrase à l'oral en utilisant les mots donnés.

Révision des mots : *boucher – est – s'approche – le – petit – loup – cochon.*
À l'oral et à l'écrit, procéder comme page 170.

Phase 2 ■ Ardoise ■ Fichier page 39

Collectif : 5 min ■ Individuel : 15 min

Exercice 5 :

Compétence :
Reconnaitre les lettres composant un mot.

• Les élèves connaissent ce type d'exercice. Ils peuvent le faire à présent sans préparation collective.

Différenciation :
Distribuer les étiquettes avec les lettres des mots (à créer).
Les élèves ayant besoin de temps ne font pas la seconde partie de l'exercice assortie d'une croix.

• Correction collective.

Exercice 6 :

Compétence :
Reproduire l'ordre des mots d'une phrase.
Support : Étiquettes du fichier à photocopier.

• Cet exercice, connu des élèves, peut être fait en autonomie.
• Correction collective.

Différenciation :
Faire rechercher la zone de texte en lien avec la phrase à reconstituer.
Les élèves ayant besoin de temps ne font pas la seconde partie de l'exercice assortie d'une croix.

Exercice 7 :

Compétence :
Associer deux syllabes pour former un mot.

• Les élèves ont déjà rencontré cet exercice mais l'enseignant(e) peut de nouveau prendre le temps d'une démonstration collective au tableau avec en exemple le mot *boucher*.
• Dans un premier temps, les mots à retrouver sont donnés par les élèves à l'oral.
• Les élèves travaillent individuellement.

Différenciation :
Donner les étiquettes des syllabes (à créer).
Les élèves ayant besoin de temps ne font pas les parties d'exercice assorties d'une croix.

Exercice 8 :
• Le travail est un peu différent de ce que les élèves ont l'habitude de faire. La première partie de cet exercice est à faire en collectif à l'oral. Lire la consigne, puis l'expliciter.
• Cet exercice constitue un rappel des épisodes antérieurs.
• Pour la partie écriture, on rappellera les conditions d'une bonne position assise et d'une tenue correcte du crayon.

Différenciation :
Selon le temps dont disposent les élèves, ils peuvent n'écrire que certains des noms des personnages.

Exercice 9 :
• Cet exercice est nouveau dans le fichier.
• La recherche de la phrase à écrire se fait tout d'abord à l'oral. Puis les élèves font un premier essai sur ardoise et viennent le soumettre à l'enseignant(e) pour correction.

Différenciation :
Certains élèves peuvent ne pas réussir à écrire. Ils donnent alors leur phrase à l'oral à l'enseignant(e) qui les guide vers les outils dont ils disposent pour réussir à l'écrire ou, si la difficulté est trop grande pour eux, c'est l'enseignant(e) qui écrit la phrase sur l'ardoise, l'élève la recopie sur le fichier. Quelques propositions orales sont écrites au tableau et servent de modèle aux élèves qui les choisissent.

Phase 3 ■ Fichier page 39

Collectif : 10 min

Cette phase peut être reportée à un autre moment de la journée, elle permet de faire un bilan et de revenir sur les compétences travaillées dans la séance.

Exercice 10 : Entraine-toi

Compétences :
• Reconnaitre le mot : *croque*.
• Reproduire une phrase à l'oral en utilisant les mots donnés.

Révision des mots : *il – petits – loup – cochon(s) – trois – les.*
À l'oral et à l'écrit, procéder comme page 170.

Le plus féroce des loups – Épisode 5

Compétences :
- Comprendre un paragraphe de l'histoire.
- Savoir décrire une illustration à l'oral.
- Émettre des hypothèses sur la suite d'un récit.
- Se repérer dans un texte.
- Réinvestir des apprentissages antérieurs.
- Savoir reformuler un texte entendu ou lu.

Supports :
Album *Le plus féroce des loups*, fichier de lecture-compréhension pages 40-41, ardoise et étiquettes du fichier à photocopier.

Séance 1

Par ce grand froid d'hiver, **un** gros ogre barbu aux nombreuses dents pointues **s'approche,** tout comme **le loup,** d'**une** chaumière.
Là, **le Petit** Chaperon rouge **sort** pour aller voir sa grand-mère.
– Hou ! Hou ! Gare à vous ! Voilà **le** plus féroce des **loups !** pépient **les petits oiseaux.**

- **Les mots en gras** sont les mots déjà travaillés dans les exercices « Entraine-toi » des séances précédentes.
- Les mots soulignés sont les mots que l'élève peut décoder si l'on suit la progression du fichier d'apprentissage du code.

Lors de la séance 1. Vocabulaire au quotidien (1) : *chaumière – ogre.*
Dans la journée, en dehors de la séance de lecture. Vocabulaire au quotidien (2) : *chaumière – ogre.*
Déroulement : se reporter à la page 6.

Phase 1 ■ Album pages 2 à 17

Collectif : 15 min

Compétences :
- Prendre la parole pour décrire.
- Formuler des hypothèses sur l'histoire.
- Comprendre un texte entendu ou lu.

Rappel des épisodes précédents
Avant d'ouvrir l'album :
- Réactiver la problématique. Les élèves reformulent ce qu'ils avaient découvert lors des précédents épisodes :
– les personnages : un loup, un chasseur, trois lapins, des oiseaux, un boucher, trois petits cochons ;
– le lieu : les personnages se rencontrent dans une clairière près d'une barrière ;
– premier problème : le loup a faim, le chasseur va tirer sur les lapins qui ont peur ;
– résolution du premier problème : le loup a mangé le chasseur.
– deuxième problème : le boucher a un long couteau pointu, il s'approche des trois petits cochons qui ont peur ;
– résolution du problème : le loup a mangé le boucher.
- Demander aux élèves de faire des hypothèses sur la suite de l'histoire. Les propositions des élèves sont notées au tableau.

Avec l'album :
- L'enseignant(e) relit le texte des pages 3 à 15.

Album pages 16 et 17
Analyse :
- Les élèves observent l'illustration des pages 16 et 17 et la décrivent.
(**Vocabulaire attendu :** *ogre – barbe – panier – Chaperon rouge – maison – toit – cheminée*)

Anticipation de la lecture :
- Questionner les élèves : *En regardant l'illustration et son texte, avez-vous une idée de ce qui va se passer ?*
- Laisser les élèves s'exprimer rapidement.
- De nouveau, l'enseignant(e) attire l'attention des élèves sur les répétitions de l'histoire et leur demande de les retrouver à l'oral :
– Par ce grand froid d'hiver ;
– Hou ! Hou! Gare à vous ! Voilà le plus féroce des loups ! pépient les petits oiseaux.

Lecture :
- Lecture du texte par l'enseignant(e).
- Confronter ce texte avec les hypothèses émises auparavant.
- Faire reformuler aux élèves ce qu'ils ont compris.

Phase 2 ■ Fichier page 40

Collectif : 15 min

Compétences :
- Comprendre un énoncé oral.
- Établir des relations entre l'oral et l'écrit.

Illustration
Les élèves sont invités à identifier le mot *chaumière* et à faire le lien avec l'illustration de la maison découverte dans l'album.

Texte du fichier
- L'enseignant(e) lit le texte de l'épisode 5 dans le fichier. Annoncer aux élèves qu'il s'agit du même texte que celui qu'il vient de leur lire dans l'album.
- Les élèves suivent avec leur doigt sur le texte du fichier page 40.
- Demander aux élèves de chercher s'ils retrouvent dans le texte des éléments connus (exemple : les mots en gras

comme *un – s'approche – loup – une – le – petit – oiseaux*). Indiquer ces remarques par des actions sur le texte collectif affiché ou projeté au tableau (en entourant, surlignant, etc.).
• Demander aux élèves de venir montrer les mots (*loups, petits, oiseaux, s'approche...*) ou l'expression (*Par ce grand froid d'hiver*) qu'ils connaissent.
• Mettre en valeur la ponctuation.
• Revenir sur les mots de vocabulaire difficiles, notamment les mots : *ogre, barbu, chaumière.*
• Entourer ces mots. En garder une trace écrite, les écrire en cursive.

Phase 3 ■ Fichier page 40

Collectif et individuel : 15 min

Exercice 1 :

Compétence :
Trouver une réponse explicite dans un texte étudié.

• L'enseignant(e) lit la consigne et les deux réponses possibles.
• Les élèves travaillent individuellement.

Différenciation :
Les élèves peuvent se reporter à l'album (pp. 16-17) pour avoir l'aide de l'illustration.

• Correction : les élèves sont invités à justifier leurs réponses en faisant référence au texte.

Exercice 2 :

Compétence :
Trouver des réponses explicites dans un texte étudié.

• Nouvel exercice. L'enseignant(e) lit la consigne. Le picto est support de compréhension.
• Chaque illustration est explicitée par un ou plusieurs élèves.
• Les élèves travaillent individuellement.

Différenciation :
Après avoir travaillé individuellement, les élèves peuvent comparer à deux leurs réponses pour mieux réfléchir et argumenter s'ils constatent des différences dans leurs réponses.

• Correction : Les élèves sont invités à justifier leurs réponses en faisant référence au texte.

Exercice 3 :

Compétence :
Reconnaitre des mots dans un texte.

• L'enseignant(e) lit la consigne. Préciser seulement la compétence visée lors de cette phase de travail : « savoir reconnaitre des mots » et poser le problème : Que devez-vous faire ? Comment allez-vous faire ?
• Le picto est support de compréhension.

Réponse attendue entre autres : *On doit comparer chaque lettre du mot et pas seulement la première.*
• Travail individuel. Correction collective au tableau (chaque mot sera corrigé en donnant la parole aux élèves pour qu'ils expliquent comment ils procèdent).
• À un autre moment de la journée, proposer le jeu du pendu avec le mot : *pour*

Différenciation :
Les élèves ayant besoin de temps ne font pas les parties d'exercice assorties d'une croix ou seulement partiellement. Les élèves qui pourraient être en difficulté sont regroupés par l'enseignant(e) et travaillent de façon explicite, chacun sur un mot.

Exercice 4 :

Compétence :
Associer les deux écritures d'un mot.

• L'enseignant(e) lit la consigne. Les élèves reformulent, un exemple peut être fait collectivement au tableau avec les mots *barbu* et *pointues*.

Différenciation :
L'enseignant(e) aide l'élève à comparer mot à mot ou lettre à lettre.
Les élèves ayant besoin de temps ne font pas les parties d'exercice assorties d'une croix (ils ne recopient pas les mots). Ils peuvent également ne recopier qu'un ou deux mots et non pas les trois.

Séance 2

Lors de la séance 2. Vocabulaire au quotidien (3) : *chaumière – ogre.*
Dans la journée, en dehors de la séance de lecture. Vocabulaire au quotidien (4) : *chaumière – ogre.*
Déroulement : se reporter à la page 6.

Phase 1 ■ Fichier page 40

Collectif : 10 min ■ Individuel : 10 min

Rappel du récit
• Demander aux élèves de faire le rappel de l'épisode (sans s'aider des illustrations de l'album).
• Ne pas intervenir, relever ensuite les éléments de désaccord, sans donner la réponse. On travaille ici le langage d'évocation, amener les élèves à se rappeler, nommer les choses, résumer, etc.
• Amener les élèves à utiliser le vocabulaire étudié. Pour bien comprendre un texte il faut que les élèves connaissent trois éléments :
– les personnages (*Qui sont-ils ? Combien sont-ils ? Où sont-ils ? etc.*) ;
– les faits (*Que se passe-t-il ?*) ;
– ce que pensent les personnages (leurs pensées, leurs émotions, etc.).

• L'enseignant(e) relit l'épisode 5 pendant que les élèves suivent avec leur doigt sur le fichier.

Rappel des apprentissages
• Demander aux élèves de faire le rappel des activités réalisées lors de la séance 1 puis d'identifier leurs apprentissages : *Qu'avons-nous appris à faire ?*
Réponses attendues : trouver des réponses d'après un texte ; retrouver des mots dans un texte ; relier deux écritures différentes.

Exercice 5 : Entraine-toi

Cette phase peut être reportée à un autre moment de la journée, elle permet de faire un bilan et de revenir sur les compétences travaillées dans la séance.

Compétences :
• Reconnaitre les mots : *pour – ogre*.
• Produire une phrase à l'oral en utilisant les mots donnés.

Révision des mots : *oiseau – petit – un – croquer – s'approche.*
• À l'oral et à l'écrit, procéder comme page 170.

Phase 2 ■ Ardoise ■ Fichier page 41

Collectif : 10 min ■ Individuel : 10 min

Exercice 6 :

Compétence : Reconnaitre les lettres composant un mot.

• Les élèves connaissent ce type d'exercice. Ils peuvent le faire à présent sans préparation collective. Correction collective.

Différenciation 1 :
Distribuer des étiquettes avec les lettres des mots *ogre* et *rouge* (à créer).
Les élèves ayant besoin de temps ne font pas la seconde partie de l'exercice assortie d'une croix.

Exercice 7 :

Compétence : Reproduire l'ordre des mots d'une phrase.
Support : Étiquettes du fichier à photocopier.

• Cet exercice, connu des élèves, peut être fait en autonomie. C'est toutefois la première fois que la première phrase à reconstituer (que tous les élèves travaillent) est dans le désordre. Le signaler et la faire prononcer à voix haute si besoin auparavant.
• Correction collective.

Différenciation :
Faire rechercher la zone de texte en lien avec la phrase à reconstituer. Rappeler aux élèves qu'ils peuvent s'appuyer sur la majuscule et le point pour retrouver l'ordre des mots. Ajouter que, pour la seconde phrase, il y a plusieurs mots avec des majuscules (*Le, Petit, Chaperon*). Préciser que *Petit Chaperon* est le nom d'un personnage et que c'est pour cela qu'il y a des majuscules.
Les élèves ayant besoin de temps ne font pas la seconde partie de l'exercice assortie d'une croix.

Exercice 8 :

Compétence :
Associer une phrase en cursive avec la même écrite en script.

• L'enseignant(e) (e) précise seulement la compétence visée lors de cette phase de travail : « comparer l'écriture script et l'écriture cursive liée » et pose le problème : *Que devez-vous faire ? Comment allez-vous faire ?*
• Les élèves travaillent individuellement.

Différenciation :
L'enseignant(e) aide l'élève à comparer mot à mot ou lettre à lettre.

Exercice 9 :

Compétence :
Savoir recopier des noms de personnages et une phrase sans faire d'erreurs.

• Demander aux élèves d'entourer les noms des trois personnages des phrases de l'exercice 8.
• La recherche de la phrase à écrire se fait tout d'abord à l'oral. Puis les élèves font un premier essai sur ardoise et viennent le soumettre à l'enseignant(e) pour correction.
• Rappeler les conditions d'une bonne position assise et d'une tenue correcte du crayon de papier.

Différenciation 1 :
La majuscule peut être écrite en script ou tracée à l'avance par l'enseignant(e).

Différenciation 2 :
Certains élèves peuvent ne pas réussir à écrire leur phrase. Ils la donnent alors à l'oral à l'enseignant(e) qui les guide vers les outils dont ils disposent pour réussir à l'écrire ou, si la difficulté est trop grande pour eux, c'est l'enseignant(e) qui écrit la phrase sur l'ardoise, l'élève la recopie sur le fichier. Quelques propositions orales sont écrites au tableau et servent de modèle aux élèves qui les choisissent.

Phase 3 ■ Fichier page 41

Collectif : 10 min

Cette phase peut être reportée à un autre moment de la journée, elle permet de faire un bilan et de revenir sur les compétences travaillées dans la séance.

Exercice 10 : Entraine-toi

Compétence : Reconnaitre les mots : *sa – Chaperon – rouge.*

Révision des mots : *poule – petit – poisson – rouge – s'approche.*
• À l'oral et à l'écrit, procéder comme page 170.

Le plus féroce des loups - Épisode 6

Compétences :
- Comprendre un paragraphe de l'histoire.
- Savoir décrire une illustration à l'oral.
- Émettre des hypothèses sur la suite d'un récit.
- Se repérer dans un texte.
- Réinvestir des apprentissages antérieurs.
- Savoir reformuler un texte entendu ou lu.

Supports :
Album *Le plus féroce des loups,* fichier de lecture-compréhension pages 42-43, ardoise et étiquettes du fichier à photocopier.

Séance 1

Slirp-slurp, **l'ogre est** prêt à dévorer.
Snip-snap, **le loup est** prêt à **croquer.**
Le Petit Chaperon rouge se met à trembler devant tant **de** dangers.
Qui **le** mangera en premier, **l'ogre ou le loup ?**

- **Les mots en gras** sont les mots déjà travaillés dans les exercices « Entraine-toi » des séances précédentes.
- Les mots soulignés sont les mots que l'élève peut décoder si l'on suit la progression du fichier d'apprentissage du code.

Lors de la séance 1. Vocabulaire au quotidien (1) : *croquer – dévorer.*
Dans la journée, en dehors de la séance de lecture. Vocabulaire au quotidien (2) : *croquer – dévorer.*
Déroulement : se reporter à la page 6.

Phase 1 ■ Album pages 2 à 19

Collectif : 15 min

Compétences :
- Prendre la parole pour décrire.
- Formuler des hypothèses sur l'histoire.
- Comprendre un texte entendu ou lu.

Rappel des épisodes précédents
Avant d'ouvrir l'album :
- Réactiver la problématique. Les élèves reformulent ce qu'ils avaient découvert lors des précédents épisodes :

– les personnages : *un loup, un chasseur, trois lapins, des oiseaux, un boucher, trois petits cochons, l'ogre, le Petit Chaperon rouge ;*
– le lieu : *les personnages se rencontrent dans une clairière près d'une barrière, puis près d'une chaumière ;*
– premier problème : *le loup a faim, le chasseur va tirer* sur *les lapins qui ont peur ;*
– résolution du premier problème : *le loup a mangé le chasseur ;*
– deuxième problème : *le boucher a un long couteau pointu, il s'approche des trois petits cochons qui ont peur ;*
– résolution du problème : *le loup a aussi mangé le boucher ;*
– troisième problème : un ogre s'approche d'une chaumière et voit le Petit Chaperon rouge.

- Demander aux élèves de faire des hypothèses sur la suite de l'histoire. Les propositions des élèves sont notées au tableau.

Avec l'album :
- L'enseignant(e) relit le texte des pages 3 à 16.

Album pages 18 et 19
Analyse :
- Les élèves observent l'illustration des pages 18 et 19 et la décrivent.

(**Vocabulaire attendu :** *ogre – loup – Chaperon rouge – ceinture – féroce – avoir peur – sauter – nattes...*)
Anticipation de la lecture :
- Questionner les élèves : *En regardant l'illustration et son texte, avez-vous une idée de ce qui va se passer ?*
- Laisser les élèves s'exprimer rapidement.
- De nouveau, l'enseignant(e) attire l'attention des élèves sur les répétitions de l'histoire et leur demande de les retrouver à l'oral :

– L'ogre est prêt à...
– Snip-snap, le loup est prêt à...
– Qui le mangera en premier, l'ogre ou le loup ?
Lecture :
- Lecture du texte par l'enseignant(e).
- Confronter ce texte avec les hypothèses émises auparavant.
- Faire reformuler aux élèves ce qu'ils ont compris.

Phase 2 ■ Fichier page 42

Collectif : 15 min

Compétences :
- Comprendre un énoncé oral.
- Établir des relations entre l'oral et l'écrit.

Texte du fichier
- L'enseignant(e) lit le texte de l'épisode 6 dans le fichier. Annoncer aux élèves qu'il s'agit uniquement d'une partie du texte de l'album.
- Les élèves suivent avec leur doigt sur le texte du fichier page 42.
- Demander aux élèves s'ils retrouvent dans le texte des éléments connus (exemple : les mots en gras comme *ogre – croquer – est – Petit – rouge – Chaperon – le*). Indiquer ces remarques par des actions sur le texte collectif affiché ou projeté au tableau (en entourant, surlignant, etc.).

• Demander aux élèves de venir montrer les mots (*loup, est, rouge, le...*).
• Mettre en valeur la ponctuation.
• Surligner la dernière phrase et l'identifier comme une question.
• Il n'y a pas de mots de vocabulaire difficiles qui n'ait déjà été étudiés. L'enseignant(e) peut contrôler la compréhension de mots déjà vus comme *trembler, tant de dangers,* et demander ce que veut dire *Slirp-slurp* et *Snip-snap*. Faire découvrir le mot *qui* (en lien avec le sens de la dernière phrase). Entourer ces mots. En garder une trace écrite, les écrire en cursive.
• Identifier les verbes *croquer, trembler, dévorer* qui seront utilisés dans les exercices.

Phase 3 ■ Fichier page 42

Collectif et individuel : 15 min

Exercice 1 :

Compétence :
Trouver une réponse explicite dans un texte étudié.

• L'enseignant(e) lit la consigne.
• Passer par l'oral pour se familiariser avec le passage de l'infinitif des verbes à la forme de la 3e personne du singulier :
– **dévorer :** *l'ogre dévore ;*
– **trembler :** *le Petit Chaperon rouge tremble ;*
– **croquer :** *le loup croque.*
• Laisser une trace des deux écritures des verbes au tableau.
• Les élèves travaillent individuellement.

Différenciation :
Après avoir travaillé individuellement, les élèves peuvent comparer à deux leurs réponses pour mieux réfléchir et argumenter s'ils constatent des différences dans leurs réponses.

• Correction : Les élèves sont invités à justifier leurs réponses en faisant référence au texte.

Exercice 2 :

Compétence :
Trouver des réponses explicites dans un texte étudié.

• L'enseignant(e) lit la consigne et les réponses possibles.
• Les élèves travaillent individuellement.

Différenciation :
Après avoir travaillé individuellement, les élèves peuvent comparer à deux leurs réponses pour mieux réfléchir et argumenter s'ils constatent des différences dans leurs réponses.

• Correction : Les élèves sont invités à justifier leur réponse en faisant référence au texte.

Exercice 3 :

Compétence :
Reconnaitre des mots dans un texte.

• L'enseignant(e) lit la consigne. Préciser seulement la compétence visée lors de cette phase de travail : « savoir reconnaitre des mots » et poser le problème : *Que devez-vous faire ? Comment allez-vous faire ?*
• Le picto est support de compréhension.
Réponse attendue entre autres : *On doit comparer chaque lettre du mot et pas seulement la première.*
• Travail individuel. Correction collective au tableau (chaque mot sera corrigé en donnant la parole aux élèves pour qu'ils expliquent comment ils procèdent).
• À un autre moment de la journée, proposer le jeu du pendu avec le mot : *croquer*.

Différenciation :
Les élèves ayant besoin de temps ne font pas les parties d'exercice assorties d'une croix ou seulement partiellement.
Les élèves qui pourraient être en difficulté sont regroupés par l'enseignant(e) et travaillent de façon explicite, chacun sur un mot.

Exercice 4 :

Compétence :
Associer les deux écritures d'un mot.

• L'enseignant(e) lit la consigne. Les élèves reformulent, un exemple peut être fait collectivement au tableau avec le mot *danger*.

Différenciation :
L'enseignant(e) aide à comparer mot à mot ou lettre à lettre.
Les élèves ayant besoin de temps ne font pas les parties d'exercice assorties d'une croix (ils ne recopient pas les mots). Ils peuvent également ne recopier qu'un ou deux mots et non pas les trois.

Séance 2

Lors de la séance 2. Vocabulaire au quotidien (3) : *croquer – dévorer.*
Dans la journée, en dehors de la séance de lecture.
Vocabulaire au quotidien (4) : *croquer – dévorer.*
Déroulement : se reporter à la page 6.

Phase 1 ■ Album pages 18 à 21 ■ Fichier page 42

Collectif : 10 min ■ Individuel : 10 min

Rappel du récit
• Demander aux élèves de faire le rappel de l'épisode (sans s'aider des illustrations de l'album).
• Ne pas intervenir, relever ensuite les éléments de désaccord, sans donner la réponse. On travaille ici le langage d'évocation, amener les élèves à se rappeler, nommer les choses, résumer, etc.
• Amener les élèves à utiliser le vocabulaire étudié. Pour bien comprendre un texte il faut que les élèves connaissent trois éléments : les personnages *(Qui sont-ils ? Combien sont-ils ? Où sont-ils ? etc.)* ; les faits *(Que se passe-t-il ?)* ; ce que pensent les personnages (leurs pensées, leurs émotions, etc.).

Rappel des apprentissages
• Demander aux élèves de faire le rappel des activités réalisées lors de la séance 1 puis d'identifier leurs apprentissages : *Qu'avons-nous appris à faire ?*
Réponses attendues :
- trouver des réponses d'après un texte ;
- retrouver des mots dans un texte ;
- relier deux écritures différentes.

Lecture de l'album (suite pages 20-21)
• L'enseignant(e) relit les pages 18 et 19 de l'album.
• Les élèves émettent des hypothèses sur la suite du récit.
• L'enseignant(e) note ces hypothèses au tableau.
• Les élèves tournent la page, découvrent la réponse par l'illustration des pages 20 et 21 puis par la lecture du texte de ces mêmes pages faite par l'enseignant(e) jusqu'à « ... *Avalé l'ogre !* »

Exercice 5 : Entraine-toi

Cette phase peut être reportée à un autre moment de la journée, elle permet de faire un bilan et de revenir sur les compétences travaillées dans la séance.

Compétences :
• Reconnaitre les mots : *qui – mange – mangera.*
• Reproduire un phrase à l'oral en utilisant les mots donnés.

Révision des mots : *ogre – lapin – loup – le – un.*
• À l'oral et à l'écrit, procéder comme page 170.

Phase 2 ■ Ardoise ■ Fichier page 43

Collectif : 10 min ■ Individuel : 10 min

Exercice 6 :

Compétence : Reconnaitre les lettres composant un mot.

• Les élèves connaissent ce type d'exercice. Ils peuvent le faire à présent sans préparation collective.

Différenciation :
Distribuer les étiquettes avec les lettres des mots *manger* et *croquer* (à créer).
Les élèves ayant besoin de temps ne font pas la seconde partie de l'exercice assortie d'une croix.
L'enseignant(e) peut regrouper quelques élèves en difficulté pour observer leurs stratégies, identifier les obstacles et rendre la tâche explicite.

• Correction collective.

Exercice 7 :

Compétence :
Reproduire l'ordre des mots d'une phrase.
Support : Étiquettes du fichier à photocopier.

• Cet exercice, connu des élèves, peut être fait en autonomie.
• Correction collective.

Différenciation :
Faire rechercher la zone de texte en lien avec la phrase à reconstituer.
Les élèves ayant besoin de temps ne font pas la seconde partie de l'exercice assortie d'une croix.

Exercice 8 :

Compétence : Associer des syllabes pour former un mot.

• Les élèves ont déjà rencontré cet exercice mais l'enseignant(e) peut de nouveau prendre le temps d'une démonstration collective au tableau avec en exemple le mot *manger*.
• Dans un premier temps, les mots à retrouver sont donnés par les élèves à l'oral.
• Les élèves travaillent individuellement.

Différenciation :
Donner les étiquettes des syllabes (à créer).
Les élèves ayant besoin de temps ne font pas les parties d'exercice assorties d'une croix.

Exercice 9 :

Compétences :
• Trouver une réponse explicite dans un texte étudié.
• Formuler une phrase.

• Demander aux élèves d'entourer dans le texte du fichier le nom du personnage qui a peur.
• La recherche de la phrase à écrire se fait tout d'abord à l'oral. Puis les élèves font un premier essai sur ardoise et viennent le soumettre à l'enseignant(e) pour correction.
• Rappeler les conditions d'une bonne position assise et d'une tenue correcte du crayon de papier.

Différenciation 1 :
La majuscule peut être écrite en script ou tracée à l'avance par l'enseignant(e).

Différenciation 2 :
Certains élèves peuvent ne pas réussir à écrire leur phrase. Ils la donnent alors à l'oral à l'enseignant(e) qui les guide vers les outils dont ils disposent pour réussir à l'écrire ou, si la difficulté est trop grande pour eux, c'est l'enseignant(e) qui écrit la phrase sur l'ardoise, l'élève la recopie sur le fichier. Quelques propositions orales sont écrites au tableau et servent de modèle aux élèves qui les choisissent.

Phase 3 ■ Fichier page 43

Collectif : 10 min

Cette phase peut être reportée à un autre moment de la journée, elle permet de faire un bilan et de revenir sur les compétences travaillées dans la séance.

Exercice 10 : Entraine-toi

Compétence : Reconnaitre le mot : *l'.*

Révision des mots : *Chaperon – ogre – le – lapin – loup – mange – petit – rouge – est.*
• À l'oral et à l'écrit, procéder comme page 170.

Le plus féroce des loups - Épisode 7

Compétences :
- Comprendre un paragraphe de l'histoire.
- Savoir décrire une illustration à l'oral.
- Émettre des hypothèses sur la suite d'un récit.
- Se repérer dans un texte.
- Réinvestir des apprentissages antérieurs.
- Savoir reformuler un texte entendu ou lu.

Supports :
Album *Le plus féroce des loups*, fichier de lecture-compréhension pages 44-45, ardoise et étiquettes du fichier à photocopier.

Séance 1

Le loup continue **son** chemin **et** fait **un** clin d'œil au **Petit Chaperon rouge**, tout surpris, **qui le** suit.
Par ce grand froid d'hiver, **le** gros **loup** velu retourne dans **sa** tanière, suivi par **trois lapins**, **trois cochons et le Petit Chaperon rouge**.
– Merci **le loup**. **Tu** nous as sauvés ! **Tu** n'es donc pas **le** plus **féroce des loups** ! lui disent-ils.
– Bien sûr que **non** ! répond **le loup**.

- **Les mots en gras** sont les mots déjà travaillés dans les exercices « Entraine-toi » des séances précédentes.
- Les mots soulignés sont les mots que l'élève peut décoder si l'on suit la progression du fichier d'apprentissage du code.

Lors de la séance 1. Vocabulaire au quotidien (1) : *velu – tanière – féroce.*
Dans la journée, en dehors de la séance de lecture. Vocabulaire au quotidien (2) : *velu – tanière – féroce.*
Déroulement : se reporter à la page 6.

Phase 1 ■ Album pages 2 à 23

Collectif : 15 min

Compétences :
- Prendre la parole pour décrire.
- Formuler des hypothèses sur l'histoire.
- Comprendre un texte entendu ou lu.

Rappel des épisodes précédents
Avant d'ouvrir l'album :
- Réactiver la problématique. Les élèves reformulent ce qu'ils avaient découvert lors des précédents épisodes :

– les personnages : *un loup, un chasseur, trois lapins, des oiseaux, un boucher, trois petits cochons, l'ogre, le Petit Chaperon rouge ;*
– le lieu : *les personnages se rencontrent dans une clairière près d'une barrière, puis près d'une chaumière ;*
– premier problème : *le loup a faim, le chasseur va tirer* sur *les lapins qui ont peur ;*
– résolution du premier problème : *le loup a mangé le chasseur ;*
– deuxième problème : *le boucher a un long couteau pointu, il s'approche des trois petits cochons qui ont peur ;*
– résolution du problème : *le loup a aussi mangé le boucher ;*
– troisième problème : *un ogre s'approche d'une chaumière et voit le Petit Chaperon rouge ;*
– résolution du problème : *le loup a aussi mangé l'ogre.*

- Demander aux élèves de faire des hypothèses sur la suite de l'histoire. Les propositions des élèves sont notées au tableau.

Avec l'album :
- L'enseignant(e) relit le texte des pages 3 à 21 jusqu'à « ... *Avalé l'ogre !* ».

L'album pages 21 à 23
Analyse :
- Les élèves observent l'illustration des pages 22 et 23 et la décrivent.

(**Vocabulaire attendu :** *loup – lapins – cochons – Petit Chaperon rouge – écureuil – arbres – neige – barrière...*)
Anticipation de la lecture :
- Questionner les élèves : *En regardant l'illustration et son texte, avez-vous une idée de ce qui va se passer ?*
- Laisser les élèves s'exprimer rapidement.

Lecture :
- Lecture du texte par l'enseignant(e) de « Le loup continue... » p. 21 à « ... répond le loup. » p. 23.
- Confronter ce texte avec les hypothèses émises auparavant.
- Faire reformuler aux élèves ce qu'ils ont compris *(Pourquoi le loup fait-il un clin d'œil au Chaperon rouge ?).*

Phase 2 ■ Fichier page 44

Collectif : 15 min

Compétences :
- Comprendre un énoncé oral.
- Établir des relations entre l'oral et l'écrit.

Texte du fichier
- L'enseignant(e) lit le texte de l'épisode 7 dans le fichier. Annoncer aux élèves qu'il s'agit du même texte qu'il vient de leur lire (moins la dernière phrase).
- Les élèves suivent avec leur doigt sur le texte du fichier page 44.
- Demander aux élèves s'ils retrouvent dans le texte des éléments connus (exemple : les mots en gras comme *loup* –

lapins – trois – le Petit Chaperon rouge – le plus féroce des loups –...) ou l'expression « *Par ce grand froid d'hiver* ». Indiquer ces remarques par des actions sur le texte collectif affiché ou projeté au tableau (en entourant, surlignant, etc.).
• Demander aux élèves de venir montrer les mots (*loup, gros, maison, mange...*).
• Mettre en valeur la ponctuation.
• Faire découvrir les mots : *nous – dans*. Entourer ces mots. En garder une trace écrite, les écrire en cursive.
• À la fin du travail de repérage, l'enseignant(e) relit le texte avec les élèves. Un travail d'entrainement à la lecture à voix haute peut se mettre en place sur plusieurs courts moments de classe.

Phase 3 ■ Fichier page 44

Collectif et individuel : 15 min

Exercice 1 :

Compétence :
Trouver une réponse implicite dans un texte étudié.

• L'enseignant(e) lit la consigne et les trois propositions. Les élèves disent s'ils savent lire certains mots.
• Les élèves travaillent individuellement.
(**Réponses attendues :** *Avec le loup, il y a 7 personnages. Le loup n'est pas féroce.*)

Différenciation :
Après avoir travaillé individuellement, les élèves peuvent comparer à deux leurs réponses pour mieux réfléchir et argumenter s'ils constatent des différences dans leurs réponses.

• Correction : les élèves sont invités à justifier leur réponse en faisant référence au texte.

Exercice 2 :

Compétence :
Reconnaitre des mots dans un texte.

• L'enseignant(e) lit la consigne. Préciser seulement la compétence visée lors de cette phase de travail : « savoir reconnaitre des mots » et poser le problème : *Que devez-vous faire ? Comment allez-vous faire ?*
• Le picto est support de compréhension.
Réponse attendue entre autres : *On doit comparer chaque lettre du mot et pas seulement la première.*
• Travail individuel. Correction collective au tableau (chaque mot sera corrigé en donnant la parole aux élèves pour qu'ils expliquent comment ils procèdent).
• À un autre moment de la journée, proposer le jeu du pendu avec le mot : *maison*.

Exercice 3 :

Compétence :
Associer les deux écritures d'un mot.

• L'enseignant(e) lit la consigne. Les élèves reformulent, un exemple peut être fait collectivement au tableau avec les mots *chemin* et *cochons*.

Différenciation :
L'enseignant(e) aide à comparer mot à mot ou lettre à lettre.
Les élèves ayant besoin de temps ne font pas les parties d'exercice assorties d'une croix (ils ne recopient pas les mots). Ils peuvent également ne recopier qu'un ou deux mots et non pas les trois.

Séance 2

Lors de la séance 2. Vocabulaire au quotidien (3) : *velu – tanière – féroce.*
Dans la journée, en dehors de la séance de lecture. Vocabulaire au quotidien (4) : *velu – tanière – féroce.*
Déroulement : se reporter à la page 6.

Phase 1 ■ Album pages 21 à 23 ■ Fichier pages 44

Collectif : 10 min ■ Individuel : 10 min

Rappel du récit
• Demander aux élèves de faire le rappel de l'épisode (sans s'aider des illustrations de l'album).
• Ne pas intervenir, relever ensuite les éléments de désaccord, sans donner la réponse. On travaille ici le langage d'évocation, amener les élèves à se rappeler, nommer les choses, résumer, etc.
• Amener les élèves à utiliser le vocabulaire étudié. Pour bien comprendre un texte il faut que les élèves connaissent trois éléments :
– les personnages (*Qui sont-ils ? Combien sont-ils ? Où sont-ils ? etc.*) ;
– les faits (*Que se passe-t-il ?*) ;
– ce que pensent les personnages (leurs pensées, leurs émotions, etc.).

Rappel des apprentissages
• Demander aux élèves de faire le rappel des activités réalisées lors de la séance 1 puis d'identifier leurs apprentissages : *Qu'avons-nous appris à faire ?*
Réponses attendues :
– trouver des réponses d'après un texte ;
– retrouver des mots dans un texte ;
– relier deux écritures différentes.

Exercice 4 : Entraine-toi
Cette phase peut être reportée à un autre moment de la journée, elle permet de faire un bilan et de revenir sur les compétences travaillées dans la séance.

Compétences :
• Reconnaitre les mots : *nous – grand – gros.*
• Produire une phrase à l'oral en utilisant les mots donnés.

Révision des mots : *mange – oiseau – le loup – le Petit Chaperon rouge.*

• À l'oral et à l'écrit, procéder comme précédemment (voir page 170).

Phase 2 ■ Ardoise ■ Fichier page 45

Collectif : 10 min ■ Individuel : 10 min

Exercice 5 :

Compétence :
Savoir repérer le masculin ou le féminin des noms.

• Les élèves doivent entourer chaque dessin en adoptant un code de couleur.
• Pour préparer cet exercice, l'enseignant(e) montre des étiquettes de mots dessinés et demande aux élèves quel « petit mot » on peut mettre devant. Les catégoriser en deux colonnes afin d'obtenir une collecte. L'enseignant(e) propose d'autres mots et les élèves doivent dire dans quelle colonne ils les rangent.
• Puis c'est au tour des élèves de proposer soit un nom féminin, soit un nom masculin. On peut faire un jeu du furet : un élève propose un nom et le suivant dit dans quelle colonne on le classe. L'enseignant(e) valide.
• En fin de jeu, l'enseignant(e) institutionnalise en nommant chaque colonne (masculin et féminin). Un affichage de synthèse est réalisé.

Exercice 6 :

Compétence :
Reproduire l'ordre des mots d'une phrase.
Support : Étiquettes du fichier à photocopier.

• Cet exercice, connu des élèves, peut être fait en autonomie.
• Correction collective.

Différenciation :
Faire rechercher la zone de texte en lien avec la phrase à reconstituer.
Les élèves ayant besoin de temps ne font pas la seconde partie de l'exercice assortie d'une croix.

Exercice 7 :

Compétence :
Associer une phrase en cursive avec la même écrite en script.

• Les phrases en script sont lues par les élèves. L'activité de lecture se fait à voix haute.
• L'enseignant(e) précise seulement la compétence visée lors de cette phase de travail : « comparer l'écriture script et l'écriture cursive » et pose le problème : *Que devez-vous faire ? Comment allez-vous faire ?*
• Les élèves travaillent individuellement.

Différenciation :
L'enseignant(e) aide l'élève à comparer mot à mot ou lettre à lettre.

Exercice 8 :

Compétence :
Savoir recopier une phrase sans faire d'erreurs.

• Demander aux élèves d'entourer la phrase de l'exercice 7 qu'ils vont recopier.
• Rappeler les conditions d'une bonne position assise et d'une tenue correcte du crayon de papier.

Différenciation 1 :
La majuscule peut être écrite en script ou tracée à l'avance par l'enseignant(e).
Les élèves qui ne maitrisent pas un tracé réduit à l'interligne proposé par le fichier peuvent écrire sur un support différent de celui du fichier.

Exercice 9 :

Compétence :
Savoir écrire une phrase sans faire d'erreurs avec des mots connus.

• La recherche de la phrase à écrire se fait tout d'abord à l'oral. Puis les élèves font un premier essai sur ardoise et viennent le soumettre à l'enseignant(e) pour correction.
• Rappeler les conditions d'une bonne position assise et d'une tenue correcte du crayon de papier.

Différenciation 1 :
La majuscule peut être écrite en script ou tracée à l'avance par l'enseignant(e).

Différenciation 2 :
Certains élèves peuvent ne pas réussir à écrire leur phrase. Ils la donnent alors à l'oral à l'enseignant(e) qui les guide vers les outils dont ils disposent pour réussir à l'écrire ou, si la difficulté est trop grande pour eux, c'est l'enseignant(e) qui écrit la phrase sur l'ardoise, l'élève la recopie sur le fichier. Quelques propositions orales sont écrites au tableau et servent de modèle aux élèves qui les choisissent.

Phase 3 ■ Fichier page 43

Collectif : 10 min

Cette phase peut être reportée à un autre moment de la journée, elle permet de faire un bilan et de revenir sur les compétences travaillées dans la séance.

Exercice 10 : Entraine-toi

Compétence :
Reconnaitre les mots : *dans – retourne.*

Révision des mots : *maison – grand – le – loup – sa – gros – mange – Petit Chaperon rouge.*

• À l'oral et à l'écrit, procéder comme précédemment (voir page 170).

Le plus féroce des loups - Épisode 8

Compétences :
- Comprendre un paragraphe de l'histoire.
- Savoir décrire une illustration à l'oral.
- Émettre des hypothèses sur la suite d'un récit.
- Se repérer dans un texte.
- Réinvestir des apprentissages antérieurs.
- Savoir reformuler un texte entendu ou lu.

Supports :
Album *Le plus féroce des loups,* fichier de lecture-compréhension pages 46-47 et étiquettes du fichier à photocopier.

Séance 1

Ils s'installent tous autour d'**un** gros gouter.
Snip-snap, **le loup est** prêt à **croquer.**
Tous se mettent à trembler.
Le loup bondit... **et**... snip-snap... avalé **le** gros gouter !
Le plus féroce **des loups** avait vraiment faim, **une** faim... **de loup** !

- **Les mots en gras** sont les mots déjà travaillés dans les exercices « Entraine-toi » des séances précédentes.
- Les mots soulignés sont les mots que l'élève peut décoder si l'on suit la progression du fichier d'apprentissage du code.

Lors de la séance 1. Vocabulaire au quotidien (1) : *trembler – croquer (révisions) – avaler.*
Dans la journée, en dehors de la séance de lecture. Vocabulaire au quotidien (2) : *trembler – croquer (révisions) – avaler.*
Déroulement : se reporter à la page 6.

Phase 1 ■ Album pages 2 à 27

Collectif : 15 min

Compétences :
- Prendre la parole pour décrire.
- Formuler des hypothèses sur l'histoire.
- Comprendre un texte entendu ou lu.

Rappel des épisodes précédents
Avant d'ouvrir l'album :
- Réactiver la problématique. Les élèves reformulent ce qu'ils avaient découvert lors des précédents épisodes :
– les personnages : *un loup, un chasseur, trois lapins, des oiseaux, un boucher, trois petits cochons, l'ogre, le Petit Chaperon rouge ;*
– le lieu : *les personnages se rencontrent dans une clairière près d'une barrière, puis près d'une chaumière ;*
– premier problème : *le loup a faim, le chasseur va tirer* sur *les lapins qui ont peur ;*
– résolution du premier problème : *le loup a mangé le chasseur ;*
– deuxième problème : *le boucher a un long couteau pointu, il s'approche des trois petits cochons qui ont peur ;*
– résolution du problème : *le loup a aussi mangé le boucher ;*
– troisième problème : *un ogre s'approche d'une chaumière et voit le Petit Chaperon rouge ;*
– résolution du problème : *le loup a aussi mangé l'ogre ;*
– suite : *le loup invite les lapins, les cochons et le Petit Chaperon rouge dans sa tanière.*
- Demander aux élèves de faire des hypothèses sur la suite de l'histoire. Les propositions des élèves sont notées au tableau.

Avec l'album :
- L'enseignant(e) relit le texte des pages 3 à 23.

Album pages 24 à 27
Analyse :
- Les élèves observent les illustrations des pages 24 à 27 et les décrivent.
(**Vocabulaire attendu :** *table – nappe– gouter – brioche – tante – pommes – gateau – pain – fourchette – verres – chocolat.*)

Anticipation de la lecture :
- Questionner les élèves : *En regardant les illustrations et le texte, avez-vous une idée de ce qui va se passer ?*
- Laisser les élèves s'exprimer rapidement.

Lecture :
- Lecture du texte par l'enseignant(e).
- Confronter ce texte avec les hypothèses émises auparavant.
- Faire reformuler aux élèves ce qu'ils ont compris.

Phase 2 ■ Fichier page 46

Collectif : 15 min

Compétences :
- Comprendre un énoncé oral.
- Établir des relations entre l'oral et l'écrit.

Texte du fichier
- L'enseignant(e) lit le texte de l'épisode 8 dans le fichier. Annoncer aux élèves qu'il s'agit du même texte qu'il vient de leur lire (à l'exception de la phrase « *Et s'ils s'étaient trompés ?* »).
- Les élèves suivent avec leur doigt sur le texte du fichier page 46.

• Demander aux élèves s'ils retrouvent dans le texte des éléments connus (exemple : les mots en gras comme *loup – le – de – un – croquer...*) ou l'expression « *Snip-snap, le loup est prêt à croquer.* ». Indiquer ces remarques par des actions sur le texte collectif affiché ou projeté au tableau (en entourant, surlignant, etc.).
• Demander aux élèves de venir montrer les mots (*loup, loups, trembler, gros, une...*).
• Mettre en valeur la ponctuation.
• Faire découvrir les mots : *gouter – des*. Entourer ces mots. En garder une trace écrite, les écrire en cursive.
• À la fin du travail de repérage, l'enseignant(e) relit le texte avec les élèves. Un travail d'entrainement à la lecture à voix haute peut se mettre en place sur plusieurs courts moments de classe.

Phase 3 ■ Fichier page 46

Collectif et individuel : 15 min

Exercice 1 :

Compétence :
Trouver une réponse implicite dans un texte étudié.

• L'enseignant(e) lit la consigne et les deux propositions. Les élèves disent s'ils savent lire certains mots.
• Les élèves travaillent individuellement.

Différenciation :
Après avoir travaillé individuellement, les élèves peuvent comparer à deux leurs réponses pour mieux réfléchir et argumenter s'ils constatent des différences dans leurs réponses.

• Correction : Les élèves sont invités à justifier leur réponse en faisant référence au texte.

Exercice 2 :

Compétence :
Trouver une réponse explicite dans un texte étudié.

• L'enseignant(e) lit la consigne.
• Pour développer la compréhension, on peut proposer aux élèves de théâtraliser l'épisode, les élèves sont les personnages, l'enseignant(e) peut être le narrateur, c'est aussi l'occasion d'entrainer les élèves à lire à voix haute.
• Les élèves travaillent individuellement.

Différenciation :
L'enseignant(e) demande aux élèves de décrire les deux images avant de répondre. Après avoir travaillé individuellement, les élèves peuvent comparer à deux leurs réponses pour mieux réfléchir et argumenter s'ils constatent des différences dans leurs réponses.

• Correction : Les élèves sont invités à justifier leur réponse en faisant référence au texte.

Exercice 3 :

Compétence :
Reconnaitre des mots dans un texte.

• L'enseignant(e) lit la consigne. Préciser seulement la compétence visée lors de cette phase de travail : « savoir reconnaitre des mots » et poser le problème : *Que devez-vous faire ? Comment allez-vous faire ?*
• Le picto est support de compréhension.
Réponse attendue entre autres : *On doit comparer chaque lettre du mot et pas seulement la première.*
• Travail individuel. Correction collective au tableau (chaque mot sera corrigé en donnant la parole aux élèves pour qu'ils expliquent comment ils procèdent).
• À un autre moment de la journée, proposer le jeu du pendu avec le mot : *gouter*.

Différenciation :
Les élèves ayant besoin de temps ne font pas les parties d'exercice assorties d'une croix ou seulement partiellement. Les élèves qui pourraient être en difficulté sont regroupés par l'enseignant(e) et travaillent de façon explicite, chacun sur un mot.

Exercice 4 :

Compétence :
Associer les deux écritures d'un mot.

• L'enseignant(e) lit la consigne. Les élèves reformulent, un exemple peut être fait collectivement au tableau avec les mots *avaler* et *autour.*

Différenciation :
L'enseignant(e) aide à comparer mot à mot ou lettre à lettre.
Les élèves ayant besoin de temps ne font pas les parties d'exercice assorties d'une croix (ils ne recopient pas les mots). Ils peuvent également ne recopier qu'un ou deux mots et non pas les trois.

Séance 2

Lors de la séance 2. Vocabulaire au quotidien (3) : *trembler – croquer (révisions) – avaler.*
Dans la journée, en dehors de la séance de lecture. Vocabulaire au quotidien (4) : *trembler – croquer (révisions) – avaler.*
Déroulement : se reporter à la page 6.

Phase 1 ■ Album pages 24-27 ■ Fichier page 46

Collectif : 10 min ■ Individuel : 10 min

Rappel du récit
• Demander aux élèves de faire le rappel de l'épisode (sans s'aider des illustrations de l'album).
• Ne pas intervenir, relever ensuite les éléments de désaccord, sans donner la réponse. On travaille ici le langage d'évocation, amener les élèves à se rappeler, nommer les choses, résumer, etc.
• Amener les élèves à utiliser le vocabulaire étudié. Pour bien comprendre un texte il faut que les élèves connaissent trois éléments :

- les personnages (*Qui sont-ils ? Combien sont-ils ? Où sont-ils ? etc.*) ;
- les faits (*Que se passe-t-il ?*) ;
- ce que pensent les personnages (leurs pensées, leurs émotions, etc.).

Rappel des apprentissages

• Demander aux élèves de faire le rappel des activités réalisées lors de la séance 1 puis d'identifier leurs apprentissages : *Qu'avons-nous appris à faire ?*

Réponses attendues :

- trouver des réponses d'après un texte ;
- retrouver des mots dans un texte ;
- relier deux écritures différentes.

Exercice 5 : Entraine-toi

Cette phase peut être reportée à un autre moment de la journée, elle permet de faire un bilan et de revenir sur les compétences travaillées dans la séance.

Compétence :
Reconnaitre le mot : *gouter.*

Révision des mots : tous les mots sont connus.

• À l'oral et à l'écrit, procéder comme précédemment (voir page 170).

Phase 2 ■ Fichier page 47

Collectif : 5 min ■ Individuel : 15 min

Exercice 6 : Étude de la langue

Compétence :
Reconnaitre de manière implicite le genre d'un nom.

• L'exercice est à faire tout d'abord à l'oral, ce qui doit permettre aux élèves de se souvenir que ce petit mot devant un nom n'est pas toujours le même, que certains mots sont précédés de *un* et d'autres de *une*.
• À l'oral, les élèves proposent d'autres mots avec *un* et *une*. Jeu du furet : l'un après l'autre les élèves donnent un nom avec *un* puis on change la consigne et ce sont alors des mots avec *une* qu'il faut trouver.
• Avant d'écrire les mots *un* et *une*, l'enseignant(e) montre le tracé des mots au tableau en verbalisant le déroulement du geste et en insistant sur la continuité du geste (*un* doit s'écrire sans lever le crayon), sur les repères spatiaux de démarrage du trait, et le respect des interlignes.

Exercice 7 :

Compétence :
Reproduire l'ordre des mots d'une phrase.
Support : Étiquettes du fichier à photocopier.

• Cet exercice, connu des élèves, peut être fait en autonomie.
• Correction collective.

Différenciation :
Faire rechercher la zone de texte en lien avec la phrase à reconstituer.
Les élèves ayant besoin de temps ne font pas la seconde partie de l'exercice assortie d'une croix.

Exercice 8 :

Compétence :
Associer deux syllabes pour former un mot.

• Les élèves ont déjà rencontré cet exercice mais l'enseignant(e) peut de nouveau prendre le temps d'une démonstration collective au tableau avec en exemple le mot *gouter*.
• Dans un premier temps, les mots à retrouver sont donnés par les élèves à l'oral.
• Les élèves travaillent individuellement.

Différenciation :
Donner les étiquettes des syllabes (à créer).
Les élèves ayant besoin de temps ne font pas les parties d'exercice assorties d'une croix, ou ne recopie qu'un ou deux mots.

Exercice 9 :

Compétence :
Retrouver la chronologie d'un texte.
Support : Étiquettes du fichier à photocopier.

• Le travail à réaliser est un peu différent de ce que les élèves ont l'habitude de faire. Une explicitation de cet exercice est à faire en collectif à l'oral. Ensuite les élèves travaillent individuellement sur le fichier.
• Correction collective.

Différenciation :
Le nombre de phrases à coller peut être réduit.
Une verbalisation des stratégies peut être demandée à un petit groupe d'élèves regroupés autour de l'enseignant(e).

Phase 3 ■ Fichier page 47

Collectif : 10 min

Cette phase peut être reportée à un autre moment de la journée, elle permet de faire un bilan et de revenir sur les compétences travaillées dans la séance.

Exercice 10 : Entraine-toi

Compétences :
• Reconnaitre le mot : *des.*
• Produire une phrase à l'oral en utilisant les mots donnés.

Révision des mots : tous les mots sont connus.

• À l'oral et à l'écrit, procéder comme page 170.

Vocabulaire des contes

Tout au long de la période *L'univers des contes,* des mots de vocabulaire ont été notés sur des affiches et travaillés cinq minutes chaque jour (voir les conseils pour faire acquérir le vocabulaire au quotidien page 6).
Les élèves vont découvrir dans ces deux pages d'autres mots relatifs à l'univers des contes.

Compétences :
- Utiliser des mots précis pour s'exprimer.
- Catégoriser le lexique : *personnages, lieux, objets, caractères.*
- Se créer un répertoire.

Support :
Fichier de lecture-compréhension pages 48-49.

Séance 1

Phase orale ■ Fichier page 48 ■ Collectif : 30 min

Exercice 1 :
- Annoncer l'objectif de la séance : *apprendre et retenir des mots pour désigner les éléments d'un conte.*
- Laisser les élèves regarder l'illustration de l'exercice 1.

– *À quelles histoires l'illustration vous fait-elle penser ?*
- Faire préciser ensuite : *Où se situent les actions ? Qui sont les personnages ? Que font-ils ? Comment sont-ils ?*
- Écrire les propositions des élèves au tableau en les classant par catégorie :

– personnages (*bucheron, sorcière, ogre, loup*) ;
– lieux (*chaumière, château, forêt, clairière*) ;
– objets (*hache, chaudron, couteau, puits*).
- Puis leur demander de compléter cette liste par des mots que l'on rencontre souvent dans les contes. L'enseignant(e) écrit les mots au tableau et place une étiquette en fonction de sa catégorie au-dessus. (Réponses attendues : *baguette, balai, lutin, roi, reine, prince, princesse, fée...*)
- Demander aux élèves de décrire les personnages et de donner des adjectifs pour les qualifier : *féroce, gentil, sympathique, amical, effrayant, menaçant, peureux, tendre...*
- Les mots nouveaux sont portés avec leurs définitions sur les affiches de vocabulaire (voir Vocabulaire au quotidien p. 6). D'autres noms sur les contes peuvent être ajoutés oralement.

Phase écrite ■ Fichier page 48

Collectif et individuel : 15 min

Exercice 2 :
- Énoncer des phrases et demander aux élèves de les compléter : *La sorcière fait la soupe dans un... L'ogre est menaçant avec son... Le bucheron ramasse sa...*
- Proposer des devinettes qui permettent de réinvestir le classement.

Exemple : *Je suis un objet pointu. On peut se servir de moi pour découper. Qui suis-je ?*
- Quand les élèves seront entrainés à cet exercice, ils pourront à leur tour proposer des devinettes.
- Les élèves relient les mots des deux colonnes de l'exercice 2.

Séance 2

Phase orale ■ Fichier page 49 ■ Collectif : 20 min

Pour l'exercice 3 :
- Faire raconter aux élèves l'histoire *Le plus féroce des loups,* insister sur les caractères des personnages, notamment celui du loup. Noter au tableau les différents mots donnés par les élèves.
- Théâtraliser les caractères et faire trouver aux élèves les mots correspondant.
- Faire un concours de grimaces pour exprimer un air menaçant, sympathique...
- Montrer des personnages connus ou inconnus et demander aux élèves de trouver leur caractère (différents loups, une sorcière, une fée, un bucheron, un ogre...)
- Ne pas rester dans les stéréotypes, préciser que l'on peut trouver des ogres gentils (*Shrek*).
- Demander aux élèves de mettre les mots trouvés dans des phrases.
- Leur lire des descriptions de différents personnages et leur demander si les personnages sont effrayants ou sympathiques...
- Faire en commun l'exercice 3.

Phase écrite ■ Fichier page 49 ■ Collectif : 25 min

- Créer et proposer aux élèves des étiquettes (images + mots) des mots écrits dans l'encadré bleu « Complète ton répertoire. ».
- Leur demander de les ranger comme ils veulent. Les laisser proposer des classements puis aboutir à celui proposé dans le fichier.
- Leur demander ensuite s'ils connaissent d'autres personnages de contes, d'autres objets, d'autres lieux ou différents caractères de personnages.
- Demander aux élèves de recopier dans le fichier certains des mots trouvés.

Différenciation :
S'ils ne parviennent pas à recopier, leur écrire ou leur donner le mot avec son illustration à coller.

Les réponses attendues sont :
– personnages : *un prince, une reine, une sorcière, un meunier, un paysan, une fée...*
– objets : *une cuisinière, une pendule, un fusil, un couteau...*
– lieux : *une clairière, un palais, une montagne...*
– caractères : *redoutable, amoureux, courageux...*

Écrire une partie de conte

Compétences :
- Réinvestir le vocabulaire étudié dans l'écriture.
- Apprendre à rédiger un texte court en complétant des phrases.
- Rechercher et organiser des idées.
- Choisir du vocabulaire et construire des phrases.

Support :
Fichier de lecture-compréhension pages 50-51.

Séance 1

Fichier page 50

Collectif : 20 min ■ Individuel : 25 min

Exercice 1 :
- Les élèves observent la présentation de l'exercice et essaient de lire la phrase à compléter avec l'aide de l'enseignant(e). Les étiquettes sont lues collectivement.
- L'enseignant(e) donne la consigne : *Vous allez devoir compléter cette phrase à l'aide de certains des mots qui vous sont proposés pour inventer un nouveau début d'histoire.*
- Un entrainement collectif à l'oral aide les élèves à comprendre ce nouveau type de travail.
- Les élèves dessinent la phrase qu'ils ont inventé (entrainement à la représentation mentale sous-tendant la compréhension de ce qui est lu ou écrit) et la lisent pour que l'enseignant(e) puisse en vérifier la compréhension.
- Réalisation de l'exercice par les élèves de manière autonome.

Exercice 2 :
- Au tableau apparait le titre avec les mots barrés : *Le plus ~~féroce des loups~~.*
- **À l'oral :** L'enseignant(e) demande aux élèves de remplacer les mots barrés. Il leur indique qu'ils peuvent se référer au répertoire de vocabulaire qu'ils ont élaboré pendant les séances de vocabulaire. On attirera l'attention des élèves sur la variante masculin/féminin.
- **À l'écrit :** Réalisation de l'exercice par les élèves de manière autonome.
- Les élèves pourront ensuite dessiner le titre ou le lire à l'enseignant(e) afin de vérifier leur compréhension.

Différenciation :
Cet exercice est à faire par les élèves ayant rapidement terminé l'exercice 1.

Séance 2

Fichier page 51

Collectif : 20 min ■ Individuel : 25 min

Exercice 3 :
- Les élèves observent la présentation de l'exercice et essaient de lire la phrase à compléter avec l'aide de l'enseignant(e). Les étiquettes sont lues collectivement.
- L'enseignant(e) donne la consigne : *Vous allez devoir compléter cette phrase à l'aide de certains des mots qui vous sont proposés pour inventer un nouveau début d'histoire.*
- Faire observer les phrases de l'exercice, dont le début ressemble aux phrases de l'exercice 1. L'enseignant(e) explique que, cette fois, les élèves doivent inventer le début d'une seconde histoire. Ils peuvent se servir de leur répertoire, des étiquettes proposées dans l'exercice ou des idées qui sont dans « leur tête ». Attention, s'ils utilisent le mot « ogre », ils doivent barrer le mot « le » dans le texte du fichier et le remplacer par « l' ».

Différenciation :
Les élèves ayant besoin de temps ne font pas les exercices assortis d'une croix, ou n'en font qu'un seul.

- Réalisation de l'exercice par les élèves de manière autonome.
- Les élèves pourront dessiner puis lire leurs productions.

Séance 3

Une 3e **séance de production d'écrit** est consacrée à la finalisation du projet pour le mettre en valeur, notamment dans une perspective de communication :
- Remise au propre (sur cahier, ordinateur, etc.).
- Communication écrite : journal d'école, blog, ENT, affiche, etc.
- Communication orale : lecture aux camarades, dans d'autres classes, etc.

Écouter un autre texte

L'autre texte de cette période est un texte de théâtre. Il offre aux élèves l'opportunité de repérer que le texte théâtral est constitué d'une succession de répliques dites par les personnages.
Pour rester dans le sujet des contes, l'histoire présente avec humour un dialogue entre une petite fille et son grand-père qui lui raconte à nouveau l'histoire du Petit Chaperon rouge. Le grand père, fatigué d'encore la raconter, fait exprès de se tromper.
Les noms des personnages ne sont pas écrits dans le texte. Ils ont été remplacés par des ronds de deux couleurs leur correspondant pour rendre plus facile le repérage de l'alternance des prises de parole.
Les élèves sont amenés à remarquer que chaque fois que l'on change de personnage, on va à la ligne pour commencer à gauche de la page.
Il serait intéressant de recueillir les représentations des élèves sur ce type de texte et de leur proposer, s'ils ne connaissent pas ce genre de spectacle, une vidéo sur le sujet ou la représentation d'une pièce pour élèves.

Compétences :
- Comprendre un texte entendu ou lu.
- Connaitre la structuration d'un texte de théâtre.
- Utiliser un vocabulaire spécifique.
- Mémoriser un texte court.

Support :
Fichier lecture-compréhension pages 52-53 et étiquettes du fichier à photocopier.

Séance 1

Phase 1 ■ Fichier page 52

Collectif : 20 min

- Écoute du texte dit par l'enseignant(e) qui adapte sa voix en fonction des personnages. L'enseignant(e) précise qu'il s'agit d'un dialogue entre une petite fille et son grand-père.
- Consigne 1 pour guider l'écoute :

– Écoutez bien et vous me direz ce que veut la petite fille et ce que fait le grand-père.
- À la fin de la lecture à voix haute, l'enseignant(e) laisse les élèves s'exprimer sur l'histoire, se souvenir des erreurs du grand-père.
- Consigne 2 pour guider l'écoute :

– Je vais relire le dialogue entre les personnages et ensuite, vous me direz ce que pense la petite fille et ce qu'elle ressent tout au long de la pièce.
(**Réponse attendue :** Les élèves sont amenés à dire que la petite fille s'énerve de plus en plus devant les erreurs de son grand-père, elle finit par se décourager et se résigne à ne pas avoir d'histoire.)
- Les deux derniers sentiments sont implicites. L'auteur le fait comprendre avec la phrase : « Et le grand-père se remit à lire son journal. »

Différenciation :
Le nom des personnages n'est pas donné. Ce sera alors la première question pour guider l'écoute. Cette modalité est intéressante car la réponse n'est apportée qu'à la dernière réplique, auparavant les élèves font des hypothèses en fonction des intonations du lecteur et de la nature des échanges.

Phase 2 ■ Fichier page 52

Collectif : 25 min

Annonce aux élèves
– Vous allez chercher dans ce texte des indices qui vous permettent de comprendre où sont écrites les paroles des personnages.

Recherche
- L'enseignant(e) propose une phase de découverte collective. Les élèves ont la page de leur fichier ouverte mais il serait préférable de projeter son image ou de reproduire la page au tableau.
- Les élèves viennent à tour de rôle au tableau et indiquent sur le support collectif les indices qu'ils ont prélevés : les premiers ronds de couleur, les tirets au début des phrases. Les autres élèves peuvent valider ou non, l'enseignant(e) relance en généralisant les trouvailles et structure l'ensemble des remarques des élèves.

Synthèse
– Qu'avons-nous découvert sur ce texte ?
(**Réponses attendues** : la première phrase est celle du grand-père. La seconde phrase est celle de la petite fille. La troisième est une phrase du grand-père, etc. Chaque phrase du grand-père est suivie d'une phrase de la petite fille. Chaque fois que l'on change de personnage, on va à la ligne. Toutes les phrases commencent avec un tiret. On voit que ce sont des phrases car elles commencent par une majuscule et se terminent par un point...).
- L'enseignant(e) fait la lecture du texte. Les élèves suivent des yeux et du doigt sur le texte du fichier.

Séance 2

Phase 1 ■ Collectif : 5 min

• Rappel par les élèves des connaissances acquises lors de la séance 1.
• Rappel du récit et connaissance de la structure du texte.
• Rappel des connaissances relatives au texte sur le support collectif.

Phase 2 ■ Fichier page 53

Collectif : 5 min ■ Individuel : 10 min

Exercice 2 :
• Lecture de la consigne par l'enseignant(e).
• Ce travail a été préparé par le rappel oral des connaissances. Sur le support collectif, des élèves explicitent les quatre premiers points de couleur.
• Le coloriage du point suivant est posé comme problème à la classe. Les élèves proposent leurs solutions en les explicitant.
(**Formulation attendue :** le point désigne un des deux personnages de la pièce. Chaque fois qu'un personnage parle, on va écrire à la ligne. *Le dernier qui a parlé est l'enfant, c'est à présent le grand-père qui prend la parole. Je colorie donc le point en bleu.*)
• Les élèves colorient les autres points sur leur fichier.
• Correction collective.

Différenciation :
L'enseignant(e) peut regrouper quelques élèves autour de lui pour que chacun explicite un coloriage de rond.

Phase 3 ■ Fichier page 53

Collectif : 10 min ■ Individuel : 15 min

Support :
Étiquettes du fichier à photocopier.

Exercice 3 :
• À l'oral, les élèves racontent rapidement l'histoire du Petit Chaperon rouge et l'enseignant(e) peut en lister les personnages au tableau : *Petit Chaperon rouge, maman, loup, grand-mère.*
• Travail individuel après lecture de la consigne. Les élèves découpent et collent les étiquettes des personnages dans leur fichier (voir le fichier à photocopier).

Différenciation :
Les élèves peuvent réécouter l'histoire en se focalisant sur les personnages imaginaires du grand-père. Leur liste peut être écrite au tableau.

Exercice 4 :
Travail individuel après lecture de la consigne et description des dessins par l'ensemble de la classe.

Différenciation :
Ce travail peut n'être donné qu'aux élèves les plus rapides. Il peut se faire individuellement ou par deux pour favoriser les échanges.

Exercice 5 :
Lire la consigne. Réaliser la première phrase en collectif pour que les élèves recherchent et communiquent leurs stratégies. Puis chaque élève travaille individuellement ou par deux.

Différenciation :
Les élèves qui ont bien compris la démarche de prise d'indices peuvent proposer de travailler avec un camarade pour lui expliquer comment il s'y prend.

Séance 3

L'objectif de cette troisième séance est de réactiver les connaissances construites autour de la pièce de théâtre et de travailler l'oral.

Phase 1 ■ Collectif : 10 min

• Demander aux élèves : *Comment s'appelle le texte que l'on a étudié ? Quelles sont les différences avec les autres textes déjà lus ? Qui sont les personnages ?*
• Faire raconter l'histoire par les élèves.
• Puis le texte est lu par l'enseignant(e) qui veillera à mettre en valeur les différentes intonations.

Phase 2 ■ Collectif : 35 min

• Expliquer aux élèves que l'on va jouer cette scène.
• Dans un premier temps, les mettre en ronde. Attribuer une réplique par élève.
• Faire jouer le texte par la classe. Veiller à ce que chaque élève connaisse sa réplique et le moment où il doit l'exprimer. Amener les élèves à la dire avec le ton qui correspond.

Les activités théâtrales permettent de nombreuses variantes tant au niveau de l'expression que de la mise en scène :
– dire avec un ton complètement différent (colère, tristesse, joie, etc.) ;
– dire en se déplaçant ;
– un élève entre sur une scène, dit son texte et s'immobilise, l'élève suivant arrive, dit son texte, reste immobile et ainsi de suite ;
– etc.

Différenciation :
Rapidement, certains élèves vont connaitre le texte ou une partie du texte par cœur.
Leur faire jouer la saynète par groupe.
Attribuer le rôle d'un personnage à un élève seulement.

D'autres histoires à écouter

L'objectif de cette rubrique est de mettre en réseau des histoires ayant les mêmes thématiques ou issues du même genre littéraire. L'activité demandée aux élèves les amène à réfléchir sur les livres proposés.
Au cours de cette période, l'enseignant(e) propose aux élèves des lectures pour réactiver leurs connaissances des contes traditionnels.
Les trois contes proposés ici, *Blanche-Neige, Le loup et les sept chevreaux, Le Petit Poucet*, font partie de la culture commune attendue des élèves de cet âge.

Séance 1

Phase 1 ■ Collectif : 20 min

• La séance sur la mise en réseau se fait donc à la fin de la période. Les livres ont été lus par l'enseignant(e) à différents moments.
• Dans un premier temps, collectivement, les élèves découvrent la page du fichier.
(**Réponses attendues :** *On voit des couvertures d'albums et des silhouettes de personnages de contes.*)

Phase 2 ■ Fichier page 54

Collectif : 15 min ■ Individuel : 10 min

Exercice 1 :

Compétence :
Savoir lire une image.

• Les élèves rappellent les trois histoires à l'oral, ils peuvent s'aider des silhouettes noires.
• Demander aux élèves de rechercher dans quelle catégorie entre chaque dessin-silhouette (voir la partie vocabulaire des contes) et d'utiliser le vocabulaire étudié. Ils peuvent écrire ou entourer directement sur le fichier si besoin.
• Puis l'exercice est fait individuellement sur le fichier.
• L'enseignant(e) apporte quelques précisions sur l'histoire réelle avec les présentations ci-contre.

Blanche-Neige
Illus. F. Rébéna, Les petits cailloux, Nathan
Éléments de la couverture
– Une jeune fille est endormie sur un lit. Autour d'elle les 7 nains semblent bien étonnés.
– Les couleurs sont gaies.
Résumé
La belle-mère de Blanche-Neige est si jalouse de la beauté de celle-ci qu'elle demande à un chasseur de la conduire dans la forêt et de la tuer. Celui-ci se contente d'abandonner la jeune fille dans les bois où elle est recueillie par 7 nains...

Le loup et les sept chevreaux
Illus. C. Routiaux, Les petits cailloux, Nathan
Éléments de la couverture
– La maman des chevreaux part faire des courses avec son panier.
– Ses 7 petits chevreaux sont en train de jouer dans la maison : certains écrivent, d'autres jouent et d'autres tricotent.
Résumé
Maman chèvre laisse ses petits à la maison et les met en garde contre le loup. Peu après, le loup frappe à la porte...

Le Petit Poucet
Illus. C. Roedere, Les petits cailloux, Nathan
Éléments de la couverture
– Un ogre dort dans l'herbe.
– Le Petit Poucet tente de lui retirer ses bottes.
Résumé
Un pauvre bucheron et sa femme décident d'abandonner leurs 7 garçons dans la forêt. Heureusement, le Petit Poucet à tout entendu et va tenter de sauver ses frères même quand ils se retrouvent tous dans la maison de l'ogre...

Splat, Agent secret - Épisode 1

L'album *Splat, Agent secret* permet d'initier les élèves au **roman policier**. Les invariants du genre sont respectés : un méfait, une victime, un enquêteur, des suspects, un coupable. Le mystère est présent. Cependant, l'histoire de ce chat, racontée de façon humoristique, permet aux élèves de se plonger sans crainte dans cet univers.
À cette époque de l'année, un certain nombre d'élèves commencent à lire correctement. Il convient de s'appuyer sur la différenciation que propose le fichier afin que tous restent motivés et intéressés par les activités proposées. Au cours de cette période, de nouveaux exercices apparaissent dans le fichier. Ils permettent de renforcer la **compréhension de la lecture**.
En **étude de la langue**, on abordera **le singulier et le pluriel des noms**.
Les instructions officielles rappellent que *« les objectifs de l'étude de la langue au cours du cycle 2 sont liés à la lecture et à l'écriture. Les connaissances acquises permettent de traiter des problèmes de compréhension et des problèmes orthographiques »*. En étude de la langue, il n'est pas question de faire des « leçons de grammaire », mais, comme l'indiquent les instructions officielles, il conviendra de s'appuyer essentiellement sur l'oral et de manipuler la langue en effectuant des transformations. Concrètement, l'enseignant(e) fera de grandes affiches afin de collecter tout au long des épisodes des mots illustrant les différentes notions à étudier. L'enseignant(e) gagnera à enrichir ce tableau au fil de son travail quotidien, et pas seulement en lecture.

Compétences :
- Se repérer dans un texte.
- Savoir décrire une illustration à l'oral.
- Émettre des hypothèses sur la suite d'un récit.
- Identifier des mots rapidement, décoder aisément des mots inconnus réguliers, reconnaitre des mots fréquents.
- Savoir reformuler un texte entendu ou lu.
- Réinvestir des apprentissages antérieurs.
- Comprendre un paragraphe de l'histoire.
- Lire une phrase à voix haute avec fluidité après préparation.

Supports :
Album *Splat, Agent secret*, fichier de lecture-compréhension pages 55-57 et étiquettes du fichier à photocopier.

Séance 1

Texte de l'épisode 1 :
***Le* papa *de* Splat fabrique des canards en bois,** de toutes *les* couleurs, de toutes *les* tailles.
Il en fabrique *des* tas *et des* tas... rien que pour Splat.
Splat range ses canards *dans la* cabane du jardin, *et* chacun de ces canards à *un* nom.
Un jour, horreur ! *Le* canard rouge a disparu !
« *Qui* a touché à mes canards ? » *demande* Splat.
Harry Souris ne sait pas.

- **La phrase en gras** est la phrase qui sera à lire le soir par les élèves, dont les mots sont décodables ou ont été travaillés dans les séances de l'épisode.
- Les mots soulignés sont les mots que l'élève peut décoder si l'on suit la progression du fichier d'apprentissage du code.
- *Les mots en italique* sont les mots qui ont déjà été travaillés dans des leçons précédentes.

Lors de la séance 1. Vocabulaire au quotidien (1) : *agent secret – cabane – taille.*
Dans la journée, en dehors de la séance de lecture. Vocabulaire au quotidien (2) : *agent secret – cabane – taille.*
Déroulement : se reporter à la page 6.

Phase 1 ■ Album couverture et pages 4 à 7

Collectif : 10 min

Compétences :
- Prendre la parole pour décrire.
- Formuler des hypothèses sur l'histoire.

Couverture de l'album
Description :
- Présenter la couverture et laisser les élèves la décrire.
- Faire retrouver le titre, l'auteur, l'illustrateur (R. Scotton est à la fois l'auteur et l'illustrateur), l'éditeur.

Analyse :
- Questionner les élèves :
– *Quels personnages voit-on ?*
– *Qu'est-ce qu'un agent secret ?*
– *Quels objets voit-on ? À quoi peuvent-ils servir ?*
(**Vocabulaire attendu :** *agent secret, loupe, chat, souris, casquette, badge...*)

Album pages 4 à 7
Anticipation de la lecture
- Laisser les élèves observer les illustrations des pages 4 à 7 de l'album.
- À partir de l'illustration de la couverture de l'album et des illustrations des pages 4 à 7, les élèves cherchent à anticiper ce qui va se passer. *Que va-t-il se passer dans l'histoire ?*

• Laisser les élèves s'exprimer rapidement.
• Lors de cette anticipation, l'enseignant(e) note au tableau, à côté du texte, les mots utilisés par les élèves pour décrire l'illustration (*canards, souris, etc.*). Ces mots serviront aux élèves lors du déchiffrage du texte.
• Si cela est nécessaire, l'enseignant(e) pose des questions :
– *Quels sont les personnages ?*
– *Que font-ils ?*
– *Où se passe l'histoire, quand ?*
– *Que va-t-il se passer dans l'histoire ?*

Lecture album pages 4 à 7
• Lecture du texte de l'album par l'enseignant(e).
• Confronter ce texte avec les hypothèses émises à partir d'illustrations.
• Demander aux élèves de dire tout ce qu'ils ont retenu.
• Annoncer aux élèves qu'ils vont retrouver cette partie de l'album dans leur fichier de compréhension pour travailler sur cet épisode.

Phase 2 ■ Fichier pages 55-56

Collectif : 15 min

Compétences :
• Savoir prendre des repères dans un texte.
• Savoir identifier des mots rapidement : décoder aisément des mots inconnus réguliers, reconnaitre des mots fréquents et des mots irréguliers mémorisés.
• Savoir réinvestir des apprentissages antérieurs.

Illustration page 55
• Laisser les élèves regarder l'illustration de la page d'ouverture de la période 3.
• Laisser les élèves s'exprimer rapidement.
• L'enseignant(e) pose quelques questions :
– *Quels sont les personnages ?*
– *S'agit-il de la même histoire que celle de l'album ?*
(**Vocabulaire attendu** : *loupe, détective, chat, souris, voiture, fleurs, lampadaire...*)

Texte du fichier page 56
• Afficher le texte. Faire retrouver le nombre de lignes, le nombre de mots, les différents signes de ponctuation (notamment point d'exclamation et point d'interrogation).
• Demander de retrouver la phrase dite par un personnage (Splat). Bien expliciter la manière de la retrouver (grâce aux guillemets). Dans la période précédente, les paroles des personnages étaient présentées par un retour à la ligne et un tiret. Or, dans cette période, il faudra repérer un retour à la ligne et des guillemets.
• Demander aux élèves, tour à tour, de venir souligner des mots qu'ils reconnaissent ou qu'ils ont réussi à lire en explicitant à chaque fois comment ils ont fait (*J'ai déchiffré en faisant le son des lettres. J'avais photographié le mot. J'ai deviné avec le reste de la phrase.*), l'enseignant(e) peut utiliser des petits dessins pour symboliser les différentes méthodes (un appareil photo pour j'ai photographié le mot, une ampoule pour j'ai deviné...).
• S'assurer ensuite de la compréhension de la lecture en posant des questions du type :
– *Quels sont les personnages de l'histoire ?*
– *Que se passe-t-il ?*
– *Que font les personnages ?*
– *Qui est Harry Souris ?*
• Revenir sur les mots de vocabulaire difficiles et notamment : *Agent secret, cabane, taille, fabrique, horreur.*
Une fois le texte entièrement lu et explicité, l'enseignant(e) le relit.

Phase 3 ■ Fichier page 56

Collectif : 5 min ■ Individuel : 15 min

Compétences :
• Savoir retrouver les informations du texte.
• Savoir retrouver un mot et une phrase dans un texte.
• Savoir identifier les paroles d'un personnage.

Exercice 1 :

Compétence :
Trouver des réponses explicites dans un texte étudié.

Cet exercice permet d'identifier les différents personnages de l'épisode.
• Lire ou faire lire la consigne et les noms de personnages à relier aux dessins.
• Les élèves travaillent individuellement.
• Correction collective.

Différenciation :
Entourer de couleurs différentes le nom des personnages dans le texte.

Exercice 2 :

Compétence :
Reconnaitre des mots dans un texte.

Les élèves repèrent dans le texte des mots qu'ils seront amenés à savoir lire.
• L'enseignant(e) lit la consigne. Préciser seulement la compétence visée lors de cette phase de travail : « savoir reconnaitre des mots » et poser le problème : *Que devez-vous faire ? Comment allez-vous faire ?*
• Donner en premier la parole aux élèves pour que ce soit eux qui cherchent à comprendre ce qui est demandé. Réponse attendue, entre autres : *On doit comparer chaque lettre du mot et pas seulement la première.*
• Travail individuel. Correction collective au tableau (chaque mot sera corrigé en donnant la parole aux élèves pour qu'ils expliquent comment ils procèdent).

Différenciation :
Les élèves qui pourraient être en difficulté sont regroupés par l'enseignant(e) et travaillent de façon explicite.

Exercice 3 :

Compétence :
Prendre des repères dans un texte.

• Lire ou faire lire la consigne. Les élèves sont invités à expliquer collectivement comment ils vont procéder pour trouver les paroles de Splat avant de travailler individuellement. Le travail de copie invite les élèves à travailler sur la ponctuation. Correction collective.

Différenciation :
Mettre en valeur (entourer ou surligner) les guillemets, voire la phrase. Les élèves fragiles ne recopient pas la phrase.

Exercice 4 :

Compétence :
Trouver une réponse explicite dans un texte étudié.

• Lire ou faire lire la consigne, le début de phrase et les différentes possibilités de fin de phrase.
• Correction collective.

Différenciation :
Faire lire ou lire aux élèves fragiles la première phrase du texte.

Séance 2

Lors de la séance 2. Vocabulaire au quotidien (3) : *agent secret – cabane – taille.*
Dans la journée, en dehors de la séance de lecture. Vocabulaire au quotidien (4) : *agent secret – cabane – taille.*
Déroulement : se reporter à la page 6.

Phase 1 ■ Fichier page 56

Collectif : 10 min ■ Individuel : 5 min

Rappel du récit
• Demander aux élèves de faire le rappel de l'épisode (sans s'aider des illustrations).
• Ne pas intervenir, relever les éléments de désaccord, sans donner la réponse. On travaille ici le langage d'évocation, amener les élèves à se rappeler, nommer les choses, résumer, etc.
• Amener les élèves à utiliser le vocabulaire étudié. Pour bien comprendre un texte il faut que les élèves connaissent trois éléments :
– les personnages (*Qui sont-ils ? Combien sont-ils ? Où sont-ils ? etc.*) ;
– les faits (*Que se passe-t-il ?*) ;
– ce que pensent les personnages (leurs pensées, leurs émotions, etc.).
• Le texte est relu à voix haute par l'enseignant(e).
• La phrase à savoir lire est lue par les élèves (phrase en gras). Veiller à une articulation convenable.
• Les élèves doivent les lire rapidement. Ce travail peut être mené collectivement dans un premier temps, puis individuellement.

• Les mots *canard, bois, fabrique, en* sont également travaillés hors contexte en les faisant écrire sur des étiquettes et en les faisant lire rapidement les uns après les autres par les élèves. Inventer ou faire inventer des phrases contenant ces mots.
• Le texte est relu à voix haute par les élèves aidés de l'enseignant(e).

Phase 2 ■ Fichier page 56

Collectif : 10 min

Compétence :
Repérer la marque du pluriel des noms.

• Observer les illustrations à côté du texte sur le fond vert (les canards).
• Poser des questions du type :
– *Que voit-on ?*
– *Quelle différence entre les mots sous les illustrations des canards ?*
• Bien mettre en valeur le *s* à *canards.*
• Faire une affiche collective et reprendre l'exemple des canards.

un	deux et plus

un canard	des canards

Phase 3 ■ Fichier page 57

Collectif : 5 min ■ Individuel : 15 min

Exercice 5 :

Compétence :
Associer deux syllabes pour reconstituer un mot.

• Les élèves ont déjà rencontré cet exercice mais l'enseignant(e) peut de nouveau prendre le temps d'une démonstration collective au tableau avec en exemple le mot *souris.*
• Lire ou faire lire la consigne et les syllabes.
• Dans un premier temps, les mots à retrouver sont donnés par les élèves à l'oral.
• Les élèves travaillent individuellement.
• Correction collective.

Différenciation :
Donner les étiquettes des syllabes (à créer).
Les élèves ayant besoin de temps ne font pas les parties d'exercice assorties d'une croix, ou ne recopie qu'un mot assorti d'une croix.

Exercice 6 :

Compétence :
Reproduire l'ordre des mots d'une phrase.
Support : Étiquettes du fichier à photocopier.

La première phrase n'est pas directement dans le texte, mais est facilement décodable. La seconde est dans le texte mais elle est en script.

• L'enseignant(e) lit ou fait lire la consigne et les mots à remettre dans l'ordre.

• Faire remarquer la présence des lignes Sécails pour la première fois dans le fichier compréhension. Expliquer ou réexpliquer qu'il faut écrire entre les deux lignes en gras (4e interligne en partant du haut).

• À l'oral, collectivement, les élèves sont invités à dire comment ils vont procéder pour réussir l'exercice. Puis ils travaillent individuellement.

• Correction collective.

Différenciation :
Faire repérer et mettre en valeur la majuscule et le point dans les étiquettes de l'exercice.
Les élèves les plus fragiles ne font que la première phrase.

Exercice 7 :

Compétence :
Savoir corriger une erreur dans une phrase.

Prendre le temps d'expliquer ce nouvel exercice qui reviendra régulièrement dans le fichier. Il permet de travailler la compréhension des phrases, donc du texte.

• Écrire ces phrases au tableau. S'assurer de la compréhension des mots. Demander pour quelle raison certains mots sont soulignés et par quels mots doit-on les remplacer. Puis le travail d'écriture est réalisé individuellement.

• Correction collective.

Différenciation :
Les élèves les plus fragiles ne font pas la phrase assortie d'une croix. Donner le modèle des mots à recopier aux élèves qui en ont besoin.

Phase 4 ■ Fichier page 57

Collectif : 10 min

Cette phase peut être reportée à un autre moment de la journée, elle permet de faire un bilan et de revenir sur les compétences travaillées dans la séance.

Exercice 8 : Entraine-toi

Compétences :
• Reconnaitre des mots : *canard(s) – bois – fabrique – en.*
• Produire une phrase à l'oral en utilisant les mots donnés.

Révision des mots : *un – des – le.*

À l'oral : Les élèves proposent différentes phrases contenant les mots étudiés. Quelques propositions peuvent être écrites au tableau par l'enseignant(e) sous la dictée des élèves. Les élèves repèrent ainsi la place des mots étudiés dans les phrases.

À l'écrit : Les élèves peuvent être entrainés à l'aide d'étiquettes montrées au groupe rapidement (mots flash).

• Les étiquettes peuvent être stockées en affichage permanent dans la classe pour d'autres entrainements à la lecture rapide, le travail sur les analogies (constitution de collections) et pour la production d'écrits.

• Demander aux élèves comment ils vont faire pour mémoriser ces mots (voir page 21) : *Je peux m'entrainer en épelant le mot, en le copiant, en l'écrivant sans le modèle, en ayant l'image dans ma tête, en écoutant les syllabes dont il est composé.*

Splat, Agent secret - Épisode 2

Compétences :
- Se repérer dans un texte.
- Savoir décrire une illustration à l'oral.
- Émettre des hypothèses sur la suite d'un récit.
- Identifier des mots rapidement, décoder aisément des mots inconnus réguliers, reconnaitre des mots fréquents.
- Savoir reformuler un texte entendu ou lu.
- Réinvestir des apprentissages antérieurs.
- Comprendre un paragraphe de l'histoire.
- Lire une phrase à voix haute avec fluidité après préparation.

Supports :
Album *Splat, Agent secret*, fichier de lecture-compréhension pages 58-59 et étiquettes du fichier à photocopier.

Séance 1

Texte de l'épisode 2 :
Le lendemain, *c'est le canard* bleu *qui a* disparu.
Le canard **rouge est de retour... mais sans *son* bec !**
« *Qui a* touché à mes *canards* ? » *demande* Splat.
Harry Souris ne sait toujours pas.
Le surlendemain, *c'est le canard* vert *qui a* disparu.
Le canard bleu *est de* retour... mais lui aussi a perdu *son* bec !
***Il* faut mener l'enquête.**

- **Les phrases en gras** sont les phrases qui seront à lire le soir par les élèves, dont les mots sont décodables ou ont été travaillés dans les séances de l'épisode.
- Les mots soulignés sont les mots que l'élève peut décoder si l'on suit la progression du fichier d'apprentissage du code.
- *Les mots en italique* sont les mots qui ont déjà été travaillés dans des leçons précédentes.

Lors de la séance 1. Vocabulaire au quotidien (1) : *mener – une enquête – bec.*
Dans la journée, en dehors de la séance de lecture. Vocabulaire au quotidien (2) : *mener – une enquête – bec.*
Déroulement : se reporter à la page 6.

Phase 1 ■ Album pages 4 à 9

Collectif : 10 min

Compétences :
- Prendre la parole pour décrire.
- Formuler des hypothèses sur l'histoire.
- Comprendre un texte entendu ou lu.

Rappel de l'épisode 1
Avant d'ouvrir l'album :
- Demander aux élèves de se rappeler de l'épisode 1 et de reformuler l'histoire sans ouvrir l'album.
- Les élèves reformulent ce dont ils se souviennent du premier épisode :
– les personnages : *Splat, le chat ; Harry, la souris ;*
– le problème : *Quelqu'un a volé le canard rouge en bois de Splat.*
- Demander aux élèves de faire des hypothèses sur la suite de l'histoire. Les propositions des élèves peuvent être notées au tableau.

Avec l'album :
- L'enseignant(e) relit le texte des pages 4 à 7.

Album pages 8 et 9
Analyse :
- Les élèves observent les illustrations des pages 8 et 9 et les décrivent.

(**Vocabulaire attendu :** *chat, canard, rouge, bleu, bec...*)
Anticipation de la lecture :
- Questionner les élèves : *En regardant l'illustration et son texte, avez-vous une idée de ce qui va se passer ?*
- Laisser les élèves s'exprimer rapidement.
- L'enseignant(e) recense leurs hypothèses sur une affiche ou au tableau pour les vérifier ensuite lors de la lecture du texte.

Ces mots serviront aux élèves fragiles lors du déchiffrage du texte.
Lecture :
- Lecture du texte pages 8 et 9 de l'album par l'enseignant(e).
- Confronter ce texte avec les hypothèses formulées auparavant. Puis les élèves reformulent avec leurs mots ce qu'ils ont compris de l'épisode 2.
- L'enseignant(e) reformule à son tour ce qu'ont dit les élèves en insistant sur les éléments que l'on retrouvera à chaque épisode :
– les personnages.
– le lieu.
- L'enseignant(e) attire l'attention des élèves sur certaines répétitions de l'épisode 1 et demande aux élèves de les retrouver à l'oral :
– *« Qui a touché à mes canards ? »*

Splat, Agent secret - Épisode 2

Phase 2 ■ Fichier page 58

Collectif : 15 min

Compétences :
- Comprendre un énoncé oral.
- Établir des relations entre l'oral et l'écrit.

Rappeler que certains mots difficiles sont illustrés à côté du texte. Les élèves sont invités à identifier *un bec* et à faire le lien avec l'épisode découvert dans l'album.

Texte du fichier
- L'enseignant(e) lit le texte de l'épisode 2 dans le fichier.
- Les élèves suivent avec leur doigt sur le texte du fichier page 58.
- Demander aux élèves de chercher s'ils retrouvent dans le texte des éléments connus. Indiquer leurs remarques par des actions sur le texte collectif affiché ou projeté au tableau (en entourant, surlignant, etc.).
- Différencier lignes et phrases en demandant : *Combien de lignes, combien de phrases y a-t-il ?*
- Mettre en valeur la ponctuation.
- Revenir sur les mots de vocabulaire difficiles, notamment les mots : *lendemain, disparu, touché, toujours, surlendemain*. Les entourer. En garder une trace écrite, les écrire en cursive.

S'assurer ensuite de la compréhension en posant des questions du type :
– *Quelle est la couleur du premier canard qui disparait ? du deuxième ? du troisème ?*
– *Que va faire Splat ?*

Phase 3 ■ Fichier page 58

Collectif : 5 min ■ Individuel : 15 min

Exercice 1 :

Compétence :
Trouver des réponses explicites dans un texte étudié.

- L'enseignant(e) lit la consigne. Bien expliquer la consigne, dire aux élèves qu'il faut colorier le canard qui a disparu, bien leur préciser qu'un canard revient quand un autre disparait, ils doivent donc ne colorier qu'un seul canard par jour.
- Les élèves travaillent individuellement.
- Correction collective.

Différenciation :
Présenter « une flèche du temps » afin d'indiquer les jours et de montrer qu'un canard disparait mais qu'un autre revient.
Exemple : Jour 1 = le canard rouge ; jour 2 = le canard bleu ; jour 3 = le canard vert.

Exercice 2 :

Compétence :
Trouver une réponse explicite dans un texte étudié.

On travaille toujours la compréhension.
- Insister et expliciter l'expression « mener l'enquête ».
- L'enseignant(e) lit la consigne et les mots sous les dessins. Bien expliquer les illustrations du fichier et notamment la différence entre la première et la dernière : l'illustration de Splat qui pleure et celle de Splat qui s'énerve.
- Les laisser travailler individuellement.

Différenciation :
Si certains élèves ne comprennent pas les émotions représentées, leur montrer des émoticônes.

Exercice 3 :

Compétence :
Reconnaitre des mots dans un texte.

- L'enseignant(e) lit la consigne.
- Demander aux élèves ce qui est demandé. (Réponse attendue entre autres : *On doit comparer chaque lettre du mot et pas seulement la première.*)
- Travail individuel. Correction collective au tableau (chaque mot sera corrigé en donnant la parole aux élèves pour qu'ils expliquent comment ils procèdent). Ainsi les élèves repèrent dans le texte des mots qu'ils seront amenés à savoir lire.
- À un autre moment de la journée, proposer le jeu du pendu avec le mot : *retour.*

Différenciation :
Les élèves ayant besoin de temps ne font pas les parties d'exercice assorties d'une croix.
Les élèves qui pourraient être en difficulté sont regroupés par l'enseignant(e) et travaillent de façon explicite, chacun sur un mot.

Exercice 4 :

Compétence :
Trouver une réponse explicite dans un texte étudié.

- Lire ou faire lire la consigne, le début de phrase et les différentes possibilités de fin de phrase.
- Correction collective.

Différenciation :
Faire lire ou lire aux élèves fragiles la deuxième phrase du texte.

Séance 2

Lors de la séance 2. Vocabulaire au quotidien (3) : *mener – une enquête – bec.*
Dans la journée, en dehors de la séance de lecture.
Vocabulaire au quotidien (4) : *mener – une enquête – bec.*
Déroulement : se reporter à la page 6.

Phase 1 ■ Fichier page 58

Collectif : 10 min ■ Individuel : 5 min

Rappel du récit

• Demander aux élèves de faire le rappel de l'épisode (sans s'aider des illustrations).
• Ne pas intervenir, relever les éléments de désaccord, sans donner la réponse. On travaille ici le langage d'évocation, amener les élèves à se rappeler, nommer les choses, résumer, etc.
• Amener les élèves à utiliser le vocabulaire étudié. Pour bien comprendre un texte il faut que les élèves connaissent trois éléments :
– les personnages (*Qui sont-ils ? Combien sont-ils ? Où sont-ils ? etc.*) ;
– les faits (*Que se passe-t-il ?*) ;
– ce que pensent les personnages (leurs pensées, leurs émotions, etc.).
• Le texte est relu à voix haute par l'enseignant(e).
• Les mots et passages à savoir lire sont lus par les élèves (phrases en gras). Veiller à une articulation convenable.
• Les élèves doivent les lire rapidement. Ce travail peut être mené collectivement dans un premier temps, puis individuellement.
• Les mots *bec, enquête, rouge, mener, mais, sans* sont également travaillés hors contexte en les faisant écrire sur des étiquettes et en les faisant lire rapidement les uns après les autres par les élèves. Inventer ou faire inventer des phrases contenant ces mots.
• Le texte est relu à voix haute par les élèves aidés de l'enseignant(e).

Phase 2 ■ Fichier page 59

Collectif : 5 min ■ Individuel : 15 min

Exercice 5 :

Compétence :
Associer deux syllabes pour reconstituer un mot.

• Lire ou faire lire la consigne et les syllabes.
• Dans un premier temps, les mots à retrouver sont donnés par les élèves à l'oral.
• Les élèves travaillent individuellement.
• Correction collective.

Différenciation :
Donner les étiquettes des syllabes (à créer).
Les élèves ayant besoin de temps ne font pas les parties d'exercice assorties d'une croix, ou ne recopient qu'un mot assorti d'une croix.

Exercice 6 :

Compétences :
Savoir associer le bon mot à la bonne couleur et savoir l'écrire.

Cet exercice permet de revoir les couleurs, ainsi que certains éléments importants de l'histoire.

• Lire ou faire lire la consigne et les mots.
• Les élèves travaillent ensuite individuellement.
• Correction collective.

Différenciation :
Colorier les mots à recopier de la couleur correspondante.

Exercice 7 :

Compétence :
Reproduire l'ordre des mots d'une phrase.
Support : Étiquettes du fichier à photocopier.

Les deux phrases font parties du texte. Cependant la seconde phrase, plus longue, est écrite en script.
• L'enseignant(e) lit ou fait lire la consigne et les mots à remettre dans l'ordre.
• À l'oral, collectivement, les élèves sont invités à dire comment ils vont procéder pour réussir l'exercice. Puis ils travaillent individuellement.
• Correction collective.

Différenciation :
Faire repérer et mettre en valeur la majuscule et le point dans les étiquettes de l'exercice.
Les élèves les plus fragiles ne font que la première phrase.

Exercice 8 :

Compétence :
Inventer un nom dans un contexte donné.

• L'enseignant(e) lit ou fait lire la consigne. Puis il laisse les élèves travailler individuellement.
• Correction collective.

Différenciation :
On pourra mener ce travail collectivement avec certains élèves afin de donner des idées aux élèves qui en manqueraient.

Phase 3 ■ Fichier page 59

Collectif : 10 min

Cette phase peut être reportée à un autre moment de la journée, elle permet de faire un bilan et de revenir sur les compétences travaillées dans la séance.

Exercice 9 : Entraine-toi

Compétences :
• Reconnaitre des mots : *bec – enquête – mener – mais – sans.*
• Produire une phrase à l'oral en utilisant les mots donnés.

Révision des mots : *l' – rouge – un.*

À l'oral et à l'écrit, procéder comme précédemment (voir page 200).

Splat, Agent secret - Épisode 3

Compétences :
- Se repérer dans un texte.
- Savoir décrire une illustration à l'oral.
- Émettre des hypothèses sur la suite d'un récit.
- Identifier des mots rapidement, décoder aisément des mots inconnus réguliers, reconnaitre des mots fréquents.
- Savoir reformuler un texte entendu ou lu.
- Réinvestir des apprentissages antérieurs.
- Comprendre un paragraphe de l'histoire.
- Lire une phrase à voix haute avec fluidité après préparation.

Supports :
Album *Splat, Agent secret*, fichier de lecture-compréhension pages 60-61 et étiquettes du fichier à photocopier.

Séance 1

Texte de l'épisode 3 :
« *Qui* a touché à mes *canards* ? » demande Splat.
« Pas moi », dit *sa* maman.
« Ni moi », dit *sa* petite sœur.
« Ni moi », dit *son* grand frère.
« *Je* vois, dit Splat. Comme toujours, *c'est* personne.
Mais je retrouverai *le* criminel !
En attendant *nous* l'appellerons… Monsieur X ! »
Splat regarde *son* émission préférée à *la* télé. *Il* a déjà *un* plan…

- **Les phrases en gras** sont les phrases qui seront à lire le soir par les élèves, dont les mots sont décodables ou ont été travaillés dans les séances de l'épisode.
- Les mots soulignés sont les mots que l'élève peut décoder si l'on suit la progression du fichier d'apprentissage du code.
- *Les mots en italique sont* les mots qui ont déjà été travaillés dans des leçons précédentes.

Lors de la séance 1. Vocabulaire au quotidien (1) : *un criminel – une émission.*
Dans la journée, en dehors de la séance de lecture. Vocabulaire au quotidien (2) : *un criminel – une émission.*
Déroulement : se reporter à la page 6.

Phase 1 ■ Album pages 4 à 13

Collectif : 10 min

Compétences :
- Prendre la parole pour décrire.
- Formuler des hypothèses sur l'histoire.
- Comprendre un texte entendu ou lu.

Rappel des épisodes précédents
Avant d'ouvrir l'album :
- Réactiver la problématique. Les élèves reformulent ce qu'ils ont découvert lors des deux premiers épisodes :

– les personnages : *Splat, le chat – Harry, la souris – les canards ;*
– la problématique : *le canard rouge a été volé, puis a réapparu sans son bec, pareil pour le canard bleu. À présent, c'est le canard vert qui a disparu.*
- Demander aux élèves de faire des hypothèses sur la suite de l'histoire. Les propositions des élèves sont notées au tableau. Ces mots serviront aux élèves fragiles lors du déchiffrage du texte.

Avec l'album :
- L'enseignant(e) relit le texte des pages 4 à 9.

Album pages 10 à 13
Analyse :
- Les élèves observent les illustrations des pages 10 à 13 et les décrivent.

(**Vocabulaire attendu** : *maman – sœur – frère – vélo – crayons – fauteuil – poissons – télévision…*)

Anticipation de la lecture :
- Questionner les élèves : *En regardant l'illustration et son texte, avez-vous une idée de ce qui va se passer ?*
- Laisser les élèves s'exprimer rapidement.
- L'enseignant(e) recense leurs hypothèses sur une affiche ou au tableau pour les vérifier ensuite lors de la lecture du texte.

Lecture :
- Lecture par l'enseignant(e) du texte des pages de l'épisode 3.
- Confronter ce texte avec les hypothèses formulées auparavant. Puis les élèves reformulent avec leurs mots ce qu'ils ont compris de l'épisode 3.
- L'enseignant(e) reformule à son tour ce qu'ont dit les élèves en insistant sur les éléments que l'on retrouvera à chaque épisode :

– les personnages.
– le lieu.

Phase 2 ■ Fichier page 60

Collectif : 15 min

Compétences :
- Comprendre un énoncé oral.
- Établir des relations entre l'oral et l'écrit.

Rappeler que certains mots difficiles sont illustrés à côté du texte dans le cadre vert. Les élèves sont invités à identifier *une télévision* et à faire le lien avec l'épisode découvert dans l'album.

Texte du fichier

• L'enseignant(e) lit le texte de l'épisode 3 dans le fichier. Annoncer aux élèves qu'il s'agit du même texte que celui qu'il vient de leur lire dans l'album.
• Les élèves suivent avec leur doigt sur le texte du fichier page 60.
• Demander aux élèves de chercher s'ils retrouvent dans le texte des éléments connus. Indiquer leurs remarques par des actions sur le texte collectif affiché ou projeté au tableau (en entourant, surlignant, etc.).
• Demander aux élèves de venir montrer les mots (*canards, Splat, je, demande, en, grand...*).
• Mettre en valeur la ponctuation.
• Revenir sur les mots de vocabulaire difficiles à lire ou à comprendre, notamment les mots : *télévision, Monsieur, plan, criminel...* Les entourer. En garder une trace écrite, les écrire en cursive.
• S'assurer ensuite de la compréhension en posant des questions du type :
– *Quels sont les personnages de cet extrait ?*
– *Comment Splat appelle le criminel ?*
• Demander aux élèves d'anticiper :
– *Quel est le plan de Splat ?*

Phase 3 ■ Fichier page 60

Collectif : 5 min ■ Individuel : 15 min

Exercice 1 :

Compétence :
Trouver une réponse explicite dans un texte étudié.

• L'enseignant(e) lit la consigne et les quatre réponses possibles.
• Les élèves travaillent individuellement.
• Correction : les élèves sont invités à justifier leur réponse en faisant référence au texte.

Différenciation :
Les élèves peuvent se reporter à l'album (pp. 10 et 11) pour avoir l'aide de l'illustration.

Exercice 2 :

Compétence :
Trouver une réponse explicite dans un texte étudié.

• L'enseignant(e) lit la consigne.
• Aider les élèves en travaillant cet exercice à l'oral, collectivement. Puis les laisser recopier le mot individuellement.

Différenciation :
Souligner dans le texte le surnom du criminel, éventuellement l'écrire en cursive pour les élèves qui seraient freinés par l'écriture script.

Exercice 3 :

Compétence :
Reconnaitre des mots dans un texte.

• L'enseignant(e) lit la consigne.
• Demander aux élèves ce qu'il faut faire et comment le faire. (**Réponse attendue entre autres :** *On doit comparer chaque lettre du mot et pas seulement la première.*)
• Travail individuel. Correction collective au tableau (chaque mot sera corrigé en donnant la parole aux élèves pour qu'ils expliquent comment ils procèdent). Ainsi les élèves repèrent dans le texte des mots qu'ils seront amenés à savoir lire.
• À un autre moment de la journée, proposer le jeu du pendu avec le mot : *maman.*

Différenciation :
Les élèves ayant besoin de temps ne font pas les parties d'exercice assorties d'une croix.
Les élèves qui pourraient être en difficulté sont regroupés par l'enseignant(e) et travaillent de façon explicite, chacun sur un mot.

Exercice 4 :

Compétence :
Prendre des repères dans un texte.

• Lire ou faire lire la consigne. Les élèves sont invités à expliquer collectivement comment ils vont procéder pour trouver les paroles de Splat avant de travailler individuellement. Le travail de copie invite les élèves à travailler sur la ponctuation.
• Correction collective.

Différenciation :
Mettre en valeur (entourer ou surligner) les guillemets, voire la phrase.

Séance 2

Lors de la séance 2. Vocabulaire au quotidien (3) : *un criminel – une émission.*
Dans la journée, en dehors de la séance de lecture.
Vocabulaire au quotidien (4) : *un criminel – une émission.*
Déroulement : se reporter à la page 6.

Phase 1 ■ Fichier page 60

Collectif : 10 min ■ Individuel : 5 min

Rappel du récit

• Demander aux élèves de faire le rappel de l'épisode (sans s'aider des illustrations).
• Ne pas intervenir, relever les éléments de désaccord, sans donner la réponse. On travaille ici le langage d'évocation, amener les élèves à se rappeler, nommer les choses, résumer, etc.
• Amener les élèves à utiliser le vocabulaire étudié. Pour bien comprendre un texte il faut que les élèves connaissent trois éléments :

– les personnages (*Qui sont-ils ? Combien sont-ils ? Où sont-ils ? etc.*) ;
– les faits (*Que se passe-t-il ?*) ;
– ce que pensent les personnages (leurs pensées, leurs émotions, etc.).
• Le texte est relu à voix haute par l'enseignant(e).
• Les mots et passages à savoir lire sont lus par les élèves (phrases en gras). Veiller à une articulation convenable.
• Les élèves doivent les lire rapidement. Ce travail peut être mené collectivement dans un premier temps, puis individuellement.
• Les mots *sœur, frère, criminel, vois, pas, moi* sont également travaillés hors contexte en les faisant écrire sur des étiquettes et en les faisant lire rapidement les uns après les autres par les élèves. Inventer ou faire inventer des phrases contenant ces mots.
• Le texte est relu à voix haute par les élèves aidés de l'enseignant(e).

Phase 2 ■ Fichier page 61

Collectif : 5 min ■ Individuel : 15 min

Exercice 5 :

Compétence :
Trouver une réponse explicite dans un texte étudié.

• Lire ou faire lire la consigne, le début de phrase et les différentes possibilités de fin de phrase.
• Correction collective.

Différenciation :
Faire lire ou lire aux élèves fragiles la sixième phrase du texte du fichier.
Mettre en place un tutorat, pour les élèves qui ont des difficultés en lecture, faire travailler les élève en binômes, demander à l'élève qui décode correctement de lire les phrases, mais il ne doit pas donner la réponse.

Exercice 6 :

Compétence :
Reproduire l'ordre des mots d'une phrase.
Support : Étiquettes du fichier à photocopier.

• L'enseignant(e) lit ou fait lire la consigne et les mots à remettre dans l'ordre.
• À l'oral, collectivement, les élèves sont invités à dire comment ils vont procéder pour réussir l'exercice. Puis ils travaillent individuellement.
• Correction collective.

Différenciation :
Faire repérer et mettre en valeur la majuscule et le point dans les étiquettes de l'exercice.
Les élèves les plus fragiles ne font que la première phrase.

Exercice 7 :

Compétence :
Savoir corriger une erreur dans une phrase.

• Prendre le temps de rappeler ce nouvel exercice qui a déjà été vu une première fois lors de l'épisode 1. Il permet de travailler la compréhension des phrases, donc du texte.
• Écrire ces phrases au tableau. S'assurer de la compréhension des mots. Demander pour quelle raison certains mots sont soulignés et par quels mots on doit les remplacer. Puis le travail d'écriture est réalisé individuellement.
• Correction collective.

Différenciation :
Les élèves les plus fragiles ne font pas la phrase assortie d'une croix. Donner le modèle des mots à recopier à ceux qui en ont besoin.

Exercice 8 :

Compétence :
Savoir anticiper sur la suite de l'histoire.

Cette petite activité invite les élèves à se poser des questions et émettre des hypothèses.
• L'enseignant(e) lit ou fait lire la consigne et incite les élèves à revenir sur le texte de l'histoire pour écrire leur réponse.
• À l'oral, collectivement, les élèves sont invités à émettre leur hypothèse en se justifiant. Puis le travail d'écriture est réalisé individuellement.

Différenciation :
Les élèves les plus fragiles ne font pas la phrase assortie d'une croix.

Phase 3 ■ Fichier page 61

Collectif : 10 min

Cette phase peut être reportée à un autre moment de la journée, elle permet de faire un bilan et de revenir sur les compétences travaillées dans la séance.

Exercice 9 : Entraine-toi

Compétences :
• Reconnaitre des mots : *sœur – frère – criminel – vois – pas – moi.*
• Produire une phrase à l'oral en utilisant les mots donnés.

Révision des mots : *une – un.*

À l'oral et à l'écrit, procéder comme précédemment (voir page 200).

Splat, Agent secret - Épisode 4

Compétences :
- Se repérer dans un texte.
- Savoir décrire une illustration à l'oral.
- Émettre des hypothèses sur la suite d'un récit.
- Identifier des mots rapidement, décoder aisément des mots inconnus réguliers, reconnaitre des mots fréquents.
- Savoir reformuler un texte entendu ou lu.
- Réinvestir des apprentissages antérieurs.
- Comprendre un paragraphe de l'histoire.
- Lire une phrase à voix haute avec fluidité après préparation.

Supports :
Album *Splat, Agent secret*, fichier de lecture-compréhension pages 62-63 et étiquettes du fichier à photocopier.

Séance 1

Texte de l'épisode 4 :
Pour cette *enquête*, se dit Splat, *il* faut que *je* sois malin, brillant *et* vif.
Je démasquerai ce Monsieur X *et je* percerai *le* mystère *des canards* disparus !
C'est une mission parfaite *pour*... Splat, Agent secret !
Harry Souris (nom de code : HS) **apporte à Splat *sa* panoplie** d'espion : appareil photo, loupe, torche électrique, *un* peu *de* farine *et*... *un* gadget top-secret !
L'agent Splat met *son* plan *en* action.
Il installe ses pièges *et* attend...
Tout *est* calme... beaucoup trop calme !
***Mais* tout à coup... *un* éclair déchire la nuit.**

- **Les phrases en gras** sont les phrases qui seront à lire le soir par les élèves, dont les mots sont décodables ou ont été travaillés dans les séances de l'épisode.
- Les mots soulignés sont les mots que l'élève peut décoder si l'on suit la progression du fichier d'apprentissage du code.
- *Les mots en italique sont* les mots qui ont déjà été travaillés dans des leçons précédentes.

Lors de la séance 1. Vocabulaire au quotidien (1) : *vif – panoplie – gadget.*
Dans la journée, en dehors de la séance de lecture. Vocabulaire au quotidien (2) : *vif – panoplie – gadget.*
Déroulement : se reporter à la page 6.

Phase 1 ■ Album pages 4 à 19

Collectif : 10 min

Compétences :
- Prendre la parole pour décrire.
- Formuler des hypothèses sur l'histoire.
- Comprendre un texte entendu ou lu.

Rappel des épisodes précédents
Avant d'ouvrir l'album :
- Réactiver la problématique. Les élèves reformulent ce qu'ils avaient découvert lors des précédents épisodes :
– les personnages ;
– le lieu ;
– la problématique : *les canards de Splat disparaissent les uns après les autres et réapparaissent sans leur bec. Splat décide de mener l'enquête.*
- Laisser les élèves s'exprimer, puis insister sur le vocabulaire. Habituer les élèves à utiliser le vocabulaire du texte et le lexique travaillé. Exemple : *Splat mène une enquête, il recherche le criminel, etc.*
- Demander aux élèves de faire des hypothèses sur la suite de l'histoire. Les propositions des élèves sont notées au tableau.

Avec l'album :
- L'enseignant(e) relit le texte des pages 4 à 13.

Album pages 14 à 19
Analyse :
- Les élèves observent les illustrations des pages 14 à 19 et les décrivent.
(**Vocabulaire attendu :** *chercher – armoire – badge – loupe – torche électrique – appareil photo...*)

Anticipation de la lecture :
- Questionner les élèves : *En regardant les illustrations et les textes, avez-vous une idée de ce qui va se passer ?*
- Laisser les élèves s'exprimer rapidement.
- L'enseignant(e) recense leurs hypothèses sur une affiche ou au tableau pour les vérifier ensuite lors de la lecture du texte.

Lecture :
- Lecture par l'enseignant(e) du texte des pages de l'épisode 4 (de la page 14 à la page 19).
- Confronter ce texte avec les hypothèses formulées auparavant. Puis les élèves reformulent avec leurs mots ce qu'ils ont compris de l'épisode 4.
- L'enseignant(e) reformule à son tour ce qu'ont dit les élèves en insistant sur les éléments que l'on retrouvera à chaque épisode :
– les personnages.
– le lieu.

Phase 2 ■ Fichier page 62

Collectif : 15 min

Compétences :
- Comprendre un énoncé oral.
- Établir des relations entre l'oral et l'écrit.

Rappeler que certains mots difficiles sont illustrés à côté du texte. Les élèves sont invités à identifier *une torche électrique* et à faire le lien avec l'épisode découvert dans l'album.

Texte du fichier

- L'enseignant(e) lit le texte de l'épisode 4 dans le fichier. Annoncer aux élèves qu'il s'agit du même texte que celui qu'il vient de lire dans l'album.
- Les élèves suivent avec leur doigt sur le texte du fichier page 62.
- Demander aux élèves s'ils retrouvent dans le texte des éléments connus. Indiquer ces remarques par des actions sur le texte collectif affiché ou projeté au tableau (en entourant, surlignant, etc.).
- Demander aux élèves de venir montrer les mots (*enquête, Monsieur, Agent secret, une, Pour, le...*).
- Mettre en valeur la ponctuation. Relever le nombre important de points de suspensions (5). Dire simplement aux élèves qu'ils indiquent un petit moment d'attente, pour laisser du suspens. Ne pas s'attarder sur la notion, mais y faire référence en appelant cette ponctuation « point de suspension » et non trois petits points, afin de faire acquérir aux élèves le lexique correct.
- Revenir sur les mots de vocabulaire difficiles, notamment le mot : *pièges, torche électrique, panoplie, action, malin, déchire, éclair...* Entourer ces mots. En garder une trace écrite, les écrire en cursive.
- S'assurer ensuite de la compréhension en posant des questions du type :

– *Quels sont les personnages de cet extrait ?*
– *Quand (à quel moment de la journée) se passe-t-elle ?*
– *Qui apporte la panoplie à Splat ?*
– *Que trouve-t-il dans sa panoplie ?*
– *Etc.*

- Demander aux élèves d'anticiper :

– *D'où vient cet éclair qui déchire la nuit ?*

Phase 3 ■ Fichier page 62

Collectif : 5 min ■ Individuel : 15 min

Exercice 1 :

Compétence :
Trouver une réponse explicite dans un texte étudié.

- L'enseignant(e) lit la consigne.
- Les élèves travaillent individuellement.
- Correction : les élèves sont invités à justifier leurs réponses en faisant référence au texte.

Différenciation :
Les élèves peuvent se reporter à l'album (p. 15) pour avoir l'aide de l'illustration.

Exercice 2 :

Compétence :
Trouver une réponse explicite dans un texte étudié.

- L'enseignant(e) lit la consigne.
- Faire repérer dans le texte les initiales *HS*. Pour donner du sens, faire trouver aux élèves leurs propres initiales.
- Puis les élèves travaillent individuellement.
- Correction : les élèves sont invités à justifier leurs réponses en faisant référence au texte.

Différenciation :
Les élèves peuvent se reporter à l'album (p. 16) pour avoir l'aide de l'illustration et du texte ou à la ligne 6 du texte du fichier.
Proposer des étiquettes « Harry Souris » en cursive.

Exercice 3 :

Compétence :
Reconnaitre des mots dans un texte.

- L'enseignant(e) lit la consigne. Préciser seulement la compétence visée lors de cette phase de travail : « savoir reconnaitre des mots » et poser le problème : *Que devez-vous faire ? Comment allez-vous faire ?*

(**Réponse attendue entre autres :** *On doit comparer chaque lettre du mot et pas seulement la première.*)

- Travail individuel. Correction collective au tableau (chaque mot sera corrigé en donnant la parole aux élèves pour qu'ils expliquent comment ils procèdent).
- À un autre moment de la journée, proposer le jeu du pendu avec le mot : *plan.*

Différenciation :
Les élèves ayant besoin de temps ne font pas les parties d'exercice assorties d'une croix ou seulement partiellement.
Les élèves qui pourraient être en difficulté sont regroupés par l'enseignant(e) et travaillent de façon explicite chacun sur un mot.

Exercice 4 :

Compétence :
Trouver une réponse explicite dans un texte étudié.

- L'enseignant(e) lit la consigne et fait nommer les objets.
- Les élèves travaillent individuellement.
- Correction : les élèves sont invités à justifier leurs réponses en faisant référence au texte.

Différenciation :
Les élèves peuvent se reporter à l'album (p. 16) pour avoir l'aide de l'illustration ou aux lignes 7 et 8 du texte du fichier.

Séance 2

Lors de la séance 2. Vocabulaire au quotidien (3) : *vif – panoplie – gadget.*
Dans la journée, en dehors de la séance de lecture. Vocabulaire au quotidien (4) : *vif – panoplie – gadget.*
Déroulement : se reporter à la page 6.

Phase 1 ■ Fichier page 63

Collectif : 10 min ■ Individuel : 5 min

Rappel du récit

• Demander aux élèves de faire le rappel de l'épisode (sans s'aider des illustrations de l'album). Ne pas intervenir, relever ensuite les éléments de désaccord, sans donner la réponse. On travaille ici le langage d'évocation, amener les élèves à se rappeler, nommer les choses, résumer, etc.
• Amener les élèves à utiliser le vocabulaire étudié. Pour bien comprendre un texte il faut que les élèves connaissent trois éléments : les personnages (*Qui sont-ils ? Combien sont-ils ? Où sont-ils ? Etc.*) ; les faits (*Que se passe-t-il ?*) ; ce que pensent les personnages (leurs pensées, leurs émotions, etc.).
• Le texte est relu à voix haute par l'enseignant(e).
• Les mots et passages à savoir lire sont lus par les élèves (phrases en gras). Veiller à une articulation convenable.
• Les élèves doivent les lire rapidement. Ce travail peut être mené collectivement puis individuellement.
• Les mots *éclair, déchire, attend, malin, tout à coup* sont également travaillés hors contexte en les faisant écrire sur des étiquettes et en les faisant lire rapidement les uns après les autres par les élèves. Inventer ou faire inventer des phrases contenant ces mots.
• Le texte est relu à voix haute par les élèves aidés de l'enseignant(e).

Phase 2 ■ Fichier page 63

Collectif : 5 min ■ Individuel : 15 min

Exercice 5 :

Compétence :
Trouver une réponse explicite dans un texte étudié.

• Lire ou faire lire la consigne, les débuts de phrases et les différentes possibilités de fins de phrases.
• Correction collective.

Différenciation :
Faire lire ou lire aux élèves fragiles la première, la dixième puis la dernière phrase du texte du fichier.
Mettre en place un tutorat, pour les élèves qui ont des difficultés en lecture, faire travailler les élèves en binômes. Demander à l'élève qui décode correctement de lire les phrases, mais il ne doit pas donner la réponse.

Exercice 6 :

Compétence : Reproduire l'ordre des mots d'une phrase.
Support : Étiquettes du fichier à photocopier.

• L'enseignant(e) lit ou fait lire la consigne et les mots à remettre dans l'ordre.
• À l'oral, collectivement, les élèves sont invités à dire comment ils vont procéder pour réussir l'exercice. Puis ils travaillent individuellement. Correction collective.

Différenciation :
Faire repérer et mettre en valeur la majuscule et le point dans les étiquettes de l'exercice.
Les élèves les plus fragiles ne font que la première phrase.

Exercice 7 :

Compétence : Compléter un texte à trous.

Ce type d'exercice a déjà été réalisé en période 1 et 2 du fichier. L'enseignant(e) précise seulement la compétence visée lors de cette phase de travail : « savoir compléter un texte avec les bons mots » et pose le problème : *Que devez-vous faire ? Comment allez-vous faire ?*
• Il est préférable de donner en premier la parole aux élèves les plus fragiles pour que ce soit eux qui cherchent à comprendre ce qui est demandé. Les élèves travaillent individuellement.
• La correction de l'exercice consistera à faire relire la phrase complétée par les élèves.

Différenciation :
Proposer des étiquettes à placer pour travailler de façon explicite avec les élèves plus fragiles.

Exercice 8 :

Compétence : Savoir anticiper sur la suite de l'histoire.

Cette petite activité invite les élèves à se poser des questions et émettre des hypothèses.
• L'enseignant(e) lit ou fait lire la consigne et incite les élèves à revenir sur le texte de l'histoire pour écrire leur réponse.
• À l'oral, collectivement, les élèves sont invités à émettre leur hypothèse en se justifiant. Puis le travail d'écriture est réalisé individuellement.

Différenciation :
Les élèves les plus fragiles ne font pas la phrase assortie d'une croix.

Phase 3 ■ Fichier page 63

Collective : 10 min

Cette phase peut être reportée à un autre moment de la journée, elle permet de faire un bilan et de revenir sur les compétences travaillées dans la séance.

Exercice 9 : Entraine-toi

Compétences : Reconnaitre des mots : *éclair – déchire – attend – malin – tout à coup.*
• Produire une phrase à l'oral en utilisant les mots donnés.

Révision des mots : *un.*
À l'oral et à l'écrit, procéder comme précédemment (voir page 200).

Splat, Agent secret - Épisode 5

Compétences :
- Se repérer dans un texte.
- Savoir décrire une illustration à l'oral.
- Émettre des hypothèses sur la suite d'un récit.
- Identifier des mots rapidement, décoder aisément des mots inconnus réguliers, reconnaitre des mots fréquents.
- Savoir reformuler un texte entendu ou lu.
- Réinvestir des apprentissages antérieurs.
- Comprendre un paragraphe de l'histoire.
- Lire une phrase à voix haute avec fluidité après préparation.

Supports :
Album *Splat, Agent secret*, fichier de lecture-compréhension pages 64-65 et étiquettes du fichier à photocopier.

Séance 1

Texte de l'épisode 5 :
L'agent Splat se précipite.
Le piège a fonctionné ! L'appareil a pris *une* photo.
« Aha ! dit Splat, *des* oreilles *qui* me rappellent quelqu'*un*. »
Splat inspecte *la* farine au sol. « Aha ! dit-*il*, *des* empreintes *de* pattes. *Des* empreintes *qui* me rappellent quelqu'*un*. »
Splat suit *la* piste *des* empreintes depuis *la* cabane *de* *son* jardin… jusqu'à *une* autre cabane.
« *Nous* y voilà, chuchote Splat.
La cachette *de* Monsieur X. »

- **La phrase en gras** est la phrase qui sera à lire le soir par les élèves, dont les mots sont décodables ou ont été travaillés dans les séances de l'épisode.
- Les mots soulignés sont les mots que l'élève peut décoder si l'on suit la progression du fichier d'apprentissage du code.
- *Les mots en italique sont* les mots qui ont déjà été travaillés dans des leçons précédentes.

Lors de la séance 1. Vocabulaire au quotidien (1) : *empreintes – inspecte.*
Dans la journée, en dehors de la séance de lecture. Vocabulaire au quotidien (2) : *empreintes – inspecte.*
Déroulement : se reporter à la page 6.

Phase 1 ■ Album pages 4 à 23

Collectif : 10 min

Compétences :
- Prendre la parole pour décrire.
- Formuler des hypothèses sur l'histoire.
- Comprendre un texte entendu ou lu.

Rappel des épisodes précédents
Avant d'ouvrir l'album :
- Réactiver la problématique. Les élèves reformulent ce qu'ils avaient découvert lors des précédents épisodes :
- les personnages ;
- le lieu ;
- la problématique : *les canards de Splat disparaissent les uns après les autres et réapparaissent sans leur bec. Splat décide de mener l'enquête. Il prépare sa panoplie d'espion, installe ses pièges et attend, jusqu'à ce qu'un éclair déchire la nuit.*
- Laisser les élèves s'exprimer, puis insister sur le vocabulaire. Habituer les élèves à utiliser le vocabulaire du texte et le lexique travaillé. Exemple : *Splat mène une enquête, il recherche le criminel, etc.*
- Demander aux élèves de faire des hypothèses sur la suite de l'histoire. Les propositions des élèves sont notées au tableau.

Avec l'album :
- L'enseignant(e) relit le texte des pages 4 à 19.

Album pages 20 à 23
Analyse :
- Les élèves observent les illustrations des pages 20 à 23 et les décrivent.

(**Vocabulaire attendu :** *cabane, courir, appareil photo, oreilles, empreintes…*)

Anticipation de la lecture :
- Questionner les élèves : *En regardant les illustrations et le texte, avez-vous une idée de ce qui va se passer ?*
- Laisser les élèves s'exprimer rapidement.
- L'enseignant(e) recense leurs hypothèses sur une affiche ou au tableau pour les vérifier ensuite lors de la lecture du texte.

Lecture :
- Lecture par l'enseignant(e) du texte des pages de l'épisode 5 (de la page 20 à la page 23).
- Confronter ce texte avec les hypothèses formulées auparavant. Puis les élèves reformulent avec leurs mots ce qu'ils ont compris de l'épisode 5.
- L'enseignant(e) reformule à son tour ce qu'ont dit les élèves en insistant sur les éléments que l'on retrouvera à chaque épisode :
- les personnages.
- le lieu.

Phase 2 ■ Fichier page 64

Collectif : 15 min

Compétences :
- Comprendre un énoncé oral.
- Établir des relations entre l'oral et l'écrit.

Rappeler que certains mots difficiles sont illustrés à côté du texte. Les élèves sont invités à identifier *une (des) empreinte(s)* et à faire le lien avec l'épisode découvert dans l'album.

Texte du fichier

- L'enseignant(e) lit le texte de l'épisode 5 dans le fichier. Annoncer aux élèves qu'il s'agit du même texte que celui qu'ils viennent de lire dans l'album.
- Les élèves suivent avec leur doigt sur le texte du fichier page 64.
- Demander aux élèves s'ils retrouvent dans le texte des éléments connus. Indiquer ces remarques par des actions sur le texte collectif affiché ou projeté au tableau (en entourant, surlignant, etc.).
- Demander aux élèves de venir montrer les mots (*photo, des, qui, la, agent, Monsieur...*).
- Mettre en valeur la ponctuation. Demander de retrouver les phrases dites par un personnage. Bien rappeler la manière de les retrouver (grâce aux guillemets).
- Revenir sur les mots de vocabulaire difficiles, notamment les mots : *empreinte(s), farine, sol, cabane, inspecte, depuis, chuchote...* Entourer ces mots. En garder une trace écrite, les écrire en cursive.
- S'assurer ensuite de la compréhension en posant des questions du type :

– *Quels sont les personnages de cet extrait ?*
– *Quel élément de sa panoplie permet à Splat de suivre les empreintes ?*
– *Pourquoi chuchote-t-il ?*

- Demander aux élèves d'anticiper :

– *Qui Splat va-t-il trouver dans la cabane ?*

Phase 3 ■ Fichier page 64

Collectif : 5 min ■ Individuel : 15 min

Exercice 1 :

Compétence :
Trouver une réponse explicite dans un texte étudié.

- L'enseignant(e) lit la consigne et fait décrire les dessins.
- Les élèves travaillent individuellement.
- Correction : les élèves sont invités à justifier leurs réponses en faisant référence au texte.

Différenciation :
Les élèves peuvent se reporter à l'album (p. 21) pour avoir l'aide de l'illustration.

Exercice 2 :

Compétence :
Trouver une réponse explicite dans un texte étudié.

- L'enseignant(e) lit la consigne, fait décrire les dessins, puis lit les mots en dessous.
- Les élèves travaillent individuellement.
- Correction : les élèves sont invités à justifier leurs réponses en faisant référence au texte.

Différenciation :
Les élèves peuvent se reporter à l'album (p. 20 et 21) pour avoir l'aide de l'illustration ou aux lignes 2 et 4 du texte du fichier.

Exercice 3 :

Compétence :
Reconnaitre des mots dans un texte.

- L'enseignant(e) lit la consigne. Préciser seulement la compétence visée lors de cette phase de travail : « savoir reconnaitre des mots » et poser le problème : *Que devez-vous faire ? Comment allez-vous faire ?*

(Réponse attendue entre autres : *On doit comparer chaque lettre du mot et pas seulement la première.*)

- Travail individuel. Correction collective au tableau (chaque mot sera corrigé en donnant la parole aux élèves pour qu'ils expliquent comment ils procèdent).
- À un autre moment de la journée, proposer le jeu du pendu avec le mot : *patte.*

Différenciation :
Les élèves ayant besoin de temps ne font pas les parties d'exercice assorties d'une croix ou seulement partiellement. Les élèves qui pourraient être en difficulté sont regroupés par l'enseignant(e) et travaillent de façon explicite chacun sur un mot.

Séance 2

Lors de la séance 2. Vocabulaire au quotidien (3) : *empreintes – inspecte.*
Dans la journée, en dehors de la séance de lecture. Vocabulaire au quotidien (4) : *empreintes – inspecte.*
Déroulement : se reporter à la page 6.

Phase 1 ■ Fichier page 65

Collectif : 10 min ■ Individuel : 5 min

Rappel du récit

- Demander aux élèves de faire le rappel de l'épisode (sans s'aider des illustrations de l'album).
- Ne pas intervenir, relever ensuite les éléments de désaccord, sans donner la réponse. On travaille ici le langage d'évocation, amener les élèves à se rappeler, nommer les choses, résumer, etc.
- Amener les élèves à utiliser le vocabulaire étudié. Pour bien comprendre un texte il faut que les élèves connaissent trois éléments : les personnages (*Qui sont-ils ? Combien sont-ils ? Où sont-ils ? etc.*) ; les faits (*Que se passe-t-il ?*) ; ce que pensent les personnages (leurs pensées, leurs émotions, etc.).
- Le texte est relu à voix haute par l'enseignant(e).

• La phrase à savoir à savoir lire est lue par les élèves (phrase en gras). Veiller à une articulation convenable.
• Les élèves doivent les lire rapidement. Ce travail peut être mené collectivement dans un premier temps, puis individuellement.
• Les mots *farine, sol, cabane, inspecte, au* sont également travaillés hors contexte en les faisant écrire sur des étiquettes et en les faisant lire rapidement les uns après les autres par les élèves. Inventer ou faire inventer des phrases contenant ces mots.
• Le texte est relu à voix haute par les élèves aidés de l'enseignant(e).

Phase 2 ■ Fichier page 64

Collectif : 10 min

Étude de la langue

Compétence :
Savoir repérer la marque du pluriel des noms.

• Observer les illustrations à côté du texte (*des empreintes*).
• Poser des questions du type :
– *Que voit-on ?*
– *Quelle différence entre les mots sous les illustrations des empreintes ?*
• Bien mettre en valeur le *s* à *empreintes*.
• Continuer l'affiche collective et ajouter d'autres exemples :

un	deux et plus
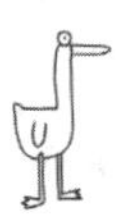	
un canard une empreinte …	des canards des empreintes …

Phase 3 ■ Fichier page 65

Collectif : 5 min ■ Individuel : 15 min

Exercice 4 :

Compétence :
Trouver une réponse explicite dans un texte étudié.

• L'enseignant(e) lit la consigne.
• Commencer ce travail collectivement. Faire repérer dans le texte les paroles chuchotées par Splat. Puis les élèves travaillent individuellement.
• Correction : les élèves sont invités à justifier leurs réponses en faisant référence au texte.

Différenciation :
Les élèves peuvent se reporter à l'avant dernière ligne du texte du fichier. Donner le texte en écriture cursive.

Exercice 5 :

Compétence :
Associer deux syllabes pour reconstituer un mot.

• Lire ou faire lire la consigne et les syllabes.
• Dans un premier temps, les mots à retrouver sont donnés par les élèves à l'oral.
• Les élèves travaillent individuellement. Correction collective.

Différenciation :
Donner les étiquettes des syllabes (à créer).
Les élèves ayant besoin de temps ne font pas les parties d'exercice assorties d'une croix, ou ne recopie qu'un mot assorti d'une croix. Créer des étiquettes avec les syllabes afin que les élèves puissent les déplacer librement.

Exercice 6 :

Compétence :
Reproduire l'ordre des mots d'une phrase.
Support : Étiquettes du fichier à photocopier.

• L'enseignant(e) lit ou fait lire la consigne et les mots à remettre dans l'ordre.
• À l'oral, collectivement, les élèves sont invités à dire comment ils vont procéder pour réussir l'exercice. Puis ils travaillent individuellement. Correction collective.

Différenciation :
Faire repérer et mettre en valeur la majuscule et le point dans les étiquettes de l'exercice.
Les élèves les plus fragiles ne font que la première phrase.

Exercice 7 :

Compétence :
Savoir corriger une ou plusieurs erreurs dans une phrase.

• Prendre le temps de rappeler ce nouvel exercice. Attention ici, les erreurs ne sont plus soulignées et les élèves doivent les trouver eux-mêmes. Leur demander de lire la phrase afin de trouver ce qui ne convient pas. Cet exercice permet de travailler la compréhension des phrases, donc du texte.
• Écrire ces phrases au tableau. Collectivement, s'assurer de la compréhension des mots. Puis le travail d'écriture est réalisé individuellement. Correction collective.

Différenciation :
Les élèves les plus fragiles ne font pas la phrase assortie d'une croix. Donner le modèle des mots à recopier à ceux qui en ont besoin.

Phase 4 ■ Fichier page 65

Collectif : 10 min

Cette phase peut être reportée à un autre moment de la journée, elle permet de faire un bilan et de revenir sur les compétences travaillées dans la séance.

Exercice 8 : Entraine-toi

Compétences :
• Reconnaitre des mots : *farine, sol, cabane, inspecte, au.*
• Produire une phrase à l'oral en utilisant les mots donnés.

Révision des mots : *le, la.*

À l'oral et à l'écrit, procéder comme page 200.

Splat, Agent secret - Épisode 6

Compétences :
- Se repérer dans un texte.
- Savoir décrire une illustration à l'oral.
- Émettre des hypothèses sur la suite d'un récit.
- Identifier des mots rapidement, décoder aisément des mots inconnus réguliers, reconnaitre des mots fréquents.
- Savoir reformuler un texte entendu ou lu.
- Réinvestir des apprentissages antérieurs.
- Comprendre un paragraphe de l'histoire.
- Lire une phrase à voix haute avec fluidité après préparation.

Supports :
Album *Splat, Agent secret*, fichier de lecture-compréhension pages 66-67 et étiquettes du fichier à photocopier.

Séance 1

Texte de l'épisode 6 :
À pas *de* velours, Splat se rapproche *de la* porte.
Il tire *de son* sac *son* gadget top-secret. *Il* appuie sur *la* poignée, *il* ouvre tout *grand*... *et* se rue à l'intérieur.
« *Je* te tiens ! » crie Splat.
Deux yeux jaunes brillent *dans la* pénombre.
« Ainsi donc, Agent Splat, murmure *une* voix mystérieuse, *tu* m'as trouvé ! »
Aha ! se dit Splat. Cette voix mystérieuse...
Elle me rappelle quelqu'*un*.
Splat braque *sa* torche électrique. Quel choc ! *C'est* Grouff !
« *C'est* donc toi, Monsieur X ?! »

- **Les phrases en gras** sont les phrases qui seront à lire le soir par les élèves, dont les mots sont décodables ou ont été travaillés dans les séances de l'épisode.
- Les mots soulignés sont les mots que l'élève peut décoder si l'on suit la progression du fichier d'apprentissage du code.
- *Les mots en italique sont* les mots qui ont déjà été travaillés dans des leçons précédentes.

> **Lors de la séance 1. Vocabulaire au quotidien (1) :** *pénombre – braque – se rue.*
> **Dans la journée, en dehors de la séance de lecture. Vocabulaire au quotidien (2) :** *pénombre – braque – se rue.*
> **Déroulement :** se reporter à la page 6.

Phase 1 ■ Album page 4 à 27

Collectif : 10 min

Compétences :
- Prendre la parole pour décrire.
- Formuler des hypothèses sur l'histoire.
- Comprendre un texte entendu ou lu.

Rappel des épisodes précédents

Avant d'ouvrir l'album :
- Réactiver la problématique. Les élèves reformulent ce qu'ils avaient découvert lors des précédents épisodes :
  - les personnages ;
  - le lieu ;
  - la problématique : *Les canards de Splat disparaissent et réapparaissent sans leurs becs. Splat mène l'enquête. Grâce à sa panoplie d'agent secret, Splat est sur le point de découvrir le criminel.*
- Demander aux élèves de faire des hypothèses sur la suite de l'histoire. Les propositions des élèves sont notées au tableau.

Avec l'album :
- L'enseignant(e) relit le texte des pages 4 à 23.

Album pages 24 à 27

Analyse :
- Les élèves observent l'illustration des pages 24 à 27 et les décrivent.

(**Vocabulaire attendu :** *bondir – casquette – gadget – yeux – jaune – chat – canard – vert...*)

Anticipation de la lecture :
- Questionner les élèves : *En regardant les illustrations et les textes, avez-vous une idée de ce qui va se passer ?*
- Laisser les élèves s'exprimer rapidement.
- L'enseignant(e) recense leurs hypothèses sur une affiche ou au tableau pour les vérifier ensuite lors de la lecture du texte.

Lecture :
- Lecture par l'enseignant(e) du texte des pages de l'épisode 6 (de la page 24 à 27).
- Confronter ce texte avec les hypothèses formulées auparavant. Puis les élèves reformulent avec leurs mots ce qu'ils ont compris de l'épisode 6.
- L'enseignant(e) reformule à son tour ce qu'ont dit les élèves en insistant sur les éléments que l'on retrouvera à chaque épisode :
  - les personnages ;
  - le lieu.

Le personnage de Grouff n'a pas été rencontré auparavant

mais est connu des lecteurs de la série des aventures de Splat (Grouff est un chat ami de Splat et du Souriceau). Rechercher avec les élèves quelle peut être l'identité de ce nouveau personnage. Écrire leurs hypothèses qui seront validées par la lecture des épisodes suivants.

Phase 2 ■ Album page 66

Collectif : 15 min

Compétences :
- Comprendre un énoncé oral.
- Établir des relations entre l'oral et l'écrit.

Rappeler que certains mots difficiles sont illustrés à côté du texte. Les élèves sont invités à identifier *une poignée, la pénombre* et à faire le lien avec l'épisode découvert dans l'album.

Texte du fichier

- L'enseignant(e) lit le texte de l'épisode 6 dans le fichier. Annoncer aux élèves qu'il s'agit du même texte que celui qu'il vient de lire dans l'album.
- Les élèves suivent avec leur doigt sur le texte du fichier page 66.
- Demander aux élèves s'ils retrouvent dans le texte des éléments connus. Indiquer ces remarques par des actions sur le texte collectif affiché ou projeté au tableau (en entourant, surlignant, etc.).
- Demander aux élèves de venir montrer les mots (*poignée, pénombre, porte, sac, ouvrir en grand, torche électrique*...).
- Mettre en valeur la ponctuation. Demander de retrouver les phrases dites par un personnage. Biens rappeler la manière de les retrouver (grâce aux guillemets). Demander également pourquoi une phrase est en capitale d'imprimerie.
- Revenir sur les mots de vocabulaire difficiles, notamment les mots : *velours, gadget top-secret, poignée, choc*... Entourer ces mots. En garder une trace écrite, les écrire en cursive.
- S'assurer ensuite de la compréhension en posant des questions du type :

– *Comment s'appelle Monsieur X ?*
– *Où est-il ?*

Phase 3 ■ Fichier page 66

Collectif : 10 min ■ Individuel : 10 min

Exercice 1 :

Compétence :
Trouver une réponse explicite dans un texte étudié.

- L'enseignant(e) lit la consigne et les phrases dans les bulles.
- Les élèves travaillent ensuite individuellement.
- Correction : les élèves sont invités à justifier leurs réponses en faisant référence au texte.

Différenciation :
Demander aux élèves les plus fragiles d'entourer en couleur les phrases dites par les personnages, par exemple bleu pour Splat et rouge pour Grouff.

Exercice 2 :

Compétence :
Trouver une réponse explicite dans un texte étudié.

- Relire le texte au préalable. Bien expliquer le terme « coche » qui n'est pas utilisé souvent par les élèves.
- L'enseignant(e) lit la consigne puis la question et les différentes réponses possibles. Dans un premier temps l'exercice est réalisé oralement.
- Les élèves travaillent ensuite individuellement.
- Correction : les élèves sont invités à justifier leurs réponses en faisant référence au texte.

Différenciation :
Théâtraliser le texte avec les élèves plus fragiles.

Exercice 3 :

Compétence :
Reconnaitre des mots dans un texte.

- L'enseignant(e) lit la consigne. Préciser seulement la compétence visée lors de cette phase de travail : « savoir reconnaitre des mots » et poser le problème : *Que devez-vous faire ? Comment allez-vous faire ?*

(Réponse attendue entre autres : *On doit comparer chaque lettre du mot et pas seulement la première.*)

- Travail individuel. Correction collective au tableau (chaque mot sera corrigé en donnant la parole aux élèves pour qu'ils expliquent comment ils procèdent).
- À un autre moment de la journée, proposer le jeu du pendu avec le mot : *trouvé*.

Différenciation :
Les élèves ayant besoin de temps ne font pas les parties d'exercice assorties d'une croix ou seulement partiellement. Les élèves qui pourraient être en difficulté sont regroupés par l'enseignant(e) et travaillent de façon explicite chacun sur un mot.

Séance 2

Lors de la séance 2. Vocabulaire au quotidien (3) : *pénombre – braque – se rue.*
Dans la journée, en dehors de la séance de lecture. Vocabulaire au quotidien (4) : *pénombre – braque – se rue.*
Déroulement : se reporter à la page 6.

Phase 1 ■ Fichier page 66

Collectif : 5 min ■ Individuel : 10 min

Rappel du récit

- Demander aux élèves de faire le rappel de l'épisode (sans s'aider des illustrations de l'album).
- Ne pas intervenir, relever ensuite les éléments de

désaccord, sans donner la réponse. On travaille ici le langage d'évocation, amener les élèves à se rappeler, nommer les choses, résumer, etc.

• Amener les élèves à utiliser le vocabulaire étudié. Pour bien comprendre un texte il faut que les élèves connaissent trois éléments :

– les personnages (*Qui sont-ils ? Combien sont-ils ? Où sont-ils ? etc.*) ;

– les faits (*Que se passe-t-il ?*) ;

– ce que pensent les personnages (leurs pensées, leurs émotions, etc.).

• Le texte est relu à voix haute par l'enseignant(e).

• Les mots et passages à savoir lire sont lus par les élèves (phrases en gras). Veiller à une articulation convenable.

• Les élèves doivent les lire rapidement. Ce travail peut être mené collectivement dans un premier temps, puis individuellement.

• Les mots *yeux – voix – monsieur – se – donc* sont également travaillés hors contexte en les faisant écrire sur des étiquettes et en les faisant lire rapidement les uns après les autres par les élèves. Inventer ou faire inventer des phrases contenant ces mots.

• Le texte est relu à voix haute par les élèves aidés l'enseignant(e).

Phase 2 ■ Fichier page 67

Collectif : 5 min ■ Individuel : 15 min

Exercice 4 :

Compétence :
Trouver une réponse explicite dans un texte étudié.

• L'enseignant(e) lit la consigne.

• Commencer ce travail collectivement. Faire repérer dans le texte la suite des paroles dites par Splat. Puis les élèves travaillent individuellement.

• Correction : les élèves sont invités à justifier leurs réponses en faisant référence au texte.

Différenciation :
Les élèves peuvent se reporter lignes 8 et 9 du texte du fichier. Donner le texte en écriture cursive.

Exercice 5 :

Compétence :
Reproduire l'ordre des mots d'une phrase.
Support : Étiquettes du fichier à photocopier.

• L'enseignant(e) lit ou fait lire la consigne et les mots à remettre dans l'ordre.

• À l'oral, collectivement, les élèves sont invités à dire comment ils vont procéder pour réussir l'exercice. Puis ils travaillent individuellement.

• Correction collective.

Différenciation :
Faire repérer et mettre en valeur la majuscule et le point d'interrogation dans les étiquettes de l'exercice.
Les élèves les plus fragiles ne font que la première phrase.

Exercice 6 :

Compétence :
Savoir corriger une ou plusieurs erreurs dans une phrase.

• Les élèves commencent à être habitués à cet exercice. Les mots à changer ne sont plus soulignés. Ils doivent donc lire la phrase afin de trouver le mot qui ne convient pas. Cet exercice, très ludique, est, pour l'instant, toujours, à faire collectivement dans un premier temps.

• Écrire ces phrases au tableau. S'assurer de la compréhension des mots. Le travail d'écriture est réalisé individuellement.

• Correction collective.

Différenciation :
Les élèves les plus fragiles ne font pas la phrase assortie d'une croix. Donner les mots à recopier aux élèves qui en ont besoin.

Exercice 7 :

Compétence :
Trouver une réponse implicite dans un texte étudié.

Petit exercice de production d'écrit. Les élèves peuvent s'aider de l'exercice 4 de la page 62 si besoin.

• L'enseignant(e) lit la consigne.

• Commencer ce travail collectivement. Puis les élèves travaillent individuellement.

Différenciation :
Relire avec les élèves les plus fragiles les deux dernières lignes du texte du fichier page 66.

Phase 3 ■ Fichier page 67

Collectif : 10 min

Cette phase peut être reportée à un autre moment de la journée, elle permet de faire un bilan et de revenir sur les compétences travaillées dans la séance.

Exercice 8 : Entraine-toi

Compétences :
• Reconnaitre des mots : *yeux, voix, monsieur, se, donc.*
• Produire une phrase à l'oral en utilisant les mots donnés.

Révision des mots : *des, une, un.*

À l'oral et à l'écrit, procéder comme précédemment (voir page 200).

Splat, Agent secret - Épisode 7

Compétences :
- Se repérer dans un texte.
- Savoir décrire une illustration à l'oral.
- Émettre des hypothèses sur la suite d'un récit.
- Identifier des mots rapidement, décoder aisément des mots inconnus réguliers, reconnaitre des mots fréquents.
- Savoir reformuler un texte entendu ou lu.
- Réinvestir des apprentissages antérieurs.
- Comprendre un paragraphe de l'histoire.
- Lire une phrase à voix haute avec fluidité après préparation.

Supports :
Album *Splat, Agent secret,* fichier de lecture-compréhension pages 68-69 et étiquettes du fichier à photocopier.

Séance 1

Texte de l'épisode 7 :
Grouff tente *de* s'enfuir.
Splat presse *un* bouton *et son* gadget top-secret *se* déclenche.
BOÏNG ! Grouff *se* retrouve à plat ventre !
Splat s'assoit sur lui.
« ***Mais* pourquoi, Grouff** ? **Pourquoi** ? Qu'*est*-ce qu'ils t'ont fait, mes canards ? »
À cet instant, **un souriceau passe...** serrant sur *son* cœur *un* canard !
« **Ça alors** ! bredouille Splat.
« Ooh, *non* ! proteste Grouff. Encore !? »
Le souriceau *se* faufile *dans un* trou.
Et BONG ! *en* se cognant contre *le* mur, *le bec* du canard *se* déboite !

- **Les mots et les phrases en gras** sont les mots et les phrases qui seront à lire le soir par les élèves, dont les mots sont décodables ou ont été travaillés dans les séances de l'épisode.
- Les mots soulignés sont les mots que l'élève peut décoder si l'on suit la progression du fichier d'apprentissage du code.
- *Les mots en italique sont* les mots qui ont déjà été travaillés dans des leçons précédentes.

Lors de la séance 1. Vocabulaire au quotidien (1) : *souriceau – proteste – déboite.*
Dans la journée, en dehors de la séance de lecture. Vocabulaire au quotidien (2) : *souriceau – proteste – déboite.*
Déroulement : se reporter à la page 6.

Phase 1 ■ Album pages 4 à 31

Collectif : 10 min

Compétences :
- Prendre la parole pour décrire.
- Formuler des hypothèses sur l'histoire.
- Comprendre un texte entendu ou lu.

Rappel des épisodes précédents
Avant d'ouvrir l'album :
- Réactiver la problématique. Les élèves reformulent ce qu'ils avaient découvert lors des précédents épisodes :
– les personnages ;
– le lieu ;
– le problème et la solution : *Les canards de Splat disparaissent et réapparaissent sans leurs becs. Splat mène l'enquête. Grâce à sa panoplie d'agent secret, il découvre que le criminel est son ami Grouff.*
- Demander aux élèves de faire des hypothèses sur la suite de l'histoire. Les propositions des élèves sont notées au tableau.

Avec l'album :
- L'enseignant(e) relit le texte des pages 4 à 27.

Album pages 28 à 31
Analyse :
- Les élèves observent l'illustration des pages 28 à 31 et les décrivent.

(**Vocabulaire attendu :** *gadget – top-secret – s'assoir – souris – cogner...*)
Anticipation de la lecture :
- Questionner les élèves : *En regardant les illustrations et les textes, avez-vous une idée de ce qui va se passer ?*
- Laisser les élèves s'exprimer rapidement.
- L'enseignant(e) recense leurs hypothèses sur une affiche ou au tableau pour les vérifier ensuite lors de la lecture du texte.

Lecture :
- Lecture par l'enseignant(e) du texte des pages de l'épisode 7 (de la page 28 à 31).
- Confronter ce texte avec les hypothèses formulées auparavant. Puis les élèves reformulent avec leurs mots ce qu'ils ont compris de l'épisode 7.
- L'enseignant(e) reformule à son tour ce qu'ont dit les élèves en insistant sur les éléments que l'on retrouvera à chaque épisode :
– les personnages ;
– le lieu.
- Demander :
– *Qui est le coupable ?*

Phase 2 ■ Album page 68

Collectif : 15 min

Compétences :
- Comprendre un énoncé oral.
- Établir des relations entre l'oral et l'écrit.

Rappeler que certains mots difficiles sont illustrés à côté du texte. Les élèves sont invités à identifier *déboiter* et à faire le lien avec l'épisode découvert dans l'album.

Texte du fichier

- L'enseignant(e) lit le texte de l'épisode 7 dans le fichier. Annoncer aux élèves qu'il s'agit du même texte que celui qu'il vient de lire dans l'album.
- Les élèves suivent avec leur doigt sur le texte du fichier page 68.
- Demander aux élèves s'ils retrouvent dans le texte des éléments connus. Indiquer ces remarques par des actions sur le texte collectif affiché ou projeté au tableau (en entourant, surlignant, etc.).
- Demander aux élèves de venir montrer les mots (*déboiter, s'enfuir, bouton, à plat ventre, bredouiller, faufiler, cœur*...).
- Mettre en valeur la ponctuation. Demander de retrouver les phrases dites par un personnage. Bien rappeler la manière de les retrouver (grâce aux guillemets). Les entourer en couleur, par exemple bleu pour Splat et rouge pour Grouff. Demander pourquoi certains mots sont en capitale d'imprimerie.
- Revenir sur les mots de vocabulaire difficiles, notamment le mot : *tente, s'enfuir, déclenche, bredouille, faufile*... Entourer ces mots. En garder une trace écrite, les écrire en cursive.
- S'assurer ensuite de la compréhension en posant des questions du type :

– *Quels sont les personnages de cet extrait ?*
– *Comment Splat parvient-il à arrêter Grouff ?*
– *Qui vole les canards ?*
– *Pourquoi le bec se déboite-t-il ?*

Phase 3 ■ Fichier page 68

Collectif : 5 min ■ Individuel : 15 min

Exercice 1 :

Compétence :
Trouver des réponses explicites dans un texte étudié.

Ce travail permet de bien affiner la compréhension lorsqu'un nouveau personnage apparait.
- L'enseignant(e) lit ou fait lire la consigne.
- Les élèves travaillent ensuite individuellement.
- Correction : les élèves sont invités à justifier leurs réponses en faisant référence au texte.

Différenciation :
Faire retrouver et mettre en valeur dans le texte les noms des personnages.

Exercice 2 :

Compétence :
Trouver des réponses explicites dans un texte étudié.

Ce travail sur les onomatopées motive les élèves.
- L'enseignant(e) lit ou fait lire la consigne et les phrases.
- Commencer ensuite collectivement. Faire trouver d'autres onomatopées : *glouglou, paf, etc.*
- Demander aux élèves de les recopier en capitales d'imprimeries.
- Ils travaillent ensuite individuellement.
- Correction : les élèves sont invités à justifier leurs réponses en faisant référence au texte.

Différenciation :
Donner les étiquettes des onomatopées aux élèves qui en ont besoin. Leur demander de les retrouver dans le texte. Relire le texte avec ces élèves.

Exercice 3 :

Compétence :
Trouver une réponse explicite dans un texte étudié.

- L'enseignant(e) lit ou fait lire la consigne, le début de phrase et les différentes fins de phrase possibles.
- S'assurer de la compréhension du mot « coche ».
- Les élèves travaillent ensuite individuellement.
- Correction : les élèves sont invités à justifier leurs réponses en faisant référence au texte.

Différenciation :
Les élèves peuvent se reporter à l'album (p. 31) pour avoir l'aide de l'illustration. Donner le texte en écriture cursive.

Exercice 4 :

Compétence :
Reconnaitre des mots dans un texte.

- L'enseignant(e) lit ou fait lire la consigne. Préciser seulement la compétence visée lors de cette phase de travail : « savoir reconnaitre des mots » et poser le problème : *Que devez-vous faire ? Comment allez-vous faire ?*
(**Réponse attendue entre autres :** *On doit comparer chaque lettre du mot et pas seulement la première.*)
- Travail individuel. Correction collective au tableau (chaque mot sera corrigé en donnant la parole aux élèves pour qu'ils expliquent comment ils procèdent).
- À un autre moment de la journée, proposer le jeu du pendu avec le mot : *canard.*

Différenciation :
Les élèves ayant besoin de temps ne font pas les parties d'exercice assorties d'une croix ou seulement partiellement. Les élèves qui pourraient être en difficulté sont regroupés par l'enseignant(e) et travaillent de façon explicite chacun sur un mot.

Séance 2

Lors de la séance 2. Vocabulaire au quotidien (3) : *souriceau – proteste – déboite.*
Dans la journée, en dehors de la séance de lecture. Vocabulaire au quotidien (4) : *souriceau – proteste – déboite.*
Déroulement : se reporter à la page 6.

Phase 1 ■ Fichier page 68

Collectif : 10 min ■ Individuel : 5 min

Rappel du récit

• Demander aux élèves de faire le rappel de l'épisode (sans s'aider des illustrations de l'album).
• Ne pas intervenir, relever ensuite les éléments de désaccord, sans donner la réponse. On travaille ici le langage d'évocation, amener les élèves à se rappeler, nommer les choses, résumer, etc.
• Amener les élèves à utiliser le vocabulaire étudié. Pour bien comprendre un texte il faut que les élèves connaissent trois éléments :
– les personnages (*Qui sont-ils ? Combien sont-ils ? Où sont-ils ? etc.*) ;
– les faits (*Que se passe-t-il ?*) ;
– ce que pensent les personnages (leurs pensées, leurs émotions, etc.).
• Le texte est relu à voix haute par l'enseignant(e).
• Les mots et passages à savoir lire sont lus par les élèves (phrases en gras). Veiller à une articulation convenable.
• Les élèves doivent les lire rapidement. Ce travail peut être mené collectivement dans un premier temps, puis individuellement.
• Les mots *s'assoit – souriceau – passe – sur – pourquoi* sont également travaillés hors contexte en les faisant écrire sur des étiquettes et en les faisant lire rapidement les uns après les autres par les élèves. Inventer ou faire inventer des phrases contenant ces mots.
• Le texte est relu à voix haute par les élèves aidés de l'enseignant(e).

Phase 2 ■ Fichier page 69

Collectif : 5 min ■ Individuel : 15 min

Exercice 5 :

Compétences :
Comprendre une phrase et savoir lire une image pour les associer.

Pour cet exercice les élèves sont amenés à lire correctement la phrase et prendre les indices dans l'illustration.
• L'enseignant(e) lit ou fait lire la consigne et les phrases.
• Les élèves travaillent ensuite individuellement.
• Correction : les élèves sont invités à justifier leurs réponses en faisant référence au texte.

Différenciation :
Les élèves peuvent se reporter à l'album (pp. 28, 30 et 31) sur lequel l'image et le texte sont associés.

Exercice 6 :
Étude de la langue

Compétence :
Savoir repérer la marque du pluriel des noms.

• Sur le tableau de classe, prendre les mots de l'exercice 6 et demander aux élèves pour chaque mot s'il y en a plusieurs ou un seul (exemple : *des motos* = plusieurs).
• Faire classer les mots dans le tableau. Faire le lien avec l'affiche déjà commencé, la compléter.
• On verbalise la règle de la marque du pluriel :

On met un *s* à la fin des mots comme *canards* et *empreintes* quand il y en a plusieurs (deux et plus que deux).

Différenciation :
Faire l'exercice 6 en aidant les élèves fragiles. Leur donner des étiquettes avec les mots de l'exercice.

Exercice 7 :

Compétence :
Reproduire l'ordre des mots d'une phrase.
Support : Étiquettes du fichier à photocopier.

• L'enseignant(e) lit ou fait lire la consigne et les mots à remettre dans l'ordre.
• À l'oral, collectivement, les élèves sont invités à dire comment ils vont procéder pour réussir l'exercice. Puis ils travaillent individuellement.
• Correction collective.

Différenciation :
Faire repérer et mettre en valeur la majuscule et le point dans les étiquettes de l'exercice.
Les élèves les plus fragiles ne font que la première phrase.

Phase 3 ■ Fichier page 69

Collectif : 10 min

Cette phase peut être reportée à un autre moment de la journée, elle permet de faire un bilan et de revenir sur les compétences travaillées dans la séance.

Exercice 8 : Entraine-toi

Compétence :
Reconnaitre des mots : *s'assoit – souriceau – passe – sur – pourquoi.*
Produire une phrase à l'oral en utilisant les mots donnés.

Révision des mots : *un.*

À l'oral et à l'écrit, procéder comme précédemment (voir page 200).

Splat, Agent secret - Épisode 8

Compétences :
• Se repérer dans un texte.
• Savoir décrire une illustration à l'oral.
• Émettre des hypothèses sur la suite d'un récit.
• Identifier des mots rapidement, décoder aisément des mots inconnus réguliers, reconnaitre des mots fréquents et des mots irréguliers mémorisés.
• Savoir reformuler un texte entendu ou lu.
• Réinvestir des apprentissages antérieurs.
• Comprendre un paragraphe de l'histoire.
• Lire une phrase à voix haute avec fluidité après préparation.
Supports :
Album *Splat, Agent secret* et fichier de lecture-compréhension pages 70-71, étiquettes du fichier à photocopier.

Séance 1

Texte de l'épisode 8 :
Splat regarde par *le* trou. À l'intérieur, ***le* souriceau prend *le* thé *avec le* canard *sans* bec.** « Ce Jo Souriceau ! grogne Grouff. *Je* lui ai dit d'arrêter *de* prendre tes canards, pourtant ! *Mais il* ne m'écoute *pas*. Alors pour *qu'il* n'ait *pas* d'ennuis, ***je* rapporte *les* canards.** »
« ***Je* vois, dit Splat.** *Mais* pourquoi voler mes canards ? »
Hmm. *Et si* ce n'étaient *pas* vraiment *des* canards *qu'il* voulait ? réfléchit Splat. *Et il* chuchote *à l'*oreille *de* Harry Souris.
Harry Souris fait oui *en* silence.
« Ce *qu'il* veut, *c'est* peut-être *un* ami ! »
Bravo, Agent Splat.
Affaire classée.

• **Les phrases en gras** sont les phrases qui seront à lire le soir par les élèves, dont les mots sont décodables ou ont été travaillés dans les séances de l'épisode.
• Les mots soulignés sont les mots que l'élève peut décoder si l'on suit la progression du fichier d'apprentissage du code.
• *Les mots en italique sont* les mots qui ont déjà été travaillés dans des leçons précédentes.

Lors de la séance 1. Vocabulaire au quotidien (1) : *intérieur – thé.*
Dans la journée, en dehors de la séance de lecture. Vocabulaire au quotidien (2) : *intérieur – thé.*
Déroulement : se reporter à la page 6.

Phase 1 ■ Album pages 4 à 35

Collectif : 10 min

Compétences :
• Prendre la parole pour décrire.
• Formuler des hypothèses sur l'histoire.
• Comprendre un texte entendu ou lu.

Rappel des épisodes précédents
Avant d'ouvrir l'album :
• Réactiver la problématique. Les élèves reformulent ce qu'ils avaient découvert lors des précédents épisodes :
– les personnages ;
– le lieu ;
– le problème et la solution : *Les canards de Splat disparaissent et réapparaissent sans leurs becs. Splat mène l'enquête. Grâce à sa panoplie d'agent secret, il découvre que le criminel est son ami Grouff. Toutefois, il se rend vite compte que le vrai coupable est Jo, le souriceau.*
Avec l'album :
• L'enseignant(e) relit le texte des pages 4 à 31.

Album pages 32 à 35
Analyse :
• Les élèves observent l'illustration des pages 32 à 35 et les décrivent.
(**Vocabulaire attendu :** *souriceau, tasse, trou, gouter, gâteau, amis...*)
Anticipation de la lecture :
• Questionner les élèves : *En regardant les illustrations et les textes, avez-vous une idée de ce qui va se passer ?*
• Laisser les élèves s'exprimer rapidement.
• L'enseignant(e) recense leurs hypothèses sur une affiche ou au tableau pour les vérifier ensuite lors de la lecture du texte.
Lecture :
• Lecture par l'enseignant(e) du texte des pages de l'épisode 8 (de la page 32 à 35).
• Confronter ce texte avec les hypothèses formulées auparavant. Puis les élèves reformulent avec leurs mots ce qu'ils ont compris de l'épisode .
• L'enseignant(e) reformule à son tour ce qu'ont dit les élèves :
– les personnages ;
– le lieu.

Phase 2 ■ Album page 70

Collectif : 15 min

Compétences :
• Comprendre un énoncé oral.
• Établir des relations entre l'oral et l'écrit.

Rappeler que certains mots difficiles sont illustrés à côté du texte. Les élèves sont invités à identifier *du thé* et à faire le lien avec l'épisode découvert dans l'album.

Texte du fichier

• L'enseignant(e) lit le texte de l'épisode 8 dans le fichier. Annoncer aux élèves qu'il s'agit du même texte que celui qu'il vient de lire dans l'album.
• Les élèves suivent avec leur doigt sur le texte du fichier page 70.
• Demander aux élèves s'ils retrouvent dans le texte des éléments connus. Indiquer ces remarques par des actions sur le texte collectif affiché ou projeté au tableau (en entourant, surlignant, etc.).
• Demander aux élèves de venir montrer les mots (*regarde, intérieur, bec, pas, vois, pourquoi, ami*...).
• Mettre en valeur la ponctuation. Demander de retrouver les phrases dites par les personnages. Bien rappeler la manière de les retrouver (grâce aux guillemets). Les entourer en couleur, par exemple bleu pour Splat et rouge pour Grouff.
• Revenir sur les mots de vocabulaire difficiles, notamment le mot : *thé, trou, prend, silence*... Entourer ces mots. En garder une trace écrite, les écrire en cursive.
• S'assurer ensuite de la compréhension en posant des questions du type :
– *Quels sont les personnages de cet extrait ?*
– *Qui est le coupable ?*
– *Comment Splat s'est-il aperçu que c'était le souriceau le coupable ?*
– *Que fait le souriceau avec le canard sans bec ?*
– *Qui rapporte les canards à Splat ?*
– *Pourquoi le souriceau vole-t-il les canards ?*
– *Comment Splat aide-t-il le souriceau ?*

Phase 3 ■ Fichier page 70

Collectif : 5 min ■ Individuel : 5 min

Exercice 1 :

Compétence :
Avoir compris le texte et savoir lire des images pour les remettre en ordre.

Cet exercice permet un retour sur toute l'histoire. Bien expliquer la consigne et permettre aux élèves de feuilleter l'album.
• L'enseignant(e) lit ou fait lire la consigne.
• Les élèves travaillent ensuite individuellement.
• Correction : les élèves sont invités à justifier leurs réponses en faisant référence au texte.

Différenciation :
Faire retrouver et mettre en valeur dans le texte les phrases qui correspondent aux dessins de l'exercice et les numéroter.

Exercice 2 :

Compétence :
Reconnaitre des mots dans un texte.

• L'enseignant(e) lit ou fait lire la consigne. Préciser seulement la compétence visée lors de cette phase de travail : « savoir reconnaitre des mots » et poser le problème : *Que devez-vous faire ? Comment allez-vous faire ?*
(**Réponse attendue entre autres :** *On doit comparer chaque lettre du mot et pas seulement la première.*)
• Travail individuel. Correction collective au tableau (chaque mot sera corrigé en donnant la parole aux élèves pour qu'ils expliquent comment ils procèdent).
• À un autre moment de la journée, proposer le jeu du pendu avec le mot : *souris.*

Différenciation :
Les élèves ayant besoin de temps ne font pas les parties d'exercice assorties d'une croix ou seulement partiellement. Les élèves qui pourraient être en difficulté sont regroupés par l'enseignant(e) et travaillent de façon explicite chacun sur un mot.

Exercice 3 :

Compétence :
Trouver des réponses explicites dans un texte étudié.

Ce travail permet de bien affiner la compréhension.
• L'enseignant(e) lit ou fait lire la consigne, les débuts et les fins de phrases.
• Les élèves travaillent ensuite individuellement.
• Correction : les élèves sont invités à justifier leurs réponses en faisant référence au texte.

Différenciation :
Lire les phrases aux élèves fragiles, les leur faire retrouver dans les parties du texte correspondant.

Séance 2

Lors de la séance 2. Vocabulaire au quotidien (3) : *intérieur – thé.*
Dans la journée, en dehors de la séance de lecture. Vocabulaire au quotidien (4) : *intérieur – thé.*
Déroulement : se reporter à la page 6.

Phase 1 ■ Fichier page 70

Collectif : 10 min ■ Individuel : 10 min

Rappel du récit

• Demander aux élèves de faire le rappel de l'épisode (sans s'aider des illustrations de l'album).
• Ne pas intervenir, relever ensuite les éléments de désaccord, sans donner la réponse. On travaille ici le langage d'évocation, amener les élèves à se rappeler, nommer les choses, résumer, etc.
• Amener les élèves à utiliser le vocabulaire étudié. Pour bien comprendre un texte il faut que les élèves connaissent trois éléments :
– les personnages (*Qui sont-ils ? Combien sont-ils ? Où sont-ils ? etc.*) ;
– les faits (*Que se passe-t-il ?*) ;

– ce que pensent les personnages (leurs pensées, leurs émotions, etc.).
• Le texte est relu à voix haute par l'enseignant(e).
• Les mots et passages à savoir lire sont lus par les élèves (phrases en gras). Veiller à une articulation convenable.
• Les élèves doivent les lire rapidement. Ce travail peut être mené collectivement dans un premier temps, puis individuellement.
• Les mots *trou – thé – prend – avec – par* sont également travaillés hors contexte en les faisant écrire sur des étiquettes et en les faisant lire rapidement les uns après les autres par les élèves. Inventer ou faire inventer des phrases contenant ces mots.
• Le texte est relu à voix haute par les élèves aidés par l'enseignant(e).

Phase 2 ■ Fichier page 71

Collectif : 10 min ■ Individuel : 10 min

Exercice 4 :

Compétence :
Savoir corriger une erreur dans une phrase.

• Les élèves commencent à être habitués à cet exercice. Les mots à changer ne sont plus soulignés. Ils doivent donc lire la phrase afin de trouver le mot qui ne convient pas. Cet exercice, très ludique, est, pour l'instant toujours à faire collectivement dans un premier temps.
• Écrire ces phrases au tableau. S'assurer de la compréhension des mots. Le travail d'écriture est réalisé individuellement.
• Correction collective.

Différenciation :
Les élèves les plus fragiles ne font pas la phrase assortie d'une croix. L'enseignant(e) peut regrouper quelques élèves repérés en difficulté sur un type d'exercice pour observer les stratégies des élèves, identifier les obstacles et rendre la tâche explicite.

Exercice 5 :

Compétence :
Reproduire l'ordre des mots d'une phrase.
Support :
Fiche étiquettes à découper (fichier à photocopier).

• L'enseignant(e) lit ou fait lire la consigne et les mots à remettre dans l'ordre.
• Lever les incertitudes au niveau du décodage. Une fois les étiquettes découpées, demander aux élèves de les ranger avant de les coller.
• À l'oral, collectivement, les élèves sont invités à dire comment ils vont procéder pour réussir l'exercice. Puis ils travaillent individuellement.
• Correction collective.

Différenciation :
Donner l'album aux élèves qui en ont besoin pour se repérer dans la chronologie.

Exercice 6 : Étude de la langue

Compétence :
Savoir repérer la marque du pluriel des noms.

• Rappeler la règle que l'on a verbalisé la séance précédente :

On met un *s* à la fin des mots comme *canards* et *empreintes* quand il y en a plusieurs (deux et plus que deux).

• Sur le tableau de classe, prendre les mots de l'exercice 6 et demander aux élèves pour chaque mot s'il y en a plusieurs ou un seul (exemple : *des motos* = plusieurs).
• Passer ensuite à l'exercice. Laisser les élèves en autonomie.
• Correction collective.

Différenciation :
L'enseignant(e) peut regrouper quelques élèves repérés en difficulté sur ce type d'exercice pour observer les stratégies des élèves, identifier les obstacles et rendre la tâche explicite.

Exercice 7 :

Compétence :
Exprimer un avis et savoir le formuler.

Commencer à demander leur avis aux élèves.
• Dans un premier temps, travailler à l'oral afin que chacun apporte des idées. On peut attendre comme réponse :
J'ai bien aimé cette histoire car :
– c'est une histoire policière.
– c'était drôle.
– ça finit bien.
...

Différenciation :
Écrire sous la dictée l'opinion des élèves les plus fragiles et leur donner la phrase à recopier.

Phase 3 ■ Fichier page 71

Collectif : 10 min

Cette phase peut être reportée à un autre moment de la journée, elle permet de faire un bilan et de revenir sur les compétences travaillées dans la séance.

Exercice 8 : Entraine-toi

Compétences :
• Reconnaitre des mots : *trou – thé – prend – avec – par.*
• Produire une phrase à l'oral en utilisant les mots donnés.

Révision des mots : *un – le.*

À l'oral et à l'écrit, procéder comme précédemment (voir page 200).

Vocabulaire du récit policier

Tout au long de cette période, des mots de vocabulaire ont été notés sur des affiches et travaillés 5 minutes chaque jour (voir les conseils pour faire acquérir le vocabulaire au quotidien page 6).
Mots attendus dans cette séquence : *détective, suspect, coupable, loupe, carnet, empreinte, enquête, mystère, secret.*

Compétences :
- Utiliser des mots précis pour s'exprimer.
- Catégoriser le lexique : *personnages, objets.*
- Se créer un répertoire.

Support :
Fichier de lecture-compréhension pages 72-73.

Séance 1

Phase orale ■ Fichier page 72

Collectif : 20 min

Exercice 1 :
- Annoncer l'objectif de la séance : *apprendre et retenir des mots pour désigner les éléments d'un récit policier.*
- Laisser les élèves regarder l'illustration de l'exercice 1.
- Demander aux élèves de décrire la scène.
- Poser des questions du type :
- *Qui voit-on ?*
- *Que s'est-il passé ?*
- *Qui est le personnage en vert ?*
- *Qui sont les autres personnages ?*
- *Comment peut-on les appeler ? (des suspects)*
- *Selon toi, qui est le coupable ?*
- *Qu'est-ce qui te permet de l'affirmer ? (les empreintes)*
- Tout au long de ce travail, faire le lien avec les mots appris lors des séances de « vocabulaire au quotidien ».
- Écrire les propositions des élèves au tableau en les classant par catégorie :
- personnages (*détective, suspect, coupable, victime, témoin*) ;
- objets (*loupe*) ;
- autres (*indices, empreintes, enquête*).
- Puis leur demander de compléter cette liste par des mots que l'on rencontre souvent dans les récits policiers. L'enseignant(e) écrit les mots au tableau et place une étiquette en fonction de sa catégorie au-dessus. (Réponses attendues : *carnet, casquette, énigme, voleur, mystère, disparition, secret...*)
- Demander aux élèves de décrire les personnages et de donner des adjectifs pour les qualifier : *inquiet, étonné, soupçonneux, apeuré, stupéfait...*).
- Les mots nouveaux sont écrits avec leurs définitions sur les affiches de vocabulaire (voir le vocabulaire au quotidien page 6).

Phase écrite ■ Fichier page 72

Collectif : 15 min ■ Individuel : 10 min

Exercice 2 :
- Bien expliquer la consigne. Décrire les illustrations.
- Commencer à l'oral en demandant de décrire les personnages et d'indiquer leur rôle.
- Rappeler aux élèves ce qu'est un détective et les laisser travailler en autonomie quelques minutes.
- Procéder ensuite à une mise en commun collective.

Différenciation :
Donner des étiquettes avec les mots *suspects, coupable* et *détective* aux élèves et les laisser les placer dans la bonne case.

Exercice 3 :
Il est nécessaire d'expliquer ce qu'est une empreinte. À cette occasion, montrer des empreintes d'animaux. Expliquer qu'une empreinte est une trace laissée par un animal, une personne. Prendre des exemples concrets, des empreintes de pas ou de pattes dans la boue ou la neige. Avec de la farine, montrer qu'on peut laisser une empreinte de main. Passer ensuite à l'exercice.
- Lire ou faire lire la consigne et les mots. Puis laisser les élèves en autonomie.

Séance 2

Phase orale ■ Fichier page 73

Collectif : 20 min

• Par un questionnement, travailler le lexique des mots du roman policier. Proposer des devinettes :
– Je suis celui qui a commis le crime. Qui suis-je ? (criminel).
– Je suis celui qui recherche le coupable (enquêteur, détective, agent de police).
– Je suis une trace ou un objet laissé par le criminel (indice).
– Je suis une trace de pas (une empreinte).
– Je suis un objet qui sert à grossir (loupe).
– Etc.
• Puis laisser les élèves inventer eux-mêmes des devinettes.

Phase écrite ■ Fichier page 73

Collectif et individuel : 25 min

Exercice 4 :
• Donner la consigne.
• Argumenter les réponses. *Pourquoi peut-on avoir besoin d'un carnet ?*
• Rappeler le thème en posant des questions du type :
– Sur quel genre d'histoires travaillons-nous ?
• Demander aux élèves :
– Quels sont les mots que l'on a appris et que l'on utilise dans les histoires policières :
(**Réponses attendues, entre autres :** *loupe, appareil photo, suspects, coupable, etc.*)
• Écrire ces mots au tableau et les illustrer rapidement si possible.
• Demander aux élèves de les classer. Favoriser trois catégories : *objets, personnes et autres.* Entourer les mots de trois couleurs différentes.
• Demander ensuite aux élèves de compléter le répertoire.
• Les élèves choisissent deux mots dans chaque catégorie et les recopient dans leur répertoire.
Objets : *appareil photo, lampe de poche, téléphone, ordinateur, jumelles…*
Personnes : *coupable, criminel, assassin, enquêteur, policier, innocent…*
Autres : *énigme, affaire, vol, crime…*

Écrire une partie de récit policier

Compétences :
• Réinvestir le vocabulaire étudié dans l'écriture.
• Apprendre à rédiger un texte court en complétant des phrases.
• Rechercher et organiser des idées.
• Choisir du vocabulaire et construire des phrases.
Support :
Fichier de lecture-compréhension pages 74-75.

Séance 1

Phase orale ■ Fichier page 74

Collectif : 5 min ■ Individuel : 5 min

Exercice 1 :
• Annoncer l'objectif de la séance : *Écrire une partie d'un récit policier.*
• Demander aux élèves de rappeler ce qu'ils savent déjà sur le récit policier : le lexique, les histoires ou les livres, éventuellement les films et les séries.
• À partir de l'illustration page 74, demander aux élèves : *Où se passe cette scène ? Qui sont les personnages ? Que s'est-il passé ? Qui est la victime ? Qui est le coupable ? Etc.*
• Les inciter à réutiliser le vocabulaire du récit policier.

Phase écrite ■ Fichier page 74

Collectif : 5 min ■ Individuel : 10 min

Exercice 2 :
• Lire ou faire lire la consigne et les questions. Bien expliquer le travail à faire. Lire les mots : *détective, suspects, coupable, indice*. S'assurer de leur compréhension.
• **À l'oral :** L'enseignant(e) demande aux élèves de répondre aux questions. Il leur indique qu'ils peuvent se référer au répertoire de vocabulaire qu'ils ont élaboré pendant les séances de vocabulaire. Attirer l'attention des élèves sur la variante singulier/pluriel.
• **À l'écrit :** Réalisation de l'exercice par les élèves de manière autonome. Les élèves pourront ensuite lire leurs réponses à l'enseignant(e) afin de vérifier leur compréhension.

Différenciation :
Pour les élèves en difficulté, écrire le rôle qui correspond à chaque personnage au-dessus de l'illustration (au-dessus de chat = détective ; au-dessus du cochon = coupable ; au-dessus du ballon = indice.

Séance 2

Phase écrite ■ Fichier page 75

Collectif : 5 min ■ Individuel : 15 min

Exercice 3 :
• Annoncer l'objectif de la séance : *compléter le texte de l'histoire.* Décrire les vignettes de la page 75.
• S'assurer que les élèves comprennent le lexique dont ils auront besoin pour rédiger : *château, détective, canard, coffre-fort, enquête, homme...*
• Faire lire le texte à trous par un grand nombre d'élèves.
• Demander aux élèves d'expliquer ce qui est attendu.
• L'enseignant(e) demande : *Comment allez-vous faire pour pouvoir écrire ces phrases ?* Les premières réponses sont proposées à l'oral par les élèves.
• Les élèves doivent trouver les stratégies qui seront souvent utilisées dans la production d'écrit.
• L'enseignant(e) les aide à expliciter toutes les actions requises par la tâche d'écriture. Cette explicitation a pour but de s'assurer que tous les élèves peuvent devenir autonomes dans cet exercice : s'appuyer sur les mots modèles ; utiliser la partie vocabulaire ; etc.
• Toutes ces remarques faites à l'oral sont l'occasion de revoir un grand nombre d'apprentissages de l'écrit.

Différenciation :
Donner des étiquettes avec les mots essentiels. Pratiquer la dictée à l'adulte. Permettre aux élèves de se tromper en commençant leur travail sur une feuille de brouillon.

Continue l'histoire :
• Commencer le travail collectivement. Faire verbaliser les élèves en leur demandant : *Qui est le coupable ? Comment le sait-on ? Qui le découvre ?*
• Demander aux élèves de dire la ou les phrases qu'ils pensent écrire. En écrire quelques-unes au tableau. S'assurer que les mots sont décodés par les élèves.
• Travailler dans un premier temps sur une feuille de brouillon afin de rassurer les élèves, de leur permettre de se tromper, de recommencer. Comme pour la phase précédente demander : *Comment allez-vous faire pour écrire ces phrases ? (cf. plus haut)*
• Comme d'habitude, l'enseignant(e) veille à ce que les élèves soient assis correctement et que le crayon soit bien tenu.
• Individuellement, encouragements et aide peuvent être apportés.
• Enfin, après correction de l'enseignant(e), les élèves peuvent recopier sur le fichier.

Différenciation :
La dictée à l'adulte peut pallier de nombreuses difficultés dans ce type d'exercice. Les élèves plus fragiles ne font pas la partie assortie de croix.

Séance 3

Une 3e **séance de production d'écrit** est consacrée à la finalisation du projet pour le mettre en valeur, notamment dans une perspective de communication :
- Remise au propre (sur cahier, ordinateur, etc.).
- Communication écrite : journal d'école, blog, ENT, affiche, etc.
- Communication orale : lecture aux camarades, dans d'autres classes, etc.

Écouter un autre texte

La première bande dessinée a été créée par Rodolphe Töpffer, en 1827, pour ses élèves. Longtemps dénigrée, la BD est aujourd'hui considérée comme un art.
La planche proposée ici est une première approche de la bande dessinée pour des élèves de CP. L'histoire policière, liée à un conte connu, se prête parfaitement à cette découverte. Il n'est pas nécessaire d'exiger des élèves la connaissance et l'utilisation du lexique de la bande dessinée, cependant l'enseignant(e) veillera à utiliser le vocabulaire adéquat *(bulles, vignettes, etc.)*.
Il est à prendre en compte que les élèves de cet âge, connaissent souvent des héros de BD mais sous la forme de dessin animé (*Astérix, Tintin, etc.*), il conviendra de lever cette confusion.
La BD proposée possède les principales caractéristiques de ce type de texte et permettra une première approche des vignettes, de l'ordre de lecture, des signes graphiques, des bulles, des cartouches, etc.
L'enseignant(e) travaillera particulièrement l'ordre de lecture et les bulles, mais sans oublier, comme l'indique les programmes 2016, que « *la compréhension est la finalité de toutes les lectures* ». L'enseignant(e) pourra lire ou théâtraliser la scène, transmettre le plaisir de lire.

Compétences :
- Pratiquer différentes formes de lecture.
- Savoir se repérer dans une bande dessinée.
- Acquérir du vocabulaire propre à la bande dessinée.
- Utiliser les caractéristiques d'une bande dessinée pour faire des inférences.

Support :
Fichier lecture-compréhension pages 76-77.

Séance 1

Phase orale ■ Fichier page 76

Collectif : 45 min

Exercice 1 :
- Laisser les élèves observer la planche.
- Les laisser ensuite s'exprimer. Les guider par des questions afin de les amener à reconnaitre ce genre de texte et à en dégager ses caractéristiques principales.
  - *Quelle est cette histoire ?*
  - *Que voit-on ?*
  - *Que se passe-t-il dans cette histoire ?*
  - *Qui sont les personnages ?*
  - *Quel est le rôle du chien ? (détective)*
  - *Que cherche-t-il ?*
  - *Où commence-t-on à lire ? Et ensuite ?...*
- Dans un premier temps, ne pas donner les réponses, noter les hypothèses.
- L'enseignant(e) lit la BD. Utiliser le lexique de la BD pour guider les élèves (*vignette, bulle, cartouche*). Faire le lien avec les histoires policières travaillées précédemment et réactiver le lexique *(enquêtes, traces, empreintes, indices, etc.)*.
- Montrer que les vignettes 3, 4 et 5 se lisent de haut en bas.
- Si besoin, reproduire en grand la planche au tableau et ajouter les flèches pour indiquer le sens de la lecture des vignettes.
- Lire ou faire lire le texte à trois voix (enquêteur, mère, narrateur), afin que les élèves se rendent compte que les bulles correspondent aux paroles des personnages.
- Demander aux élèves : *Quelle réponse l'inspecteur va-t-il donner à la maman ? Que vous rappelle cette histoire ?*

Exercice 2 :
- Réaliser cet exercice collectivement. Il permet de travailler le sens de la lecture d'une bande dessinée.

Séance 2

Phase écrite ■ Fichier page 77

Collectif : 5 min ■ Individuel : 10 min

- Résumer ou faire résumer l'histoire et faire un rappel du genre et de ses caractéristiques : *C'est une bande dessinée, on y trouve des vignettes, des bulles pour faire parler ou penser les personnages, etc.*
- L'enseignant(e) gagnera à proposer différents ouvrages : BD, albums, romans, documentaires, etc. Les élèves devront manipuler les différents livres et retrouver les BD parmi eux.
- Le même travail pourra être proposé mais uniquement à partir des couvertures.

Exercice 3 :
Cet exercice permet de travailler le repérage des vignettes.
- Bien expliquer l'exercice. Le faire oralement dans un premier temps. S'assurer que les mots désignant les indices sont lisibles par les élèves. Laisser les élèves travailler individuellement.

Différenciation :
L'enseignant(e) dessine les indices à côtés des mots pour le repérage des vignettes.

Phase écrite ■ Fichier page 77

Collectif : 10 min ■ Individuel : 20 min

- Demander aux élèves de lire les vignettes 1 et 2. *Que constate-t-on ?*
- Théâtraliser la scène. Poser des questions du type :
  - *Pourquoi voit-on des points d'interrogation ?*
  - *Qui parle dans le cartouche ?* (L'enseignant(e) montre en même temps de quel texte il s'agit).
- Leur demander de comparer les bulles.

- Faire des exemples au tableau.
- Dire une phrase et l'écrire dans une bulle.

Exemple : On travaille sur la bande dessinée.

- Dessiner deux bulles : une signifiant les paroles des personnages, une autre leurs pensées.
- Écrire des mots, des phrases ou des onomatopées à l'intérieur, demander ensuite aux élèves de les lire à haute voix, quand l'enseignant(e) montre la bulle des paroles, et lire « dans leur tête » lorsqu'il montre la bulle des pensées.

Exercice 4 :

- Expliciter la consigne de la première partie de l'exercice en montrant que l'on travaille sur les bulles dans les bandes dessinées, celles qui expriment les paroles des personnages et celles qui expriment leurs pensées.
- Faire lire la première consigne et les phrases à placer dans les bulles.
- Dans un premier temps, réaliser cet exercice à l'oral, puis laisser les élèves remplir les bulles en autonomie.

Différenciation :
Créer les étiquettes de ces phrases et les donner aux élèves non scripteurs de façon à ce qu'ils les placent dans les bulles.

- Faire lire la consigne de la seconde partie de l'exercice ainsi que les deux possibilités pour classer les phrases.
- Puis laisser les élèves finir l'exercice en autonomie.

Exercice 5 :

- Faire lire la consigne de l'exercice ainsi que les trois titres de contes.
- Puis laisser les élèves réaliser l'exercice en autonomie.

Différenciation :
Réaliser cet exercice collectivement avec les élèves qui en ont besoin.

Séance 3

Phase orale ■ Fichier page 77

Collectif : 45 min

Dans cette troisième séance on réactivera les connaissances précédentes.

- L'enseignant(e) dessine au tableau des bulles « paroles » et des bulles « pensées » et demande aux élèves leur signification.
- Relire la BD, s'assurer de la compréhension en faisant résumer l'histoire et en posant des questions précises du type :

– *Que signifient les signes de ponctuation sur la vignette 2 ?*
– *Qui parle à la vignette 4 ?*
– *Pourquoi voit-on une ampoule sur la vignette 6 ?*

En lien avec les épisodes de Splat, on pourra travailler sur les onomatopées, très présentes dans la BD.

- Poser des questions du type :

– *Que dit l'enquêteur à la vignette 1 ?*
– *Que cela signifie-t-il ?*
– *Rappelez-vous dans Splat, quels étaient les bruits qui imitaient des sons ?*

- Faire quelques dessins au tableau comme ci-après et demander aux élèves de trouver l'onomatopée qui correspond :

Elle tombe.

Il rit.

Il crie.

Elle éternue.

Sébastien Chebret

- Relire la BD collectivement.

Exercice 6 :

- Lire la consigne. Lire les contes aux élèves. Réaliser l'exercice oralement avec l'ensemble de la classe.

D'autres histoires à écouter

Séance 1

Phase 1 ■ Collectif : 5 min

Laisser les élèves s'exprimer sur la page 78 du fichier. (Réponses attendues : *On voit des couvertures de livres. Ce sont des « romans policiers »*).

Phase 2 ■ Collectif : 15 min

• Former des groupes d'élèves et attribuer une couverture d'album par groupe.
• Les élèves doivent retrouver les éléments qui permettent de penser qu'il s'agit d'un roman policier. Demander aux élèves d'utiliser le vocabulaire étudié. Ils peuvent écrire ou entourer directement sur le fichier si besoin.

Phase 3 ■ Collectif : 15 min

• Chaque groupe liste les caractéristiques des couvertures devant leurs camarades.
• Les élèves donnent leur avis sur chaque couverture. *Évoque-t-elle suffisamment le mystère ? Aurait-on pu ajouter d'autres éléments ? Qu'imagine-t-on qu'il va se passer ? L'illustration est-elle en rapport avec le titre ?...* L'enseignant(e) apporte quelques précisions sur l'histoire réelle avec les présentations ci-dessous.

On a volé les oreilles de Monsieur Lapin.
P. Hérault, C. Pélosato, Lire c'est partir
Éléments de la couverture

– Le personnage a un chapeau, un carnet, un crayon. Une partie de la couverture est dans la pénombre, une autre partie semble éclairée par une lumière artificielle (lampe torche, etc.).
– Les photos punaisées ou scotchées au mur.
– Le titre avec le mot « volé ».
– Les couleurs sombres donnent une impression de mystère.

Résumé
M. Lapin, acteur bien connu, fait appel au commissaire Mastiff afin de retrouver ses oreilles. L'enquête le conduira sur une fausse piste, avant d'interpeler le voleur.

Qui a tué Minou-Bonbon ?
J. Périgot, Syros
Éléments de la couverture

– La couleur rouge.
– L'expression malheureuse ou inquiète du chat.
– Le titre avec le mot « tué ».
– La collection « polar », mot à expliquer aux élèves.

Résumé
Minou-Bonbon, un gentil chat est retrouvé mort. Nico mène l'enquête et retrouvera le coupable.

Mister Bonflair, « Un voleur trop gourmand »
C. Clément, F. Bénaglia, Nathan
Éléments de la couverture

Beaucoup d'éléments sur cette couverture : une empreinte, le loup, l'attitude du chien, la peur des personnages autour du chien, l'expression « mène l'enquête », etc.

Résumé
Le gâteau au chocolat du repas d'anniversaire a disparu. Mister Bonflair, le détective à la loupe et aux lunettes rondes, aidé de Picou, Zizou et Tirelou va mener l'enquête.

Guillaume « petit chevalier »
D. Dufresne, D. Balicevic, Flammarion
Éléments de la couverture

– La couleur sombre. (Rappeler le mot « pénombre » utilisé précédemment dans *Splat, Agent secret*.)
– L'attitude des personnages.
– Le mot « secret », etc.

Résumé
Dans son école, une abbaye, Guillaume est soupçonné de vol. C'est en affrontant la forêt et ses dangers qu'il devra prouver son innocence.

Phase 4 ■ Fichier page 78 ■ Individuel : 10 min

Exercice 1

Compétence :
Savoir lire une image.

• Lire la consigne aux élèves et les laisser travailler individuellement.
• Prolongement : demander aux élèves de dessiner une couverture de livre qu'ils imaginent en reprenant des caractéristiques d'une couverture de roman policier : couleur sombre, attitude mystérieuse du ou des personnages, ajouter des empreintes, une loupe, etc.

Dokéo, Les dinosaures - Épisode 1

Le thème des dinosaures plait beaucoup aux élèves de CP. Très riche, il permet de faire facilement des liens avec d'autres disciplines comme les arts visuels.
Ce **support documentaire** va permettre aux élèves d'adopter une nouvelle démarche de lecture.
Ce type d'écrit risque de dérouter certains élèves car le « bloc » à lire n'est pas aussi facilement identifiable que dans un album ; ce sont donc de **nouvelles stratégies de lecture** qui leur seront demandées. Chercher des informations dans un texte constitue une activité nouvelle et plus complexe.
En conformité avec les instructions officielles, il est nécessaire de pratiquer différentes formes de lecture. Cette période permet de **lire pour découvrir des informations**.
En **étude de la langue**, la compétence portera sur **le verbe et sa reconnaissance dans une phrase**. Dans un premier temps, il sera nécessaire d'amener les élèves à pratiquer les observations à partir de tri et de classement, puis, dans un second temps, les exercices du fichier permettront de consolider les connaissances. Concrètement, l'enseignant(e) fera de grandes affiches afin de collecter tout au long des épisodes des mots illustrant les différentes notions à étudier. L'enseignant(e) gagnera à enrichir ce tableau au fil de son travail quotidien, et pas seulement en lecture.

Compétences :
- Savoir décrire une illustration à l'oral.
- Savoir lire différents types de légendes.
- Savoir lire pour découvrir ou valider des informations.
- Savoir prendre des repères dans un écrit documentaire.
- Identifier des mots rapidement, décoder aisément des mots inconnus réguliers, reconnaitre des mots fréquents.
- Savoir reformuler un texte lu.
- Savoir lire une phrase à voix haute avec fluidité après préparation.

Supports :
Album *Dokéo, Les dinosaures*, fichier de lecture-compréhension pages 79-81 et étiquettes du fichier à photocopier.

Séance 1

Texte de l'épisode 1 :
Ratops vit à *une* époque où *l'*Homme n'existe *pas* encore, où *la* Terre n'*est pas* comme aujourd'hui *et* où *les* **dinosaures sont *les* maitres du monde.**
À cette époque, *il* fait chaud sur *la* **Terre** : *le* pôle Nord *et le* pôle Sud ne sont *pas* recouverts *de* glace.
À 1 an, Ratops *est grand* comme *un* hippopotame. *Une* fois adulte, il dépassera *la* taille *d'un gros* éléphant.
D'autres reptiles que *les* dinosaures vivent à cette époque : *des* lézards, *des* tortues, *des* serpents...
À côté *des* pins *ou des* fougères, *les* premières plantes à fleurs apparaissent... *mais l'*herbe n'existe *pas* encore.

- **Les mots et les phrases en gras** sont les mots et les phrases qui seront à lire le soir par les élèves, dont les mots sont décodables ou ont été travaillés dans les exercices de l'épisode.
- Les mots soulignés sont les mots que l'élève peut décoder si l'on suit la progression du fichier d'apprentissage du code.
- *Les mots en italique* sont les mots qui ont déjà été travaillés dans des leçons précédentes.

Lors de la séance 1. Vocabulaire au quotidien (1) : *Homme – adulte – insectes – dinosaures.*
Dans la journée, en dehors de la séance de lecture. Vocabulaire au quotidien (2) : *Homme – adulte – insectes – dinosaures.*
Déroulement : se reporter à la page 6.

Phase 1 ■ Album couverture et pages 4 à 7

Collectif : 15 min

Compétences :
- Prendre la parole pour décrire.
- Formuler des hypothèses sur le texte.
- Chercher des informations dans la page.

Couverture de l'album
Description :
- Présenter la couverture et laisser les élèves la décrire.
- Montrer le titre, la collection, l'auteur, l'illustrateur (ils sont indiqués à l'intérieur de l'album, sur la page de titre), l'éditeur.

Analyse :
- Questionner les élèves :
  - *Est-ce que ce livre raconte une histoire ?*
  - *Quels sont les personnages ?*
  - *À quoi peut servir ce livre ?*
  - *En quoi est-il différent de la plupart des autres livres ?* (format, absence de nom d'auteur sur la couverture, nom de la collection...)

(**Vocabulaire attendu :** *dinosaure et les noms de dinosaures.*)

Album pages 4 à 7
Anticipation de la lecture
Les deux premières pages de l'album (p. 4 et 5) seront traitées uniquement oralement pour présenter le personnage d'Alicia. Pour laisser aux élèves le temps de s'approprier le support et d'identifier ce qui est à lire : des bulles, des blocs textes, un encadré « À la loupe ! », un travail oral s'effectue d'abord également sur les pages 6 et 7.

• Laisser les élèves observer les illustrations des pages 6 et 7 de l'album. Ils s'expriment sur les illustrations. Il faut leur laisser du temps car elles sont riches.
• À partir de l'illustration de la couverture de l'album et des illustrations des pages 6 et 7, les élèves cherchent à anticiper ce qui va se passer dans l'album. *À votre avis, qu'allez-vous découvrir dans les prochaines pages ?*
• Laisser les élèves s'exprimer rapidement.
• Lors de cette anticipation, l'enseignant(e) note au tableau, à côté du texte, les mots utilisés par les élèves pour décrire l'illustration (*dinosaures, arbres, serpent, tortue, etc.*). Ces mots serviront aux élèves lors du déchiffrage du texte. Si les pages sont projetées, l'enseignant(e) pourra intervenir directement sur le support projeté.
• Si cela est nécessaire, l'enseignant(e) pose des questions :
– *Quels personnages rencontre-t-on ?*
– *Qui sont-ils ?*
L'enseignant(e) revient ensuite rapidement sur les pages 4 et 5 et introduit le texte : *C'est le personnage d'Alicia, la paléontologue qui va raconter une histoire mais elle va surtout donner des informations sur les dinosaures et plus spécialement sur Ratops.* Bien préciser aux élèves cet aspect documentaire du livre.

Lecture album pages 6 et 7

Dans cette période, une partie seulement du texte documentaire se trouve dans le fichier. Il est donc nécessaire de travailler avec l'album afin de répondre correctement aux questions.
• L'enseignant(e) reprécise le type de support (un documentaire). Il va servir à apprendre des choses à partir de l'histoire d'un tricératops qui s'appelle *Ratops*.
• Lecture des différentes parties du texte de l'album par l'enseignant(e). Chaque partie peut être reproduite sur une affiche. Les élèves pourront ainsi trier ce qui donne des informations sur les plantes, les autres animaux, Ratops, et catégoriser les informations.
• L'enseignant(e) questionne sur le texte :
– *À quel endroit observe-t-on des écrits ? L'écriture est-elle toujours identique ?*
– *À quoi peut correspondre l'écriture en gras ?*
• Identifier : le titre, les rubriques « À la loupe ! » et « À toi de jouer ! », les légendes sur les illustrations, le texte qui raconte, le texte qui explique.
• À la lecture du titre, faire anticiper les élèves sur les informations que cette double page peut apporter. Noter ces remarques au tableau.
(**Réponses attendues :** *ce qu'il y a autour de Ratops, les plantes, les animaux qui vivent avec lui, les autres dinosaures.*)
• L'enseignant(e) questionne les élèves sur ce qu'ils ont appris. On pourra également, selon le niveau de compétences des élèves, proposer un jeu de questions-réponses (orales) entre élèves, l'enseignant(e) étant celui qui valide la question.
• Confronter ce texte avec les hypothèses émises à partir de l'illustration de la couverture.
• Demander aux élèves de dire tout ce qu'ils ont retenu.
• Annoncer aux élèves qu'ils vont retrouver une partie de l'album dans leur fichier de compréhension pour travailler sur cet épisode.

Questions possibles :
– *Quels reptiles vivent à la même époque que Ratops ?*
– *Quelles est la taille de Ratops ?*
– *Quel type de dinosaure est Ratops ?*
– *Y a-t-il des plantes à l'époque de Ratops ?*

Phase 2 ■ Fichier pages 79 et 80

Collectif : 15 min

Compétence :
Savoir prendre des repères dans un texte.

Illustration page 79
• Laisser les élèves regarder l'illustration de la page d'ouverture de la période 4.
• Laisser les élèves s'exprimer rapidement.
• L'enseignant(e) pose quelques questions :
– *Quels sont les personnages ? Que font-ils ?*
– *S'agit-il de la même histoire que celle de l'album ?*
(**Vocabulaire attendu :** *squelette, pinceau, brosse, seau, désert, tente...*)

Texte du fichier page 80
• Afficher le texte qui va servir de support aux exercices de compréhension. Annoncer aux élèves qu'il s'agit uniquement d'une partie du texte de l'album.
• Faire retrouver le nombre de lignes, les différents signes de ponctuation (notamment les points de suspension).
• Demander aux élèves, tour à tour, de venir souligner des mots qu'ils reconnaissent ou qu'ils ont réussi à lire en explicitant à chaque fois comment ils ont fait (*J'ai déchiffré en faisant le son des lettres. J'avais photographié le mot. J'ai deviné avec le reste de la phrase.*), l'enseignant(e) peut utiliser des petits dessins pour symboliser les différentes méthodes (un appareil photo pour j'ai photographié le mot, une ampoule pour j'ai deviné...).
• S'assurer ensuite de la compréhension de la lecture en posant des questions du type :
– *Quels sont les personnages de l'histoire ?*
– *Que se passe-t-il ?*
– *Que font les personnages ?*
– *Qui est Ratops ?*
• Revenir sur les mots de vocabulaire difficiles et notamment : *époque, exister, maitres, adulte, dépassera, reptiles...*
Une fois le texte entièrement lu et explicité, l'enseignant(e) relit le texte.

Phase 3 ■ Fichier page 80

Collectif et individuel : 15 min

Compétences :
• Savoir retrouver les informations du texte.
• Savoir retrouver un mot et une phrase dans un texte.

Exercice 1 :

Compétence :
Trouver des réponses explicites dans un texte étudié.

Les élèves doivent pour chaque affirmation écrire *vrai* ou *faux*.

• Faire lire la consigne. Les élèves expliquent le travail à faire. Les laisser en autonomie.

Différenciation 1 :
L'enseignant(e) apporte une aide à la lecture en marquant les syllabes avec des arcs dans chaque phrase (*À / l'é / poque / de / Ra / tops / la / Terre / n'est / pas / comme / au / jour / d'hui.*) et aide l'élève à lire.

Différenciation 2 :
L'enseignant(e) relit la phrase à l'élève en difficulté.

Exercice 2 :

Compétence :
Trouver une réponse explicite dans un texte étudié.

Les élèves doivent rechercher dans le document le nom du dinosaure et l'écrire.
• Faire lire la consigne. Les élèves expliquent le travail à faire. Les laisser en autonomie.

Différenciation
L'enseignant(e) aide l'élève à rechercher le nom du dinosaure dans le texte en insistant sur le fait que c'est un nom propre, donc qui commence par une majuscule.

Exercice 3 :

Compétence :
Trouver des réponses explicites dans un texte étudié.

L'élève doit soit avoir mémorisé les informations soit, après un retour dans le texte, trouver le nom de ce qui existe sur la Terre au temps de Ratops.
• Faire lire la consigne. Les élèves expliquent le travail à faire. Nommer ou faire nommer les dessins. Les laisser en autonomie.
pin – herbe – lézard – abeille – cheval – fougère – lapin

Différenciation :
L'enseignant(e), sur le support documentaire, aide l'élève à retrouver les informations.

Exercice 4 :

Compétence :
Reconnaitre des mots dans un texte.

Les élèves repèrent dans le texte des mots qu'ils seront amenés à savoir lire.
• L'enseignant(e) lit la consigne. Les élèves sont habitués à ce type d'exercice. Les laisser travailler individuellement.
• Correction collective au tableau (chaque mot sera corrigé en donnant la parole aux élèves pour qu'ils expliquent comment ils procèdent).

Différenciation :
Les élèves qui pourraient être en difficulté sont regroupés par l'enseignant(e), travaillent de façon explicite et ne font pas les parties d'exercice assorties de croix. D'autre part, cet exercice étant très facile pour cette période de l'année, il peut être destiné aux élèves en très grosses difficultés qui ne feraient pas l'exercice 5.

Séance 2

Lors de la séance 2. Vocabulaire au quotidien (3) : *Homme – adulte – insectes – dinosaures.*
Dans la journée, en dehors de la séance de lecture. Vocabulaire au quotidien (4) : *Homme – adulte – insectes – dinosaures.*
Déroulement : se reporter à la page 6.

Phase 1 ■ Fichier page 80

Collectif : 10 min ■ Individuel : 5 min

Rappel du récit
• Demander aux élèves de faire le rappel de l'épisode (sans s'aider des illustrations).
• Ne pas intervenir, relever les éléments de désaccord, sans donner la réponse. On travaille ici le langage d'évocation, amener les élèves à se rappeler, nommer les choses, résumer, etc.
• Amener les élèves à utiliser le vocabulaire étudié.
• Le texte est relu à voix haute par l'enseignant(e).
• Les mots et passages à savoir lire sont lus par les élèves (phrases en gras). Veiller à une articulation convenable.
• Les élèves doivent les lire rapidement. Ce travail peut être mené collectivement dans un premier temps, puis individuellement.
• Les mots *époque, Terre, maitre(s), taille, éléphant* et *comme* sont également travaillés hors contexte en les faisant écrire sur des étiquettes et en les faisant lire rapidement les uns après les autres par les élèves. Inventer ou faire inventer des phrases contenant ces mots.
• Le texte est relu à voix haute par les élèves aidés de l'enseignant(e).

Phase 2 ■ Fichier page 81

Collectif : 10 min ■ Individuel : 10 min

Exercice 5 :

Compétence :
Savoir retrouver les éléments d'un documentaire.
Support : Étiquettes du fichier à photocopier.

Les élèves doivent reconstituer la page documentaire en ayant identifié le contenu de chaque « bloc » texte.
• Faire lire ou lire la consigne. Les élèves collent les « blocs » texte au bon endroit. Les laisser en autonomie.

Différenciation :
L'enseignant(e) procède à la lecture d'un, de plusieurs ou de la totalité des « blocs » texte en fonction du niveau de ses élèves. Vérifier que les textes sont placés au bon endroit avant de les faire coller.

Exercice 6 :

Compétence :
Savoir écrire la suite d'une phrase simple cohérente.

Les élèves réinvestissent le vocabulaire « comme un éléphant », « comme un hippopotame ».

- On recherche dans les illustrations les animaux pouvant servir de support à la production écrite du type : « ...comme un insecte », « ...comme une souris ».

Différenciation :
Montrer aux élèves des illustrations qui permettent des comparaisons. Exemple : *Je suis grand comme un arbuste, comme une machine à laver, etc.* ou *Une girafe est grande comme une maison.*

Phase 3 ■ Fichier page 81

Collectif : 10 min

Exercice 7 : Entraine-toi

Cette phase peut être reportée à un autre moment de la journée, elle permet de faire un bilan et de revenir sur les compétences travaillées dans la séance.

Compétences :
- Reconnaitre des mots : *époque – Terre – maitre(s) – taille – éléphant – comme.*
- Produire une phrase à l'oral en utilisant les mots donnés.

Révision des mots : *un – la.*

À l'oral : Les élèves proposent différentes phrases contenant les mots étudiés. Quelques propositions peuvent être écrites au tableau par l'enseignant(e) sous la dictée des élèves. Les élèves repèrent ainsi la place des mots étudiés dans les phrases.

À l'écrit : Les élèves peuvent être entrainés à l'aide d'étiquettes montrées au groupe rapidement (mots flash).

- Les étiquettes peuvent être stockées en affichage permanent dans la classe pour d'autres entrainements à la lecture rapide, le travail sur les analogies (constitution de collections) et la production d'écrits.
- Demander aux élèves comment ils vont faire pour mémoriser ces mots (voir page 21) : *Je peux m'entrainer en épelant le mot, en le copiant, en l'écrivant sans le modèle, en ayant l'image dans ma tête, en écoutant les syllabes dont il est composé.*

Dokéo, Les dinosaures - Épisode 2

Compétences :
- Savoir décrire une illustration à l'oral.
- Savoir lire différents types de légendes.
- Savoir lire pour découvrir ou valider des informations.
- Identifier des mots rapidement, décoder aisément des mots inconnus réguliers, reconnaitre des mots fréquents.
- Savoir reformuler un texte lu.
- Savoir lire une phrase à voix haute avec fluidité après préparation.

Supports :
Album *Dokéo, Les dinosaures,* et fichier de lecture-compréhension pages 82-83.

Séance 1

Texte de l'épisode 2 :
Voilà Ratops occupé à manger *avec* son troupeau. *Au* menu : *des* fougères, *les* feuilles basses *des* arbres... *Comme il* se nourrit *de* plantes, on dit *qu'il est* herbivore. *Les* dinosaures herbivores sont nombreux *et* mangent *des* plantes différentes. **Grâce à leur long cou, *les* alamosaures attrapent *les* feuilles *les* plus hautes *des* arbres.** *Le* corythosaure *peut* s'attaquer aux plantes *les* plus dures *comme les* aiguilles *de* pin. Derrière *son bec* plat, *il* a plus *de* 500 dents !

- **Les phrases en gras** sont les phrases qui seront à lire le soir par les élèves, dont les mots sont décodables ou ont été travaillés dans les exercices de l'épisode.
- Les mots soulignés sont les mots que l'élève peut décoder si l'on suit la progression du fichier d'apprentissage du code.
- *Les mots en italique* sont les mots qui ont déjà été travaillés dans des leçons précédentes.

Lors de la séance 1. Vocabulaire au quotidien (1) : *fougères – feuilles – arbre – plante.*
Dans la journée, en dehors de la séance de lecture. Vocabulaire au quotidien (2) : *fougères – feuilles – arbre – plante.*
Déroulement : se reporter à la page 6.

Phase 1 ■ Album pages 6 à 9

Collectif : 15 min

Compétences :
- Prendre la parole pour décrire.
- Formuler des hypothèses sur la suite du texte.
- Comprendre un texte lu.

Rappel de l'épisode 1
Avant d'ouvrir l'album
- Demander aux élèves de se rappeler de l'épisode 1 et de reformuler le texte sans ouvrir l'album.
- Les élèves reformulent ce dont ils se souviennent du premier épisode.

– Les personnages.
– Le lieu.
– L'époque.
– Le monde de Ratops.

- Demander aux élèves de faire des hypothèses sur la suite du texte et sur ce que l'on peut apprendre d'autre sur les dinosaures. Les propositions des élèves peuvent être notées au tableau.

(**Réponses attendues** : *son habitat, sa nourriture, comment il se reproduit, ...*)

Avec l'album :
- L'enseignant(e) relit le texte des pages 6 à 7.

Album pages 8 et 9
Analyse :
- Les élèves observent les illustrations des pages 8 et 9 et les décrivent.

(**Vocabulaire attendu** : *dinosaures, arbres, manger, feuilles...*)

Anticipation de la lecture :
- Questionner les élèves : *En regardant l'illustration et son texte, avez-vous une idée de ce qui va se passer ?*
- Laisser les élèves s'exprimer rapidement.
- L'enseignant(e) recense leurs hypothèses sur une affiche ou au tableau pour les vérifier, ensuite, lors de la lecture du texte.

Ces mots serviront aux élèves fragiles lors du déchiffrage du texte.

Lecture :
- Lecture du texte pages 8 et 9 de l'album par l'enseignant(e).
- Confronter ce texte avec les hypothèses formulées auparavant. Puis les élèves reformulent avec leurs mots ce qu'ils ont compris de l'épisode 2.
- L'enseignant(e) reformule à son tour ce qu'ont dit les élèves en insistant sur les éléments que l'on retrouvera à chaque épisode :

– les personnages ;
– le lieu ;
– ce que font les dinosaures.

- Comme pour l'épisode précédent l'enseignant(e) reproduit chaque « bloc » texte sur une petite affiche pour canaliser la lecture des élèves les plus en difficulté ou si le texte est projeté il les identifie sur le support projeté.
- Chaque bloc est lu, l'enseignant(e) valide et/ou étaye pour les mots difficiles en gras (*alamosaures, corythosaure...*).

• Bien insister sur la rubrique « À la loupe ! » en vue de l'exercice 5. Cette partie fait appel à un vocabulaire nouveau qu'il faut prendre le temps d'expliquer : *herbivore, carnivore, évocation d'un poids (225 kg), mammifères.*
• L'enseignant(e), par un questionnement oral, fait reformuler les différentes informations lues :
– Est-ce que tous les dinosaures mangent des fougères comme Ratops ?
– Comment s'appelle un animal qui ne mange que des plantes ? Et celui qui ne mange que de la viande ?
– Avez-vous retenu le nom de certains dinosaures ? Lequel préférez-vous ?
– Pourquoi certains dinosaures mangent des feuilles, d'autres des aiguilles de pin ?

Phase 2 ■ Fichier page 82

Collectif : 15 min

Compétences :
• Comprendre un énoncé oral.
• Établir des relations entre l'oral et l'écrit.

Texte du fichier
• Afficher le texte qui va servir de support aux exercices de compréhension. Annoncer aux élèves qu'il s'agit uniquement d'une partie du texte de l'album.
• L'enseignant(e) lit le texte de l'épisode 2 dans le fichier.
• Les élèves suivent avec leur doigt sur le texte de la page 82.
• Demander aux élèves de chercher s'ils retrouvent dans le texte des éléments connus. Indiquer leurs remarques par des actions sur le texte collectif affiché ou projeté au tableau (en entourant, surlignant, etc.).
• Différencier lignes et phrases en demandant : *Combien de lignes, combien de phrases y a-t-il ?*
• Mettre en valeur la ponctuation, entre autre les deux points qui introduisent l'énumération.
• Revenir sur les mots de vocabulaire difficiles, notamment les mots : *occupé, menu, troupeau, herbivore...* Les entourer. En garder une trace écrite, les écrire en cursive.
• S'assurer ensuite de la compréhension en posant des questions du type :
– Que mange Ratops ?
– Comment appelle-t-on un animal qui mange des plantes ?
– Grâce à quoi les alamosaures attrapent-ils les feuilles les plus hautes des arbres ?
– Pourquoi le corythosaure peut-il manger des aiguilles de pins ?

Phase 3 ■ Fichier page 82

Collectif et individuel : 15 min

Exercice 1 :

Compétence :
Associer une illustration à un texte.

L'élève associe en les reliant trois illustrations à trois légendes.
• Faire lire ou lire la consigne. Les élèves expliquent le travail à réaliser et comment ils vont faire pour y parvenir.

Différenciation :
L'enseignant(e) aide à la lecture ou lit chaque légende selon le degré de difficulté de lecture. L'élève colorie la phrase dans le texte du fichier pour identifier les mêmes mots que dans la légende.

Exercice 2 :

Compétence :
Trouver des réponses explicites dans un texte étudié.

Les élèves doivent retrouver ce que mange chaque dinosaure et sa particularité physique adaptée à sa nourriture. Ils colorient les informations qui vont ensemble de la même couleur.
• Faire lire ou lire la consigne et le nom des animaux dans le tableau (1re colonne), procéder de la même façon pour chaque colonne, 2e colonne : nourriture ; 3e colonne : particularité physique.

Différenciation 1 :
L'élève en difficulté ne s'occupe que de Ratops et retrouve les mots *bec* et *fougères* dans le documentaire.
Différenciation 2 :
Créer et distribuer des étiquettes et assembler celles qui vont ensemble avant de colorier dans le tableau.

Exercice 3 :

Compétence :
Trouver des réponses explicites dans un texte étudié.

Les élèves complètent le texte avec les mots proposés.
• Faire lire ou lire la consigne. Demander aux élèves d'expliquer le travail à faire. Bien identifier et faire lire les mots à placer.
• Laisser les élèves en autonomie.
• Les élèves les plus rapides font en plus les deux phrases associées d'une croix.

Différenciation :
L'enseignant(e) lit le texte et demande à l'élève de chercher le mot manquant. Pour chaque mot proposé, on décode systématiquement avec lui et on valide ou pas la proposition. La différenciation peut aussi porter sur la longueur du texte.

Séance 2

Lors de la séance 2. Vocabulaire au quotidien (3) : *fougères – feuilles – arbre – plante.*
Dans la journée, en dehors de la séance de lecture. Vocabulaire au quotidien (4) : *fougères – feuilles – arbre – plante.*
Déroulement : se reporter à la page 6.

Dokéo, Les dinosaures - Épisode 2

Phase 1 ■ Fichier page 83

Collectif : 10 min ■ Individuel : 5 min

Rappel du récit

- Demander aux élèves de faire le rappel de l'épisode (sans s'aider des illustrations).
- Ne pas intervenir, relever les éléments de désaccord, sans donner la réponse. On travaille ici le langage d'évocation, amener les élèves à se rappeler, nommer les choses, résumer, etc.
- Amener les élèves à utiliser le vocabulaire étudié.
- Poser des questions du type :

– *Quel type de texte travaillons-nous ?*
– *Qu'avez-vous appris ?*
– *Quelles informations avez-vous retenues ?*
– *Que mangeaient les dinosaures ?*

- Le texte est relu à voix haute par l'enseignant(e).
- Les mots et passages à savoir lire sont lus par les élèves (phrases en gras). Veiller à une articulation convenable. Les élèves doivent les lire rapidement. Ce travail peut être mené collectivement dans un premier temps, puis individuellement.
- Les mots *fougère(s), feuille(s), herbivore, voilà, leur* sont également travaillés hors contexte en les faisant écrire sur des étiquettes et en les faisant lire rapidement les uns après les autres par les élèves. Inventer ou faire inventer des phrases contenant ces mots.
- Le texte est relu à voix haute par les élèves aidés de l'enseignant(e).
- L'enseignant(e) rappelle et peut faire reformuler le contenu du bloc « À la loupe ! ». Cette partie parle des dinosaures carnivores (rappel du sens).

Phase 2 ■ Fichier page 83

Collectif : 10 min ■ Individuel : 10 min

Exercice 4 :

Compétence :
Associer deux syllabes pour reconstituer un mot.

L'élève doit associer, en les reliant ou en coloriant de la même couleur, les syllabes d'un mot.

- Faire lire ou lire la consigne. Demander aux élèves d'expliquer le travail à faire. Les laisser en autonomie.

troupeau – plante – arbre – menu

Différenciation :
Donner les étiquettes des syllabes (à créer). L'enseignant(e) repère avec l'élève chaque début de syllabe. L'élève doit oralement proposer le mot et l'enseignant(e) l'aide à rechercher chaque syllabe suivante. Trois mots seulement sont réalisés.

Exercice 5 :

Compétence :
Trouver des réponses explicites dans un texte étudié.

L'enseignant(e) demande aux élèves quels mots ils ont rencontré dans le « bloc » « À la loupe ! » dont ils se souviennent. Les mots sont notés au tableau pour être utilisés éventuellement dans l'exercice. Si les élèves n'arrivent pas à reformuler le vocabulaire, l'enseignant(e) a préparé des affichettes avec les mots qui devront être utilisés.

- Faire lire ou lire la consigne. Demander aux élèves d'expliquer comment ils vont réaliser l'exercice. Les laisser en autonomie.

Différenciation :
L'enseignant(e) peut limiter la recherche à un seul animal. Il propose les mots sur les étiquettes concernant ce paragraphe.
Pareillement, le travail peut être réalisé sur un, deux ou trois paragraphes de façon à adapter l'exercice en fonction des difficultés des élèves.

Exercice 6 :

Compétence : Savoir écrire une liste.

Les élèves réinvestissent le vocabulaire vu précédemment en terminant la phrase. *Si j'étais un dinosaure je mangerais...*

Différenciation :
Proposer des illustrations d'aliments avec le mot écrit en dessous.

Phase 3 ■ Fichier page 83

Collectif : 10 min

Cette phase peut être reportée à un autre moment de la journée, elle permet de faire un bilan et de revenir sur les compétences travaillées dans la séance.

Exercice 7 : Entraine-toi

Compétences :
- Reconnaitre des mots : *fougère(s) – feuille(s) – herbivore – voilà – leur.*
- Produire une phrase à l'oral en utilisant les mots donnés.

Révision des mots : *une – des.*

À l'oral : Les élèves proposent différentes phrases contenant les mots étudiés. Quelques propositions peuvent être écrites au tableau par l'enseignant(e) sous la dictée des élèves. Les élèves repèrent ainsi la place des mots étudiés dans les phrases.
À l'écrit : Les élèves peuvent être entrainés à l'aide d'étiquettes montrées au groupe rapidement (mots flash).

- Les étiquettes peuvent être stockées en affichage permanent dans la classe pour d'autres entrainements à la lecture rapide, le travail sur les analogies (constitution de collections) et pour la production d'écrits.
- Demander aux élèves comment ils vont faire pour mémoriser ces mots (voir page 21) : *Je peux m'entrainer en épelant le mot, en le copiant, en l'écrivant sans le modèle, en ayant l'image dans ma tête, en écoutant les syllabes dont il est composé.*

Dokéo, Les dinosaures - Épisode 3

Compétences :
- Se repérer dans un texte documentaire.
- Savoir décrire une illustration à l'oral.
- Savoir lire différents types de légendes.
- Savoir lire pour découvrir ou valider des informations.
- Identifier des mots rapidement, décoder aisément des mots inconnus réguliers, reconnaitre des mots fréquents.
- Savoir reformuler un texte lu.
- Savoir lire une phrase à voix haute avec fluidité après préparation.

Supports :
Album *Dokéo, Les dinosaures,* fichier de lecture-compréhension pages 84-85 et étiquettes du fichier à photocopier.

Séance 1

Texte de l'épisode 3 :
Soudain, Ratops pousse *des* petits cris : *il* a aperçu *le* tyrannosaure *qui* sort *de sa* cachette *et* bondit *sur le* troupeau... Ratops a peur. Aussitôt, *les* adultes entourent *les* petits pour *les* protéger *et* pointent leurs cornes...
Face aux tricératops, *le* tyrannosaure ne *se* sent *pas de* taille. *Il* repère *un* vieux corythosaure... *et* fonce ! *Le* corythosaure n'a *pas* pu s'enfuir. *Il* essaie *de se* défendre *des* morsures du tyrannosaure...
Victorieux, *le* tyrannosaure arrache *des* morceaux *de* chair *et* d'os qu'*il* avale *sans* mâcher.

- **Les phrases en gras** sont les phrases qui seront à lire le soir par les élèves, dont les mots sont décodables ou ont été travaillés dans les exercices de l'épisode.
- Les mots soulignés sont les mots que l'élève peut décoder si l'on suit la progression du fichier d'apprentissage du code.
- *Les mots en italique* sont les mots qui ont déjà été travaillés dans des leçons précédentes.

Lors de la séance 1. Vocabulaire au quotidien (1) : *protéger – bondir – troupeau.*
Dans la journée, en dehors de la séance de lecture. Vocabulaire au quotidien (2) : *protéger – bondir – troupeau.*
Déroulement : se reporter à la page 6.

Phase 1 ■ Album pages 6 à 11

Collectif : 15 min

Compétences :
- Prendre la parole pour décrire.
- Formuler des hypothèses sur le texte.
- Comprendre un texte lu.

Rappel des épisodes précédents
Avant d'ouvrir l'album :
- Réactiver la problématique. Les élèves reformulent ce qu'ils ont découvert lors des deux premiers épisodes :
  – les personnages ;
  – le lieu ;
  – l'époque ;
  – le monde de Ratops ;
  – ce que mangent les dinosaures.
- Demander aux élèves de faire des hypothèses sur la suite du texte et sur ce que l'on peut apprendre d'autre sur les dinosaures. Les propositions des élèves sont notées au tableau. Ces mots serviront aux élèves fragiles lors du déchiffrage du texte.

Avec l'album :
- L'enseignant(e) relit le texte des pages 6 à 9.

Album pages 10 à 11
Analyse :
- Les élèves observent les illustrations des pages 10 et 11 et les décrivent.

(**Vocabulaire attendu** : *dinosaures, attaquer, tuer, dents...)*
Anticipation de la lecture :
- Questionner les élèves : *En regardant l'illustration et son texte, avez-vous une idée de ce qui va se passer ?*
- Laisser les élèves s'exprimer rapidement.
- L'enseignant(e) recense leurs hypothèses sur une affiche ou au tableau pour les vérifier ensuite lors de la lecture du texte.

Lecture :
- Lecture par l'enseignant(e) du texte des pages de l'épisode 3.
- Confronter ce texte avec les hypothèses formulées auparavant. Puis les élèves reformulent avec leurs mots ce qu'ils ont compris de l'épisode 3.
- L'enseignant(e) reformule à son tour ce qu'ont dit les élèves en insistant sur les éléments que l'on retrouvera à chaque épisode :
  – les personnages ;
  – le lieu.
- Comme pour l'épisode précédent l'enseignant(e) reproduit chaque « bloc » texte sur une petite affiche pour canaliser la lecture des élèves les plus en difficulté ou si le texte est projeté il les identifie sur le support projeté.
- Chaque bloc est lu, l'enseignant(e) valide et/ou étaye pour les mots difficiles en gras (*alamosaures, corythosaure, mâcher, repérer...*).

• La page 11, c'est-à-dire le « bloc » « Des chiffres » et la description des caractéristiques du tyrannosaure, est difficile pour les élèves de CP car certaines mesures sont abstraites. Ne pas hésiter à comparer avec des choses connues.
Les mots difficiles sont expliqués : *enjambées, excellent, puissante, odorat, musclé, contrepoids.*
À l'oral (deux pistes) :
① **Un jeu de devinettes.**
L'enseignant(e) va ainsi motiver la lecture de chaque petit paragraphe :
– *Elles mesurent 18 cm. Ce sont…*
– *Elle lui permet de briser les os de ses victimes. C'est…*
– *Ils terminent ses pattes. Ce sont…*
② **Un vrai/faux.**
– *Il a 60 dents.*
– *Il a une queue en tirebouchon.*
– *Il court aussi vite qu'un escargot.*
Pour chaque réponse, on se reporte au documentaire ou au texte projeté pour validation.
• L'enseignant(e), par un questionnement oral, fait reformuler les différentes informations lues :
– *Que mange le tyrannosaure ?*
– *Est-ce que le tyrannosaure était petit et léger ? Comment était-il ?*
– *Comment est la machoire du tyrannosaure ?*

Phase 2 ■ Fichier page 84

Collectif : 15 min

Compétences :
• Comprendre un énoncé oral.
• Établir des relations entre l'oral et l'écrit.

Texte du fichier
• Afficher le texte qui va servir de support aux exercices de compréhension.
• L'enseignant(e) lit le texte de l'épisode 3 dans le fichier. Annoncer aux élèves qu'il s'agit uniquement d'une partie du texte de l'album.
• Les élèves suivent avec leur doigt sur le texte de la page 84.
• Demander aux élèves de chercher s'ils retrouvent dans le texte des éléments connus. Indiquer leurs remarques par des actions sur le texte collectif affiché ou projeté au tableau (en entourant, surlignant, etc.).
• Mettre en valeur la ponctuation.
• Revenir sur les mots de vocabulaire difficiles, notamment les mots : *cornes, morsures, victorieux, morceaux, chair, mâcher*… Les entourer. En garder une trace écrite, les écrire en cursive.
• S'assurer ensuite de la compréhension en posant des questions du type :
– *Quels sont les personnages de cet extrait ?*
– *Que font les adultes quand le troupeau est attaqué ?*
– *Comment se défendent les tricératops ?*
– *Finalement, qui le tyrannosaure attaque-t-il ?*
– *Qui gagne ?*
• Demander aux élèves d'anticiper.
• Revenir sur les mots de vocabulaire difficiles et notamment l'expression : *ne se sent pas de taille.*

Phase 3 ■ Fichier pages 84 et 85

Collectif et individuel : 15 min

Exercice 1 :

Compétence :
Retrouver les légendes d'une illustration.

L'élève relie les légendes à chaque partie du corps du tyrannosaure. La page de l'album est toujours projetée ou l'élève a la possibilité de s'y référer dans le documentaire si besoin.
• Faire lire ou lire la consigne. Les élèves expliquent le travail à réaliser et comment ils vont faire pour y parvenir.

Différenciation :
L'enseignant(e) aide à la lecture ou lit chaque légende (en fonction du niveau des élèves).

Exercice 2 :

Compétence :
Trouver des réponses explicites dans un texte étudié.

Cet exercice reprend le travail oral fait précédemment. L'élève barre les phrases fausses.

Différenciation :
L'élève en difficulté ne fait pas les deux phrases marquées de croix. L'enseignant(e) l'aide à lire en marquant les syllabes des mots.
Les autres élèves peuvent répondre selon leur aisance à une ou deux phrases marquées d'une croix.

Séance 2

Lors de la séance 2. Vocabulaire au quotidien (3) : *protéger – bondir – troupeau.*
Dans la journée, en dehors de la séance de lecture.
Vocabulaire au quotidien (4) : *protéger – bondir – troupeau.*
Déroulement : se reporter à la page 6.

Phase 1 ■ Fichier page 85

Collectif : 10 min ■ Individuel : 15 min

Rappel du récit
• Demander aux élèves de faire le rappel de l'épisode (sans s'aider des illustrations).
• Ne pas intervenir, relever les éléments de désaccord, sans donner la réponse. On travaille ici le langage d'évocation, amener les élèves à se rappeler, nommer les choses, résumer, etc.

- Amener les élèves à utiliser le vocabulaire étudié.
- Poser des questions du type :

– *Quel type de texte travaillons-nous ?*
– *Qu'avons-nous appris ?*
– *Quelles informations avez-vous retenues ?*

- Le texte est relu à voix haute par l'enseignant(e).
- Les mots et passages à savoir lire sont lus par les élèves (phrases en gras). Veiller à une articulation convenable. Les élèves doivent les lire rapidement. Ce travail peut être mené collectivement dans un premier temps, puis individuellement.
- Les mots *cachette, peur, protéger, pointent, soudain* sont également travaillés hors contexte en les faisant écrire sur des étiquettes et en les faisant lire rapidement les uns après les autres par les élèves. Inventer ou faire inventer des phrases contenant ces mots.
- Le texte est relu à voix haute par les élèves aidés de l'enseignant(e).

Phase 2 ■ Fichier page 85

Collectif : 10 min ■ Individuel : 10 min

Exercice 3 :

Compétence :
Reproduire l'ordre des mots d'une phrase.
Support : Étiquettes du fichier à photocopier.

Les élèves travaillent la structure des phrases. Ils prennent des indices, majuscule et point de fin de phrase.
- Faire lire la consigne et les élèves expliquent le travail à faire.

Différenciation :
Les élèves lisent puis manipulent les étiquettes. L'enseignant(e) peut aussi les lire lui-même. Selon le degré de difficulté, l'élève ne fait pas la phrase assortie d'une croix.

Exercice 4 :

Compétence :
Associer deux syllabes pour reconstituer un mot.

- Faire lire ou lire la consigne. Demander aux élèves d'expliquer le travail à faire. Les laisser en autonomie.

Différenciation :
Donner les étiquettes des syllabes (à créer).
L'enseignant(e) repère avec l'élève chaque début de syllabe. L'élève doit oralement proposer le mot et l'enseignant(e) l'aide à rechercher la syllabe suivante. Le mot assorti d'une croix n'est pas recopié par les élèves les plus fragiles.

Exercice 5 :

Compétence :
Savoir écrire une phrase cohérente.

Les élèves doivent utiliser les mots dans une phrase.
- Faire lire ou lire la consigne. Demander aux élèves d'expliquer comment ils vont réaliser l'exercice. Les laisser en autonomie.

Différenciation :
L'enseignant(e) fait ce travail à l'oral avec l'élève en difficulté. L'élève dit les mots qu'il veut écrire et propose une structure de phrase en dictée à l'adulte en s'aidant des propositions.

Phase 3 ■ Fichier page 85

Collectif : 10 min

Cette phase peut être reportée à un autre moment de la journée, elle permet de faire un bilan et de revenir sur les compétences travaillées dans la séance.

Exercice 6 : Entraine-toi

Compétences :
- Reconnaitre des mots : *cachette – peur – protéger – pointer – soudain.*
- Produire une phrase à l'oral en utilisant les mots donnés.

Révision des mots : *une – la.*

À l'oral : Les élèves proposent différentes phrases contenant les mots étudiés. Quelques propositions peuvent être écrites au tableau par l'enseignant(e) sous la dictée des élèves. Les élèves repèrent ainsi la place des mots étudiés dans les phrases.
À l'écrit : Les élèves peuvent être entrainés à l'aide d'étiquettes montrées au groupe rapidement (mots flash).
- Les étiquettes peuvent être stockées en affichage permanent dans la classe pour d'autres entrainements à la lecture rapide, le travail sur les analogies (constitution de collections) et pour la production d'écrits.
- Demander aux élèves comment ils vont faire pour mémoriser ces mots (voir page 21) : *Je peux m'entrainer en épelant le mot, en le copiant, en l'écrivant sans le modèle, en ayant l'image dans ma tête, en écoutant les syllabes dont il est composé.*

Dokéo, Les dinosaures - Épisode 4

Compétences :
- Se repérer dans un texte documentaire.
- Savoir décrire une illustration à l'oral.
- Savoir lire différents types de légendes.
- Savoir lire pour découvrir ou valider des informations.
- Identifier des mots rapidement, décoder aisément des mots inconnus réguliers, reconnaitre des mots fréquents.
- Savoir reformuler un texte lu.

Supports :
Album *Dokéo, Les dinosaures*, fichier de lecture-compréhension pages 86-87 et étiquettes du fichier à photocopier.

Séance 1

Texte de l'épisode 4 :
Pour séduire *les* dames *de son* troupeau, **Ratops doit montrer qu'*il est le* plus fort. Alors *il se* bagarre *avec les* mâles**...
Ratops a remporté *le* combat. *Il* parade devant *les* femelles *en* montrant *sa* collerette colorée. Topsia *est* séduite ! Quelques mois plus tard, Topsia creuse *un* nid *dans le* sol !
Elle y pond *des* œufs, gros *comme* ceux d'*une* autruche. Puis elle *les* recouvre *de* terre *pour les* garder *au* chaud. Topsia, Ratops *et le* troupeau ont bien surveillé *les* œufs. Aujourd'hui, *les* petits sont nés : ils ne sont *pas* plus grands qu'*un* bébé humain.

- **Les phrases en gras** sont les phrases qui seront à lire le soir par les élèves, dont les mots sont décodables ou ont été travaillés dans les exercices de l'épisode.
- Les mots soulignés sont les mots que l'élève peut décoder si l'on suit la progression du fichier d'apprentissage du code.
- *Les mots en italique* sont les mots qui ont déjà été travaillés dans des leçons précédentes.

Lors de la séance 1. Vocabulaire au quotidien (1) : *bagarre – mâle – femelle – nid – œuf.*
Dans la journée, en dehors de la séance de lecture. Vocabulaire au quotidien (2) : *bagarre – mâle – femelle – nid – œuf.*
Déroulement : se reporter à la page 6.

Phase 1 ■ Album pages 6 à 15

Collectif : 15 min

Compétences :
- Prendre la parole pour décrire.
- Formuler des hypothèses sur le texte.
- Comprendre un texte lu.

Rappel des épisodes précédents
Avant d'ouvrir l'album :
- Réactiver les connaissances acquises. Les élèves reformulent ce qu'ils ont découvert lors des premiers épisodes :
– les personnages ;
– le lieu ;
– l'époque ;
– le monde de Ratops ;
– ce que mangent les dinosaures ;
– ce qu'ils savent sur les dinosaures et en particulier sur les tyrannosaures.
- Demander aux élèves de faire des hypothèses sur la suite du texte et sur ce que l'on peut apprendre d'autre sur les dinosaures. Les propositions des élèves sont notées au tableau. Ces mots serviront aux élèves fragiles lors du déchiffrage du texte.

Avec l'album :
- L'enseignant(e) relit le texte des pages 6 à 11. Puis il passe rapidement sur les pages 12 et 13, qui ne seront pas étudiées en classe, en expliquant que ces deux pages décrivent différents dinosaures.

Album pages 14 à 15
Analyse :
- Les élèves observent les illustrations des pages 14 à 15 et les décrivent.
(**Vocabulaire attendu** : *dinosaures, bagarre, pondre des œufs, gagner, coquilles, bébés, ...*)

Anticipation de la lecture :
- Questionner les élèves : *En regardant les illustrations et les blocs texte, avez-vous une idée de ce qui va se passer ?*
- Laisser les élèves s'exprimer rapidement.
- L'enseignant(e) recense leurs hypothèses sur une affiche ou au tableau pour les vérifier ensuite lors de la lecture du texte.

Lecture album pages 14 à 15 :
- Lecture par l'enseignant(e) du texte des pages de l'épisode 4.
- Confronter ce texte avec les hypothèses formulées auparavant. Puis les élèves reformulent avec leurs mots ce qu'ils ont compris de l'épisode 4.
- L'enseignant(e) reformule à son tour ce qu'ont dit les élèves en insistant sur les éléments que l'on retrouvera à chaque épisode :
– les personnages ;
– le lieu.
- Comme pour les épisodes précédents l'enseignant(e) reproduit chaque « bloc » texte (*La bagarre/Victoire !/De gros œufs.../... et des bébés !*) sur une petite affiche pour canaliser la lecture des élèves les plus en difficulté ou si le texte est projeté il les identifie sur le support projeté.

• Chaque bloc est lu, l'enseignant(e) valide et/ou étaye pour les mots ou expressions difficiles : *il parade – séduite – collerette – surveillé.*
• L'enseignant(e) par un questionnement oral fait reformuler les différentes informations lues :
– *Pourquoi Ratops doit-il montrer qu'il est le plus fort ?*
– *Qui trouve Ratops très beau ?*
– *Que fait Topsia avec ses œufs ?*
– *Pourquoi le troupeau doit-il surveiller les œufs ?*
– *Comment sont les bébés dinosaures ?*
• L'enseignant(e) propose alors d'observer le « bloc » texte « Le sais-tu ? ». Il laisse les élèves lire. La notion de croissance est abordée.

Phase 2 ■ Fichier page 86

Collectif : 15 min

Compétences :
• Comprendre un énoncé oral.
• Établir des relations entre l'oral et l'écrit.

Texte du fichier
• Afficher le texte qui va servir de support aux exercices de compréhension. Annoncer aux élèves qu'il s'agit uniquement d'une partie du texte de l'album.
• L'enseignant(e) lit le texte de l'épisode 4 dans le fichier. Les élèves suivent avec leur doigt sur le texte de la page 86.
• Demander aux élèves de chercher s'ils retrouvent dans le texte des éléments connus. Indiquer leurs remarques par des actions sur le texte collectif affiché ou projeté au tableau (en entourant, surlignant, etc.).
• Mettre en valeur la ponctuation.
• Revenir sur les mots de vocabulaire difficiles, notamment les mots ou les expressions : *séduire, parader, collerette, creuser un nid*... Les entourer. En garder une trace écrite, les écrire en cursive.
• S'assurer ensuite de la compréhension en posant des questions du type :
– *Quels sont les personnages de cet extrait ?*
– *Que fait Ratops pour séduire Topsia ?*
– *Pourquoi Topsia creuse-t-elle un trou dans le sol ?*
– *Qui surveille les œufs ?*
• Demander aux élèves d'anticiper.
• Revenir sur les mots de vocabulaire difficiles.

Phase 3 ■ Fichier pages 86-87

Collectif et individuel : 15 min

Exercice 1

Compétence :
Trouver des réponses explicites dans un texte étudié.

Les élèves doivent pour chaque affirmation écrire *vrai* ou *faux*.
• Faire lire la consigne. Les élèves expliquent le travail à faire. Les laisser en autonomie.

Différenciation 1 :
L'enseignant(e) apporte une aide à la lecture en marquant les syllabes avec des arcs dans chaque phrase (*Ra / tops / doit / mon / trer / qu'il / est/ le / plus / fort.*) et aide l'élève à lire.
Différenciation 2 :
L'enseignant(e) relit la phrase à l'élève en difficulté.

Exercice 2 :

Compétence :
Reproduire l'ordre des mots d'une phrase.
Support : Étiquettes du fichier à photocopier.

Cet exercice permet aux élèves de travailler la structure de la phrase. L'élève prend des indices (majuscule, point, sens de la phrase) pour construire la phrase.
• L'enseignant(e) lit ou fait lire la consigne et les mots à remettre dans l'ordre.
• À l'oral, collectivement, les élèves sont invités à dire comment ils vont procéder pour réussir l'exercice. Puis ils travaillent individuellement.

Différenciation :
L'élève en difficulté ne fait que la première phrase. L'élève ou l'enseignant(e) lit puis manipule les étiquettes. L'élève écrit la phrase reconstituée.

Exercice 3 :

Compétence :
Associer deux syllabes pour reconstituer un mot.

L'élève doit associer les syllabes d'un mot.
• Faire lire ou lire la consigne. Demander aux élèves d'expliquer le travail à faire. Les laisser en autonomie.
combat – autruche – humain

Différenciation :
Donner les étiquettes des syllabes (à créer). L'enseignant(e) repère avec l'élève chaque début de syllabe. L'élève doit oralement proposer le mot et l'enseignant(e) l'aide à rechercher chaque syllabe suivante. Deux mots seulement sont réalisés : *combat, autruche.*

Séance 2

Lors de la séance 2. Vocabulaire au quotidien (3) : *bagarre – mâle – femelle – nid – œuf.*
Dans la journée, en dehors de la séance de lecture.
Vocabulaire au quotidien (4) : *bagarre – mâle – femelle – nid – œuf.*
Déroulement : se reporter à la page 6.

Phase 1 ■ Fichier page 87

Collectif : 10 min ■ Individuel : 15 min

Rappel du récit
• Demander aux élèves de faire le rappel de l'épisode (sans s'aider des illustrations de l'album).

• Ne pas intervenir, relever ensuite les éléments de désaccord, sans donner la réponse. On travaille ici le langage d'évocation, amener les élèves à se rappeler, nommer les choses, résumer, etc.
• Amener les élèves à utiliser le vocabulaire étudié.
• Poser des questions du type :
– *Quel type de texte travaillons-nous ?*
– *Qu'avons-nous appris ?*
– *Quelles informations avez-vous retenues ?*
• Le texte est relu à voix haute par l'enseignant(e).
• Les mots et passages à savoir lire sont lus par les élèves (phrases en gras). Veiller à une articulation convenable.
• Les élèves doivent les lire rapidement. Ce travail peut être mené collectivement dans un premier temps, puis individuellement.
• Les mots *œuf(s) – bagarre – humain – surveillé – puis – alors* sont également travaillés hors contexte en les faisant écrire sur des étiquettes et en les faisant lire rapidement les uns après les autres par les élèves. Inventer ou faire inventer des phrases contenant ces mots.
• Le texte est relu à voix haute par les élèves aidés de l'enseignant(e).

Phase 2 ■ Fichier page 87

Collectif : 10 min ■ Individuel : 10 min

Exercice 4 :

Compétences :
Savoir lire des images et les classer dans l'ordre chronologique.

Les élèves doivent numéroter les cases pour remettre dans l'ordre chronologique la croissance du bébé.
• Faire lire la consigne, puis les élèves expliquent le travail à faire.

Différenciation :
L'enseignant(e) rappelle que les cornes grandissent en même temps que le dinosaure.

Exercice 5 :

Compétence :
Associer un texte à son illustration.

Les élèves doivent écrire le titre et retrouver l'organisation des différents paragraphes du documentaire. La disposition n'étant pas la même ils doivent lire au moins le titre de chaque paragraphe pour associer l'image au bon texte.
• Faire lire la consigne et les élèves expliquent le travail à faire.

Différenciation :
L'enseignant(e) lit les paragraphes et l'élève doit reconnaitre l'image s'y référant.

Exercice 6 :

Compétence :
Produire des phrases en utilisant le vocabulaire proposé.

Les élèves doivent utiliser les mots dans une phrase.
• Faire lire ou lire la consigne. Demander aux élèves d'expliquer comment ils vont réaliser l'exercice. Les laisser en autonomie.

Différenciation :
L'enseignant(e) fait ce travail à l'oral avec l'élève plus fragile. L'élève dit les mots qu'il veut écrire et propose une phrase, en dictée à l'adulte, en s'aidant des propositions.

Phase 3 ■ Fichier page 87

Collectif : 10 min

Cette phase peut être reportée à un autre moment de la journée, elle permet de faire un bilan et de revenir sur les compétences travaillées dans la séance.

Exercice 7 : Entraine-toi

Compétences :
• Reconnaitre des mots : *œuf(s) – bagarre – humain – surveillé – puis – alors.*
• Produire une phrase à l'oral en utilisant les mots donnés.

Révision des mots : *un – des – une.*

À l'oral : Les élèves proposent différentes phrases contenant les mots étudiés. Quelques propositions peuvent être écrites au tableau par l'enseignant(e) sous la dictée des élèves. Les élèves repèrent ainsi la place des mots étudiés dans les phrases.
À l'écrit : Les élèves peuvent être entrainés à l'aide d'étiquettes montrées au groupe rapidement (mots flash).
• Les étiquettes peuvent être stockées en affichage permanent dans la classe pour d'autres entrainements à la lecture rapide, le travail sur les analogies (constitution de collections) et pour la production d'écrits.
• Demander aux élèves comment ils vont faire pour mémoriser ces mots (voir page 21) : *Je peux m'entrainer en épelant le mot, en le copiant, en l'écrivant sans le modèle, en ayant l'image dans ma tête, en écoutant les syllabes dont il est composé.*

Dokéo, Les dinosaures - Épisode 5

Compétences :
- Se repérer dans un texte documentaire.
- Savoir décrire une illustration à l'oral.
- Savoir lire différents types de légendes.
- Savoir lire pour découvrir ou valider des informations.
- Identifier des mots rapidement, décoder aisément des mots inconnus réguliers, reconnaitre des mots fréquents.
- Savoir reformuler un texte lu.

Supports :
Album *Dokéo, Les dinosaures,* fichier de lecture-compréhension pages 88-89 et étiquettes du fichier à photocopier.

Séance 1

Texte de l'épisode 5 :
Ratops a vieilli. Aujourd'hui, ses anciennes blessures *le* font souffrir *et il* a bien du mal à suivre *son* troupeau... *La* tempête *s'est* levée : *une* énorme vague emporte Ratops... *et le* deinosuchus, *un* immense crocodile *qui* guettait Ratops !

- **Les phrases en gras** sont les phrases qui seront à lire le soir par les élèves, dont les mots sont décodables ou ont été travaillés dans les exercices de l'épisode.
- Les mots soulignés sont les mots que l'élève peut décoder si l'on suit la progression du fichier d'apprentissage du code.
- *Les mots en italique* sont les mots qui ont déjà été travaillés dans des leçons précédentes.

Lors de la séance 1. Vocabulaire au quotidien (1) : *vieilli – ancienne – énorme – immense.*
Dans la journée, en dehors de la séance de lecture. Vocabulaire au quotidien (2) : *vieilli – ancienne – énorme – immense.*
Déroulement : se reporter à la page 6.

Phase 1 ■ Album pages 6 à 17

Collectif : 15 min

Compétences :
- Prendre la parole pour décrire.
- Formuler des hypothèses sur le texte.
- Comprendre un texte lu.

Rappel des épisodes précédents
Avant d'ouvrir l'album :
- Réactiver les connaissances acquises. Les élèves reformulent ce qu'ils ont découvert lors des premiers épisodes :
- les personnages ;
- le lieu ;
- l'époque ;
- le monde de Ratops ;
- ce que mangent les dinosaures ;
- ce que les élèves savent sur les dinosaures et en particulier sur les tyrannosaures ;
- la reproduction des dinosaures.
- Demander aux élèves de faire des hypothèses sur la suite du texte et sur ce que l'on peut apprendre d'autre sur les dinosaures. Les propositions des élèves sont notées au tableau. Ces mots serviront aux élèves fragiles lors du déchiffrage du texte.

Avec l'album :
- L'enseignant(e) relit le texte des pages 6 à 15 (en passant vite sur les pages 4-5 et 12-13).

Album pages 16 à 17
Analyse :
- Les élèves observent les illustrations des pages 16 à 17 et les décrivent.
(**Vocabulaire attendu** : *mer, vague, crocodile, oiseaux, empreintes, ...*)

Anticipation de la lecture :
- Questionner les élèves : *En regardant les illustrations et les blocs texte, avez-vous une idée de ce qui va se passer ?*
- Laisser les élèves s'exprimer rapidement.
- Les élèves comprennent que deux moments différents se passent en pages 16 et 17.
- L'enseignant(e) recense leurs hypothèses sur une affiche ou au tableau pour les vérifier ensuite lors de la lecture du texte.

Lecture album pages 16 à 17 :
- Lecture par l'enseignant(e) du texte des pages de l'épisode 5.
- Confronter ce texte avec les hypothèses formulées auparavant. Puis les élèves reformulent avec leurs mots ce qu'ils ont compris de l'épisode 5.
- L'enseignant(e) reformule à son tour ce qu'ont dit les élèves en insistant sur les éléments que l'on retrouvera à chaque épisode :
- les personnages ;
- le lieu.
- Comme pour les épisodes précédents l'enseignant(e) facilitera la lecture en faisant identifier la partie de texte qui raconte ce qui arrive à Ratops et les différentes informations sur les autres dinosaures. La lecture de cette page est difficile car elle se déroule sur des temps différents et comporte beaucoup d'implicite.

Dokéo, Les dinosaures - Épisode 6

Compétences :
- Se repérer dans un texte documentaire.
- Savoir décrire une illustration à l'oral.
- Savoir lire différents types de légendes.
- Savoir lire pour découvrir ou valider des informations.
- Identifier des mots rapidement, décoder aisément des mots inconnus réguliers, reconnaitre des mots fréquents.
- Savoir reformuler un texte lu.

Supports :
Album *Dokéo, Les dinosaures*, fichier de lecture-compréhension pages 90-91 et étiquettes du fichier à photocopier.

Séance 1

Texte de l'épisode 6 :
À cette époque, l'Amérique du Nord où vivait Ratops *est* divisée *en* deux *par une* mer intérieure. Cette mer *est* peuplée d'animaux immenses *qui* se mangent *les uns les* autres. ***Au* fond *de l'*eau, *le* corps *de* Ratops *est* peu à peu recouvert *de* sable. *Sa* chair disparait. *Il* ne reste que *ses* os. *Au* bout *de* milliers d'années, *son* squelette *se* transforme *en* pierre : Ratops *est* devenu *un* fossile !**

- **Les phrases en gras** sont les phrases qui seront à lire le soir par les élèves, dont les mots sont décodables ou ont été travaillés dans les séances de l'épisode.
- Les mots soulignés sont les mots que l'élève peut décoder si l'on suit la progression du fichier d'apprentissage du code.
- *Les mots en italique* sont les mots qui ont déjà été travaillés dans des leçons précédentes.

Lors de la séance 1. Vocabulaire au quotidien (1) : *corps – squelette – os.*
Dans la journée, en dehors de la séance de lecture. Vocabulaire au quotidien (2) : *corps – squelette – os.*
Déroulement : se reporter à la page 6.

Phase 1 ■ Album pages 6 à 19

Collectif : 15 min

Compétences :
- Prendre la parole pour décrire.
- Formuler des hypothèses sur le texte.
- Comprendre un texte lu.

Rappel des épisodes précédents
Avant d'ouvrir l'album :
- Réactiver les connaissances acquises. Les élèves reformulent ce qu'ils ont découvert lors des premiers épisodes :
- les personnages ;
- le lieu ;
- l'époque ;
- le monde de Ratops ;
- ce que mangent les dinosaures ;
- ce que les élèves savent sur les dinosaures ;
- la reproduction des dinosaures ;
- Comment meurt Ratops.
- Demander aux élèves de faire des hypothèses sur la suite du texte et sur ce que l'on peut apprendre d'autre sur les dinosaures. Les propositions des élèves sont notées au tableau. Ces mots serviront aux élèves fragiles lors du déchiffrage du texte.

Avec l'album :
- L'enseignant(e) relit le texte des pages 6 à 17.

Album pages 18 à 19
Analyse :
- Les élèves observent les illustrations des pages 18 à 19 et les décrivent.

(**Vocabulaire attendu** : *poissons, tortue, mer, squelette, ...*)
Anticipation de la lecture :
- Questionner les élèves : *En regardant les illustrations et les blocs texte, avez-vous une idée de ce qui va se passer ?*
- Laisser les élèves s'exprimer rapidement.
- L'enseignant(e) recense leurs hypothèses sur une affiche ou au tableau pour les vérifier ensuite lors de la lecture du texte.

Lecture album pages 18 à 19 :
- Lecture par l'enseignant(e) du texte des pages de l'épisode 6.
- Confronter ce texte avec les hypothèses formulées auparavant. Puis les élèves reformulent avec leurs mots ce qu'ils ont compris de l'épisode 6.
- L'enseignant(e) reformule à son tour ce qu'ont dit les élèves en insistant sur les éléments que l'on retrouvera à chaque épisode :
- les personnages ;
- le lieu.
- Comme pour les épisodes précédents, l'enseignant(e) facilitera la lecture en faisant identifier la partie de texte qui raconte ce qui arrive à Ratops et les différentes informations sur les animaux qui vivent au fond de la mer.
- La partie « À toi de jouer ! » est faite collectivement.
- Chaque « bloc » est lu, l'enseignant(e) valide et/ou étaye pour les mots difficiles en gras (noms des animaux) ou expressions difficiles : *chair, milliers, squelette, ...*
- L'enseignant(e) par un questionnement oral fait reformuler ce qui arrive au corps de Ratops.

– Par quoi est recouvert le corps de Ratops au fond de l'eau ?
– Qu'est-ce qui disparait ? Que reste-t-il ?
– De quoi est fait un fossile ?

Phase 2 ■ fichier page 90

Collectif : 15 min

Compétences :
- Comprendre un énoncé oral.
- Établir des relations entre l'oral et l'écrit.

Texte du fichier
- Afficher le texte qui va servir de support aux exercices de compréhension. Annoncer aux élèves qu'il s'agit uniquement d'une partie du texte de l'album.
- L'enseignant(e) lit le texte de l'épisode 6 dans le fichier. Les élèves suivent avec leur doigt sur le texte de la page 90.
- Demander aux élèves de chercher s'ils retrouvent dans le texte des éléments connus. Indiquer leurs remarques par des actions sur le texte collectif affiché ou projeté au tableau (en entourant, surlignant, etc.).
- Mettre en valeur la ponctuation.
- Revenir sur les mots de vocabulaire difficiles, notamment les mots ou les expressions : *divisée en deux, mer intérieure, peuplée, disparaitre, fossile*... Les entourer. En garder une trace écrite, les écrire en cursive.
- S'assurer ensuite de la compréhension en posant des questions du type :

– *Quels sont les personnages de cet extrait ?*
– *Où se trouve le corps de Ratops ?*
– *Que devient le corps de Ratops ?*
- Demander aux élèves d'anticiper.
- Revenir sur les mots de vocabulaire difficiles.

Phase 3 ■ Fichier pages 90-91

Collectif et individuel : 15 min

Exercice 1 :

Compétence :
Trouver des réponses explicites dans un texte étudié.

L'élève coche les phrases vraies.
- Faire lire ou lire la consigne. Les élèves expliquent le travail à réaliser et comment ils vont faire pour y parvenir (ils peuvent se référer au document ou au texte projeté).

Différenciation :
L'enseignant(e) aide à la lecture ou lit chaque phrase selon le degré de difficulté en lecture.

Exercice 2 :

Compétence :
Trouver des réponses explicites dans un texte étudié.

L'élève doit retrouver les informations dans le cadre « À toi de jouer ! » et dans l'ensemble du document (pour la partie associée d'une croix).
- Faire lire ou lire la consigne. Les élèves expliquent le travail à réaliser et comment ils vont faire pour y parvenir (ils peuvent se référer au document ou au texte projeté).

Différenciation :
L'élève en difficulté recherche dans le « bloc » texte avec l'aide de l'enseignant(e). Aide méthodologique.

Exercice 3 :

Compétence :
Reproduire l'ordre des mots d'une phrase.
Support : Étiquettes du fichier à photocopier.

Cet exercice permet aux élèves de travailler la structure de la phrase. L'élève prend des indices (majuscule, point, sens de la phrase) pour construire la phrase.
- L'enseignant(e) lit ou fait lire la consigne et les mots à remettre dans l'ordre.
- À l'oral, collectivement, les élèves sont invités à dire comment ils vont procéder pour réussir l'exercice. Puis ils travaillent individuellement.

Différenciation :
Les élèves plus fragiles lisent et manipulent les étiquettes. L'enseignant(e) valide et l'élève recopie la phrase.

Séance 2

Lors de la séance 2. Vocabulaire au quotidien (3) : *corps – squelette – os.*
Dans la journée, en dehors de la séance de lecture.
Vocabulaire au quotidien (4) : *corps – squelette – os.*
Déroulement : se reporter à la page 6.

Phase 1 ■ Fichier page 91

Collectif : 10 min ■ Individuel : 5 min

Rappel du récit
- Demander aux élèves de faire le rappel de l'épisode (sans s'aider des illustrations de l'album).
- Ne pas intervenir, relever ensuite les éléments de désaccord, sans donner la réponse. On travaille ici le langage d'évocation, amener les élèves à se rappeler, nommer les choses, résumer, etc.
- Amener les élèves à utiliser le vocabulaire étudié.
- Poser des questions du type :

– *Quel type de texte travaillons-nous ?*
- Le texte est relu à voix haute par l'enseignant(e).
- Les mots et passages à savoir lire sont lus par les élèves (phrases en gras). Veiller à une articulation convenable.
- Les élèves doivent les lire rapidement. Ce travail peut être mené collectivement dans un premier temps, puis individuellement.
- Les mots *millier(s) – chair – squelette – pierre – recouvert – que – peu à peu* sont également travaillés hors contexte en les faisant écrire sur des étiquettes et en les faisant lire rapidement les uns après les autres par les élèves. Inventer ou faire inventer des phrases contenant ces mots.
- Le texte est relu à voix haute par les élèves aidés de l'enseignant(e).

Phase 2 ■ Fichier page 91

Collectif : 10 min ■ Individuel : 10 min

Exercice 4 :

Compétence :
Savoir produire une phrase qui explique l'illustration en utilisant un vocabulaire connu.

L'élève produit une phrase qui explique chaque illustration.
• Faire lire ou lire la consigne et les mots. Demander aux élèves d'expliquer comment ils vont réaliser l'exercice. Les laisser en autonomie.
• Au préalable l'enseignant(e) peut constituer avec les élèves un répertoire plus élargi que celui proposé des mots qui seront utilisés : *corps – recouvert – sable – chair – os – squelette – pierre – fossile – transforme*.

Différenciation :
L'élève produit les phrases à l'oral en dictée à l'adulte. L'enseignant(e) aide à l'écriture.

Exercice 5 :

Compétences :
• Comprendre un texte et en restituer la chronologie.
• Recopier sans faire d'erreur.

L'élève doit reconstituer l'ordre chronologique des actions. Il recopie ensuite les phrases.
• Faire lire la consigne et les phrases et les élèves expliquent le travail à faire.

Différenciation :
L'enseignant(e) aide à la lecture ou lit chaque phrase. L'élève doit reformuler oralement ce qui arrive en premier et ainsi de suite.

Exercice 6 :

Compétence :
Associer deux syllabes pour reconstituer le mot.

Les élèves doivent retrouver les syllabes qui vont ensemble.
• Faire lire la consigne et les élèves expliquent le travail à faire. Les laisser en autonomie.
fossile – poisson – squelette

Différenciation :
Donner les étiquettes des syllabes (à créer).
L'enseignant(e) a préparé les syllabes sur des étiquettes qui permettront à l'élève de lire chaque syllabe et de les assembler pour former les mots. L'élève plus fragile n'écrit que deux mots : *poisson* et *fossile*.

Phase 3 ■ Fichier page 91

Collectif : 10 min

Cette phase peut être reportée à un autre moment de la journée, elle permet de faire un bilan et de revenir sur les compétences travaillées dans la séance.

Exercice 7 : Entraine-toi

Compétences :
• Reconnaitre des mots : *chair – millier(s) – squelette – pierre – recouvert – que – peu à peu.*
• Produire une phrase à l'oral en utilisant les mots donnés.

Révision des mots : *une – des – un – la.*

À l'oral : Les élèves proposent différentes phrases contenant les mots étudiés. Quelques propositions peuvent être écrites au tableau par l'enseignant(e) sous la dictée des élèves. Les élèves repèrent ainsi la place des mots étudiés dans les phrases.
À l'écrit : Les élèves peuvent être entrainés à l'aide d'étiquettes montrées au groupe rapidement (mots flash).
• Les étiquettes peuvent être stockées en affichage permanent dans la classe pour d'autres entrainements à la lecture rapide, le travail sur les analogies (constitution de collections) et pour la production d'écrits.
• Demander aux élèves comment ils vont faire pour mémoriser ces mots (voir page 21) : *Je peux m'entrainer en épelant le mot, en le copiant, en l'écrivant sans le modèle, en ayant l'image dans ma tête, en écoutant les syllabes dont il est composé.*

Dokéo, Les dinosaures - Épisode 7

Compétences :
- Se repérer dans un texte documentaire.
- Savoir décrire une illustration à l'oral.
- Savoir lire différents types de légendes.
- Savoir lire pour découvrir ou valider des informations.
- Identifier des mots rapidement, décoder aisément des mots inconnus réguliers, reconnaitre des mots fréquents.
- Savoir reformuler un texte lu.

Supports :
Album *Dokéo, Les dinosaures,* fichier de lecture-compréhension pages 92-93 et étiquettes du fichier à photocopier.

Séance 1

Texte de l'épisode 7 :
« Aujourd'hui, explique Alicia aux enfants, *la* mer où Ratops *est* mort a disparu. *Son squelette* a été *recouvert par de* nombreuses couches *de* roche. »

- **Les phrases en gras** sont les phrases qui seront à lire le soir par les élèves, dont les mots sont décodables ou ont été travaillés dans les séances de l'épisode.
- Les mots soulignés sont les mots que l'élève peut décoder si l'on suit la progression du fichier d'apprentissage du code.
- *Les mots en italique* sont les mots qui ont déjà été travaillés dans des leçons précédentes.

Lors de la séance 1. Vocabulaire au quotidien (1) : *brosse – truelle – marteau – ciseau.*
Dans la journée, en dehors de la séance de lecture. Vocabulaire au quotidien (2) : *brosse – truelle – marteau – ciseau.*
Déroulement : se reporter à la page 6.

Phase 1 ■ Album pages 6 à 21

Collectif : 15 min

Compétences :
- Prendre la parole pour décrire.
- Formuler des hypothèses sur le texte.
- Comprendre un texte lu.

Rappel des épisodes précédents
Avant d'ouvrir l'album :
- Réactiver les connaissances acquises. Les élèves reformulent ce qu'ils ont découvert lors des premiers épisodes :
– les personnages ;
– le lieu ;
– l'époque ;
– le monde de Ratops ;
– ce que mangent les dinosaures ;
– ce que les élèves savent sur les dinosaures et en particulier sur les tyrannosaures ;
– la reproduction des dinosaures ;
– comment meurt Ratops ;
– ce que devient Ratops après sa mort.
- Demander aux élèves de faire des hypothèses sur la suite du texte, sur ce dont pourrait parler ce nouvel épisode : *Ratops est devenu un fossile peut-être va-t-il être découvert ? Quand ? Comment ?*
- Les propositions des élèves sont notées au tableau. Ces mots serviront aux élèves fragiles lors du déchiffrage du texte.

Avec l'album :
- L'enseignant(e) relit le texte des pages 6 à 19.

Album pages 20 à 21
Analyse :
L'histoire de Ratops est finie, on va maintenant aborder le rôle du paléontologue, c'est-à-dire le travail d'Alicia. Six vignettes permettent de comprendre le travail fait sur les fossiles par les paléontologues. Les élèves n'ont vraisemblablement que peu de représentations de ce métier. Une première étape sera donc de faire émerger ces représentations.
- Les élèves observent les illustrations des pages 20 et 21 et les décrivent. La difficulté, pour les CP, est de comprendre que ce sont les restes de Ratops fossilisé, donc transformé au cours du temps que l'on découvre.

(**Vocabulaire attendu :** *chercheurs, désert, ...*)

Anticipation de la lecture :
- Questionner les élèves : *En regardant les illustrations et les « blocs » texte, avez-vous une idée de ce qui va se passer ?*
- Laisser les élèves s'exprimer rapidement.
- L'enseignant(e) recense leurs hypothèses sur une affiche ou au tableau pour les vérifier ensuite lors de la lecture du texte.

Lecture album pages 20 à 21 :
- Lecture par l'enseignant(e) du texte des pages de l'épisode 7.
- Confronter ce texte avec les hypothèses formulées auparavant. Puis les élèves reformulent avec leurs mots ce qu'ils ont compris de l'épisode 7.
- L'enseignant(e) reformule à son tour ce qu'ont dit les élèves en insistant sur les éléments que l'on retrouvera à chaque épisode :
– les personnages ;
– le lieu.

• Comme pour les épisodes précédents l'enseignant(e) reproduit ou projette le texte des six vignettes et le « bloc » « Le sais-tu ? ».
• Chaque « bloc » est lu, l'enseignant(e) valide et/ou étaye pour les mots difficiles en gras ou les expressions difficiles : *randonneur, muséum, numéroté, photographié, plâtre, laboratoire*... Expliquer aux élèves que le terme plus couramment employé est « musée », et que le mot « museum » désigne un musée consacré aux sciences naturelles.
• L'enseignant(e), par un questionnement oral, fait reformuler les différentes informations lues.
À l'oral (deux pistes) sont possibles.
① **Un jeu de devinettes :**
– C'est lui qui a découvert un os. C'est...
– Il a servi à creuser la roche dure. C'est...
– Elle a servi à renforcer les os fragiles. C'est...
– Le squelette de Ratops y a été envoyé. C'est...
② **Un vrai /faux** (sur support ardoise) :
– Le fossile était celui de Topsia.
– les paléontologues utilisent des brosses à dents pour nettoyer le fossile.
– Les paléontologues découvrent aussi les empreintes des dinosaures.
– Les paléontologues ont transporté Ratops au zoo.
– Les paléontologues ont reconstitué Ratops en une journée.
• Pour chaque réponse on se reporte au documentaire ou au texte projeté pour validation.

Phase 2 ■ Fichier page 92

Collectif : 15 min

Compétences :
• Comprendre un énoncé oral.
• Établir des relations entre l'oral et l'écrit.

Texte du fichier
• Afficher le texte qui va servir de support aux exercices de compréhension. Annoncer aux élèves qu'il s'agit uniquement d'une partie du texte de l'album.
• L'enseignant(e) lit le texte de l'épisode 7 dans le fichier. Les élèves suivent avec leur doigt sur le texte de la page 92.
• Demander aux élèves de chercher s'ils retrouvent dans le texte des éléments connus. Indiquer leurs remarques par des actions sur le texte collectif affiché ou projeté au tableau (en entourant, surlignant, etc.).
• Mettre en valeur la ponctuation.
• Revenir sur les mots de vocabulaire difficiles, notamment les mots ou les expressions : *muséum, paéontologues, terrain, roche, marteaux-piqueurs, numéroté, renforcé*... Les entourer. En garder une trace écrite, les écrire en cursive.
• S'assurer ensuite de la compréhension en posant des questions du type :
– *Quels sont les personnages de cet extrait ?*
– *Où se trouve le corps de Ratops ?*
– *Que font les paléontologues ?*
• Demander aux élèves d'anticiper.
• Revenir sur les mots de vocabulaire difficiles.

Phase 3 ■ Fichier pages 92-93

Collectif et individuel : 15 min

Exercice 1 :

Compétences :
• Comprendre la typologie d'un texte documentaire.
• Associer un titre à une illustration et à une légende.
Support :
Fichier photocopiable.

L'élève découpe puis colle le titre et les légendes pour chaque image.
• Faire lire ou lire la consigne. Les élèves expliquent le travail à réaliser et comment ils vont faire pour y parvenir.

Différenciation :
L'enseignant(e) aide à la lecture ou lit chaque légende selon le degré de difficulté en lecture.

Exercice 2 :

Compétences :
Comprendre un texte et en restituer la chronologie.

Cet exercice fait travailler les élèves sur la chronologie des actions réalisées par les paléontologues. Ils numérotent les quatre phrases.
• Faire lire ou lire la consigne et les phrases. Les élèves expliquent le travail à réaliser et comment ils vont faire pour y parvenir.

Différenciation :
L'enseignant(e) lit ou aide à lire les différentes phrases et laisse l'élève donner oralement l'ordre chronologique.

Séance 2

Lors de la séance 2. Vocabulaire au quotidien (3) : *brosse – truelle – marteau – ciseau.*
Dans la journée, en dehors de la séance de lecture. Vocabulaire au quotidien (4) : *brosse – truelle – marteau – ciseau.*
Déroulement : se reporter à la page 6.

Phase 1 ■ Fichier page 93

Collectif : 10 min ■ Individuel : 5 min

Rappel du récit
• Demander aux élèves de faire le rappel de l'épisode (sans s'aider des illustrations de l'album).
• Ne pas intervenir, relever ensuite les éléments de désaccord, sans donner la réponse. On travaille ici le langage d'évocation, amener les élèves à se rappeler, nommer les choses, résumer, etc.

• Amener les élèves à utiliser le vocabulaire étudié.
• Le texte est relu à voix haute par l'enseignant(e).
• Les mots et passages à savoir lire sont lus par les élèves (phrases en gras). Veiller à une articulation convenable.
• Les élèves doivent les lire rapidement. Ce travail peut être mené collectivement dans un premier temps, puis individuellement.
• Les mots *mer – truelle – nombreuses – explique – où – aux* sont également travaillés hors contexte en les faisant écrire sur des étiquettes et en les faisant lire rapidement les uns après les autres par les élèves. Inventer ou faire inventer des phrases contenant ces mots.
• Le texte est relu à voix haute par les élèves aidés de l'enseignant(e).

Phase 2 ■ Fichier page 93

Collectif : 10 min ■ Individuel : 10 min

Exercice 3 : **Étude de la langue**

Compétence :
Associer un pronom au verbe correspondant.

Cet exercice permet une approche plus explicite de la notion de verbe.
• Utiliser des phrases de l'épisode et demander aux élèves de retrouver le mot qui indique l'action.
Exemple : *Alicia explique aux enfants. / Un randonneur découvre un os.* Etc.
• Demander ensuite aux élèves, par quoi peut-on remplacer Alicia (elle), un randonneur (il).

Exercice 4 :

Compétence :
Associer deux syllabes pour reconstituer un mot.

Ces mots ont été vus dans les séances du vocabulaire au quotidien. Les élèves doivent retrouver les syllabes qui vont ensemble.
• Faire lire la consigne et les élèves expliquent le travail à faire. Les laisser en autonomie.
ciseau – marteau – truelle – brosse

Différenciation :
Donner les étiquettes des syllabes (à créer). L'enseignant(e) a préparé les syllabes sur des étiquettes qui permettront à l'élève de lire chaque syllabe et de les assembler pour former les mots. Trois mots seulement sont écrits : *ciseau, brosse, marteau.*

Exercice 5 :

Compétence :
Produire une phrase en utilisant le vocabulaire connu.

Les élèves réinvestissent le vocabulaire en produisant deux phrases qui racontent des actions d'Alicia.
• Faire lire ou lire la consigne. Les élèves expliquent le travail à réaliser et comment ils vont faire pour y parvenir.
• L'enseignant(e) peut proposer un travail par groupes de deux pour la rédaction d'un brouillon favorisant ainsi la négociation orthographique entre les élèves.

Différenciation :
La production écrite peut être faite en dictée à l'adulte. L'élève plus fragile peut ne produire qu'une phrase.

Phase 3 ■ Fichier page 93

Collectif : 10 min

Cette phase peut être reportée à un autre moment de la journée, elle permet de faire un bilan et de revenir sur les compétences travaillées dans la séance.

Exercice 7 : **Entraine-toi**

Compétences :
• Reconnaitre des mots : *mer – truelle – nombreuses – explique – où – aux.*
• Produire une phrase à l'oral en utilisant les mots donnés.

Révision des mots : *la – une.*

À l'oral : Les élèves proposent différentes phrases contenant les mots étudiés. Quelques propositions peuvent être écrites au tableau par l'enseignant(e) sous la dictée des élèves. Les élèves repèrent ainsi la place des mots étudiés dans les phrases.
À l'écrit : Les élèves peuvent être entrainés à l'aide d'étiquettes montrées au groupe rapidement (mots flash).
• Les étiquettes peuvent être stockées en affichage permanent dans la classe pour d'autres entrainements à la lecture rapide, le travail sur les analogies (constitution de collections) et pour la production d'écrits.
• Demander aux élèves comment ils vont faire pour mémoriser ces mots (voir page 21) : *Je peux m'entrainer en épelant le mot, en le copiant, en l'écrivant sans le modèle, en ayant l'image dans ma tête, en écoutant les syllabes dont il est composé.*

Dokéo, Les dinosaures - Épisode 8

Compétences :
- Se repérer dans un texte documentaire.
- Savoir décrire une illustration à l'oral.
- Savoir lire différents types de légendes.
- Savoir lire pour découvrir ou valider des informations.
- Identifier des mots rapidement, décoder aisément des mots inconnus réguliers, reconnaitre des mots fréquents.
- Savoir reformuler un texte lu.

Supports :
Album *Dokéo, Les dinosaures,* fichier de lecture-compréhension pages 94-95 et étiquettes du fichier à photocopier.

Séance 1

Texte de l'épisode 8 :
« *Au* laboratoire, continue Alicia, *nous* avions encore beaucoup *de* travail avant *de* pouvoir assembler *le squelette de* Ratops... D'abord, *nous* avons dû dégager *les* os *de leur* protection *de* plâtre, puis *nous les* avons nettoyés. Reconstituer *le* squelette *de* Ratops a été *un* vrai casse-tête : *il* manquait certains os *et il* a fallu qu'on *les* « imagine ». **Ratops ne *nous* a laissé aucune trace *de sa* peau *ou de ses* muscles. *Mais en* observant *ses* os *au* microscope, j'ai pu voir comment *ses* muscles s'y rattachaient. *C'est* ainsi que *nous* avons réussi *à le* « faire revivre »... *ou* presque ! »**

- **Les phrases en gras** sont les phrases qui seront à lire le soir par les élèves, dont les mots sont décodables ou ont été travaillés dans les séances de l'épisode.
- Les mots soulignés sont les mots que l'élève peut décoder si l'on suit la progression du fichier d'apprentissage du code.
- *Les mots en italique* sont les mots qui ont déjà été travaillés dans des leçons précédentes.

Lors de la séance 1. Vocabulaire au quotidien (1) : *laboratoire – reconstituer – assembler – trace.*
Dans la journée, en dehors de la séance de lecture. Vocabulaire au quotidien (2) : *laboratoire – reconstituer – assembler – trace.*
Déroulement : se reporter à la page 6.

Phase 1 ■ Album pages 6 à 22

Collectif : 15 min

Compétences :
- Prendre la parole pour décrire.
- Formuler des hypothèses sur le texte.
- Comprendre un texte lu.

Rappel des épisodes précédents
Avant d'ouvrir l'album :
- Réactiver les connaissances acquises. Les élèves reformulent ce qu'ils ont découvert lors des premiers épisodes :
– les personnages ;
– le lieu ;
– l'époque ;
– le monde de Ratops ;
– ce que mangent les dinosaures ;
– ce que les élèves savent sur les dinosaures et en particulier sur les tyrannosaures ;
– la reproduction des dinosaures ;
– comment meurt Ratops ;
– ce que devient Ratops après sa mort ;
– le travail des paléontologues.

Avec l'album :
- L'enseignant(e) relit le texte des pages 6 à 21.

Album pages 22 et 23
Analyse :
Comme lors de l'épisode 7, nous abordons maintenant le rôle du paléontologue, c'est-à-dire le travail d'Alicia. Trois vignettes permettent de comprendre le travail fait sur les fossiles par les paléontologues.
- Les élèves observent les illustrations de la page 22 et les décrivent.

(**Vocabulaire attendu** : *squelette, paléontologues, laboratoire, ...*)

Anticipation de la lecture :
- Questionner les élèves : *En regardant les illustrations et les « blocs » texte, avez-vous une idée de ce qui se passe ?*
- Trois vignettes retracent le travail dans le laboratoire. Elles sont numérotées et facilement repérables.
- Laisser les élèves s'exprimer rapidement.
- L'enseignant(e) recense leurs hypothèses sur une affiche ou au tableau pour les vérifier ensuite lors de la lecture du texte.

Lecture album pages 22 et 23 :
- Lecture par l'enseignant(e) du texte des pages de l'épisode 8.
- Confronter ce texte avec les hypothèses formulées auparavant. Puis les élèves reformulent avec leurs mots ce qu'ils ont compris de l'épisode 8.
- L'enseignant(e) reformule à son tour ce qu'ont dit les élèves en insistant sur les éléments que l'on retrouvera à chaque épisode :
– les personnages ;
– le lieu.
- Comme pour l'épisode précédent l'enseignant(e) reproduit le texte des trois vignettes et la partie « À toi de jouer ! » située en page 23. C'est un jeu dans lequel les élèves doivent associer oralement chaque dinosaure à son squelette.

• Chaque « bloc » est lu, l'enseignant(e) valide et/ou étaye pour les mots difficiles en gras ou expressions difficiles : *protection – un casse-tête – microscope – le « faire revivre » ou presque…*
• L'enseignant(e), par un questionnement oral, fait reformuler les différentes informations lues.
– Comment font les paléontologues quand des os manquent ?
– Qu'a permis l'observation des os au microscope ?
• Les quatre dernières pages de l'album, présentées sous forme de jeux, ne sont pas exploitées dans le fichier.

Phase 2 ■ Fichier page 94

Collectif : 15 min

Compétences :
• Comprendre un énoncé oral.
• Établir des relations entre l'oral et l'écrit.

Texte du fichier
• Afficher le texte qui va servir de support aux exercices de compréhension. Annoncer aux élèves qu'il s'agit uniquement d'une partie du texte de l'album.
• L'enseignant(e) lit le texte de l'épisode 8 dans le fichier. Les élèves suivent avec leur doigt sur le texte de la page 94.
• Demander aux élèves de chercher s'ils retrouvent dans le texte des éléments connus. Indiquer leurs remarques par des actions sur le texte collectif affiché ou projeté au tableau (en entourant, surlignant, etc.).
• Mettre en valeur la ponctuation.
• Revenir sur les mots de vocabulaire difficiles, notamment les mots ou les expressions : *puzzle, laboratoire, assembler, reconstituer, casse-tête…* Les entourer. En garder une trace écrite, les écrire en cursive.
• S'assurer ensuite de la compréhension en posant des questions du type :
– Quels sont les personnages de cet extrait ?
– Que font les paléontologues ?
• Revenir sur les mots de vocabulaire difficiles.

Phase 3 ■ Fichier page 94

Collectif : 15 min

Exercice 1 :

Compétence :
Associer une illustration à sa légende.

L'élève relie les légendes à chaque illustration.
• Faire lire ou lire la consigne et les textes. Les élèves expliquent le travail à réaliser et comment ils vont faire pour y parvenir.

Différenciation :
L'enseignant(e) aide à la lecture ou lit chaque légende selon le degré de difficulté en lecture.

Exercice 2 :

Compétences :
Savoir lire et comprendre un texte dont les mots ont été déjà vus.

Les élèves doivent cocher la bonne légende correspondant à l'illustration.
• Faire lire ou lire la consigne et les textes. Les élèves expliquent le travail à réaliser et comment ils vont faire pour y parvenir.

Différenciation :
L'élève en difficulté compare mot à mot avec la phrase en gras dans le cadre vert et en coloriant chaque mot identifié. Il peut, avec l'aide de l'enseignant(e), lire certains mots.

Séance 2

Lors de la séance 2. Vocabulaire au quotidien (3) : *laboratoire – reconstituer – assembler – trace.*
Dans la journée, en dehors de la séance de lecture. Vocabulaire au quotidien (4) : *laboratoire – reconstituer – assembler – trace.*
Déroulement : se reporter à la page 6.

Phase 1 ■ Fichier page 95

Collectif : 10 min ■ Individuel : 5 min

Rappel du récit
• Demander aux élèves de faire le rappel de l'épisode (sans s'aider des illustrations de l'album).
• Ne pas intervenir, relever ensuite les éléments de désaccord, sans donner la réponse. On travaille ici le langage d'évocation, amener les élèves à se rappeler, nommer les choses, résumer, etc.
• Amener les élèves à utiliser le vocabulaire étudié.
• Le texte est relu à voix haute par l'enseignant(e).
• Les mots et passages à savoir lire sont lus par les élèves (phrases en gras). Veiller à une articulation convenable.
• Les élèves doivent les lire rapidement. Ce travail peut être mené collectivement dans un premier temps, puis individuellement.
• Les mots *assembler – nettoyer – observer – dégager – ainsi – presque* sont également travaillés hors contexte en les faisant écrire sur des étiquettes et en les faisant lire rapidement les uns après les autres par les élèves. Inventer ou faire inventer des phrases contenant ces mots.
• Le texte est relu à voix haute par les élèves aidés de l'enseignant(e).

Phase 2 ■ Fichier page 95

Collectif : 10 min ■ Individuel : 10 min

Exercice 3 :

Compétence :
Trouver des réponses explicites dans un texte étudié.

Les élèves travaillent la compréhension du texte. Ils cochent les phrases qui relatent les actions des paléontologues.

• Faire lire ou lire la consigne et les phrases. Les élèves expliquent le travail à réaliser et comment ils vont faire pour y parvenir.

Différenciation :
L'enseignant(e) lit ou aide à la lecture de chaque phrase.

Exercice 4 :

Compétence :
Reproduire l'ordre des mots d'une phrase.
Support : Étiquettes du fichier à photocopier.

Les élèves travaillent la structure des phrases. Ils doivent remettre les mots en ordre pour refaire la phrase. Ils prennent des indices majuscule/point de fin de phrase/sens de la phrase.
• Faire lire la consigne et les mots, les élèves expliquent le travail à faire.

Différenciation :
Les élèves lisent et manipulent les étiquettes.
L'enseignant(e) peut aussi lire lui-même les différentes étiquettes. L'élève plus fragile ne fait qu'une phrase.

Exercice 5 : **Étude de la langue**

Compétence :
Savoir reconnaitre le mot qui indique une action : le verbe.

• Faire lire ou lire la consigne. Demander aux élèves d'expliquer le travail à faire. Se référer aux différentes collectes qui ont été faites pour faire une synthèse de la notion de verbe.

Exercice 6 :

Compétence :
Produire des phrases en utilisant le vocabulaire proposé.

Les élèves doivent utiliser les mots dans une production de texte.
• Faire lire ou lire la consigne. Demander aux élèves d'expliquer le travail à faire. Les laisser en autonomie.

• Le travail de production doit être réalisé au brouillon pour pouvoir être corrigé. L'enseignant(e) peut adopter une correction entre pairs afin de faire apparaitre les erreurs liées à l'orthographe, au sens ou à la cohérence du texte.

Différenciation :
L'enseignant(e) fait ce travail à l'oral avec l'élève en difficulté. L'élève dit le mot, la phrase qu'il veut écrire, et propose une écriture, en dictée à l'adulte, en s'aidant des mots proposés.

Phase 3 ■ Fichier page 95

Collectif : 10 min

Cette phase peut être reportée à un autre moment de la journée, elle permet de faire un bilan et de revenir sur les compétences travaillées dans la séance.

Exercice 7 : **Entraine-toi**

Compétences :
• Reconnaitre des mots : *assembler – nettoyer – observer – dégager – ainsi – presque.*
• Produire une phrase à l'oral en utilisant les mots donnés.

À l'oral : Les élèves proposent différentes phrases contenant les mots étudiés. Quelques propositions peuvent être écrites au tableau par l'enseignant(e) sous la dictée des élèves. Les élèves repèrent ainsi la place des mots étudiés dans les phrases.
À l'écrit : Les élèves peuvent être entrainés à l'aide d'étiquettes montrées au groupe rapidement (mots flash).
• Les étiquettes peuvent être stockées en affichage permanent dans la classe pour d'autres entrainements à la lecture rapide, le travail sur les analogies (constitution de collections) et pour la production d'écrits.
• Demander aux élèves comment ils vont faire pour mémoriser ces mots (voir page 21) : *Je peux m'entrainer en épelant le mot, en le copiant, en l'écrivant sans le modèle, en ayant l'image dans ma tête, en écoutant les syllabes dont il est composé.*

Vocabulaire scientifique

Les élèves vont réinvestir ce qu'ils ont déjà appris à travers la lecture du documentaire et enrichir ce lexique à travers les activités proposées. Elles viseront à la fois à connaitre des instruments dédiés aux sciences, des métiers et des lieux dans lesquels s'exercent ces métiers.

Compétences :
- Utiliser des mots précis pour s'exprimer.
- Catégoriser le lexique : personnages, actions, lieux, objets.
- Se créer un répertoire.

Support : Fichier de lecture-compréhension pages 96-97.

Séance 1

Phase orale ■ Fichier page 96 ■ Collectif : 20 min

Exercice 1 :
- Annoncer l'objectif de la séance : *apprendre et retenir des mots du monde des sciences.*
- Laisser les élèves regarder l'illustration de l'exercice 1.
- Demander aux élèves de décrire la scène.
- Poser des questions du type :

– *Qui voit-on ?*
– *Que fait cette personne ?*
– *Qu'est-ce qui te permet de l'affirmer ?*

- Tout au long de ce travail, faire le lien avec les mots appris lors des séances de « vocabulaire au quotidien ».
- Écrire les propositions des élèves au tableau en les classant par catégorie : personnages – objets – autres.
- L'enseignant(e) écrit les mots au tableau et place une étiquette en fonction de sa catégorie au-dessus.
- Demander aux élèves de décrire le personnage et de donner des adjectifs pour le qualifier : *concentrée, attentive, précise, etc.*
- Les mots nouveaux sont portés avec leurs définitions sur les affiches de vocabulaire (voir le vocabulaire au quotidien page 6).
- Laisser les élèves proposer les mots qu'ils connaissent : *thermomètre, empreintes, ect.* D'autres mots sont inconnus pour bon nombre d'élèves : *savant, pipette.* Les mots sont notés sur les affiches de vocabulaire.

Phase écrite ■ Fichier pages 96 et 97

Collectif : 15 min ■ Individuel : 10 min

Exercice 2 :
L'élève doit relier chaque objet au morceau qui lui correspond.
- Faire lire ou lire la consigne. Les élèves expliquent le travail à réaliser.

Différenciation :
L'enseignant(e) lit ou aide à lire chaque cadre.

Exercice 3 :
- Les élèves entourent les mots correspondant aux dessins.
- Faire lire ou lire la consigne. Les élèves expliquent le travail à réaliser.

Différenciation :
L'enseignant(e) lit ou aide à lire chaque mot.

Séance 2

Phase orale ■ Collectif : 20 min

- Par un questionnement, travailler le lexique scientifique.
- Noter au tableau les mots de l'album et des exercices dont les élèves se souviennent. Les élèves pourront s'y référer lorsqu'ils complèteront leur répertoire.

Phase écrite ■ Fichier page 97 ■ Collectif : 25 min

Complète ton répertoire
Il s'agit d'enrichir le champ lexical des sciences afin de pouvoir l'utiliser dans la production des devinettes.
La collecte des mots peut se faire collectivement ou par groupes, chaque groupe ne cherchant qu'un des domaines proposés. Les groupes sont hétérogènes de manière à y inclure les élèves en difficulté.
La mise à disposition de ressources (dictionnaires, encyclopédies, revues scientifiques adaptées au cycle, articles d'un journal, sites Internet) est possible pour compléter les mots déjà trouvés précédemment.
Propositions de lieux : *centre de recherche, institut, musée...*
Propositions de personnes : *paléontologue, géologue, physicien, astro-physicien, pharmacien, biologiste...*
Propositions d'actions : *mesurer, mélanger, analyser, peser, observer, nettoyer...*

Écrire des devinettes

Cette partie de production écrite a pour double motivation de produire et de communiquer (soit dans la classe, soit avec d'autres classes). Le support informatique peut également structurer le travail : rédaction, enregistrement, envoi par mail à une autre classe, utilisation du logiciel Didapages pour rendre plus interactive la production.

Compétences :
- Réinvestir le vocabulaire étudié dans l'écriture.
- Apprendre à rédiger un texte descriptif court en complétant des phrases.
- Rechercher et organiser des idées.
- Choisir du vocabulaire et construire des phrases.

Support :
Fichier de lecture-compréhension pages 98-99.

Séance 1

Phase orale ■ Fichier page 98

Collectif : 20 min ■ Individuel : 25 min

Exercice 1 :
Cet exercice sert d'introduction et de cadre à ce que sera la production écrite.
- L'élève lit les indices et doit trouver la solution.

– Devinette 1 : *squelette*
– Devinette 2 : *marteau*

Différenciation :
Aider les élèves en ayant besoin à lire les différents indices. Les mots *squelette* et *marteau* faisant partie du vocabulaire rencontré dans l'album, ils ne posent à priori pas de problème.

Exercice 2 :
L'élève choisit une illustration et catégorise les affirmations se référant à cet objet. Avec cette démarche, l'élève comprend la construction des différents indices de sa devinette.
- Faire lire la consigne. Les élèves expliquent le travail à réaliser.

a) On choisit une illustration.
b) On catégorise les informations.
c) On utilise les affirmations précédentes pour écrire les indices.

Différenciation :
L'élève choisit l'illustration et l'enseignant(e) lit ou aide à la lecture des affirmations. L'élève numérote alors les indices se rapportant à son illustration. Dans la phase de production, il dicte à l'adulte les différents indices, l'enseignant(e) étaye, corrige les affirmations et sollicite l'élève pour la résolution de problèmes orthographiques.

Séance 2

Phase écrite ■ Fichier page 99

Collectif : 10 min ■ Individuel : 35 min

Exercice 3 :
L'exercice reprend la démarche de l'exercice 2 :
a) sujet de la devinette ; b) affirmations ; c) écriture d'indices.
Les élèves peuvent produire par groupes ou individuellement. La validation passera par la phase communication dans laquelle chaque élève ou groupe posera sa devinette et le reste du groupe proposera une solution. Un second jet après correction par l'enseignant(e) des erreurs orthographiques sera nécessaire.
- Faire lire la consigne. Les élèves expliquent le travail à réaliser. Les laisser en autonomie.

Différenciation :
- Cet exercice n'est pas réalisé par les élèves en difficulté. On peut organiser un dispositif d'écriture en dictée à l'adulte ou en groupe pour qu'ils puissent malgré tout produire un texte. C'est une activité motivante dans laquelle même les élèves en difficulté ont envie de produire.
- Les élèves les plus rapides pourront en revanche produire plusieurs devinettes ou aider les élèves en difficulté. L'enseignant(e) peut également, pour un groupe d'élèves, proposer l'utilisation de l'outil informatique (enregistrer ses devinettes, fabriquer, à l'aide du logiciel Didapages, un livre interactif).

Séance 3

Une 3e séance de production d'écrit est consacrée à la finalisation du projet pour le mettre en valeur, notamment dans une perspective de communication :
– Remise au propre (sur cahier, ordinateur, etc.).
– Communication écrite : journal d'école, blog, ENT, affiche, etc.
– Communication orale : lecture aux camarades, dans d'autres classes, etc.

Écouter (ou lire) un autre texte

La lecture de ce texte fait appel au domaine des sciences du vivant. L'élève doit connaitre d'autres types de textes que les documentaires qui peuvent apporter des informations, dans le cas présent un article de journal.

Compétences :
- Se repérer dans un article de journal.
- Savoir décrire une illustration à l'oral.
- Savoir lire différents types de légendes.
- Lire pour découvrir ou valider des informations.

Support :
Fichier de lecture-compréhension pages 100-101.

Séance 1

Lecture ■ Fichier page 100

Collectif : 20 min ■ Individuel : 25 min

Exercice 1 :
- Les élèves observent et décrivent la photographie. Ils lisent le titre et émettent des hypothèses sur le contenu de l'article.
- L'article (affiché ou projeté) est ensuite lu collectivement par les élèves. Le texte peut être divisé en deux partie (*la découverte, l'étude*). On s'arrête à la fin de chaque partie et l'enseignant(e) fait reformuler depuis le début à chaque fois : la reformulation ainsi pratiquée par les élèves permet de s'assurer de la bonne compréhension.
- Les mots difficiles doivent être expliqués : *réserve, crâne...*

Exercice 2 :
- L'élève doit montrer sa bonne compréhension en répondant par écrit à des questions. L'exigence d'écrire une phrase en mettant une majuscule et un point doit être rappelée.
- Faire lire la consigne, les élèves expliquent le travail à réaliser. Les laisser en autonomie.

Différenciation :
L'enseignant(e) lit ou aide à la lecture des questions. L'élève répond oralement et l'enseignant(e) écrit les propositions.

Exercice 3 :
- L'élève doit légender l'article en montrant qu'il a compris la typologie de ce type de texte : *une photographie* (pas une illustration), *un titre, un texte.*
- Faire lire la consigne et les élèves expliquent le travail à réaliser. Les laisser en autonomie.

Différenciation :
L'enseignant(e) lit ou aide à la lecture des mots. L'élève propose une solution.

Séance 2

Phase écrite ■ Fichier page 101

Collectif : 20 min ■ Individuel : 25 min

Rappel de ce qui a été vu dans la séance précédente. Des textes autres que les documentaires (journaux, revues scientifiques) peuvent apporter des informations.

Exercice 4 :
- L'élève doit reconnaitre la typologie de l'article de presse.
- Faire lire la consigne et les élèves expliquent le travail à réaliser. Les laisser en autonomie.

Différenciation :
L'enseignant(e) questionne l'élève sur ce qu'il voit et lui demande quels éléments lui rappellent le texte sur le crocodile. Réponses attendues : une photographie, un titre, un texte. La lecture du titre par l'enseignant(e) de chaque document aidera l'élève à catégoriser.

Exercice 5 :
L'élève doit : a) Trouver le titre d'un article. b) Associer l'illustration. c) Trouver le début de la première phrase.
La réalisation de ces différentes tâches permet de savoir si l'élève connait les caractéristiques de ce type d'écrit.
- Faire lire la consigne et les élèves expliquent le travail à réaliser. Les laisser en autonomie.

Différenciation :
L'enseignant(e) lit ou aide à la lecture des trois propositions. Le mot *dinosaure* peut être colorié dans le titre du a) pour pouvoir le retrouver dans la phrase du c).

Séance 3

Une 3e séance de production d'écrit est consacrée à la finalisation du projet pour le mettre en valeur, notamment dans une perspective de communication :
- Remise au propre (sur cahier, ordinateur, etc.).
- Communication écrite : journal d'école, blog, ENT, affiche, etc.
- Communication orale : lecture aux camarades, dans d'autres classes, etc.

D'autres textes à écouter (ou à lire)

Séance 1

Phase 1 ■ Collectif : 10 min

• Rappeler le thème de l'unité.
• Demander aux élèves s'ils se rappellent des noms des dinosaures. Les lister au tableau. Les leur faire décrire éventuellement.

Phase 2 ■ Fichier page 102

Collectif : 25 min ■ Individuel : 10 min

Exercice 1 :

Compétence :
Savoir lire une image.

• Laisser les élèves s'exprimer sur la page 102 du fichier. Repérer que les illustrations en couleur sont des couvertures de livres.
• Demander, pour chaque couverture, de retrouver le titre, l'éditeur et le genre. *Sont-elles toutes semblables ?* (Réponses attendues : *non, il y a une bande dessinée et un livre avec un pop-up.*)
• Les élèves prennent connaissance de la consigne et l'explicitent oralement avant de réaliser le travail individuellement.
• L'enseignant(e) apporte quelques précisions sur chaque livre avec les présentations ci-dessous.

Kididoc : les dinosaures
C. Roland, P. Mignon, R. Saillard, Nathan, 2014
Éléments de la couverture
Montrer aux élèves que le « doc » de « Kididoc » signifie « documentaire ». Leur faire rappeler les caractéristiques d'un documentaire.
Contenu
Ce livre permet de découvrir la vie des T-Rex notamment. Il répond à des questions du type : *Quand les dinosaures ont-ils disparu ? Pourquoi ont-ils disparu ?*

Dinos BD Brachiosaure
Terry Riley, Casterman
Éléments de la couverture
Rappeler aux élèves que BD signifie « bande dessinée ». Leur faire redire les caractéristiques d'une bande dessinée.
Contenu
Sous la forme d'une bande dessinée, cet album présente le brachiosaure : ses caractéristiques (taille, alimentation, etc.), son mode de vie et son environnement. Il se compose de 28 pages de planches de BD auxquelles s'ajoutent deux doubles pages de texte documentaire composées notamment d'une fiche d'identité et de références scientifiques.

Étranges dinosaures en pop-up
R. Ferguson, Dorling Kindersley
Éléments de la couverture
Demander aux élèves de retrouver le mot pop-up sur la couverture. Leur montrer quelques ouvrages en pop-up. Leur expliquer de quoi il s'agit.
Contenu
Le livre présente différents dinosaures : le pentacératops cornu, le giganotosaurus ou le vélociraptor…

Tout sur les dinosaures
M. Benton, Encyclopédie, Rouge et Or.
Il faut s'appuyer sur le titre pour comprendre que ce livre est un documentaire. On y trouve de nombreuses photos (plus de 400), des schémas simples et des textes retraçant l'évolution et la vie des dinosaures.

Souvenirs de Gibraltar - Épisode 1

Savoir **nommer ses émotions**, en parler, est une compétence importante pour grandir harmonieusement. Dans l'activité de lecture, identifier les émotions des personnages permet de **mieux comprendre le texte**. La compréhension de leurs émotions amène à donner une interprétation plus juste de leurs paroles, de leurs pensées et de leurs actions. Cette compréhension aide les élèves à traiter **l'implicite d'un texte**, c'est-à-dire ce qui n'est pas forcément écrit mais qui doit être compris grâce à l'interprétation et aux connaissances du lecteur sur le monde.

En étude de la langue, le point traité pendant cette période sera la reconnaissance des adjectifs. Leur rôle sera abordé lors de la lecture des épisodes. Une collecte en sera faite à différents moments de classe, particulièrement pendant la séance de vocabulaire mais aussi à d'autres moments et dans diverses disciplines. La réalisation d'une affiche collective permanente permet de construire petit à petit la compréhension du concept et fournit aux élèves un corpus qui peut servir dans plusieurs activités, en particulier à l'écrit.

Les pages **vocabulaire** « les mots des émotions » amènent les élèves à catégoriser, donc à organiser leurs connaissances (mots connus et mots nouveaux) pour enrichir leur expression, à l'oral comme dans les situations d'écritures de l'unité.

La partie écriture offre trois situations de difficulté croissante. Toutes les trois permettent de réinvestir les connaissances acquises lors de la lecture et du travail de vocabulaire en restant dans la thématique des émotions et dans l'univers de l'histoire : *Souvenirs de Gibraltar.*

Compétences :
- Se repérer dans un texte.
- Savoir décrire une illustration à l'oral.
- Émettre des hypothèses sur la suite d'un récit.
- Identifier des mots rapidement : décoder aisément des mots inconnus réguliers, reconnaitre des mots fréquents.
- Savoir reformuler un texte lu.
- Réinvestir des apprentissages antérieurs.
- Comprendre un paragraphe de l'histoire.
- Lire une phrase à voix haute avec fluidité après préparation.
- Comprendre le rôle de substitut de quelques pronoms.

Supports :
Album *Souvenirs de Gibraltar*, fichier de lecture-compréhension pages 103-105, fiche de lecture puzzle 1 et étiquettes du fichier à photocopier.

Remarque : dans la dernière période, la totalité des textes des encadrés verts est à lire par les élèves (avec l'aide de l'enseignant(e) pour les élèves les plus fragiles). Il n'y a donc plus de phrases en gras ni d'exercice « Entraine-toi » en fin d'épisode (qui reprenait les mots difficiles à lire). Les mots outils sont désormais proposés à côté du texte.

Séance 1

Lors de la séance 1. Vocabulaire au quotidien (1) : *vanille – noisette – Espagne.*
Dans la journée, en dehors de la séance de lecture.
Vocabulaire au quotidien (2) : *vanille – noisette – Espagne.*
Déroulement : se reporter à la page 6.

Phase 1 ■ Album couverture et pages 2 à 3

Collectif : 10 min

Compétences :
- Prendre la parole pour décrire.
- Formuler des hypothèses sur l'histoire.

Couverture de l'album

Description :
- Présenter la page de titre et laisser les élèves la décrire.
- Montrer le titre, l'auteur, l'illustrateur, l'éditeur (sur le plat 4 de couverture).

Analyse :
- Questionner les élèves :

– *Quels personnages voit-on ?*
– *Que font-ils ?*
– *Comment ont-ils l'air ?*
– *Où sont-ils ?*

(**Vocabulaire attendu :** *fillette, grand-père, plantes, marcher...*)

Album pages 2 à 3

Anticipation de la lecture
- Laisser les élèves observer et s'exprimer sur l'illustration de la couverture et sur les illustrations des pages 2 et 3 de l'album.
- Écrire éventuellement les hypothèses pour les valider ensuite.
- À partir de l'illustration de la couverture de l'album et des illustrations des pages 2 et 3, les élèves cherchent à anticiper ce qui va se passer dans l'histoire.

– *Que va-t-il se passer dans l'histoire ?*

Lors de cette anticipation l'enseignant(e) note au tableau, à côté du texte, les mots utilisés par les élèves pour décrire l'illustration (*grand-père, petite-fille, train, vacances, arbres, etc.*.). Ces mots serviront aux élèves fragiles lors du déchiffrage du texte.

• Si cela est nécessaire, l'enseignant(e) pose des questions :
– *Quels personnages rencontre-t-on ?*
– *Qui sont-ils ?*
– *Où sont-ils ?*
– *Où vont-ils ?*

Lecture album page 3

• Lecture du texte de l'album par l'enseignant(e).
• Confronter ce texte avec les hypothèses émises à partir des illustrations.
• Demander aux élèves de dire tout ce qu'ils ont retenu.
• Annoncer aux élèves qu'ils vont retrouver cette partie de l'album dans leur fichier de compréhension pour travailler sur cet épisode.

Phase 2 ■ Fichier p. 103 ■ Album p. 3 ■ Fiche de lecture 1

Collectif : 15 min

Compétences :
• Se repérer dans un texte.
• Savoir identifier des mots rapidement : décoder aisément des mots inconnus réguliers, reconnaitre des mots fréquents et des mots irréguliers mémorisés.
• Savoir réinvestir des apprentissages antérieurs.
• Comprendre un paragraphe de l'histoire.

Illustration fichier page 103

• Laisser les élèves regarder l'illustration de la page d'ouverture de la période 5.
• Laisser les élèves s'exprimer rapidement.
• L'enseignant(e) pose quelques questions :
– *Quels sont les personnages ? Que font-ils ?*
– *Que signifient les dessins dans les bulles ?*
– *S'agit-il de la même histoire que celle de l'album ?*
(**Vocabulaire attendu :** *famille, table, repas, chien, bébé, maman, enterrer, poisson…*)

Texte de l'album page 3

• L'enseignant(e) demande aux élèves de lire silencieusement le texte de l'album.
Deux démarches sont alors envisageables :
1. Les élèves ont leur album et le texte de l'épisode sous forme de puzzle (fiche lecture puzzle 1 dans le fichier à photocopier). Le caractère autonome de l'activité est alors renforcé par la tâche à réaliser. Les élèves peuvent procéder à la lecture découverte du texte puzzle avant de le remettre dans l'ordre ou simplement prendre des repères dans l'écrit pour retrouver son organisation. Mais dans les deux cas, ils ont comme objectif d'avoir lu et compris l'épisode.
2. L'enseignant(e) lit l'épisode de l'album. Les élèves ferment leur album et procèdent à la lecture et à la réalisation du texte puzzle sans l'aide du texte de référence.
• Quand les élèves ont terminé leur lecture silencieuse, ils préparent la lecture à voix haute du texte en le relisant plusieurs fois de suite et en subvocalisant à voix basse.
• Pendant ce temps, l'enseignant(e) travaille avec un petit groupe d'élèves fragiles sur le début du texte jusqu'à « répondu ». Le travail mené avec ce petit groupe se déroule avec le texte affiché. Les élèves viendront à tour de rôle souligner des mots qu'ils reconnaissent ou qu'ils ont réussi à lire en explicitant à chaque fois comment ils ont fait (*J'ai déchiffré en faisant le son des lettres. J'avais photographié le mot. J'ai deviné avec le reste de la phrase.*). L'enseignant(e) peut utiliser des petits dessins pour symboliser les différentes méthodes : *une oreille pour le décodage, un appareil photo pour la reconnaissance orthographique et une ampoule pour j'ai anticipé par le sens du contexte.* Une fois le texte entièrement lu et explicité, l'enseignant(e) relit la 1re phrase et chaque élève du petit groupe s'entraine à la lire à voix haute et de manière fluide.

Différenciation :
• L'enseignant(e) peut répartir les phrases à lire à voix haute entre les élèves selon la difficulté de la phrase (longueur, mots difficiles à déchiffrer).
• Certains élèves peuvent avoir plusieurs phrases à lire.
Pour les classes équipées de tablettes, les élèves peuvent s'enregistrer et s'écouter pour apporter une amélioration à leur diction. On peut aussi alterner l'écoute du texte enregistré sur la version numérique et la lecture de l'élève.

Phase 3 ■ Fichier page 104

Collectif : 10 min

Compétences :
• Savoir reformuler un texte lu.
• Savoir lire une phrase à voix haute avec fluidité après préparation.

• Lecture à voix haute du texte du fichier par les élèves du groupe qui n'ont pas de difficultés de lecture ou par l'enseignant(e) si besoin. Les élèves interviennent dans l'ordre du récit. Validation de l'ordre du texte puzzle.
• Les élèves du groupe fragile commencent à dire ce qu'ils ont retenu de l'épisode. Leur intervention est complétée par les autres élèves de la classe.
• Si nécessaire, l'enseignant(e) pose des questions :
– *Quels sont les personnages de l'histoire ?* (Insister sur les différents surnoms donnés par Papy à sa petite-fille pour préparer l'exercice 4.)
– *Où se passe l'histoire et quand ?*
– *Que vont faire les personnages ?*
• Revenir sur les mots de vocabulaire difficiles et notamment : *Espagne, noisette, Gaufrette, vanille* et les mots outils *depuis* et *parfois.*

Phase 4 ■ Fichier page 104

Collectif et individuel : 15 min

Compétences :
• Savoir retrouver les informations du texte.
• Savoir retrouver un mot et une phrase dans un texte.
• Montrer sa compréhension du texte en retrouvant des phrases fausses.

Exercice 1 :

Compétence :
Trouver des réponses explicites dans un texte étudié.

Cet exercice permet de situer les différents personnages de l'épisode. Présenté sous des formes différentes selon les épisodes, il permet de travailler systématiquement la compréhension du texte.
• Faire lire la consigne. Les élèves travaillent individuellement.

Différenciation :
Entourer de couleurs différentes le nom de chaque personnage dans le texte.

• Une phase de correction collective permet aux élèves qui n'ont pas entouré les mots dans le texte du fichier de venir faire le travail de repérage devant la classe.

Exercice 2 :

Compétence :
Trouver des réponses explicites dans un texte étudié.

Cet exercice, présenté sous des formes différentes selon les épisodes, permet également de travailler systématiquement la compréhension du texte.
• Lire ou faire lire la consigne. Les élèves travaillent individuellement. Correction collective.

Différenciation :
Les élèves qui le peuvent repèrent les mots du texte qui valident leurs réponses à l'exercice en les entourant.
Exemple : *train « Dans le train... » ; bus « ... on a pris le bus. ».*

Exercice 3 :

Compétence :
Trouver une réponse explicite dans un texte étudié.

L'élève repère un mot dans le texte.
• Lire ou faire lire la consigne. Les élèves travaillent individuellement.

Différenciation :
Entourer d'une couleur différente le nom du pays dans le texte.

Exercice 4 :

Compétence :
Trouver des réponses explicites dans un texte étudié.

Lire ou faire lire la consigne. Les élèves travaillent individuellement.

Différenciation :
Rendre le travail plus facile en indiquant que les mots à trouver dans le texte sont *vanille* et *noisette*.

Exercice 5 :

Compétence :
Trouver des réponses implicites ou explicites dans un texte étudié.

Montrer sa compréhension du texte en retrouvant des phrases fausses.
• Lire ou faire lire la consigne. Les élèves travaillent individuellement. Correction collective.

Différenciation :
Certains élèves peuvent être regroupés par l'enseignant(e) pour un étayage particulier : rappel des informations retenues lors des lectures de l'épisode, localisation de la zone de texte où doit se trouver l'information (début, milieu ou fin), relecture de certaines phrases avec aide au déchiffrage et à la compréhension.

Séance 2

Lors de la séance 2. Vocabulaire au quotidien (3) : *vanille – noisette – Espagne.*
Dans la journée, en dehors de la séance de lecture. Vocabulaire au quotidien (4) : *vanille – noisette – Espagne.*
Déroulement : se reporter à la page 6.

Phase 1 ■ Fichier page 104

Collectif : 15 min

Rappel du récit
• Le texte est relu à voix haute par les élèves.
• Un rapide rappel de l'histoire est fait collectivement. Puis l'enseignant(e) relit une partie de l'histoire de son choix en indiquant aux élèves que chacun va devoir lire ce passage à son tour à voix haute. Il faut donc suivre avec son doigt lors de la lecture de l'enseignant(e) mais aussi des autres élèves afin d'éventuellement remarquer des erreurs de lecture ou d'aider son camarade.
• Cet entrainement à la lecture fluide peut paraitre répétitif mais est d'une grande aide, notamment pour les élèves fragiles, car la lecture répétitive permet de les rassurer mais aussi de les aider à enregistrer certains mots.

Phase 2 ■ Fichier page 105

Collectif et individuel : 30 min

Avant de commencer, les élèves identifient rapidement les différents exercices.
L'enseignant(e) peut demander qui aurait besoin d'aide et à quel moment.

Différenciation :
L'enseignant(e) peut regrouper quelques élèves repérés en difficulté sur un type d'exercice pour observer leur stratégie, identifier les obstacles et rendre la tâche explicite.

Exercice 6 :

Compétence :
Savoir identifier les paroles d'un personnage.

Lire ou faire lire la consigne. Les élèves travaillent individuellement. Correction collective.

Différenciation :
Les phrases de dialogues sont tout d'abord repérées dans le texte. Afin d'aider les élèves, le texte peut être lu par deux élèves (*Gaufrette* et *Papy*).

Exercice 7 :

Compétence :
Savoir retrouver l'ordre des mots d'une phrase.
Support : Étiquettes du fichier à photocopier.

La mise en ordre des mots demande aux élèves de reconnaitre les mots et de prendre des repères sur la ponctuation d'une phrase.
• La première phrase fait partie du texte. La seconde phrase n'est pas à l'identique dans le texte.
• L'enseignant(e) lit ou fait lire la consigne et les mots à remettre dans l'ordre.

Différenciation :
Faire repérer et mettre en valeur la majuscule et le point dans les étiquettes de l'exercice.
Les élèves les plus fragiles ne font que la première phrase. L'enseignant(e) peut leur fournir des étiquettes à manipuler au préalable.

Exercice 8 :

Compétence :
Savoir composer un mot à partir de syllabes.

• L'enseignant(e) lit ou fait lire la consigne. Cet exercice permet d'aider les élèves au décodage par le découpage des mots en syllabes.

Différenciation :
Donner les étiquettes des syllabes (à créer). Les élèves ayant besoin de temps ne font pas les parties d'exercice assorties d'une croix, ou ne recopie qu'un mot assorti d'une croix.

Exercice 9 :

Compétence :
Comprendre des indices de reprise (mettre en relation substitut et référent).

Cette question permet aux élèves d'intégrer que le narrateur est Gaufrette.
• L'enseignant(e) lit ou fait lire la consigne et la question.

Différenciation :
Afin d'aider les élèves, le texte peut être lu par l'enseignant(e) ou un élève.

Exercice 10 :

Compétence :
Avoir compris le texte et en avoir une représentation chronologique.

Cela permet de vérifier la compréhension globale du texte par l'élève.
• L'enseignant(e) lit ou fait lire la consigne et les différentes phrases.

Différenciation :
Des élèves sont regroupés autour de l'enseignant(e). Donner les phrases manipulables sous forme d'étiquettes. Chacune est lue à voix haute par les élèves.
Les élèves font des propositions d'ordre en justifiant leur réponse, soit par le rappel de l'histoire soit, par le retour au texte écrit. Quand différents résumés sont proposés, l'enseignant(e) les lit à voix haute pour en faciliter la comparaison.

Exercice 11 :

Compétence :
Savoir dépasser le texte en en imaginant une partie.

Cela permet aux élèves de s'approprier le texte en imaginant le trésor de Papy.
• Lire ou faire lire la consigne. Les élèves travaillent individuellement.

Différenciation :
Les élèves les plus fragiles n'anticiperont que par le dessin.

Souvenirs de Gibraltar - Épisode 2

Compétences :
- Se repérer dans un texte.
- Savoir décrire une illustration à l'oral.
- Émettre des hypothèses sur la suite d'un récit.
- Identifier des mots rapidement : décoder aisément des mots inconnus réguliers, reconnaitre des mots fréquents.
- Savoir reformuler un texte lu.
- Réinvestir des apprentissages antérieurs.
- Comprendre un paragraphe de l'histoire.
- Lire une phrase à voix haute avec fluidité après préparation.

Supports :
Album *Souvenirs de Gibraltar,* fichier de lecture-compréhension pages 106-107, fiche texte à trous 2 et étiquettes du fichier à photocopier.

Séance 1

Lors de la séance 1. Vocabulaire au quotidien (1) : *gorge – place – murmurer.*
Dans la journée, en dehors de la séance de lecture. Vocabulaire au quotidien (2) : *gorge – place – murmurer.*
Déroulement : se reporter à la page 6.

Phase 1 ■ Album pages 2 à 5

Collectif : 10 min

Compétences :
- Prendre la parole pour décrire.
- Formuler des hypothèses sur l'histoire.
- Comprendre un texte lu.

Rappel de l'épisode 1
Avant d'ouvrir l'album :
• Demander aux élèves de se rappeler de l'épisode 1 et de reformuler l'histoire sans ouvrir l'album.
• Les élèves reformulent ce dont ils se souviennent du premier épisode.
– Les personnages : *Gaufrette* et *son grand-père.*
– Le lieu : *Ils sont en voyage dans un train, ils vont en Espagne chercher un trésor.*
• Demander aux élèves de faire des hypothèses sur la suite de l'histoire. Noter les propositions au tableau.
Avec l'album :
• L'enseignant(e) relit le texte de la page 3.

Album pages 4-5
• Les élèves découvrent l'illustration de la page 5, ils décrivent et anticipent sur l'histoire. Les laisser s'exprimer rapidement. Écrire éventuellement les hypothèses pour les valider ensuite. L'enseignant(e) peut faire revenir les élèves sur les propositions faites au moment de la découverte de la page de titre.
• Lors de cette anticipation l'enseignant(e) note au tableau à côté du texte les mots utilisés par les élèves pour décrire l'illustration : *grand-père, petite-fille, valise, arrivée, bus, maisons, etc.* Ces mots serviront aux élèves fragiles lors du déchiffrage du texte.

Phase 2 ■ Album p. 4-5 ■ Fiche de lecture 2

Individuel ou collectif : 10 min

Compétences :
- Se repérer dans un texte.
- Identifier des mots rapidement : décoder aisément des mots inconnus réguliers, reconnaitre des mots fréquents.
- Réinvestir des apprentissages antérieurs.
- Comprendre un paragraphe de l'histoire.

• L'enseignant(e) demande aux élèves de lire silencieusement le texte page 4.
Deux démarches sont alors envisageables :
1. Les élèves ont leur album et le texte de l'épisode sous forme de texte à trous (fiche texte à trous 2 dans le fichier à photocopier). Le caractère autonome de l'activité est alors renforcé par la tâche à réaliser. Les élèves peuvent procéder à la lecture du texte avant de remplir les trous. Mais, leur objectif est d'avoir lu et compris l'épisode.
2. L'enseignant(e) lit l'épisode de l'album. Les élèves ferment leur album et procèdent à la lecture et à la réalisation du texte à trous sans l'aide du texte de référence.
• Quand les élèves ont terminé leur lecture silencieuse, ils préparent la lecture à voix haute du texte en le relisant plusieurs fois de suite et en subvocalisant à voix basse.
• Pendant ce temps, l'enseignant(e) travaille avec un petit groupe d'élèves fragiles sur le début du texte jusqu'à « brillants ». Le travail mené avec ce petit groupe se déroule avec le texte affiché. Les élèves viendront à tour de rôle souligner des mots qu'ils reconnaissent ou qu'ils ont réussi à lire en explicitant à chaque fois comment ils ont fait (*J'ai déchiffré en faisant le son des lettres. J'avais photographié le mot. J'ai deviné avec le reste de la phrase*). L'enseignant(e) peut utiliser des petits dessins pour symboliser les différentes méthodes : *une oreille pour le décodage, un appareil photo pour la reconnaissance orthographique et une ampoule pour j'ai anticipé par le sens du contexte.*
• Une fois le texte entièrement lu et explicité, l'enseignant(e) relit la 1re phrase et chaque élève du petit groupe s'entraine à la lire à voix haute et de manière fluide.

Différenciation :
L'enseignant(e) peut répartir les phrases à lire à voix haute entre les élèves selon la difficulté de la phrase (longueur, mots difficiles à déchiffrer).
Certains élèves peuvent avoir plusieurs phrases à lire.
Pour les classes équipées de tablettes, les élèves peuvent s'enregistrer et s'écouter pour apporter une amélioration à leur diction ou encore alterner leur lecture et l'écoute du texte enregistré. On peut aussi alterner l'écoute du texte enregistré sur la version numérique et la lecture de l'élève.

Phase 3 ■ Fichier page 106

Collectif : 10 min

Compétences :
- Savoir reformuler un texte lu.
- Lire une phrase à voix haute avec fluidité après préparation.

- Lecture à voix haute du texte du fichier par les élèves du groupe qui n'ont pas de difficultés de lecture ou par l'enseignant(e) si besoin. Les élèves interviennent dans l'ordre du récit. Validation des mots manquants du texte à trous.
- Les élèves du groupe plus fragile commencent à expliciter le début de l'histoire puis sont relayés par le reste de la classe.
- Si cela est nécessaire, l'enseignant(e) pose des questions :
– *Quels sont les personnages de l'histoire ?*
– *Où se passe l'histoire ?* (Insister sur l'arrivée du bus pour préparer l'exercice 1.)
– *Que vont faire les personnages ?*
- Revenir sur les mots de vocabulaire difficiles et notamment : *s'immobiliser, gorge, brillant, murmurer* et sur les mots outils *là* et *vers*.

Phase 4 ■ Fichier page 106-107

Collectif et individuel : 15 min

Exercice 1 :

Compétence :
Comprendre un récit.

Faire lire la consigne et la question. Demander aux élèves d'expliquer le travail à faire. Les laisser en autonomie.

Différenciation :
L'enseignant(e) aide à la lecture ou lit le texte selon le degré de difficulté de lecture. L'élève colorie la phrase dans le texte du fichier pour identifier la réponse à la question.

Exercice 2 :

Compétence :
Comprendre une information implicite.

- Faire lire la consigne. Demander aux élèves d'expliquer le travail à faire. Les laisser en autonomie.
- Correction collective. L'élève se met à la place du personnage pour essayer de comprendre ce qu'il se passe dans sa tête, ce qu'il ressent. L'explicitation des réponses des élèves en collectif est importante afin d'amener les élèves à comprendre l'implicite d'un texte.
- Les deux dernières émotions ne sont pas faciles à distinguer pour les élèves (*ému, triste*). Accepter éventuellement l'une ou l'autre des réponses du moment qu'elle est justifiée.

Différenciation :
Le texte est relu par l'enseignant(e) ou par différents élèves avant de passer au travail individuel.
L'exercice peut se faire en binômes pour que les élèves argumentent leurs réponses.

Exercice 3 :

Compétence :
Comprendre une information implicite.

- Faire lire la consigne. Demander aux élèves d'expliquer le travail à faire. Les laisser en autonomie.
- Correction collective. L'élève se met à la place du personnage pour essayer de comprendre ce qu'il se passe dans sa tête, ce qu'il ressent. L'explicitation des réponses des élèves en collectif est importante afin d'amener les élèves à comprendre l'implicite d'un texte.

Différenciation :
Les phrases sont lues à voix haute par un élève ou l'enseignant(e) avant le travail individuel.
L'exercice peut se faire par binômes pour que les élèves argumentent leurs réponses.
Seuls les élèves rapides et n'ayant pas besoin d'aide font la seconde partie de l'exercice. Cette partie n'attend pas une réponse juste mais demande aux élèves de mieux imaginer le personnage de Papy.

Exercice 4 :

Compétence :
Retrouver les paroles des personnages.

- Faire lire la consigne et les paroles des personnages. Demander aux élèves d'expliquer le travail à faire. Les laisser en autonomie.

Différenciation :
Les phrases des dialogues sont tout d'abord repérées dans le texte. Afin d'aider les élèves, le texte peut être lu par deux élèves différents (Gaufrette et Papy).

Exercice 5 :

Compétence :
Reproduire l'ordre des mots d'une phrase.
Support : Étiquettes du fichier à photocopier.

Les élèves travaillent la structure des phrases. Ils prennent des indices, majuscule et point de fin de phrase. La première phrase fait partie du texte. La seconde phrase n'est pas à l'identique dans le texte.

• L'enseignant(e) fait lire la consigne et les mots à mettre en ordre.
• À l'oral, collectivement, les élèves sont invités à dire comment ils vont procéder pour réussir l'exercice. Puis ils travaillent individuellement.

Différenciation :
Les mots sont sur des étiquettes que l'élève peut manipuler. L'enseignant(e) lit ou fait lire les différentes étiquettes. Selon le degré de difficulté l'élève ne fait pas la phrase assortie d'une croix.

Séance 2

Lors de la séance 2. Vocabulaire au quotidien (3) : *gorge – place – murmurer.*
Dans la journée, en dehors de la séance de lecture. Vocabulaire au quotidien (4) : *gorge – place – murmurer.*
Déroulement : se reporter à la page 6.

Phase 1 ■ Fichier page 106

Collectif : 15 min

Rappel du récit
Le texte est relu à voix haute par les élèves.
Un rapide rappel de l'histoire est fait collectivement. Puis l'enseignant(e) relit une partie de l'histoire de son choix en indiquant aux élèves que chacun va devoir lire ce passage à voix haute et qu'il faut suivre avec son doigt lors de la lecture. Tous les élèves peuvent aider à la lecture en signalant et en corrigeant les erreurs.
Cet entrainement à la lecture fluide peut paraitre trop répétitif mais il est d'une grande aide, notamment pour les élèves fragiles, car la lecture répétitive permet de les rassurer. Cela les aide aussi à automatiser le décodage et à mémoriser certains mots.

Phase 2 ■ Fichier page 107

Collectif et individuel : 30 min

Avant de commencer, les élèves identifient rapidement les différents exercices. L'enseignant(e) peut demander qui aurait besoin d'aide et à quel moment.

Différenciation :
L'enseignant(e) peut regrouper quelques élèves repérés en difficulté sur un type d'exercice pour observer les stratégies des élèves, identifier les obstacles et rendre la tâche explicite.

Exercice 6 :

Compétence :
Associer des syllabes pour reconstituer un mot.

Ces mots ont été vus dans le texte.
• Faire lire ou lire la consigne. Demander aux élèves d'expliquer le travail à faire. Les laisser en autonomie.

Différenciation :
Donner les étiquettes des syllabes (à créer). L'enseignant(e) repère avec l'élève chaque début de syllabe. L'élève doit oralement proposer le mot et l'enseignant(e) l'aide à rechercher la syllabe suivante. Les élèves plus fragiles ne recopient pas tous les mots.

Exercice 7 :

Compétence :
Comprendre des indices de reprise (mettre en relation substitut et référent).

L'enseignant(e) fait lire la consigne et la question.

Différenciation :
Le texte peut être lu par l'enseignant(e) ou un élève.

Exercice 8 :

Compétences :
• Comprendre un texte dans sa globalité.
• Savoir distinguer les informations vraies des fausses.

Cet exercice permet de vérifier la compréhension globale du texte par l'élève.
• Après la lecture de la consigne par les élèves, l'enseignant(e) explique ce qu'est un résumé. Les élèves disent oralement comment ils comptent s'y prendre pour réussir.
• L'enseignant(e) écoute et encourage l'expression des stratégies : *Il faut lire chaque résumé. Quand on lit quelque chose de faux, on le barre. On fera une croix à côté du résumé dans lequel rien ne sera barré.*
• Un élève lit à voix haute, les autres l'arrêtent quand ils pensent que l'information est fausse.
• À la fin de l'exercice, l'enseignant(e) félicite les élèves et les prévient qu'ils retrouveront ce type d'exercice dans les épisodes suivants.

Différenciation :
Les élèves travaillent par deux. Dans un premier temps chacun lit silencieusement les résumés puis un élève lit à l'autre le premier résumé. Ils recherchent ensemble si quelque chose est faux. Ils procèdent ensuite de même pour les deux autres résumés.

Exercice 9 :

Compétence :
Savoir dépasser le texte en en imaginant une partie.

Cet exercice permet aux élèves de s'approprier le texte en imaginant ce que Gaufrette pourrait dire à Papy.
• Lire ou faire lire la consigne. Les élèves travaillent individuellement.

Différenciation :
Les élèves les plus fragiles font cet exercice à l'oral.
Ils peuvent travailler par deux, après s'être mis d'accord sur la réponse, l'un dicte, l'autre écrit et tous les deux réfléchissent à l'encodage.

Souvenirs de Gibraltar - Épisode 3

Compétences :
• Se repérer dans un texte.
• Savoir décrire une illustration à l'oral.
•Émettre des hypothèses sur la suite d'un récit.
• Identifier des mots rapidement : décoder aisément des mots inconnus réguliers, reconnaitre des mots fréquents.
• Savoir reformuler un texte lu.
• Réinvestir des apprentissages antérieurs.
• Comprendre un paragraphe de l'histoire.
• Lire une phrase à voix haute avec fluidité après préparation.
Support :
Album *Souvenirs de Gibraltar,* fichier de lecture-compréhension pages 108-109, fiche lecture puzzle 3 et étiquettes du fichier à photocopier.

Séance 1

Lors de la séance 1. Vocabulaire au quotidien (1) : *rocher – s'exclamer – farfelues.*
Dans la journée, en dehors de la séance de lecture. Vocabulaire au quotidien (2) : *rocher – s'exclamer – farfelues.*
Déroulement : se reporter à la page 6.

Phase 1 ■ Album pages 2 à 9

Collectif : 10 min

Compétences :
• Prendre la parole pour décrire.
• Formuler des hypothèses sur l'histoire.

Rappel des épisodes précédents
Avant d'ouvrir l'album :
• Demander aux élèves de se rappeler des épisodes précédents et de reformuler l'histoire sans ouvrir l'album.
• Les élèves reformulent ce dont ils se souviennent.
– Les personnages : *Gaufrette* et *son grand-père.*
– Le lieu et la problématique : *Ils sont en voyage dans un train, ils vont en Espagne chercher un trésor. Après le train, ils prennent le bus et arrivent finalement dans le village natal du grand-père.*
• Demander aux élèves de faire des hypothèses sur la suite de l'histoire. Les propositions des élèves sont notées au tableau.
Avec l'album :
• L'enseignant(e) relit le texte des pages 3 et 4.

Album pages 6 à 9
Anticipation de la lecture :
• Les élèves découvrent les illustrations des pages 6 à 9, ils les décrivent et anticipent sur l'histoire. Les laisser s'exprimer rapidement. Écrire éventuellement les hypothèses pour les valider ensuite. L'enseignant(e) peut faire revenir les élèves sur les propositions faites au moment de la découverte de la page de titre.
• Lors de cette anticipation l'enseignant(e) note au tableau, à côté du texte, les mots utilisés par les élèves pour décrire les illustrations : *grand-père, petite-fille, lit, chambre, boissons, promenade, rue, fleurie, étonné, etc.* Ces mots serviront aux élèves fragiles lors du déchiffrage du texte.

Phase 2 ■ Album p. 6 à 9 ■ Fiche de lecture 3

Individuel ou collectif : 10 min

Compétences :
• Se repérer dans un texte.
• Identifier des mots rapidement : décoder aisément des mots inconnus réguliers, reconnaitre des mots fréquents.
• Réinvestir des apprentissages antérieurs.
• Comprendre un paragraphe de l'histoire.

• L'enseignant(e) demande aux élèves de lire silencieusement le texte des pages 7 à 9 de l'album.
Deux démarches sont alors envisageables :
1. Les élèves ont leur album et le texte de l'épisode sous forme de texte puzzle (fiche lecture puzzle 3 dans le fichier à photocopier). Le caractère autonome de l'activité est alors renforcé par la tâche à réaliser. Les élèves peuvent procéder à la lecture du texte puzzle avant de le remettre dans l'ordre ou simplement prendre des repères dans l'écrit pour retrouver son organisation. Mais, leur objectif est d'avoir lu et compris l'épisode.
2. L'enseignant(e) lit l'épisode de l'album. Les élèves ferment leur album et procèdent à la lecture et à la réalisation du texte puzzle sans l'aide du texte de référence.
• Quand les élèves ont terminé leur lecture silencieuse, ils préparent la lecture à voix haute du texte en le relisant plusieurs fois de suite et en subvocalisant à voix basse.
• Pendant ce temps, l'enseignant(e) travaille avec un petit groupe d'élèves fragiles sur le début du texte jusqu'à « citron ». Le travail mené avec ce petit groupe se déroule avec le texte affiché. Les élèves viendront à tour de rôle souligner des mots qu'ils reconnaissent ou qu'ils ont réussi à lire en explicitant à chaque fois comment ils ont fait (*J'ai déchiffré en faisant le son des lettres. J'avais photographié le mot. J'ai deviné avec le reste de la phrase*). L'enseignant(e) peut utiliser des petits dessins pour symboliser les différentes méthodes : *une oreille pour le décodage, un appareil photo pour la reconnaissance orthographique et une ampoule*

pour j'ai anticipé par le sens du contexte. Une fois le texte entièrement lu et explicité, l'enseignant(e) relit la 1re phrase et chaque élève du petit groupe s'entraine à la lire à voix haute et de manière fluide.

Différenciation :
L'enseignant(e) peut répartir les phrases à lire à voix haute entre les élèves selon la difficulté de la phrase (longueur, mots difficiles à déchiffrer).
Certains élèves peuvent avoir plusieurs phrases à lire.
Pour les classes équipées de tablettes, les élèves peuvent s'enregistrer et s'écouter pour apporter une amélioration à leur diction ou encore alterner les phases de lecture et d'écoute du texte enregistré. On peut aussi alterner l'écoute du texte enregistré sur la version numérique et la lecture de l'élève.

Phase 3 ■ Fichier pages 108-109

Collectif : 10 min

Compétences :
- Savoir reformuler un texte lu.
- Lire une phrase à voix haute avec fluidité après préparation.

- Lecture à voix haute du texte du fichier qui s'arrête à « Elle est jeune, dis donc ! » (les quatre dernières phrases de l'album p. 9 ne figurent pas dans le fichier) par les élèves du groupe qui n'ont pas de difficultés de lecture ou par l'enseignant(e) si besoin. Les élèves interviennent dans l'ordre du récit. Validation de l'ordre du texte puzzle.
- Les élèves du groupe plus fragile commencent à expliciter le début de l'histoire puis sont relayés par le reste de la classe.
- Si cela est nécessaire, l'enseignant(e) pose des questions :
  – *Quels sont les personnages de l'histoire ?*
  – *Où se passe l'histoire ?* (Insister sur le fait qu'ils sont à l'hôtel pour préparer l'exercice 1.)
  – *Que vont faire les personnages ?*
- Revenir sur les mots de vocabulaire difficiles et notamment : *rocher, s'exclamer, farfelue* ainsi que sur les mots outils *au* et *ça.*

Phase 4 ■ Fichier pages 108-109

Collectif et individuel : 15 min

Exercice 1 :

Compétence :
Comprendre un récit.

Faire lire la consigne et la question. Demander aux élèves d'expliquer le travail à faire. Les laisser en autonomie.

Différenciation :
L'enseignant(e) aide à la lecture ou lit le texte selon le degré de difficulté de lecture. L'élève colorie la phrase dans le texte du fichier pour identifier la réponse à la question.

Exercice 2 :

Compétence :
Savoir retrouver des informations du texte.

Faire lire la consigne et les différentes réponses. Demander aux élèves d'expliquer le travail à faire. Les laisser en autonomie.

Différenciation :
Les élèves ayant des difficultés peuvent être regroupés par l'enseignant(e). Le premier obstacle à la réalisation de l'exercice étant la mauvaise compréhension des phrases, leur lecture se fait à voix haute, puis le travail de compréhension s'opère en s'appuyant sur la mémoire du texte puis sur la vérification des informations dans le texte.

Exercice 3 :

Compétences :
Comprendre un texte et savoir le compléter.

- Faire lire la consigne et les différentes phrases. Les mots à utiliser sont lus à voix haute avant de laisser les élèves travailler individuellement.
- Demander aux élèves d'expliquer le travail à faire. Les laisser en autonomie.

Différenciation :
Les élèves peuvent travailler par binômes. La dernière phrase est réservée aux élèves les plus rapides.
Certains élèves peuvent être regroupés par l'enseignant(e) pour un étayage particulier. Proposer les mots en écriture cursive.

Séance 2

Lors de la séance 2. Vocabulaire au quotidien (3) : *rocher – s'exclamer – farfelues.*
Dans la journée, en dehors de la séance de lecture. Vocabulaire au quotidien (4) : *rocher – s'exclamer – farfelues.*
Déroulement : se reporter à la page 6.

Phase 1 ■ Fichier page 108

Collectif : 15 min

Rappel du récit
Le texte est relu à voix haute par les élèves.
Un rapide rappel de l'histoire est fait collectivement. Puis l'enseignant(e) relit une partie de l'histoire de son choix en indiquant aux élèves que chacun va devoir lire ce passage à voix haute et qu'il faut suivre avec son doigt lors de la lecture de l'enseignant(e). Tous les élèves peuvent aider à la lecture en signalant et en corrigeant les erreurs.
Cet entrainement à la lecture fluide peut paraitre trop répétitif mais il est d'une grande aide notamment pour les élèves fragiles car la lecture répétitive permet de les rassurer. Cela les aide aussi à automatiser le décodage et à mémoriser certains mots.

Phase 2 ■ Fichier page 109

Collectif et individuel : 30 min

Avant de commencer, les élèves identifient rapidement les différents exercices. L'enseignant(e) peut demander qui aurait besoin d'aide et à quel moment.

Différenciation :
L'enseignant(e) peut regrouper quelques élèves repérés en difficulté sur un type d'exercice pour observer les stratégies des élèves, identifier les obstacles et rendre la tâche explicite.

Exercice 4 :

Compétence :
Reproduire l'ordre des mots d'une phrase.
Support : Étiquettes du fichier à photocopier.

La mise en ordre des mots demande aux élèves de reconnaitre les mots et les repères de la ponctuation d'une phrase. La première phrase fait partie du texte. La seconde phrase n'est pas à l'identique dans le texte.
- L'enseignant(e) fait lire la consigne et les mots à remettre dans l'ordre.
- À l'oral, collectivement, les élèves sont invités à dire comment ils vont procéder pour réussir l'exercice. Puis ils travaillent individuellement.

Différenciation :
L'élève en difficulté ne fait que la première phrase. Les élèves lisent et manipulent les étiquettes si besoin. L'enseignant(e) peut les lire. L'élève écrit la phrase reconstituée.

Exercice 5 :

Compétence :
Comprendre des indices de reprise (mettre en relation substitut et référent).

Cette question permet aux élèves de comprendre la substitution du nom de « Maria » par le pronom « elle ».

- L'enseignant(e) fait lire la consigne et la question.

Différenciation :
Afin d'aider les élèves, le texte peut être lu par l'enseignant(e) ou un élève.

Exercice 6 :

Compétence :
Avoir compris le texte et en avoir une représentation chronologique.

Cela permet de vérifier la compréhension globale du texte par l'élève.
- L'enseignant(e) lit ou fait lire la consigne et les différentes phrases.

Différenciation :
- Des élèves sont regroupés autour de l'enseignant(e). Créer et donner les phrases manipulables sous forme d'étiquettes. Chacune est lue à voix haute par les élèves.
- Les élèves font des propositions d'ordre en justifiant leur réponse, soit par le rappel de l'histoire soit, par le retour au texte écrit. Quand différents résumés sont proposé, l'enseignant(e) les lit à voix haute pour en faciliter la comparaison.

Exercice 7 :

Compétence :
Savoir dépasser le texte.

Cet exercice permet aux élèves de mieux s'approprier le texte en le mettant en relation avec leur vécu ou leur imaginaire.
- Faire lire la consigne. Les élèves travaillent individuellement.

Différenciation :
Les élèves les plus fragiles font cet exercice à l'oral. Ils peuvent travailler par deux, après s'être mis d'accord sur la réponse, l'un dicte, l'autre écrit et tous les deux réfléchissent à l'encodage.

Souvenirs de Gibraltar - Épisode 4

Compétences :
- Se repérer dans un texte.
- Savoir décrire une illustration à l'oral.
- Émettre des hypothèses sur la suite d'un récit.
- Identifier des mots rapidement : décoder aisément des mots inconnus réguliers, reconnaitre des mots fréquents.
- Savoir reformuler un texte lu.
- Réinvestir des apprentissages antérieurs.
- Comprendre un paragraphe de l'histoire.
- Lire une phrase à voix haute avec fluidité après préparation.

Supports :
Album *Souvenirs de Gibraltar,* fichier de lecture-compréhension pages 110-111, fiche texte à trous 4 et étiquettes du fichier à photocopier.

Séance 1

Lors de la séance 1. Vocabulaire au quotidien (1) : *statue – bâtiment – poursuivre.*
Dans la journée, en dehors de la séance de lecture. Vocabulaire au quotidien (2) : *statue – bâtiment – poursuivre.*
Déroulement : se reporter à la page 6.

Phase 1 ■ Album pages 2 à 13

Collectif : 10 min

Compétences :
- Prendre la parole pour décrire.
- Formuler des hypothèses sur l'histoire.

Rappel des épisodes précédents
Avant d'ouvrir l'album :
- Demander aux élèves de se rappeler des épisodes précédents et de reformuler l'histoire sans ouvrir l'album.
- Les élèves reformulent ce dont ils se souviennent.

– Les personnages : *Gaufrette* et *son grand-père.*
– Le lieu et la problématique : *Ils sont en voyage dans un train, ils vont en Espagne chercher un trésor. Après le train, ils prennent le bus et arrivent finalement dans le village natal du grand-père. Papy explique à Gaufrette, qu'il y a longtemps, lui et sa sœur Maria ont enterré un trésor au pied d'un rocher.*
- Demander aux élèves de faire des hypothèses sur la suite de l'histoire. Les propositions des élèves sont notées au tableau.

Avec l'album :
- L'enseignant(e) relit le texte des pages 3 à 9.

Album pages 10 à 13
Anticipation de la lecture :
- Les élèves découvrent les illustrations des pages 10 à 13, ils les décrivent et anticipent sur l'histoire. Les laisser s'exprimer rapidement. Écrire éventuellement les hypothèses pour les valider ensuite. L'enseignant(e) peut faire revenir les élèves sur les propositions faites au moment de la découverte de la page de titre.
- Lors de cette anticipation l'enseignant(e) note au tableau, à côté du texte, les mots utilisés par les élèves pour décrire les illustrations : *grand-père, petite-fille, immeubles, maisons, voiture, regarder, rue, étonné, enfants, chat, etc.* Ces mots serviront aux élèves fragiles lors du déchiffrage du texte.

Phase 2 ■ Album p. 10 à 13 ■ Fiche de lecture 4

Individuel ou collectif : 10 min

Compétences :
- Se repérer dans un texte.
- Identifier des mots rapidement : décoder aisément des mots inconnus réguliers, reconnaitre des mots fréquents.
- Réinvestir des apprentissages antérieurs.
- Comprendre un paragraphe de l'histoire.

- L'enseignant(e) demande aux élèves de lire silencieusement le texte des pages 11 et 12.

Deux démarches sont alors envisageables :
1. Les élèves ont leur album et le texte de l'épisode sous forme de texte à trous (fiche texte à trous 4 dans le fichier à photocopier). Le caractère autonome de l'activité est alors renforcé par la tâche à réaliser. Les élèves peuvent procéder à la lecture du texte avant de remplir les trous. Mais, leur objectif est d'avoir lu et compris l'épisode.
2. L'enseignant(e) lit l'épisode de l'album. Les élèves ferment leur album et procèdent à la lecture et à la réalisation du texte à trous sans l'aide du texte de référence.
- Quand les élèves ont terminé leur lecture silencieuse, ils préparent la lecture à voix haute du texte en le relisant plusieurs fois de suite et en subvocalisant à voix basse.
- Pendant ce temps, l'enseignant(e) travaille avec un petit groupe d'élèves fragiles sur le début du texte jusqu'à « maisons ». Le travail mené avec ce petit groupe se déroule avec le texte affiché. Les élèves viendront à tour de rôle souligner des mots qu'ils reconnaissent ou qu'ils ont réussi à lire en explicitant à chaque fois comment ils ont fait (*J'ai déchiffré en faisant le son des lettres. J'avais photographié le mot. J'ai deviné avec le reste de la phrase*). L'enseignant(e) peut utiliser des petits dessins pour symboliser les différentes

méthodes : *une oreille pour le décodage, un appareil photo pour la reconnaissance orthographique et une ampoule pour j'ai anticipé par le sens du contexte.* Une fois le texte entièrement lu et explicité, l'enseignant(e) relit la 1re phrase et chaque élève du petit groupe s'entraine à la lire à voix haute et de manière fluide.

Différenciation :
L'enseignant(e) peut répartir les phrases à lire à voix haute entre les élèves selon la difficulté de la phrase (longueur, mots difficiles à déchiffrer).
Certains élèves peuvent avoir plusieurs phrases à lire.
Pour les classes équipées de tablettes, les élèves peuvent s'enregistrer et s'écouter pour apporter une amélioration à leur diction ou encore alterner les phases de lecture et d'écoute du texte enregistré ou encore alterner leur lecture et l'écoute du texte enregistré. On peut aussi alterner l'écoute du texte enregistré sur la version numérique et la lecture de l'élève.

Phase 3 ■ Fichier page 110

Collectif : 10 min

Compétences :
- Savoir reformuler un texte lu.
- Lire une phrase à voix haute avec fluidité après préparation.

- Lecture à voix haute du texte du fichier par les élèves du groupe qui n'ont pas de difficultés de lecture ou par l'enseignant(e) si besoin. Les deux phrases « J'ai pressé ma main » à « ... au pied du bâtiment. » ne sont pas reprises dans le fichier ainsi que la fin de la phrase « C'était le soir... ». Les élèves interviennent dans l'ordre du récit. Validation des mots manquants du texte à trous.
- Les élèves du groupe plus fragile commencent à expliciter le début de l'histoire puis sont relayés par le reste de la classe.
- Si cela est nécessaire, l'enseignant(e) pose des questions :

– *Quels sont les personnages de l'histoire ?*
– *Où se passe l'histoire ?*
– *Que vont faire les personnages ?* (Description de Papy et de son attitude page 11 pour préparer l'exercice 1).

- Revenir sur les mots de vocabulaire difficiles et notamment : *statue, appartements, poursuivre* ainsi que les mots outils *que* et *plein.*

Phase 4 ■ Fichier page 110

Collectif et individuel : 15 min

Exercice 1 :

Compétence :
Comprendre une information implicite.

- Faire lire la consigne. Demander aux élèves d'expliquer le travail à faire. Les laisser en autonomie.
- Correction collective. L'élève se met à la place du personnage pour essayer de comprendre ce qu'il se passe dans sa tête, ce qu'il ressent. L'explicitation des réponses des élèves en collectif est importante afin d'amener les élèves à comprendre l'implicite d'un texte.

Différenciation :
Le texte est relu par l'enseignant(e) ou par différents élèves avant de passer au travail individuel.
L'exercice peut se faire par binômes pour que les élèves argumentent leurs réponses.

Exercice 2 :

Compétence :
Savoir retrouver des informations du texte.

L'élève doit lire et s'interroger sur le sens de chaque phrase et de sa validité.

- Faire lire la consigne et les différentes réponses. Demander aux élèves d'expliquer le travail à faire. Les laisser en autonomie.

Différenciation :
Les élèves ayant des difficultés peuvent être regroupés par l'enseignant(e). Le premier obstacle à la réalisation de l'exercice étant la mauvaise compréhension des phrases, leur lecture se fait à voix haute, puis le travail de compréhension s'opère en s'appuyant sur la mémoire du texte puis sur la vérification des informations dans le texte.

Exercice 3 :

Compétence :
Savoir retrouver des informations du texte.

L'élève doit lire et s'interroger sur le sens de chaque phrase et de sa validité.

- Faire lire la consigne et les différentes réponses. Demander aux élèves d'expliquer le travail à faire. Les laisser en autonomie.

Différenciation :
Les élèves ayant des difficultés peuvent être regroupés par l'enseignant(e). Le premier obstacle à la réalisation de l'exercice étant la mauvaise compréhension des phrases, leur lecture se fait à voix haute, puis le travail de compréhension s'opère en s'appuyant sur la mémoire du texte puis sur la vérification des informations dans le texte.

Séance 2

Lors de la séance 2. Vocabulaire au quotidien (3) : *statue – bâtiment – poursuivre.*
Dans la journée, en dehors de la séance de lecture. Vocabulaire au quotidien (4) : *statue – bâtiment – poursuivre.*
Déroulement : se reporter à la page 6.

Phase 1 ■ Fichier page 110

Collectif : 15 min

Rappel du récit
Le texte est relu à voix haute par les élèves.
Un rapide rappel de l'histoire est fait collectivement. Puis l'enseignant(e) relit une partie de l'histoire de son choix en indiquant aux élèves que chacun va devoir lire ce passage à voix haute et qu'il faut suivre avec son doigt lors de la lecture de l'enseignant(e). Tous les élèves peuvent aider à la lecture en signalant et en corrigeant les erreurs.

Phase 2 ■ Fichier page 111

Collectif et individuel : 30 min

Avant de commencer, les élèves identifient rapidement les différents exercices. L'enseignant(e) peut demander qui aurait besoin d'aide et à quel moment.

Différenciation :
L'enseignant(e) peut regrouper quelques élèves repérés en difficulté sur un type d'exercice pour observer les stratégies des élèves, identifier les obstacles et rendre la tâche explicite.

Exercice 4 :

Compétence :
Comprendre une information implicite.

- Faire lire la consigne. Demander aux élèves d'expliquer le travail à faire. Les laisser en autonomie.
- Correction collective. L'élève se met à la place du personnage pour essayer de comprendre ce qu'il se passe dans sa tête, ce qu'il ressent. L'explicitation des réponses des élèves en collectif est importante afin d'amener les élèves à comprendre l'implicite d'un texte.

Différenciation :
Les phrases sont lues à voix haute par un élève ou l'enseignant(e) avant le travail individuel.
L'exercice peut se faire par binômes pour que les élèves argumentent leurs réponses.
Seuls les élèves rapides et n'ayant pas besoin d'aide font la seconde partie de l'exercice. Cette partie n'attend pas une réponse juste mais demande aux élèves de mieux imaginer le personnage de Papy et les raisons pour lesquelles le rocher a disparu.

Exercice 5 :

Compétence :
Savoir lire les phrases et retrouver des informations dans un texte.

Les phrases sont celles du texte ou presque. L'élève doit pouvoir les lire et, s'il en a besoin, vérifier son hypothèse de travail en se rapportant au texte.

Différenciation :
La démarche de vérification grâce au retour sur le texte doit être enseignée. Certains élèves peuvent bénéficier d'un travail d'explicitation supplémentaire.

Prévoir des étiquettes pour les élèves ayant besoin de manipuler pour retrouver la phrase.

Exercice 6 :

Compétence :
Reproduire l'ordre des mots d'une phrase.
Support : Étiquettes du fichier à photocopier.

La mise en ordre des mots demande aux élèves de reconnaitre ces mots et les repères de la ponctuation d'une phrase.
- L'enseignant(e) fait lire la consigne et les mots.
- À l'oral, collectivement, les élèves disent comment ils vont procéder. Puis ils travaillent individuellement.

Différenciation :
L'élève en difficulté ne fait que la première phrase. Les élèves lisent et manipulent les étiquettes si besoin. L'enseignant(e) peut les lire. L'élève écrit la phrase reconstituée.

Exercice 7 :

Compétence :
Associer des syllabes pour reconstituer un mot.

Ces mots ont été vus dans le texte. Faire lire et expliquer le travail à faire. Travail individuel.

Différenciation :
Donner les étiquettes des syllabes (à créer). L'enseignant(e) repère avec l'élève chaque début de syllabe. L'élève doit oralement proposer le mot et l'enseignant(e) l'aide à rechercher la syllabe suivante. Les élèves plus fragiles ne recopient pas tous les mots.

Exercice 8 :

Compétence :
Comprendre des indices de reprise (mettre en relation substitut et référent).

Cette question permet aux élèves de comprendre la substitution du nom de « Gaufrette » par le pronom « J' ».
- L'enseignant(e) fait lire la consigne et la question.

Différenciation :
Afin d'aider les élèves, le texte peut être lu à voix haute par l'enseignant(e) ou différents élèves.

Exercice 9 :

Compétence :
Permet aux élèves d'anticiper l'histoire et de mieux s'approprier le texte.

Faire lire la consigne. Travail individuel.

Différenciation :
Les élèves les plus fragiles ne font pas cet exercice à l'écrit mais seulement à l'oral.

Souvenirs de Gibraltar - Épisode 5

Compétences :
- Se repérer dans un texte.
- Savoir décrire une illustration à l'oral.
- Émettre des hypothèses sur la suite d'un récit.
- Identifier des mots rapidement : décoder aisément des mots inconnus réguliers, reconnaitre des mots fréquents.
- Savoir reformuler un texte lu.
- Réinvestir des apprentissages antérieurs.
- Comprendre un paragraphe de l'histoire.
- Lire une phrase à voix haute avec fluidité après préparation.

Supports :
Album *Souvenirs de Gibraltar,* fichier de lecture-compréhension pages 112-113, fiche lecture puzzle 5 et étiquettes du fichier à photocopier.

Séance 1

Lors de la séance 1. Vocabulaire au quotidien (1) : *causer – enfance.*
Dans la journée, en dehors de la séance de lecture. Vocabulaire au quotidien (2) : *causer – enfance.*
Déroulement : se reporter à la page 6.

Phase 1 ■ Album pages 2 à 17

Collectif : 10 min

Compétences :
- Prendre la parole pour décrire.
- Formuler des hypothèses sur l'histoire.

Rappel des épisodes précédents
Avant d'ouvrir l'album :
- Demander aux élèves de se rappeler des épisodes précédents et de reformuler l'histoire sans ouvrir l'album.
- Les élèves reformulent ce dont ils se souviennent.

– Les personnages : *Gaufrette* et *son grand-père.*
– Le lieu et la problématique : *Ils sont en voyage dans un train, ils vont en Espagne chercher un trésor. Après le train, ils prennent le bus et arrivent finalement dans le village natal du grand-père. Papy explique à Gaufrette, qu'il y a longtemps, lui et sa sœur Maria ont enterré un trésor au pied d'un rocher. Mais arrivés sur les lieux où le trésor devrait se trouver, le grand-père, ému, s'aperçoit que tout a changé : des immeubles ont été construits à la place du rocher. Toutefois, il reprend espoir quand il remarque que l'un des immeubles s'appelle « L'ours bleu » car ce qu'ils avaient caché avec sa sœur Maria était un « ours bleu ». Quelqu'un a donc trouvé l'ours.*
- Demander aux élèves de faire des hypothèses sur la suite de l'histoire. Les propositions des élèves sont notées au tableau.

Avec l'album :
- L'enseignant(e) relit le texte des pages 2 à 12.

Album pages 12 à 17
Anticipation de la lecture :
- Les élèves découvrent ou redécouvrent les illustrations des pages 12 à 17 (l'illustration des pages 12-13 a déjà été vue lors de l'épisode précédent), ils les décrivent et anticipent sur l'histoire. Les laisser s'exprimer rapidement. Écrire éventuellement les hypothèses pour les valider ensuite. L'enseignant(e) peut faire revenir les élèves sur les propositions faites au moment de la découverte de la page de titre. Le texte de la page 17 ne figure pas dans le fichier.
- Lors de cette anticipation l'enseignant(e) note au tableau, à côté du texte, les mots utilisés par les élèves pour décrire les illustrations : *papy, femmes, dames, parler avec, raconter, bâiller, etc.* Ces mots serviront aux élèves fragiles lors du déchiffrage du texte.

Phase 2 ■ Album p. 14 à 17 ■ Fiche de lecture 5

Individuel ou collectif : 10 min

Compétences :
- Se repérer dans un texte.
- Identifier des mots rapidement : décoder aisément des mots inconnus réguliers, reconnaitre des mots fréquents.
- Réinvestir des apprentissages antérieurs.
- Comprendre un paragraphe de l'histoire.

- L'enseignant(e) demande aux élèves de lire silencieusement le texte des pages 14 à 17.

Deux démarches sont envisageables :
1. Les élèves ont leur album et le texte de l'épisode sous forme de texte puzzle (fiche lecture puzzle 5 dans le fichier à photocopier). Le caractère autonome de l'activité est alors renforcé par la tâche à réaliser. Les élèves peuvent procéder à la lecture du texte puzzle avant de le remettre dans l'ordre ou simplement prendre des repères dans l'écrit pour retrouver son organisation. Mais, leur objectif est d'avoir lu et compris l'épisode.
2. L'enseignant(e) lit l'épisode de l'album. Les élèves ferment leur album et procèdent à la lecture et à la réalisation du texte puzzle sans l'aide du texte de référence.
- Quand les élèves ont terminé leur lecture silencieuse, ils préparent la lecture à voix haute du texte en le relisant plusieurs fois de suite et en subvocalisant à voix basse.
- Pendant ce temps, l'enseignant(e) travaille avec un petit groupe d'élèves fragiles sur le début du texte jusqu'à « Longtemps. ». Le travail mené avec ce petit groupe se

déroule avec le texte affiché. Les élèves viendront à tour de rôle souligner des mots qu'ils reconnaissent ou qu'ils ont réussi à lire en explicitant à chaque fois comment ils ont fait. Une fois le texte entièrement lu et explicité, l'enseignant(e) relit la 1re phrase et chaque élève du petit groupe s'entraine à la lire à voix haute et de manière fluide.

Différenciation :
L'enseignant(e) peut répartir les phrases à lire à voix haute entre les élèves selon la difficulté de la phrase (longueur, mots difficiles à déchiffrer).
Certains élèves peuvent avoir plusieurs phrases à lire.
Pour les classes équipées de tablettes, les élèves peuvent s'enregistrer et s'écouter pour apporter une amélioration à leur diction ou encore alterner les phases de lecture et d'écoute du texte enregistré. On peut aussi alterner l'écoute du texte enregistré sur la version numérique et la lecture de l'élève.

Phase 3 ■ Fichier page 112

Collectif : 10 min

Compétences :
- Savoir reformuler un texte lu.
- Lire une phrase à voix haute avec fluidité après préparation.

• Lecture à voix haute du texte du fichier par les élèves qui n'ont pas de difficultés de lecture ou par l'enseignant(e) si besoin. Ils interviennent dans l'ordre du récit. Validation de l'ordre du texte à trous. La première partie du texte a déjà été lue lors de l'épisode précédent de « Je l'écoutais... » à « ... un ours bleu. » Le texte de la page 17 n'est pas repris dans le fichier.
• Les élèves du groupe plus fragile commencent à expliciter le début de l'histoire puis sont relayés par le reste de la classe.
• Si cela est nécessaire, l'enseignant(e) pose des questions : *Quels sont les personnages de l'épisode ? Où se passe l'épisode ? De quoi parlent les personnages ? Que veut Papy ?*
• Revenir sur les mots de vocabulaire difficiles et notamment : *rassembler, bâiller, causer* et sur les mots outils *rien* et *c'est*.

Phase 4 ■ Fichier page 112

Collectif et individuel : 15 min

Exercice 1 :

Compétence :
Comprendre un récit.

Faire lire la consigne. Demander aux élèves d'expliquer le travail à faire. Les laisser en autonomie.

Différenciation :
L'enseignant(e) aide à la lecture ou lit le texte selon le degré de difficulté de lecture. L'élève colorie la phrase dans le texte du fichier pour identifier la réponse.

Exercice 2 :

Compétence :
Savoir retrouver des informations du texte.

L'élève doit lire et s'interroger sur le sens de chaque phrase et de sa validité. Faire lire la consigne et les différentes réponses. Demander aux élèves d'expliquer le travail à faire. Les laisser en autonomie.

Différenciation :
Les élèves peuvent être aidés pour lire les phrases de l'exercice, pour se remémorer les informations entendues lors de la lecture du texte et surtout pour vérifier leurs réponses par la relecture des passages du texte concernés.

Exercice 3 :

Compétence :
Savoir retrouver des informations dans le texte.

L'élève doit lire et s'interroger sur le sens de chaque phrase et de sa validité. Faire lire la consigne et les différentes réponses. Demander aux élèves d'expliquer le travail à faire. Les laisser en autonomie.

Différenciation :
Les élèves ayant des difficultés peuvent être regroupés par l'enseignant(e). Le premier obstacle à la réalisation de l'exercice étant la mauvaise compréhension des phrases, leur lecture se fait à voix haute, puis le travail de compréhension s'opère en s'appuyant sur la mémoire du texte puis sur la vérification des informations dans le texte.
Les élèves les plus rapides traitent les deux dernières phrases qui seront faites à l'oral lors d'une correction collective.

Exercice 4 :

Compétence :
Comprendre une information implicite.

• Faire lire la consigne. Demander aux élèves d'expliquer le travail à faire. Les laisser en autonomie.
• Correction collective. L'élève se met à la place du personnage pour essayer de comprendre ce qu'il se passe dans sa tête, ce qu'il ressent. L'explicitation des réponses des élèves en collectif est importante afin d'amener les élèves à comprendre l'implicite d'un texte.

Différenciation :
Les phrases sont lues à voix haute par un élève ou l'enseignant(e) avant le travail individuel.
L'exercice peut se faire par binômes pour que les élèves argumentent leurs réponses.
Seuls les élèves rapides et n'ayant pas besoin d'aide font la seconde partie de l'exercice. Cette partie n'attend pas une réponse juste mais demande aux élèves de mieux imaginer le personnage de Papy.

Séance 2

Lors de la séance 2. Vocabulaire au quotidien (3) : *causer – enfance.*
Dans la journée, en dehors de la séance de lecture. Vocabulaire au quotidien (4) : *causer – enfance.*
Déroulement : se reporter à la page 6.

Phase 1 ■ Fichier page 112

Collectif : 15 min

Rappel du récit
Procéder comme p. 259.

Phase 2 ■ Fichier page 113

Collectif et individuel : 30 min

Avant de commencer, les élèves identifient rapidement les différents exercices. L'enseignant(e) peut demander qui aurait besoin d'aide et à quel moment.

Différenciation :
L'enseignant(e) peut regrouper quelques élèves repérés en difficulté sur un type d'exercice pour observer leurs stratégies, identifier les obstacles et rendre la tâche explicite.

Exercice 5 :

Compétence :
Avoir compris le texte et en avoir une représentation chronologique.

Faire lire la consigne. Demander aux élèves d'expliquer le travail à faire. Les laisser en autonomie.

Différenciation 1 :
Les élèves ayant des difficultés peuvent être regroupés par l'enseignant(e). Le premier obstacle à la réalisation de l'exercice étant la mauvaise compréhension des phrases, leur lecture se fait à voix haute, puis le travail de compréhension s'opère en s'appuyant sur la mémoire du texte puis sur la vérification des informations dans le texte.
Différenciation 2 :
L'enseignant(e) peut vérifier la lecture des phrases et leur compréhension. Après cette vérification, les quatre parties du texte sont lues séparément à voix haute et les élèves choisissent la phrase qui correspond le mieux au passage entendu.

Exercice 6 :

Compétence :
Savoir lire les phrases et retrouver des informations dans un texte.

Les phrases sont celles du texte ou presque. L'élève doit pouvoir les lire et, s'il en a besoin, vérifier son hypothèse de travail en se rapportant au texte.

Différenciation :
La démarche de vérification grâce au retour sur le texte doit être enseignée. Certains élèves peuvent bénéficier d'un travail d'explicitation supplémentaire.
Prévoir des étiquettes pour les élèves ayant besoin de manipuler pour retrouver la phrase.

Exercice 7 :

Compétence :
Reproduire l'ordre des mots d'une phrase.
Support : Étiquettes à photocopier.

La mise en ordre des mots demande aux élèves de reconnaitre ces mots et les repères de la ponctuation d'une phrase.
• L'enseignant(e) fait lire la consigne et les mots à remettre dans l'ordre. À l'oral, collectivement, les élèves sont invités à dire comment ils vont procéder pour réussir l'exercice. Puis ils travaillent individuellement.

Différenciation :
L'élève en difficulté ne fait que la première phrase. L'enseignant(e) lit ou fait lire les différentes étiquettes. L'élève écrit la phrase reconstituée après avoir manipulé les étiquettes (si besoin).

Exercice 8 :

Compétence :
Comprendre des indices de reprise (mettre en relation substitut et référent).

Cette question permet aux élèves de comprendre la substitution du nom de « Gaufrette » et de « Papy » par les pronoms « Je » et « Il ».
• L'enseignant(e) fait lire la consigne et la question.

Différenciation :
L'exercice commence à être familier aux élèves. Ceux qui peuvent encore avoir des difficultés sont regroupés par l'enseignant(e) pour expliciter leurs procédures : relecture de la phrase dans son contexte, mise en relation des substituts avec les personnages par activité de remplacement (on fait alors des répétitions du même mot).

Exercice 9 :

Compétence :
Savoir déduire des informations d'un texte.

Cet exercice demande de faire des inférences à partir de la dernière phrase du texte : *Comme il est tard et que Gaufrette est fatiguée, il est vraisemblable qu'ils vont rentrer à l'hôtel.* Mais le texte ne le dit pas. La lecture de la page suivante de l'album viendra valider cette inférence (album page 17).
• Faire lire la consigne et la question. Ce travail peut être fait collectivement. Ce sera l'occasion de voir avec les élèves que parfois les réponses sont dans le texte mais que, quelque fois, il faut réfléchir à partir du texte.

Différenciation :
Les élèves les plus fragiles font cet exercice à l'oral.

Souvenirs de Gibraltar - Épisode 6

Compétences :
- Se repérer dans un texte.
- Savoir décrire une illustration à l'oral.
- Émettre des hypothèses sur la suite d'un récit.
- Identifier des mots rapidement : décoder aisément des mots inconnus réguliers, reconnaitre des mots fréquents.
- Savoir reformuler un texte lu.
- Réinvestir des apprentissages antérieurs.
- Comprendre un paragraphe de l'histoire.
- Lire une phrase à voix haute avec fluidité après préparation.

Supports :
Album *Souvenirs de Gibraltar,* fichier de lecture-compréhension pages 114-115, fiche texte à trous 6 et étiquettes du fichier à photocopier.

Séance 1

Lors de la séance 1. Vocabulaire au quotidien (1) : *vitrine – exposer – caniveau.*
Dans la journée, en dehors de la séance de lecture. Vocabulaire au quotidien (2) : *vitrine – exposer – caniveau.*
Déroulement : se reporter à la page 6.

Phase 1 ■ Album pages 2 à 19

Collectif : 10 min

Compétences :
- Prendre la parole pour décrire.
- Formuler des hypothèses sur l'histoire.

Rappel des épisodes précédents
Avant d'ouvrir l'album :
- Demander aux élèves de se rappeler des épisodes précédents et de reformuler l'histoire sans ouvrir l'album.
- Les élèves reformulent ce dont ils se souviennent.

– Les personnages : *Gaufrette* et *son grand-père.*
– Le lieu et la problématique : *Ils sont en voyage dans un train, ils vont en Espagne chercher un trésor. Après le train, ils prennent le bus et arrivent finalement dans le village natal du grand-père. Papy explique à Gaufrette, qu'il y a longtemps, lui et sa sœur Maria ont enterré un trésor au pied d'un rocher. Mais arrivés sur les lieux où le trésor devrait se trouver, le grand-père, ému, s'aperçoit que tout a changé : des immeubles ont été construits à la place du rocher. Toutefois, il reprend espoir quand il remarque que l'un des immeubles s'appelle « L'ours bleu » car ce qu'ils avaient caché avec sa sœur Maria était un « ours bleu ». Quelqu'un a donc dû trouver le trésor de Papy. Pour s'en assurer, Papy va parler avec un groupe de femmes du village.*
- Demander aux élèves de faire des hypothèses sur la suite de l'histoire. Les propositions des élèves sont notées au tableau.

Avec l'album :
- L'enseignant(e) relit le texte des pages 3 à 17. (Le texte de la page 17 n'est pas repris dans le fichier.)

Album pages 18 et 19
Anticipation de la lecture :
- Les élèves découvrent l'illustration de la page 19, ils la décrivent et anticipent sur l'histoire. Les laisser s'exprimer rapidement. Écrire éventuellement les hypothèses pour les valider ensuite. L'enseignant(e) peut faire revenir les élèves sur les propositions faites au moment de la découverte de la page de titre.
- Lors de cette anticipation, l'enseignant(e) note au tableau, à côté du texte, les mots utilisés par les élèves pour décrire les illustrations : *Papy, Gaufrette, vitrine, ours, boite, etc.* Ces mots serviront aux élèves fragiles lors du déchiffrage du texte.

Phase 2 ■ Album p. 18 et 19 ■ Fiche de lecture 6

Individuel ou collectif : 10 min

Compétences :
- Se repérer dans un texte.
- Identifier des mots rapidement : décoder aisément des mots inconnus réguliers, reconnaitre des mots fréquents.
- Réinvestir des apprentissages antérieurs.
- Comprendre un paragraphe de l'histoire.

- L'enseignant(e) demande aux élèves de lire silencieusement le texte de la page 18.

Deux démarches sont alors envisageables :
1. Les élèves ont leur album et le texte de l'épisode sous forme de texte à trous (fiche texte à trous 6 dans le fichier à photocopier). Le caractère autonome de l'activité est alors renforcé par la tâche à réaliser. Les élèves peuvent procéder à la lecture du texte avant de remplir les trous. Mais, leur objectif est d'avoir lu et compris l'épisode.
2. L'enseignant(e) lit l'épisode de l'album. Les élèves ferment leur album et procèdent à la lecture et à la réalisation du texte à trous sans l'aide du texte de référence.
- Quand les élèves ont terminé leur lecture silencieuse, ils préparent la lecture à voix haute du texte en le relisant plusieurs fois de suite et en subvocalisant à voix basse.
- Pendant ce temps, l'enseignant(e) travaille avec un petit groupe d'élèves fragiles sur le début du texte jusqu'à « Il est beau, ton ours ! ». Le travail mené avec ce petit groupe se déroule avec le texte affiché. Les élèves viendront à tour

de rôle souligner des mots qu'ils reconnaissent ou qu'ils ont réussi à lire en explicitant à chaque fois comment ils ont fait. Une fois le texte entièrement lu et explicité, l'enseignant(e) relit la 1re phrase et chaque élève du petit groupe s'entraine à la lire à voix haute et de manière fluide.

Différenciation :
L'enseignant(e) peut répartir les phrases à lire à voix haute entre les élèves selon la difficulté de la phrase (longueur, mots difficiles à déchiffrer).
Certains élèves peuvent avoir plusieurs phrases à lire.
Pour les classes équipées de tablettes, les élèves peuvent s'enregistrer et s'écouter pour apporter une amélioration à leur diction ou encore alterner les phases de lecture et d'écoute du texte enregistré. On peut aussi alterner l'écoute du texte enregistré sur la version numérique et la lecture de l'élève.

Phase 3 ■ Fichier page 114

Collectif : 10 min

Compétences :
- Savoir reformuler un texte lu.
- Lire une phrase à voix haute avec fluidité après préparation.

- Lecture à voix haute du texte du fichier par les élèves qui n'ont pas de difficultés de lecture ou par l'enseignant(e) si besoin. Ils interviennent dans l'ordre du récit. Validation des mots du texte à trous.
- Les élèves du groupe plus fragile commencent à expliciter le début de l'histoire puis sont relayés par le reste de la classe.
- Si cela est nécessaire, l'enseignant(e) pose des questions : *Quels sont les personnages de l'épisode ? Où se trouvent-ils ? Que ressentent Papy et Gaufrette ?*
- Revenir sur les mots de vocabulaire difficiles et notamment : *rouillé – couleur bleu océan – rafistolée – bredouiller – Gibraltar* et sur les mots outils *à cause de* et *ici*.

Phase 4 ■ Fichier page 114

Collectif et individuel : 15 min

Exercices 1 et 2 :

Compétence :
Comprendre et prélever des informations dans le texte.

- La recherche des mots du texte peut être plus efficace si l'élève sait à quel moment du texte (début, milieu ou fin) il va trouver ce qu'il cherche.
- Un temps de correction collective peut s'avérer utile pour rendre cette stratégie explicite.

Différenciation :
La démarche de recherche d'information est explicitée par l'enseignant(e) pour un petit groupe d'élèves.

Exercice 3 :

Compétence :
Savoir retrouver des informations du texte.

L'élève doit lire et s'interroger sur le sens de chaque phrase et de sa validité. Faire lire la consigne et les différentes réponses. Demander aux élèves d'expliquer le travail à faire. Les laisser en autonomie.

Différenciation :
Les élèves peuvent être aidés pour lire les phrases de l'exercice, pour se remémorer les informations entendues lors de la lecture du texte et surtout pour vérifier leurs réponses par la relecture des passages du texte concernés.

Exercice 4 :

Compétence :
Savoir retrouver des informations dans le texte.

Procéder comme pour l'exercice 3.

Différenciation :
Les élèves ayant des difficultés peuvent être regroupés par l'enseignant(e). Le premier obstacle à la réalisation de l'exercice étant la mauvaise compréhension des phrases, leur lecture se fait à voix haute, puis le travail de compréhension s'opère en s'appuyant sur la mémoire du texte puis sur la vérification des informations dans le texte.
Les élèves les plus rapides traitent les deux dernières phrases, elles pourront être faites à l'oral lors d'une correction collective.

Séance 2

Lors de la séance 2. Vocabulaire au quotidien (3) : *vitrine – exposer – caniveau.*
Dans la journée, en dehors de la séance de lecture. Vocabulaire au quotidien (4) : *vitrine – exposer – caniveau.*
Déroulement : se reporter à la page 6.

Phase 1 ■ Fichier page 114

Collectif : 10 min

Rappel du récit
Procéder comme page 259.

Phase 2 ■ Fichier page 115

Collectif et individuel : 30 min

Avant de commencer, les élèves identifient rapidement les différents exercices. L'enseignant(e) peut demander qui aurait besoin d'aide et à quel moment.
L'exercice 10, nouveau, sera fait de manière collective.

Différenciation :
L'enseignant(e) peut regrouper quelques élèves repérés en difficulté sur un type d'exercice pour observer les stratégies des élèves, identifier les obstacles et rendre la tâche explicite.

Exercice 5 :

Compétence :
Comprendre une information implicite.

• Faire lire la consigne. Demander aux élèves d'expliquer le travail à faire. Les laisser en autonomie.
• Correction collective. L'élève essaie de comprendre les raisons pour lesquelles l'ours s'appelle Gibraltar. L'explicitation des réponses des élèves en collectif est importante afin de les amener à comprendre l'implicite d'un texte.

Différenciation :
Les phrases sont lues à voix haute par un élève ou l'enseignant(e) avant le travail individuel.
L'exercice peut se faire par binômes pour que les élèves argumentent leurs réponses.

Exercice 6 :

Compétence :
Savoir lire les phrases et retrouver des informations dans le texte.

Les phrases sont celles du texte ou presque. L'élève doit pouvoir les lire et s'il en a besoin vérifier son hypothèse de travail en se rapportant au texte.

Différenciation :
La démarche de vérification grâce au retour sur le texte doit être enseignée. Certains élèves peuvent bénéficier d'un travail d'explicitation supplémentaire.
Donner des étiquettes aux élèves ayant besoin de manipuler pour retrouver la phrase.

Exercice 7 :

Compétence :
Reproduire l'ordre des mots d'une phrase.
Support : Étiquettes du fichier à photocopier.

La mise en ordre des mots demande aux élèves de reconnaitre les mots et les repères de la ponctuation d'une phrase.
• L'enseignant(e) fait lire la consigne et les mots à remettre dans l'ordre. À l'oral, collectivement, les élèves sont invités à dire comment ils vont procéder pour réussir l'exercice. Puis ils travaillent individuellement.

Différenciation :
L'élève en difficulté ne fait que la première phrase. L'enseignant(e) lit ou fait lire les différentes étiquettes. L'élève écrit la phrase reconstituée après avoir manipulé les étiquettes (si besoin).

Exercice 8 :

Compétence :
Associer des syllabes pour reconstituer un mot.

Ces mots ont été vus dans le texte. Faire lire et expliquer le travail à faire. Travail individuel.

Différenciation :
L'enseignant(e) repère avec l'élève chaque début de syllabe. L'élève doit oralement proposer le mot et l'enseignant(e) l'aide à rechercher la syllabe suivante. Les élèves plus fragiles ne recopient pas tous les mots.
Donner des étiquettes aux élèves ayant besoin de manipuler pour retrouver les mots (à créer).

Exercice 9 :

Compétence :
Comprendre des indices de reprise (mettre en relation substitut et référent).

Cette question permet aux élèves de prendre conscience de la substitution d'un mot par un pronom : *Gibraltar* devient *il*.
• L'enseignant(e) fait lire la consigne et la question.

Différenciation :
L'exercice commence à être familier aux élèves. Ceux qui peuvent encore avoir des difficultés sont regroupés par l'enseignant(e) pour expliciter leurs procédures : relecture de la phrase dans son contexte, mise en relation des substituts avec les personnages par activité de remplacement (on fait alors des répétitions du même mot).

Phase 3 ■ Fichier page 115

Collectif et individuel : 10 min

Exercice 10 :

Compétences :
• Comprendre un texte dans sa globalité.
• Savoir distinguer en les lisant, les informations vraies des fausses.

Cet exercice permet de vérifier la compréhension globale du texte par l'élève.
Procéder comme page 263.

Différenciation :
Les élèves travaillent par deux. Dans un premier temps chacun lit silencieusement les résumés puis un élève lit à l'autre le premier résumé. Ils recherchent ensemble si quelque chose est faux. Ils procèdent ensuite de même pour les deux autres résumés.

Exercice 11 :

Compétence :
Savoir anticiper l'histoire.

Cet exercice demande de faire des inférences. Dans cet épisode le texte ne donne pas la réponse. La lecture de la page suivante de l'album viendra valider cette inférence.
• Faire lire la consigne et la question. Ce travail peut être fait collectivement. Ce sera l'occasion de voir avec les élèves que parfois les réponses sont dans le texte mais que, quelque fois il faut réfléchir à partir du texte.

Différenciation :
Les élèves les plus fragiles ne font pas cet exercice à l'écrit mais seulement à l'oral.
On peut entourer la réponse choisie au lieu de l'écrire.

Souvenirs de Gibraltar - Épisode 7

Compétences :
- Se repérer dans un texte.
- Savoir décrire une illustration à l'oral.
- Émettre des hypothèses sur la suite d'un récit.
- Identifier des mots rapidement : décoder aisément des mots inconnus réguliers, reconnaitre des mots fréquents.
- Savoir reformuler un texte lu.
- Réinvestir des apprentissages antérieurs.
- Comprendre un paragraphe de l'histoire.
- Lire une phrase à voix haute avec fluidité après préparation.

Supports :
Album *Souvenirs de Gibraltar,* fichier de lecture-compréhension pages 116-117, fiche lecture puzzle 7 et étiquettes du fichier à photocopier.

Séance 1

Lors de la séance 1. Vocabulaire au quotidien (1) : *bavard – pelles mécaniques.*
Dans la journée, en dehors de la séance de lecture. Vocabulaire au quotidien (2) : *bavard – pelles mécaniques.*
Déroulement : se reporter à la page 6.

Phase 1 ■ Album pages 2 à 23

Collectif : 10 min

Compétences :
- Prendre la parole pour décrire.
- Formuler des hypothèses sur l'histoire.

Rappel des épisodes précédents
Avant d'ouvrir l'album :
- Demander aux élèves de se rappeler des épisodes précédents et de reformuler l'histoire sans ouvrir l'album.
- Les élèves reformulent ce dont ils se souviennent.

– Les personnages : *Gaufrette* et *son grand-père.*
– Le lieu et la problématique : *Ils sont en voyage dans un train, ils vont en Espagne chercher un trésor. Après le train, ils prennent le bus et arrivent finalement dans le village natal du grand-père. Papy explique à Gaufrette, qu'il y a longtemps, lui et sa sœur Maria ont enterré un trésor au pied d'un rocher. Mais arrivés sur les lieux où le trésor devrait se trouver, le grand-père, ému, s'aperçoit que tout a changé : des immeubles ont été construits à la place du rocher. Toutefois, il reprend espoir quand il remarque que l'un des immeubles s'appelle « L'ours bleu » car ce qu'ils avaient caché avec sa sœur Maria était un « ours bleu ». Quelqu'un a donc dû trouver le trésor de Papy. Pour s'en assurer, Papy va parler avec un groupe de femmes du village. Papy et Gaufrette se rendent à la mairie où ils retrouvent l'ours Gibraltar dans une vitrine.*

- Demander aux élèves de faire des hypothèses sur la suite de l'histoire. Les propositions des élèves sont notées au tableau.

Avec l'album :
- L'enseignant(e) relit le texte des pages 3 à 18.

Album pages 20 à 23
Anticipation de la lecture :
- Les élèves découvrent les illustrations des pages 21 et 23, ils les décrivent et anticipent sur l'histoire. Les laisser s'exprimer rapidement. Écrire éventuellement les hypothèses pour les valider ensuite. L'enseignant(e) peut faire revenir les élèves sur les propositions faites au moment de la découverte de la page de titre.
- Lors de cette anticipation l'enseignant(e) note au tableau, à côté du texte, les mots utilisés par les élèves pour décrire les illustrations : *Papy, Gaufrette, ours bleu, embrasser, heureux, etc.* Ces mots serviront aux élèves fragiles lors du déchiffrage du texte.

Phase 2 ■ Album p. 20 à 23 ■ Fiche de lecture 7

Individuel ou collectif : 10 min

Compétences :
- Se repérer dans un texte.
- Identifier des mots rapidement : décoder aisément des mots inconnus réguliers, reconnaitre des mots fréquents.
- Réinvestir des apprentissages antérieurs.
- Comprendre un paragraphe de l'histoire.

- L'enseignant(e) demande aux élèves de lire silencieusement le texte jusqu'à « Gibraltar a encore fait non avec sa tête. ». Le début du texte de la page 20, de « J'ai redit... » à « la main... », ne figure ni dans le fichier, ni sur la fiche lecture puzzle 7, de même que les quatre dernières lignes de la page 22. Deux démarches sont envisageables :

1. Les élèves ont leur album et le texte de l'épisode sous forme de texte puzzle (fiche lecture puzzle 7 dans le fichier à photocopier). Le caractère autonome de l'activité est alors renforcé par la tâche à réaliser. Les élèves peuvent procéder à la lecture du texte puzzle avant de le remettre dans l'ordre ou simplement prendre des repères dans l'écrit pour retrouver son organisation. Mais, leur objectif est d'avoir lu et compris l'épisode.

2. L'enseignant(e) lit l'épisode de l'album. Les élèves ferment leur album et procèdent à la lecture et à la réalisation du texte puzzle sans l'aide du texte.

• Quand les élèves ont terminé leur lecture silencieuse, ils préparent la lecture à voix haute du texte en le relisant plusieurs fois de suite et en subvocalisant à voix basse.

• Pendant ce temps, l'enseignant(e) travaille avec un petit groupe d'élèves fragiles sur le début du texte de « C'est alors qu'un monsieur est arrivé. » jusqu'à « Je crois que je l'aime déjà un peu ! ». Le travail mené avec ce petit groupe se déroule avec le texte affiché. Les élèves viendront à tour de rôle souligner des mots qu'ils reconnaissent ou qu'ils ont réussi à lire en explicitant à chaque fois comment ils ont fait. Une fois le texte entièrement lu et explicité, l'enseignant(e) relit la 1re phrase et chaque élève du petit groupe s'entraine à la lire à voix haute.

Différenciation :
L'enseignant(e) peut répartir les phrases à lire à voix haute entre les élèves selon la difficulté de la phrase (longueur, mots difficiles à déchiffrer).
Certains élèves peuvent avoir plusieurs phrases à lire.
Pour les classes équipées de tablettes, les élèves peuvent s'enregistrer et s'écouter pour apporter une amélioration à leur diction ou encore alterner les phases de lecture et d'écoute du texte enregistré. On peut aussi alterner l'écoute du texte enregistré sur la version numérique et la lecture de l'élève.

Phase 3 ■ Fichier page 116

Collectif : 10 min

Compétences :
• Savoir reformuler un texte lu.
• Lire à voix haute avec fluidité après préparation.

• Lecture à voix haute du texte du fichier par les élèves qui n'ont pas de difficultés de lecture ou par l'enseignant(e) si besoin. Ils interviennent dans l'ordre du récit. Validation du texte puzzle. Les quatre premières lignes du texte de l'album page 20 ne sont pas reprises dans le fichier, ni les quatre dernières de la page 22.

• Les élèves du groupe plus fragile commencent à expliciter le début de l'histoire puis sont relayés par le reste de la classe.

• Si cela est nécessaire, l'enseignant(e) pose des questions : *Quels sont les personnages de l'épisode ? Où se passe l'épisode ? Avec qui parle chaque personnage ?*

• Revenir sur les mots de vocabulaire difficiles, notamment : *enfoui* – *bavard* – *pelles mécaniques* et sur les mots outils *aussitôt* et *trop*.

Phase 4 ■ Fichier pages 116-117

Collectif et individuel : 15 min

Exercice 1 :

Compétence :
Comprendre où se passe le récit.

Cet exercice permet de travailler la compréhension du texte.
• Faire lire la consigne et faire décrire les différents dessins.
• Demander aux élèves d'expliquer le travail à faire. Les laisser en autonomie.

Différenciation :
Aider les élèves à se remémorer les informations entendues lors de la lecture du texte et à vérifier leurs réponses par la relecture des passages concernés.

Exercice 2 :

Compétence :
Savoir retrouver le nom de quatre personnages dans le texte et savoir recopier leur nom.

• Faire lire la consigne et faire décrire les différents dessins.
• Les élèves peuvent écrire directement la réponse mais pour orthographier correctement ils sont invités à retrouver d'abord les mots dans le texte. Le personnage mystère est le maire.

Différenciation :
La démarche de recherche d'information est explicitée par l'enseignant(e) pour un petit groupe d'élèves.

Exercice 3 :

Compétence :
Savoir retrouver des informations explicites dans le texte.

L'élève doit lire et s'interroger sur le sens de chaque phrase et de sa validité. Faire lire la consigne et les différentes affirmations. Demander aux élèves d'expliquer le travail à faire. Les laisser en autonomie.

Différenciation :
Pour les élèves en difficulté, les aider à lire les phrases de l'exercice et à les comprendre, puis à retrouver le passage du texte qui parle de ce sujet, à lire ce passage et à faire le lien entre ce que dit le texte et la réponse à cocher.

Exercice 4 :

Compétence :
Comprendre une information implicite.

• Faire lire la consigne. Demander aux élèves d'expliquer le travail à faire. Les laisser en autonomie.
• Correction collective. L'élève se met à la place du personnage pour essayer de comprendre ce qu'il se passe dans sa tête, ce qu'il ressent. L'explicitation des réponses des élèves en collectif est importante afin d'amener les élèves à comprendre l'implicite d'un texte.

Différenciation :
Les phrases sont lues à voix haute par un élève ou l'enseignant(e) avant le travail individuel.
L'exercice peut se faire par binômes pour que les élèves argumentent leurs réponses.
Seuls les élèves rapides et n'ayant pas besoin d'aide font la seconde partie de l'exercice. Cette partie n'attend pas une réponse juste mais demande aux élèves de mieux imaginer le personnage de Papy.

Exercice 5 :

Compétence :
Comprendre une information implicite et comprendre les émotions des personnages.

• Faire lire la consigne. Demander aux élèves d'expliquer le travail à faire. Les laisser en autonomie.
• Correction collective. L'élève se met à la place du personnage pour essayer de comprendre ce qu'il se passe dans sa tête, ce qu'il ressent. L'explicitation des réponses des élèves en collectif est importante afin d'amener les élèves à comprendre l'implicite d'un texte.

Différenciation :
Les phrases sont lues à voix haute par un élève ou l'enseignant(e) avant le travail individuel.
L'exercice peut se faire par binômes pour que les élèves argumentent leurs réponses. Pour construire son inférence, l'élève doit relire la première partie du texte.

Séance 2

Lors de la séance 2. Vocabulaire au quotidien (3) : *bavard – pelles mécaniques.*
Dans la journée, en dehors de la séance de lecture. Vocabulaire au quotidien (4) : *bavard – pelles mécaniques.*
Déroulement : se reporter à la page 6.

Phase 1 ■ Fichier page 116

Collectif : 15 min

Rappel du récit
Procéder comme page 259.

Phase 2 ■ Fichier page 117

Collectif et individuel : 20 min

Avant de commencer, les élèves identifient rapidement les différents exercices. L'enseignant(e) peut demander qui aurait besoin d'aide et à quel moment.

Différenciation :
L'enseignant(e) regroupe quelques élèves repérés en difficulté sur un type d'exercice pour observer les stratégies des élèves, identifier les obstacles et rendre la tâche explicite.

Exercice 6 :

Compétence :
Savoir retrouver des questions dans un texte.

Les élèves lisent la consigne. L'enseignant(e) leur demande comment repérer une question dans un texte.

Différenciation :
Le premier temps de recherche des questions peut se faire collectivement.

Exercice 7 :

Compétence :
Reproduire l'ordre des mots d'une phrase.
Support : Étiquettes du fichier à photocopier.

Les phrases sont celles du texte. L'élève doit pouvoir les lire et, s'il en a besoin, vérifier son hypothèse de travail en se rapportant au texte.
Procéder comme précédemment.

Différenciation :
L'élève en difficulté ne fait que la première phrase. L'enseignant(e) lit ou fait lire les différentes étiquettes. L'élève écrit la phrase reconstituée après avoir manipulé les étiquettes (si besoin).

Exercice 8 : Étude de la langue

Compétence :
Identifier les mots (adjectifs) qui permettent de décrire.

Cet exercice a pour but de faire comprendre le rôle des adjectifs. La correction est collective pour réfléchir au rôle des mots soulignés.
• L'exercice peut être prolongé à l'oral, les élèves recherchent d'autres adjectifs possibles pour désigner un ours. Une liste est constituée, elle sera le point de départ d'une catégorisation de mots : les adjectifs.

Phase 3 ■ Fichier page 117

Collectif et individuel : 10 min

Exercice 9 :

Compétences :
• Comprendre un texte dans sa globalité.
• Savoir distinguer les informations vraies des fausses.

• Le travail se fait individuellement en lisant chaque résumé.
• Les élèves sont à présent familiers de cet exercice. Les stratégies peuvent être redites.

Différenciation :
Les élèves plus en difficulté travaillent par deux. Dans un premier temps chacun lit silencieusement les résumés puis un élève lit à l'autre le premier résumé. Ils recherchent ensemble si quelque chose est faux. Ils procèdent ensuite de même pour les deux autres résumés.

Exercice 10 :

Compétence :
Savoir mettre en relation son vécu personnel et le sujet de l'histoire.

L'enseignant(e) fait lire la consigne. Travail individuel.

Différenciation :
La réponse peut être donnée : par un mot *oui* ou *non* ; par une phrase ; par plusieurs phrases ; la seconde phrase peut commencer par « *Je l'aime parce que...* »
Le travail peut se faire en partie à l'oral.
L'enseignant(e) aide les élèves, à leur demande, pour orthographier certains mots ; il peut aussi aider à la mise en mot d'une idée.

Souvenirs de Gibraltar - Épisode 8

Compétences :
- Se repérer dans un texte.
- Savoir décrire une illustration à l'oral.
- Émettre des hypothèses sur la suite d'un récit.
- Identifier des mots rapidement : décoder aisément des mots inconnus réguliers, reconnaitre des mots fréquents.
- Savoir reformuler un texte lu.
- Réinvestir des apprentissages antérieurs.
- Comprendre un paragraphe de l'histoire.
- Lire une phrase à voix haute avec fluidité après préparation.

Supports :
Album *Souvenirs de Gibraltar,* fichier de lecture-compréhension pages 118-119, fiche texte à trous 8 et étiquettes du fichier à photocopier.

Séance 1

Lors de la séance 1. Vocabulaire au quotidien (1) : *exact – fourrure.*
Dans la journée, en dehors de la séance de lecture. Vocabulaire au quotidien (2) : *exact – fourrure.*
Déroulement : se reporter à la page 6.

Phase 1 ■ Album pages 2 à 25

Collectif : 10 min

Compétences :
- Prendre la parole pour décrire.
- Formuler des hypothèses sur l'histoire.

Rappel des épisodes précédents
Avant d'ouvrir l'album :
- Demander aux élèves de se rappeler des épisodes précédents et de reformuler l'histoire sans ouvrir l'album.
- Les élèves reformulent ce dont ils se souviennent.

– Les personnages : *Gaufrette* et *son grand-père.*
– Le lieu et la problématique : *Ils sont en voyage dans un train, ils vont en Espagne chercher un trésor. Après le train, ils prennent le bus et arrivent finalement dans le village natal du grand-père. Papy explique à Gaufrette, qu'il y a longtemps, lui et sa sœur Maria ont enterré un trésor au pied d'un rocher. Mais arrivés sur les lieux où le trésor devrait se trouver, le grand-père, ému, s'aperçoit que tout a changé : des immeubles ont été construits à la place du rocher. Toutefois, il reprend espoir quand il remarque que l'un des immeubles s'appelle « L'ours bleu » car ce qu'ils avaient caché avec sa sœur Maria était un « ours bleu ». Quelqu'un a donc dû trouver le trésor de Papy. Pour s'en assurer Papy va parler avec un groupe de femmes du village. Papy et Gaufrette se rendent ensuite à la mairie où ils retrouvent l'ours Gibraltar dans une vitrine. Le maire vient ouvrir la vitrine et Papy étreint son ours puis le donne à Gaufrette. Papy discute avec le maire pendant que Gaufrette parle à Gibraltar.*

- Demander aux élèves de faire des hypothèses sur la suite de l'histoire. Noter les propositions au tableau.

Avec l'album :
- L'enseignant(e) relit le texte des pages 3 à 22.

Album pages 24 et 25
Anticipation de la lecture :
- Les élèves découvrent l'illustration des pages 24 et 25, ils la décrivent et anticipent sur l'histoire. Les laisser s'exprimer rapidement. Écrire éventuellement les hypothèses pour les valider ensuite. L'enseignant(e) peut faire revenir les élèves sur les propositions faites au moment de la découverte de la page de titre.
- Lors de cette anticipation l'enseignant(e) note au tableau, à côté du texte, les mots utilisés par les élèves pour décrire les illustrations : *Papy, Gaufrette, ours bleu, nuit, balcon, dormir, lune, etc.* Ces mots serviront aux élèves fragiles lors du déchiffrage du texte.

Phase 2 ■ Album p. 24 et 25 ■ Fiche de lecture 8

Individuel ou collectif : 10 min

Compétences :
- Se repérer dans un texte.
- Identifier des mots rapidement : décoder aisément des mots inconnus réguliers, reconnaitre des mots fréquents.
- Réinvestir des apprentissages antérieurs.
- Comprendre un paragraphe de l'histoire.

- L'enseignant(e) demande aux élèves de lire silencieusement le texte des pages 24 et 25.

Deux démarches sont envisageables :
1. Les élèves ont leur album et le texte de l'épisode sous forme de texte à trous (fiche texte à trous 8 dans le fichier à photocopier). Le caractère autonome de l'activité est alors renforcé par la tâche à réaliser. Les élèves peuvent procéder à la lecture du texte avant de remplir les trous. Mais, leur objectif est d'avoir lu et compris l'épisode.
2. L'enseignant(e) lit l'épisode de l'album. Les élèves ferment leur album et procèdent à la lecture et à la réalisation du texte à trous sans l'aide du texte de référence.

• Quand les élèves ont terminé leur lecture silencieuse, ils préparent la lecture à voix haute du texte en le relisant plusieurs fois de suite et en subvocalisant à voix basse.
• Pendant ce temps, l'enseignant(e) travaille avec un petit groupe d'élèves fragiles. Le travail mené avec ce petit groupe se déroule avec le texte affiché. Les élèves viendront à tour de rôle souligner des mots qu'ils reconnaissent ou qu'ils ont réussi à lire en explicitant à chaque fois comment ils ont fait. Une fois le texte entièrement lu et explicité, l'enseignant(e) relit la 1re phrase et chaque élève du petit groupe s'entraine à la lire à voix haute et de manière fluide.

Différenciation :
L'enseignant(e) peut répartir les phrases à lire à voix haute entre les élèves selon la difficulté de la phrase (longueur, mots difficiles à déchiffrer).
Certains élèves peuvent avoir plusieurs phrases à lire.
Pour les classes équipées de tablettes, les élèves peuvent s'enregistrer et s'écouter pour apporter une amélioration à leur diction ou encore alterner les phases de lecture et d'écoute du texte enregistré ou encore alterner leur lecture et l'écoute du texte enregistré. On peut aussi alterner l'écoute du texte enregistré sur la version numérique et la lecture de l'élève.

Phase 3 ■ Fichier page 118

Collectif : 10 min

Compétences :
• Savoir reformuler un texte lu.
• Lire une phrase à voix haute avec fluidité après préparation.

• Lecture à voix haute du texte du fichier par les élèves du groupe qui n'ont pas de difficultés de lecture ou par l'enseignant(e) si besoin. Les élèves interviennent dans l'ordre du récit. Validation du texte à trous.
• Les élèves du groupe plus fragile commencent à expliciter le début de l'histoire puis sont relayés par le reste de la classe.
• Si cela est nécessaire, l'enseignant(e) pose des questions :
– *Quels sont les personnages de l'épisode ?*
– *Où se trouvent-ils ?*
– *Que décident Papy et Gaufrette ?*
• Revenir sur les mots de vocabulaire difficiles et notamment : *exact* – *fourrure* ainsi que les mots outils *près de* et *aussi*.

Phase 4 ■ Fichier page 118

Collectif et individuel : 15 min

Exercices 1, 2, 3, 4 et 5 : la correction collective des exercices est requise. On utilisera un support de texte collectif pour systématiser la démarche de recherche d'informations implicites et explicites dans un texte.

Exercices 1 et 2 :

Compétence :
Comprendre une information implicite.

Réalisation d'une inférence : *Si Gaufrette s'endort le nez dans la fourrure de Gibraltar, c'est que l'ours est contre son visage.*
• Faire lire la consigne. Demander aux élèves d'expliquer le travail à faire. Les laisser en autonomie.
• Correction collective. L'explicitation des réponses des élèves en collectif est importante afin d'amener les élèves à comprendre l'implicite d'un texte.

Différenciation :
Les phrases sont lues à voix haute par un élève ou l'enseignant(e) avant le travail individuel.
L'exercice peut se faire par binômes pour que les élèves argumentent leurs réponses.
Seuls les élèves rapides et n'ayant pas besoin d'aide font la dernière partie de l'exercice.
Seuls les élèves les plus rapides réalisent l'exercice 2 et font le travail de recherche sur le texte en autonomie. Les autres élèves le font avec un petit groupe aidé par l'enseignant(e).

Exercice 3 :

Compétence :
Comprendre une information explicite.

Compréhension explicite, la réponse est dans le texte : « *Et dans le bus...* ».
• Faire lire la consigne. Demander aux élèves d'expliquer le travail à faire. Les laisser en autonomie.

Différenciation :
Les élèves peuvent être aidés pour se remémorer les informations entendues lors de la lecture du texte et surtout pour vérifier leur réponse par la relecture du passage du texte concerné.

Exercice 4 :

Compétence :
Savoir retrouver des informations explicites dans le texte.

L'élève doit lire et s'interroger sur le sens de chaque phrase et de sa validité.
• Faire lire la consigne et les différentes affirmations. Demander aux élèves d'expliquer le travail à faire. Les laisser en autonomie.

Différenciation :
Pour les élèves en difficulté, les aider à lire les phrases de l'exercice et à les comprendre, puis à retrouver le passage du texte qui parle de ce sujet, à lire ce passage et à faire le lien entre ce que dit le texte et la réponse à cocher.

Séance 2

Lors de la séance 2. Vocabulaire au quotidien (3) : *exact – fourrure.*
Dans la journée, en dehors de la séance de lecture. Vocabulaire au quotidien (4) : *exact – fourrure.*
Déroulement : se reporter à la page 6.

Phase 1 ■ Fichier page 118

Collectif : 10 min

Rappel du récit
Le texte est relu à voix haute par les élèves.
Un rapide rappel de l'histoire est fait collectivement. Puis l'enseignant(e) relit une partie de l'histoire de son choix en indiquant aux élèves que chacun va devoir lire ce passage à voix haute et qu'il faut suivre avec son doigt lors de la lecture. Tous les élèves peuvent aider à la lecture en signalant et en corrigeant les erreurs.

Phase 2 ■ Fichier page 119

Individuel : 15 min

Avant de commencer, les élèves identifient rapidement les différents exercices. L'enseignant(e) peut demander qui aurait besoin d'aide et à quel moment.

Différenciation :
L'enseignant(e) peut regrouper quelques élèves repérés en difficulté sur un type d'exercice pour observer les stratégies des élèves, identifier les obstacles et rendre la tâche explicite.

Exercice 5 :

Compétence :
Reproduire l'ordre des mots d'une phrase.
Support : Étiquettes du fichier à photocopier.

Procéder comme précédemment.

Différenciation :
L'élève en difficulté ne fait que la première phrase. L'enseignant(e) lit ou fait lire les différentes étiquettes. L'élève écrit la phrase reconstituée après avoir manipulé les étiquettes (si besoin).

Exercice 6 :

Compétence :
Associer des syllabes pour reconstituer un mot.

Ces mots ont été vus dans le texte.
• Faire lire ou lire la consigne. Demander aux élèves d'expliquer le travail à faire. Les laisser en autonomie.

Différenciation :
L'enseignant(e) repère avec l'élève chaque début de syllabe. L'élève doit oralement proposer le mot et l'enseignant(e) l'aide à rechercher la syllabe suivante. Les élèves plus fragiles ne recopient pas tous les mots.
Les élèves les moins rapides recopient uniquement les trois premiers mots.
Donner des étiquettes aux élèves qui en ont besoin (à créer).

Phase 3 ■ Fichier page 119

Collectif : 10 min ■ Individuel : 10 min

Exercice 7 : Étude de la langue

Compétence :
Savoir désigner un objet par l'écriture d'adjectifs.

• Le travail se fait tout d'abord à l'oral pour mieux comprendre la notion. On rappelle le travail fait sur l'adjectif lors de l'épisode précédent (exercice 8).
• L'enseignant(e) apporte des objets concrets et en nomme un en lui attribuant deux adjectifs, l'un avant et l'autre après le nom. Les élèves font de même avec les autres objets. La liste d'adjectifs ainsi proposés est écrite au tableau.

Différenciation :
Le travail peut se faire par binômes.
L'enseignant(e) peut regrouper quelques élèves pour faire travailler les élèves à l'oral avant de les laisser écrire.

Exercice 8 :

Compétences :
• Comprendre un texte dans sa globalité.
• Savoir distinguer en les lisant, les informations vraies des fausses.

• Le travail se fait individuellement en lisant chaque résumé.
• Les élèves sont à présent familiers de cet exercice. Les stratégies peuvent être redites.

Différenciation :
Les élèves plus en difficulté travaillent par deux. Dans un premier temps chacun lit silencieusement les résumés puis un élève lit à l'autre le premier résumé. Ils recherchent ensemble si quelque chose est faux. Ils procèdent ensuite de même pour les deux autres résumés.

Exercice 9 :

Compétence :
Savoir mettre en relation son vécu personnel et le sujet de l'histoire.

• L'enseignant(e) fait lire la consigne.
• Le travail se fait individuellement ou par binômes.

Différenciation :
La réponse peut être donnée :
– par un mot *oui* ou *non* ;
– par une phrase ;
– par plusieurs phrases ; la seconde peut commencer par « *Je mettrais... car...* ».
Le travail peut se faire en partie à l'oral.
L'enseignant(e) aide les élèves, à leur demande, pour orthographier certains mots, il peut aussi aider à la mise en mot d'une idée.

Vocabulaire des émotions

Compétences :
• Mobiliser des connaissances lexicales et des connaissances portant sur l'univers des émotions.
• Savoir nommer différents types d'émotions.
• Savoir catégoriser le lexique.
• Se créer un répertoire de mots concernant les émotions.
Supports :
Album *Souvenirs de Gibraltar* et fichier de lecture-compréhension pages 120-121.

Les élèves vont réinvestir ce qu'ils ont déjà appris à travers la lecture de l'album *Souvenirs de Gibraltar*. Les activités proposées vont leur permettre d'enrichir leur lexique des émotions en apportant des nuances aux différents sentiments qu'ils connaissent déjà de par leur vécu ou leur culture générale.

Séance 1

Phase orale ■ Fichier page 120

Collectif : 25 min

• L'enseignant(e) explique aux élèves que le travail de cette séance va être centré sur les mots qui décrivent des émotions. Il peut demander aux élèves de se rappeler des émotions ressenties par Papy ou Gaufrette à différents moments de l'histoire. *Quand Papy arrive dans son ancien village, qu'éprouve-t-il ? Quand Gaufrette sert l'ours contre elle, qu'éprouve-t-elle ? Quand Papy découvre que le rocher a disparu, qu'éprouve-t-il ? etc.*
• Demander aux élèves comment on peut savoir quelle émotion ressent une personne ou un personnage. Souvent cela se voit sur le visage (réponse : *soit sur l'illustration, soit par la description du personnage dans le texte*). Montrer un exemple aux élèves en faisant de manière exagérée la tête de quelqu'un de très content et leur demander quelle est l'émotion mimée. Demander aux élèves d'en proposer quelques-unes à faire deviner à leurs camarades.

Exercice 1 :
• Les élèves sont invités à décrire l'image le plus précisément possible et à y trouver toutes les émotions présentes :
– des enfants heureux allongés sur l'herbe au soleil ;
– un enfant enthousiaste qui raconte quelque chose ;
– un enfant satisfait parce que la maitresse lui donne le vélo convoité ;
– un enfant timide qui reste dans son coin ;
– un enfant qui pleure car il est tombé ;
– un maitre fâché qui gronde un élève ;
– deux enfants furieux qui se battent ;
– un enfant satisfait, celui à qui on prête le vélo, un enfant contrarié, celui qui n'a pas le vélo ;
– un enfant désespéré qui réclame sa mère à la grille.

Phase écrite ■ Fichier pages 120 et 121

Collectif : 20 min ■ Individuel : 5 min

Exercice 2 :
• L'élève doit chercher dans l'illustration les personnages dont les émotions sont données.
• Cet exercice apporte des mots de vocabulaire que les élèves ne connaissent pas forcément comme : *furieux, contrarié, satisfait, désespéré, enthousiaste, etc.*
• Lecture de la consigne par un élève.
• La description du personnage *a* est lue par un élève puis chacun recherche le personnage sur son fichier.
• Validation collective avec discussion et argumentation si certains ne sont pas d'accord.
• Puis lecture de la description du personnage *b*, etc.

Exercice 3 :
• Les élèves relient le mot de l'émotion qui correspond à l'une des illustrations. Lire ou faire lire la consigne. Les élèves reformulent le travail à réaliser.
• Lire collectivement la liste de mots correspondant aux émotions ressenties par les personnages et les faire expliquer par des élèves. Puis travail individuel.

Différenciation :
L'enseignant(e) réalise l'exercice de manière guidée avec un petit groupe en difficulté de lecture.

Séance 2

Phase orale

Collectif : 20 min

• Par un questionnement, travailler le lexique des émotions.
• Noter au tableau les mots de l'album et des exercices dont les élèves se souviennent. Ils pourront s'y référer lorsqu'ils complèteront leur répertoire.

Phase écrite ■ Fichier page 121

Collectif : 25 min

Complète ton répertoire :
Il s'agit d'enrichir le champ lexical des émotions afin de pouvoir l'utiliser dans la production d'écrits.
• La collecte des mots peut se faire collectivement ou par groupes, chaque groupe ne cherchant qu'un des domaines proposés. Les groupes sont hétérogènes de manière à y inclure les élèves en difficulté.
Joie : *réjoui, content, joyeux, gai...*
Tristesse : *abattu, déçu, malheureux...*
Colère : *irrité, agacé, agressif, emporté...*
Peur : *affolé, apeuré, épouvanté, terrifié...*

Écrire en parlant des émotions

Compétences :
- Comprendre le type d'écrit demandé.
- Savoir faire l'inventaire des caractéristiques du texte.
- Savoir formuler un titre d'album.
- Savoir traduire une idée par un écrit.
- Écrire en respectant des contraintes.
- Savoir traduire une idée par un écrit.
- Savoir corriger son texte à partir d'indications.
- Savoir lire à voix haute de manière expressive.

Supports :
Album *Souvenirs de Gibraltar* et fichier de lecture-compréhension pages 122-123.

Séance 1

Phase 1 ■ Fichier page 122

Collectif : 15 min

Exercice 1 :
- À l'oral, en collectif, les élèves commentent les illustrations proposées dans l'exercice pour bien en comprendre la signification et commencer à faire des hypothèses sur les histoires qu'elles annoncent.
- Dans un second temps, l'enseignant(e) lit aux élèves les titres des lectures proposées en réseau à la fin de l'unité et écrit certains titres au tableau :

– *La Sorcière Colère*
– *Quand Pati pleure*
– *Pourquoi je me mets en colère ?*
– *Souvenirs de Gibraltar*

- Les élèves recherchent les caractéristiques de ces titres :

– ils sont courts ;
– ce ne sont pas des phrases donc il n'y a pas de point à la fin de l'écrit ;
– ils comportent parfois des noms propres.

- Ces critères sont écrits sur une affiche et on ajoute « *Ils parlent d'une émotion.* »
- Premières propositions orales de titre pour la première couverture, l'enseignant(e) les écrit au tableau.

Phase 2 ■ Fichier page 122

Individuel : 15 min

L'enseignant(e) invite les élèves à écrire des titres au brouillon (papier ou ardoise) pour le (les)dessin(s) de leur choix. Il rappelle que les élèves peuvent retrouver des mots sur les émotions dans les pages vocabulaire de la période en cours, sur le fichier.
- Les élèves travaillent individuellement ou par deux.

Phase 3 ■ Fichier page 122

Collectif : 15 min

- À tour de rôle, les élèves lisent leurs propositions de titre. Les élèves qui écoutent valident ou non les titres en fonction des critères énoncés lors de la phase 1. L'enseignant(e) inscrit au tableau les titres validés. Comparaison de quelques écrits ou de tous les écrits en rappelant les critères listés lors de la séance 1.
- Sur leur fichier, les élèves écrivent un titre pour chaque couverture. Ils peuvent conserver leur idée ou en changer, copier un écrit du tableau ou le modifier.

Différenciation :
L'enseignant(e) peut regrouper quelques élèves en difficulté pour exprimer leur pensée ou pour traduire leur idée par écrit.

Application de quelques règles orthographiques, respect du code : L'enseignant(e) aide ponctuellement les élèves pour l'application des règles d'orthographe.
Si certaines difficultés se répètent sur plusieurs écrits, cela peut faire l'objet d'une correction collective.

Exercice 2 :
- Les élèves découvrent la consigne, cherchent à comprendre la tâche demandée et l'explicitent à l'oral.
- Les trois illustrations sont analysées à l'oral pour que tous les élèves en aient compris le sens.
- Élaboration des critères de réussite : à l'oral les élèves recherchent les caractéristiques de cet écrit pour faciliter leur production :

– *la première ligne dit l'émotion du personnage ;*
– *la deuxième dit comment elle se traduit ;*
– *la troisième explique pourquoi le personnage a cette émotion.*

Différenciation :
Les élèves les plus fragiles ne travaillent qu'à partir d'une illustration de leur choix. L'enseignant(e) les aide à verbaliser et à traduire par écrit leurs pensées.

Séance 2

Phase 1 ■ Fichier page 123

Collectif : 20 min

Exercice 3 :

• Les élèves découvrent la consigne, lisent les premiers mots, cherchent à comprendre la tâche demandée. Ils l'explicitent à l'oral.
• Les trois illustrations sont décrites à l'oral, les élèves peuvent ouvrir leur album pour mieux s'en souvenir.
• Élaboration des critères de réussite. À l'oral les élèves recherchent les caractéristiques de l'écrit demandé pour faciliter leur production :
– il faut raconter un moment de l'histoire « Souvenirs de Gibraltar » ;
– il faut dire ce que ressentent les personnages à ce moment de l'histoire ;
– il ne faut pas inventer une autre histoire mais on peut expliquer ce qui se passe.
• L'enseignant(e) invite les élèves à raconter un des moments illustrés, à l'oral, en partant de l'illustration de leur choix sans préciser ce choix. À la fin de chaque prise de parole, la classe doit trouver de quelle illustration il s'agit.
• Pour aider l'expression, les élèves doivent commencer par la formule : *C'est le moment de l'histoire où...*

Phase 2 ■ Fichier page 123

Collectif et individuel : 25 min

Au brouillon, les élèves décrivent par écrit un ou plusieurs des trois moments illustrés.

Différenciation :
Les élèves en difficulté ne font que la première situation. L'enseignant(e) les aide à exprimer leurs pensées et à traduire leurs idées par écrit.

• L'enseignant(e) collecte les brouillons. Certaines corrections orthographiques seront apportées sur le brouillon, les erreurs que les élèves peuvent corriger seront annotées.
• Les élèves corrigent leur brouillon et le recopient.

Différenciation :
Quelques élèves sont pris en charge par l'enseignant(e) pour travailler explicitement sur une compétence.
Les élèves les plus rapides peuvent aider ceux qui n'ont pas su corriger certains mots de leur brouillon .

• Les élèves recopient leur écrit corrigé sur leur fichier. Les élèves qui le souhaitent peuvent lire leur écrit devant la classe. Ils doivent bien articuler pour se faire entendre et prendre l'intonation qui convient pour parler des sentiments des personnages.
• Ces critères de réussite sont connus des élèves, les élèves qui écoutent peuvent donner leur avis de manière positive (donner des conseils sur les critères d'expression et non pas des jugements de valeur).

Séance 3

Une 3e séance de production d'écrit est consacrée à la finalisation du projet pour le mettre en valeur, notamment dans une perspective de communication :
– Remise au propre (sur cahier, ordinateur, etc.).
– Communication écrite : journal d'école, blog, ENT, affiche, etc.
– Communication orale : lecture aux camarades, dans d'autres classes, etc.

Écouter (ou lire) un autre texte

Les pages intitulées « Écouter un autre texte » proposent aux élèves de rencontrer des formes textuelles variées. *Le bonheur* est un poème très connu de Paul Fort.
Paul Fort est né en 1872 à Reims et est mort à Montlhéry en 1960. Il fut de son temps surnommé le Prince des poètes. Plusieurs de ses poèmes, *La complainte du petit cheval blanc par exemple,* furent chantés par Georges Brassens.
Le thème du bonheur entre bien dans la thématique des émotions de l'unité.
Le bonheur fait ici corps avec la nature. Le bonheur est dans ce qui nous entoure mais si on ne « court pas après lui » il nous échappe. Des émotions que les élèves peuvent facilement comprendre en repensant au plaisir qu'ils peuvent connaitre au milieu de la nature, quand il fait beau, que l'on sent une odeur de fleur, quand on glisse sur un toboggan, que l'on court contre le vent...

Compétences :
- Se repérer dans une poésie.
- Mémoriser un texte.
- Dire un texte mémorisé.

Support :
Fichier lecture-compréhension pages 124-125.

Séance 1

Phase 1 ■ Fichier page 124

Collectif : 25 min

Exercice 1 :
Un temps d'appropriation est nécessaire pour que le poème ait du sens pour les élèves et que la présence de mots étrangers à leur lexique ne soit pas un obstacle (*ache, serpolet, sourcelet*).
La forme d'écriture de ce poème le rend accessible aux lecteurs débutants : on pourra donc choisir soit de le lire aux élèves, soit de laisser les élèves le découvrir par une lecture silencieuse.
Les nombreuses répétitions permettent une mémorisation facile ; ce poème se prête facilement à la diction individuelle ou par groupes.

Découverte du poème
- L'enseignant(e) annonce : *Je vais vous lire un texte, vous me direz de quelle sorte de texte il s'agit et de quoi il parle.*

Différenciation :
Les élèves lisent silencieusement la première moitié du poème jusqu'à « *Sur les cornes du bélier...* » pour répondre à ces questions.

Les élèves donnent leurs réponses et commentent librement ; des précisions sont apportées sur le vocabulaire : *ache, serpolet, sourcelet.*

Appropriation :
- L'enseignant(e) fait relever les lieux du bonheur cités dans le poème et réfléchir à ce qui est commun à tous ces lieux pour amener la notion de nature.

À partir de cette notion de nature, l'enseignant(e) demande aux élèves de chercher en silence un souvenir personnel : *un petit moment où vous vous êtes senti heureux d'être dans la nature, soit en regardant, soit en respirant, soit en entendant, soit en bougeant, soit en touchant ou en mangeant quelque chose.*
- Présentation orale rapide des souvenirs des élèves (la parole circule d'un élève à l'autre en suivant les places assises, si un élève ne parle pas, on n'insiste pas ou on lui demande si l'une des propositions précédentes est vraie pour lui aussi).

Phase 2 ■ Fichier page 124

Collectif et individuel : 20 min

Analyse de la forme du poème
L'enseignant(e) annonce l'objet d'étude : *Comment est écrit le poème ?*
- Les quatre premiers vers sont lus à voix haute par un élève. Les élèves proposent leurs réponses à l'oral. La place des répétitions est relevée.

Exercice 2 :
Les élèves réalisent individuellement l'exercice. Ils doivent colorier d'une même couleur l'expression *Cours y vite.*

Différenciation :
Les élèves, lors de leur analyse de l'écriture du poème, ont sans doute mentionné la reprise en début de vers. Ces répétitions peuvent également faire l'objet d'un coloriage en utilisant la même couleur pour les expressions identiques.

Exercice 3 :
- Les élèves lisent la consigne. L'enseignant(e) lit le poème.
- Les élèves cochent la réponse qui correspond à leur point de vue à la suite de la lecture.

Différenciation :
Les élèves, par type de réponse, peuvent argumenter leur point de vue à l'oral.

Séance 2

Phase 1 ■ Fichier page 125

Collectif et individuel : 25 min

Exercice 4 :
Le travail se fait de mémoire pour entrainer les élèves à la création d'images mentales et à l'utilisation de moyens de mémorisation.
• Dans un premier temps l'enseignant(e) annonce l'objectif de l'écoute : *se souvenir des éléments du poème dans leur ordre d'apparition. Il faut se faire des images dans la tête et trouver un moyen de se souvenir de la suite de ces images.*
• Les élèves écoutent, fichier fermé, avant de réaliser l'exercice.
• Le poème est relu après l'exercice. Les élèves corrigent s'ils se sont trompés.

Différenciation :
La correction peut se faire par la lecture silencieuse du poème par les élèves. Dans ce cas, ils prennent leurs repères non dans la chaine orale mais dans la disposition du texte écrit.

• Il est intéressant de prendre un peu de temps pour demander aux élèves comment ils ont fait pour se souvenir de l'ordre d'apparition des images.

Exercice 5 :
L'enseignant(e) annonce que le poème sera mis en voix par groupes d'élèves et que si la mémorisation du texte est indispensable, la manière de le dire, l'intonation, est aussi très importante. L'exercice 5 permet d'y réfléchir.
• La consigne est lue et explicitée par les élèves.
• La liste des adjectifs est lue par l'enseignant(e). Les élèves échangent pour préciser le sens de certains de ces mots (*énergique, décidé*). Les adjectifs seront ensuite recopiés sur l'affiche collective des points de grammaire.
• Les élèves font l'exercice 5 individuellement.

Différenciation :
Les élèves peuvent travailler par deux pour expliciter leurs choix mais ne sont pas obligés de donner la même réponse.

Phase 2 ■ Fichier page 125

Collectif et individuel : 20 min

Mise en voix du poème
Les élèves diront le poème par groupe de 14 élèves (14 vers).
• Les élèves travaillent en binômes sur deux vers qui se répètent. Chacun apprend son vers en choisissant son intonation. Pour dire le poème, les élèves interviennent par binôme en respectant ou non la disposition du poème.
• Quand le binôme « *Saute par dessus la haie...* » a parlé, c'est en chœur que tous les élèves terminent : « *Il a filé !* »
• Les élèves qui écoutent peuvent donner leur avis en se basant sur les critères travaillés : mémorisation des vers, intonation.

Différenciation :
D'autres organisations de la prise de parole peuvent être trouvées, soit par l'enseignant(e), soit par les élèves.

Exercice 6 :
• Commencer ce travail oralement. Écrire au tableau le début de la poésie. Le lire. Demander aux élèves de trouver d'autres états liés à des émotions ; les aider en leur apportant des exemples : la joie, la tristesse, la peur, etc. Les noter.
• Faire le lien avec le travail sur les émotions (fichier page 120).
• Associer ensuite ces états avec des lieux :
Peur → cave, forêt...
Tristesse → cimetière, maison abandonnée...
Joie → cour de récréation, fête foraine...
Accepter les propositions en demandant aux élèves de les justifier.
• Choisir un état et demander aux élèves à quel endroit on pourrait l'associer. Par exemple : *La peur est dans la cave, la tristesse est dans la rue*... Demander ensuite aux élèves d'écrire des phrases en s'appuyant sur la structure : « Le (la) ... est dans ... »
• Faire ensuite chercher aux élèves d'autres verbes d'action afin de terminer leur début de poésie : *marcher, sauter, ramper*, etc.

Séance 3

Une 3e séance de production d'écrit est consacrée à la finalisation du projet pour le mettre en valeur, notamment dans une perspective de communication :
– Remise au propre (sur cahier, ordinateur, etc.).
– Communication écrite : journal d'école, blog, ENT, affiche, etc.
– Communication orale : lecture aux camarades, dans d'autres classes, etc.

D'autres histoires à lire

Séance 1

Phase 1 ■ Collectif : 10 min

• Laisser les élèves s'exprimer sur la page 126 du fichier. (Réponses attendues : *On voit des couvertures de livres.*)

Phase 2 ■ Collectif : 25 min ■ Individuel : 10 min

Exercice 1 et 2 :

Compétence :
Savoir lire une image.

• Les élèves prennent connaissance des consignes des deux exercices et les explicitent oralement avant de les faire individuellement.
• Puis ils se répartissent en 8 groupes. Chaque groupe doit observer les différentes couvertures des albums et imaginer ce que raconte un livre et en faire l'exposé devant la classe.
• Demander aux élèves d'utiliser le vocabulaire étudié. Ils peuvent écrire ou entourer directement sur le fichier si besoin.
• L'enseignant(e) précise que ce qui sera proposé doit être en relation avec des indices pris soit dans le titre soit dans l'image et que ces indices devront être présentés lors de l'exposé.
• Les élèves qui écoutent donnent leur avis sur la cohérence entre les indices relevés et l'interprétation du groupe.
• L'enseignant(e) apporte quelques précisions sur l'histoire réelle avec les présentations ci-dessous.

Vite, Rator est là !, éditions Nathan
Éléments de la couverture qui expriment la peur
– Une petite fille est couchée dans son lit, elle est effrayée. À côté d'elle on voit une petite souris autant apeurée qu'elle.
– On voit l'ombre d'un monstre sur la couette.
– Le titre avec le mot « vite ».
– Les couleurs sombres donnent l'impression que c'est la nuit.
Résumé
La nuit, Lisa est persuadée que le monstre Rator apparait dans sa chambre ! Mais ce soir, Lisa n'a pas peur, elle a un allié de taille : Super Souris ! (site Ricochet)

La Sorcière Colère, éditions du Jasmin
Éléments de la couverture qui expriment la colère
– On voit le visage d'un garçon qui semble très en colère.
– Le titre comprend le mot « colère ».
Résumé
Max sait bien qu'il en fait trop, mais quand la sorcière Colère s'empare de lui, elle ne veut plus le lâcher. Jusqu'au jour... (site Ricochet)

Gris-gris et Perlimpinpin, éditions Flammarion
Éléments de la couverture qui expriment la joie
– On voit une sorte de personnage avec les cheveux gris qui sourit.
– Le titre « Gris-gris et Perlimpin » est assez énigmatique.
Résumé
C'est l'histoire d'une très vieille femme, Anna. Tout le monde admire sa vitalité et sa joie de vivre. Lorsqu'on lui demande son secret, Anna explique qu'elle a toujours à côté d'elle ses petits porte-bonheur, ses « Gris-gris et Perlimpinpin ». Un jour, un « pauvre jeune homme » lui vole ses porte-bonheur...

Un grand monstre ne pleure pas, éditions Circonflexe
Éléments de la couverture qui expriment la tristesse
– Au tout premier plan, on voit un grand monstre très triste. Au second plan, un petit second monstre joyeux saute dans l'eau.
Résumé
Petit Monstre fait tout mieux que Grand Monstre, et celui-ci se trouve complètement nul. Lorsque Petit Monstre se moque de Papa, Grand Monstre éclate en sanglots. Petit Monstre admet alors ses faiblesses. (site Ricochet)

Pourquoi je me mets en colère ?, éditions Nathan
Éléments de la couverture qui expriment la colère
– Au premier plan, on voit un personnage en colère.
Résumé
Pourquoi les gens s'énervent-ils ? Hugo croit qu'il ne s'énerve jamais, mais quand le singe se met à le narguer, la colère commence à monter... Ensuite, Hugo se sent bien seul et malheureux. Est-ce mal de se mettre en colère ? (site Nathan)

Aux peines perdues, éditions Auzou
Éléments de la couverture qui expriment la tristesse
– Deux personnages semblent tristes, mélancoliques.
Résumé
Dame Henriette cache un joli secret. Chaque jour, les passants se pressent devant sa maison, et chaque jour, leurs vilains chagrins sont magiquement changés en de jolis mots doux. (site Auzou)

Mademoiselle Zazie veut embrasser Max, éditions Nathan
Éléments de la couverture qui expriment la joie
– Zazie sourit. Elle semble heureuse.
– Le ciel est bleu, il fait beau.
Résumé
Mademoiselle Mirette vient remplacer la maitresse de Zazie. Elle est très jolie et n'a pas l'air bête. Mais quand Zazie s'aperçoit que son amoureux, Max, est béat d'admiration devant Mademoiselle Mirette, Zazie voit tout cela d'un autre œil.

Le loup qui avait peur du loup, éditions Nathan
Éléments de la couverture qui expriment la peur
– Un loup effrayé semble poursuivit par une ombre gigantesque de loup.
– Il fait sombre, c'est la nuit.
– Le titre : en gros on lit le mot *loup*.
Résumé
Avant, Garou-Garou avait peur de tout, mais plus maintenant. Alors il a décidé de partir découvrir le monde. Le voilà qui plante sa tente près des maisons de trois petits cochons... Mauvaise pioche. Ne le dites à personne, mais Garou-Garou a quand même un petit peu peur du loup.

Conception de la maquette intérieure et mise en page : Médiamax
Conception de la couverture : Frédéric Jély et Geoffroy Lindermeyer
Illustrations de couverture : Sébastien Chebret
Édition : Pascale Costet, Christelle Pelletier

MIXTE
Papier issu de sources responsables
FSC® C022030
FSC www.fsc.org

Achevé d'imprimer en France par Laballery

N° de projet : 10232148 - décembre 2016 - N° d'impression : 611184